陶行知研究国际学术研讨会开幕式

参加研讨会的部分中外学者在华中师大科学会堂前合影留念

陶行知学文库

湖北省公益学术著作出版专项资金项目

丛书主编 \ 周洪宇

陶行知与中外文化教育

TAO XINGZHI YU ZHONGWAI WENHUA JIAOYU

周洪宇　余子侠　熊贤君　主编

華中師範大學出版社

新出图证(鄂)字 10 号

图书在版编目(CIP)数据

陶行知与中外文化教育/周洪宇，余子侠，熊贤君主编. — 武汉：华中师范大学出版社，2020.11

(陶行知学文库)

ISBN 978-7-5622-9209-8

Ⅰ.①陶… Ⅱ.①周… ②余… ③熊… Ⅲ.①陶行知(1891-1946)—教育思想—研究 Ⅳ.①G40-092.6

中国版本图书馆 CIP 数据核字(2020)第 225208 号

陶行知与中外文化教育

©周洪宇 余子侠 熊贤君 主编

责任编辑：张建英

责任校对：王 胜 **封面设计**：罗明波

编辑室：学术出版中心 **电话**：027-67867792/3280

出版发行：华中师范大学出版社

社址：湖北省武汉市洪山区珞喻路 152 号 **电话**：027-67863426(发行部)

网址：http://press.ccnu.edu.cn **电子邮箱**：press@mail.ccnu.edu.cn

印刷：湖北恒泰印务有限公司 **督印**：刘 敏

开本：710mm×1000mm 1/16 **印张**：28.25

字数：421 千字

版次：2020 年 12 月第 1 版 **印次**：2020 年 12 月第 1 次印刷

定价：141.00 元

欢迎上网查询、购书

“陶行知学文库”编辑委员会

总　　序

周洪宇

陶行知是中国近现代享有盛誉的教育家、思想家、政治家和文学家，也是中国近现代原创力最强、真正形成了自己的教育学说体系、富有世界影响力的教育思想家。2007年，美国知名学者、哥伦比亚大学教育学院大卫·汉森教授在其主编的《教育的伦理视野——实践中的教育哲学》一书中介绍了世界最具影响力的十大教育思想家，其中唯一的中国教育思想家就是陶行知。该书将陶行知与美国的杜威、意大利的蒙台梭利等世界著名教育思想家并列，足见陶行知在国际学术界的巨大影响力及其被国际人士高度认可。

2020年是陶行知研究100周年，2021年是陶行知130周年诞辰和逝世75周年。借此机会，我们与华中师范大学出版社合作，编辑出版"陶行知学文库"丛书50余册，约2000万字，以深化陶行知研究，推动中国教育改革发展，加快建设中国教育学。

一

"陶行知学文库"丛书的编辑出版具有重大的学术价值与现实意义。2020年是国家"十三五"教育事业发展规划的收官之年，2021年是国家"十四五"教育事业发展规划的起步之年。值此重要历史节点，编辑出版"陶行知学文库"丛书意义重大而深远。

其一，这是深化当代陶行知研究的迫切需要。

如果将1920年北京大学缪金源所写的关于陶行知学生自治思想研究的文章算为正式起点的话，陶行知研究到现在已有整整100年历史。回顾百年陶行知研究，可以发现陶行知研究已经逐步发展为一门国际性的学问，在美国、德国、法国、日本、韩国等国家都有不少学者在进行研究并取得了丰硕成果。陶行知研究是一门中国本土成长起来的学问，它是对中国近现代教育家陶行知的专门研究之学。既然是本土之学，中国人自己首先要研究好，这样才能更好地与国外学术界对话和交流，提高我国在国际学术界的话语权。

深化当代陶行知研究需要建立专业的、系统的、科学的“陶行知学”。所谓“陶行知学”，就是一门以陶行知的家世家庭、个人生平、事业贡献、思想学说、人格精神、历史作用和国际影响为主要研究对象的学问。它涉及陶行知本人及其所处的时代环境、所经历的重要活动和重要事件、所交往的重要人物等，重点是研究陶行知的精神文化世界，对陶行知的历史价值及其局限进行历史反思。透过这种研究来看在当时的时代环境下，以陶行知、鲁迅为代表的中国近现代进步知识分子如何处理中西古今关系，走上一条追求真理、救国救民的历史道路，以及我们今天怎样学习和借鉴陶行知思想，推动当代的教育改革和社会进步。“陶行知学”的具体内容应该包括历史研究、文本研究、理论研究、应用研究、比较研究、海外研究和研究史研究等。就其性质而言，它有应用研究的一面，但主要还是基础研究。换句话说，它就是以基础研究为主、应用研究为辅的一门专门学问。

随着中国经济的快速发展、国际地位的日益提高，中国的学术和文化也要有相应的提升，以适应时代的需要。在当前西方学术文化占据强势地位的情况下，加强与西方学术界对话，发出中国自己的声音，很有现实意义。中国当代陶行知研究的重要任务之一，就是发展陶行知学术文化，形成陶行知学术话语体系，促进中西教育学术交流，在国际上拥有更大的话语权。“陶行知学文库”丛书的编辑出版正有助于此。

其二，这是加快建设当代中国教育学的迫切需要。

陶行知从20世纪10年代开始撰写教育论文，至40年代中期去世前，披阅不停、笔耕不辍，数十年如一日，围绕其独特的生活教育思想，著述达四百万字以上，客观上构建了一个概念清晰、原理明确、主张具体、内容丰富、结构完整的教育理论体系，得到了教育界、学术界的充分肯定。陶行知教育学说由若干概念范畴、基本原理和具体主张组成。具体而言，它以政治理念、哲学观点和文化思想为理论基石，以“生活”范畴为逻辑起点，以“生活即教育”“社会即学校”“教学做合一”三大原理为教育哲学依据，以民主教育、科学教育、乡村教育、师范教育、幼儿教育、创造教育、全面教育、终身教育等为具体教育主张，将其有机地建构成一个紧密联系、不可分割的整体，而且随着社会形势的变化与教育实践的深入，不断发展变化，具有鲜明的时代特征和特定的历史内涵。

20 世纪上半期，陶行知在反传统教育和反洋化教育的斗争中，在长期的教育实践过程中，通过批判地吸收古今中外各种教育思想精华和总结自己的教育实践经验，创立了具有中国特色、以教育哲学原理为基础、以各类教育主张为内容的一套完整的生活教育学说。他的生活教育学说是在半殖民地中国社会历史条件下中国人民争取解放、自由、平等的教育理论，也是既符合中国国情又适应社会发展和世界潮流的现代教育思想，达到了近现代中国社会教育思想所能达到的最高高度，成为新中国教育思想体系的重要理论来源之一，也是当今与未来中国教育思想发展的一个重要理论资源。“陶行知学文库”丛书的编辑出版是对陶行知教育学说的系统梳理与科学总结，有助于丰富和建设具有中国特色、中国风格、中国气派的当代中国教育学。

其三，这是加快当代教育改革发展的迫切需要。

陶行知早年毕业于世界著名的教育研究机构——美国哥伦比亚大学师范学院，师从 20 世纪著名的哲学家、教育学家、美国哲学学会会长杜威，世界著名教育史学家、世界教育联合会会长孟禄，知名教育学家、“设计教学法”创始人克伯屈等人，并在美国教育行政学权威、美国教育行政学会会长斯特雷耶教授的指导下撰写博士学位论文，研究中国教育。陶行知一方面深受西方先进教育理论的熏陶，另一方面又有长期的中国教育改革实践经历，教育理论功底深厚，教育实践经验丰富，而且善于总结提炼，具有强烈的自觉去系统建构教育理论体系的愿望与能力，被美国最负盛名的汉学家、哈佛大学东亚研究中心主任费正清教授誉为“杜威博士最有创造力的学生”。

陶行知不仅是一位杰出的教育家、思想家、文学家，也是一位活跃的政治家。他始终把教育变革与社会改造紧密地结合在一起，一生致力于中国的民族独立、国家富强、文教发达、社会进步。他的爱满天下的博大胸襟、乐于奉献的伟大情操、炽烈真诚的教育激情、求真务实的思想作风、不屈不挠的刚毅品质、开拓求新的创造精神，是我们今天进一步推进改革开放、实现中华民族伟大复兴宏伟事业、圆美好中国梦最需要的精神财富。“陶行知学文库”丛书的编辑出版有助于深化陶行知研究，把这些精神财富很好地总结和提炼出来，服务于当代中国教育发展改革的需要，特别是服务于十九大尤其是十九届五中全会后中国教育改革发展、建设高质量教育体系、推进教育现代化、建设教育强国、办人民满意教育的迫切需要。

其四，华中师范大学陶行知研究团队四十年的学术积累使之具有可行性与可操作性。

华中师范大学是改革开放以后中国大陆最早开展陶行知研究的重点高校之一，编辑出版了国内外第一套《陶行知全集》(共 8 卷，湖南教育出版社 1984 年、1985 年出版前 6 卷，1992 年出版后 2 卷)，该书 1986 年获得全国优秀畅销书奖，1988 年获得全国第一届优秀教育图书特别奖，1994 年获得第一届国家图书奖，为全国陶行知研究的顺利开展提供了基本条件；1993 年撰写出版了第一本陶行知研究专著《陶行知教育学说》，该书获得 1995 年首届全国高校人文社会科学研究优秀成果一等奖；1985 年和 1988 年分别培养了国内第一个教育史陶行知研究硕士研究生和第一个历史学博士研究生，这为 2000 年华中师范大学获得教育史学博士学位授权点以及此后培养多位以陶行知研究为论文选题的教育学博士奠定了坚实基础。无论是编纂出版陶行知全集、选集，还是编写年谱长编、人物传记、画传；无论是撰写出版专著，发表研究论文，还是组织开展教育改革实验，创新发展陶行知思想；无论是培养人才，建设一支高素质、专业化、创新型研究队伍，还是建立陶行知国际研究中心、举办专题国际学术会议，让陶行知研究走向世界，华中师范大学都走在国内外教育界、学术界的前列，成为举世公认的陶行知国际研究中心。在著名历史学家章开沅教授、著名教育史学家董宝良教授的导航引路下，一批中青年学者脱颖而出，成为当今国内外陶行知研究领域里的中坚力量。华中师范大学陶行知研究团队四十年深厚的学术积累为“陶行知学文库”丛书的编选出版奠定了坚实基础并提供了可能。

二

“陶行知学文库”丛书的编选范围广、体量大、内容丰富，主要是选取改革开放以来华中师范大学陶行知研究团队的陶行知研究成果，既有陶行知的全集、选集等资料整理，又有专题研究、人物传记、比较研究、国际研究、年谱长编和应用研究等。其中全集有《陶行知全集》(新编本)和《陶行知全集》(精编本)，选集有《陶行知教育论著选》、《陶行知教育名篇选》、《陶行知教育名篇精选》(教师读本)、《陶行知教育名论精要》(教师读本)、《陶行知幼儿教育名篇选读》、《生活教育——陶行知英文著作精选》(中英双语)，专题研究有《陶行知教育学说》、《陶行知生活教育学说》、《陶行知生活教育导读》(教师读本)、《陶行知生活教育理论》(英文版)、《陶行知与中国现代文化》、《陶行知与中外文化教育》、《陶行知与中外文化教育再探》、《陶行知研究的学术谱系》、《我与陶行知研究》，人物传记有《平凡的神圣——陶行知》、《山乡社会走出的人民教育家：陶行知》、《人民之子 陶行知》、《陶行知画传》、《陶行知大传——一位文化巨人的四个世界》、《平凡的伟大：教育家陶行知、杨东莼、牧口常三郎的生活史》、《最后的圣者——陶行知新论》、《教育改变世界——陶行知》(英文版)，比较研究有《蔡元培、黄炎培、陶行知的比较研究》《陶行知与牧口常三郎教育思想比较研究》，国际研究有《陶行知研究在海外》、《陶行知研究在海外》(新编本)、《全球视野下的陶行知研究》、《教育交流与社会变迁：哥伦比亚大学与现代中国教育》(此书大篇幅论述陶行知)，年谱有《陶行知年谱长编》，应用研究也正在编写之中。需要说明的是，“陶行知学文库”丛书选收的研究性著述均为华中师范大学陶行知研究团队成员所作，有些优秀之作因各种原因未能纳入其中，不免有遗珠之憾，敬请原作者谅解。

三

本丛书的编选范围与编选体量决定了其以“陶行知学文库”命名，而非简单地取名为“陶行知丛书”或“陶行知研究丛书”。这既体现了丛书命名的科学性与准确性，也彰显了丛书内容的全面性与专业性。“陶行知学文库”丛书由章开沅先生、朱永新先生、董宝良先生担任顾问，周洪宇、周挥辉任编辑委员会正、副主任，申国昌、操太圣、刘从德、刘大伟、刘来兵为编委会委员，齐彦磊任编委会秘书长，陈诗、窦海元、詹淑兰、范青青、戚同欣、郑媛、王亭力、陈海霞、韩旭帆等为编委会工作人员。在丛书的编选过程中，编委会力求以历史唯物主义为指导思想，以历史研究、比较研究、理论研究等为研究方法，做到历史与逻辑相结合、抽象与具体相结合、理论与实践相结合、本土与域外相结合，深化陶行知研究水平，使之更具专业性、系统性和科学性。依此，编委会对丛书的整体进度作了如下安排：丛书共50余册，分三辑出版，2020年出版第一辑10册，2021—2025年出版第二辑22册，2025年之后出版第三辑约20册。

本丛书在编选过程中得到了著名史学家、教育家章开沅先生，著名教育史学家董宝良先生的关心与支持，华中师范大学教育学院喻本伐教授、余子侠教授、申国昌教授、刘来兵副教授和曾在华中师范大学教育学院任教或学习的现深圳大学师范学院熊贤君教授、聊城大学教育学院胡志坚教授、长江大学教育学院陈竞蓉教授、南京晓庄学院陶行知研究院刘大伟副教授、武汉市市场监督管理局蔡幸福博士以及国内外教育界、学术界的其他朋友等均从不同维度为丛书的立意、构思与修改提出了宝贵的意见和建议。同时，“陶行知学文库”丛书编选工作的顺利展开也得益于编委会各位同志的辛勤付出。华中师范大学出版社社长周挥辉、总编刘从德、学术出版中心主任冯会平和编辑张怀东等人，为丛书出版倾注了大量的心血。值此丛书第一辑付梓之际，谨对以上各位同仁致以最诚挚的谢意！

2020年12月18日于武汉东湖之滨远望斋

前　　言

陶行知是近代以来中华民族向人类贡献的一位具有世界影响的著名教育家，是在20世纪中国现代文化领域有多方面建树的一位文化巨人。长期以来，他的生平事迹和思想遗产，不仅得到国内学术界的重视和研究，也吸引了不少海外学者的注目。为了促进中外学术文化交流，推动陶行知研究的深入开展，发展中国的文化教育事业，华中师范大学、中国陶行知研究会、全国教育科学规划领导小组、湖北省社会科学联合会和湖北省陶行知研究会等单位于1996年10月18—21日在武汉华中师范大学联合举办了"陶行知研究国际学术研讨会"。

这次会议受到了党和政府的高度重视。党和国家领导人为会议题词。陶行知原夫人吴树琴、陶行知四子陶城以及晓庄师范首期学生李楚材等人给大会发来贺电和贺信。中、日、美等国家的近80位学者出席了会议。与会学者围绕着"陶行知与中外文化教育"这一中心议题，展开了热烈的讨论，在不少学术问题上都取得了新的进展。

在中外文化教育观方面，代表们就陶行知的中西教育观做了分析，认为在知识结构上，他通过儒学开蒙、中西兼习和赴美留学，将中西文化知识冶于一炉、融为一体；在思维方法上，他运用中西比较法和西方实验方法揭示传统教育弊端，运用逆向思维方法将旧理翻为新理，运用辩证思维方法对中外教育经验明辨择善；在价值取向上，他坚持去取与否只问适与不适的原则，在反传统教育时并不反对其固有的优点，反洋化教育时对外国输入的真知识竭诚欢迎。可见他的教育观与我们党对待中外教育一贯坚持去其糟粕、取其精华的批判继承主张相一致。在中西文化观上，代表们从陶行知一生的思想转变上，对其文化观的演进和发展进行分析，认为：早在青少年时期，陶行知接受西学，但不为教会神学所诱；接受进化论观点，但坚持鲜明的爱国主义立场。及至五四时期，他将实验方法引进中国，但能够有机而巧妙地将中国传统的"制天命"思想的创造精神融入其中。当马克思主义传入中国时,他又能够加以体验而不作任何回避,因此 20 世纪 30 年代后能够运用唯物史观来解释人类文化的本质问题。

代表们认为,陶行知对待中西文化教育采取的是一种从中国国情出发,进行分析、过滤和批判地继承的态度。坚持了"破"与"立"相结合、继承借鉴与开拓创新相结合的采收原则。因此,他的中西文化教育观,既不同于全盘西化和文化复古主义,又有别于中国文化本位论和文化折中主义,并且具有民族性、大众性、爱国性和科学性等特点。这些特点与毛泽东在《新民主主义论》中强调的要建立"民族的科学的大众的文化",在精神上相一致,因此,在近代中国知识分子的中西文化教育观中,它是一种革命的、进步的、正确的代表。

在中西文化教育观的讨论上,与会者还对陶行知某些思想观点形成的渊源做了具体的分析。有的代表指出,探讨陶行知对中外前人思想精华的吸纳和继承,应该从多层次多角度去认识。因为他从前人那里摄取思想养分是各有侧重的:或从哲学认识论上去吸收,或从社会政治观上去借取,或从教学方法论上去承传,或从事业精神上去学习,因此,他才能建构起一种实践性极强的流转创新的多层多维思想理论体系。如在德育理论上,他的真伪观和善恶观,主要是对中国传统道德中优良成分的承衍;他的自爱、爱人和自治、利群思想,则较多地源自西方文化的积极成分。再如他的思想富有的人民性、兼爱观、提倡实学以及重视生产劳动教育和科学技术教育等,主要源自墨家学术思想;而他的知行合一观点,既对王阳明的思想有所阐发、继承和批判地翻新,也受到他的乡贤戴震的实学知行观的深刻影响。

在探讨陶行知对传统思想理论的继承和发展的同时,与会者还从两个方面做了比较研究。一方面从陶行知对传统思想中积极成分的继承与其反传统思想表现的比较,指出陶行知反传统思想中的"传统",就是传统教育中积淀甚深的"因循"和"惯例"。这些东西已有不少成为众口传诵的"古训",诸如"学而优则仕","民可使由之,不可使知之","劳心者治人,劳力者治于人","万般皆下品,唯有读书高"等等。在反此传统时,陶行知做到了《共产党宣言》中所说的"实行最彻底的决裂"。另一方面是结合近代社会的变迁,将陶行知与同期中外教育家们进行比较。如陶行知与印度的诗人、教育家泰戈尔,陶行知与中国的教育家晏阳初、梁漱溟等,他们的思想认识、教育主张、事业主体以及献身精神和爱满天下的精神,都有诸多相似之处。尤其陶行知与泰戈尔两人异曲同工的教育活动,从一个侧面揭示了东方古老的农业大国在近代社会和文化转型过程中,该如何发展和改造自己的教育事业;而陶、晏、梁等人选定的教育实验对象,在一定程度上符合了近现代中国的国情变化,至今仍具有重要的借鉴价值。

就对中外文化教育交流与融合发生的影响来看,与会者认为:陶行知的贡献首要表现在教育领域,但又不仅仅限于教育领域。他一方面将西方文明引进中国,诸如热情而客观地介绍西方教育新思潮供中国教育界借鉴;注重近代西方自然科学的传入,推行科学普及运动;积极而健康地译介西方诗歌乃至引进西方的音乐、美术、舞蹈等等,他都作过相当大的贡献。另一方面,他又将中国文化向世界推广和传播。如他的28国之行,就是以地球作讲坛,直接将中国传统文化中的"仁"、"爱"、"恕道"等思想观念向世界人民宣传。他还独树一帜地通过中诗英译的方式,将中国传统文化推上世界的诗坛。值得注意的是,他还利用多次出国的机会,将自己创造的生活教育理论推向了海外,使之汇入世界新教育潮流之中。对此,日本学者还向与会者介绍了生活教育运动在日本的历史与现状,使人们认识到,陶行知的思想与业绩"所具有的国际价值和意义"。

在具体分析和讨论陶行知的教育思想时,代表们注意到,救国思想和人民思想始终是陶行知教育思想体系的最底部的积淀层。他的救国思想与他对人生道路的选择是一致的。早年他曾一度幻想医学救国,但通过对西学的接触尤其对国情的了解,他转而借教育为一方阵地来从事救亡图存的事业。而他的教育救国思想又不同于一般的教育救国论,即不认为只有教育才能救国,而是将教育看作一种途径和工具。就其人民思想而论,与会者进一步探讨了陶行知整个人生哲学的人民性。有的学者认为,陶行知既是一位人民的教育家,也是一位人民的诗人,因此应提倡将"人民教育家陶行知研究"与"人民诗人陶行知研究"结合起来。有的学者还认为陶行知的人民思想在某方面表现了民国时期思想的大方向,代表了近代中国知识分子认识人民大众并与人民大众相结合的时代主流。

在剖析陶行知的教育思想体系时,代表们认真深入地探讨了陶行知的生活教育理论,认为陶行知这种教育理论的成型,平民教育思想及平民教育实践是最为关键的一环。这种理论因为批判地继承了古今中外教育思想的精华,并且结合其时中国国情而不断创新发展,是一种改革传统教育的结晶。因此,这一理论不仅在教育史上是一项划时代的创举,而且具有重大的当代价值和现实意义,尤其是它的“三全”功能仍然具有极为强大的生命力。这种“三全”功能,就是:它首先是扫除文盲、普及教育、治愚与治穷相结合的“全民教育”理论;它也是促进国家现代化、人的现代化的“全程教育”(终身教育)理论;它更是建立“合理的人生”、实现人类的最后解放、培养全面发展的“真人”的“全面教育”理论。故此它又是一种社会改革学说,必将为普及教育、提高民族素质,为教育现代化事业发挥出更大的作用,并且将随着生活的不断前进而得到永无止境的发展。就此,代表们进而将这种教育理论与当前的教育改革,与现时的素质教育等进行了比较分析和综合研究。

代表们认为,陶行知生活教育理论及其实践中最具有浓厚时代气息的特征,就在于他一直注意提高受教育者的整体素质。这种教育正是当前提倡应试教育转轨到素质教育所必须借鉴和吸取的历史遗产。对陶行知素质教育理论的内涵,与会者或认为他主张的培养具有“健康的体魄、农夫的身手、科学的头脑、艺术的兴趣、改造社会的精神”的人这种教育目标最具代表性,或认为他提倡创造教育,对儿童实行大脑、双手、嘴巴、眼睛、空间和时间等“六大解放”最能说明问题,或认为他的素质教育思想主要凝集在“千教万教教人求真,千学万学学做真人”的“真人”教育目的论上。

关于生活教育理论在当前教育改革中的实验及其发展,代表们则主要是以各地的实验总结报告来说明问题,这也是这次国际学术研讨会最具特色之处,正如全国政协副主席钱伟长为会议题词“重在学习研究,贵在实践发展”。此次会议一些代表以实验总结报告形式参加了学术研讨,这些运用陶行知生活教育理论指导现时中国教育改革的科研成果,表明和论证了陶行知教育思想理论具有极为富厚的实践价值和现实意义。代表们一致认为,中国教育现代化事业的进步与发展,还需要陶行知创造的生活教育理论,更需要“由知行到行知,教人者先教己”的人格与精神。

为了反映会议的成果,进一步推动陶行知研究的深入开展和中外学术文化交流,我们对提交会议的论文进行精心选择,编成本书。在编辑过程中,多数论文业经作者自行修改。因时间关系,个别国外学者的论文译稿未经本人校阅,谨致歉意。中外学者由于社会文化背景各异,对于一些问题的看法不尽一致,我们本着学术上的“双百方针”,求同存异,以期展开讨论。限于篇幅，我们还对若干篇幅过长者作了适当的删节。编排时全部论文依据内容分为“总论”、“陶行知的中西文化教育观”、“陶行知与中西文化教育的关系”、“陶行知的教育实践与教育思想”和“陶行知教育思想在新时期的实验与发展”等五大类排列，排列不分先后。

本书的编辑得到了有关方面人士的关心和支持。中国陶行知研究会、基金会的领导方明、张健、王铁城等先生不时来函指导编辑工作。华中师范大学原校长、湖北省陶行知研究会会长章开沅教授和华中师范大学副校长、湖北省陶行知研究会常务副会长邓宗琦教授也拨冗专门为本书撰写序言和论文，并提出指导性意见。人民教育出版社长期以来一直大力支持学术著作的出版，现又资助本书出版；吕达副总编、邱瑾编审和本书责编刘立德先生还对本书的选编提出了许多建设性意见，使本书增色不少，谨此一并致谢！

周洪宇　余子侠　熊贤君

1997 年 3 月于武汉

华中师范大学教育科学学院

本书初版于人民教育出版社，此次被华中师范大学出版社收入“陶行知学文库”丛书进行再版；周挥辉社长、冯会平主任、张怀东编辑对本书的再版提出了许多建设性的意见，使本书增色不少，谨此一并致谢！

周洪宇　余子侠　熊贤君

2020 年 9 月于武汉

华中师范大学教育学院

序　　言

章开沅

1996年是孙中山诞生130周年，陶行知逝世50周年。他们都是对近代中国有重大贡献的伟人，理应给以隆重纪念，彰显其美德，光大其理念，努力实现其未竟之愿。

常言说“自古圣贤多寂寞”。像陶行知这样“捧着一颗心来，不带半根草去”的真人，生前一贯甘于寂寞，而且也决不会计较什么身后之名。但是，社会理应尊重教育和教育家，特别是不能忘记像陶夫子这样伟大的国之瑰宝。他的教育学说乃是我们整个民族应该珍惜与弘扬的一大笔精神财富。正是出于这样的考虑，华中师范大学、中国陶行知研究会、湖北省社会科学联合会、全国教育科学规划领导小组、湖北省陶行知研究会于1996年10月18日至21日在武昌共同主办了“陶行知研究国际学术研讨会”，并将会议论文结集由人民教育出版社出版，让更多的人(特别是年轻人)了解陶行知，学习陶行知，在实践中运用和发展他的教育思想。

再过3年就是21世纪了。就教育的走向与前景而言，机遇与挑战同在，发展与危机并存。一方面是学校的数量与规模剧增，微机网络与其他多媒体等先进手段的广泛使用，使教育的覆盖面与信息量迅猛扩大；而另一方面则是教育理念偏差与教育质量下降的现象普遍存在，且有愈演愈烈之势，这已成为许多国家政府与有识之士的极大心病。人类的未来寄托于教育，而教育的现状却如此令人忧虑。我们这次会议理应把陶行知的教育思想与理论应用于实际，为21世纪教育的发展筹谋策划，至少是提供若干有益的思路。

陶行知教育思想是宝贵的历史文化遗产，它不仅属于中国，也属于整个人类；不仅属于过去，也属于现在和未来。陶行知的著作固然不可能为我们制订21世纪教育发展的具体蓝图，但他早已指明了正确的基本原则与前进方向，如生活即教育、社会即学校、教学做合一、教育的整体改革等等，这些理论与实践经验，都可以作为我们探讨21世纪教育发展的基础。我们只要对照一下当前教育存在的种种严重弊端，如应试教育、忽视通识、德育滑坡，乃至形形色色的借教育之名以牟暴利等等，就可以理解陶行知的教育思想及其实践具有何等重要的价值。应当肯定，陶行知教育思想不仅可以作为当前教育改革的武器，而且可以作为探寻未来教育走向的正确指针。

但是，陶行知是诚实而又谦虚的真人，他从来没有认为自己已经掌握教育科学的终极真理，他的一生正是不断探索教育革新的一生，他留下的所有著作也并未为这种持续探索画下句号。或许可以如此表述：陶行知教育思想是一个永远开放与不断发展的宏大体系。因为他自己在1935年即曾说过："做一个现代人必须取得现代的知识，学会现代的技能，感觉现代的问题，并以现代的方法发挥我们的力量。时代是继续不断的前进，我们必得参加在现代生活里面，与时代俱进，才能做一个长久的现代人。否则，再过几年又要成为时代的落伍者了。因此，我们必须拿着现代文明的钥匙，才能继续不断的去开发现代文明的宝库，保证川流不息的现代化。"(《生活教育现代化》)陶公所期望于我们的，不是膜拜与拘守他的"本本"，而是根据时代发展的需要，根据日新月异的世情与国情，并且通过新的教育实践加以发展，加以升华，加以超越。

四川省陶行知研究会早些年就曾提出"学习、研究、运用、发展"八字方针，说的也是同样的意思。时代呼唤千千万万现代的陶行知，我们在祖国各地都可以看到他们默默奉献、执著追求的踪影。陶学研究者和推行者应该向先贤学习，"捧着一颗心来，不带半根草去"。但是，对于教育的地位与作用，对于陶学研究、推行与发展的伟大意义，我们却没有任何理由安于寂寞、保持沉默。无论古今中外，教育并非单纯被动地适应社会，教育由于其富于前瞻性与潜在能量，能够而且应该推动社会的革新。教育已经在中国现代化过程中发挥很大作用，并将随着社会的进步与自身的发展而发挥更大的作用。我之所以重复这些人所共知的老生常谈，乃是因为现今社会上真正重视教育、懂得教育的人还太少，而口头上重视教育或以谈教育为时髦、其实并不懂得并内心轻视教育的人却又太多。现今又出现一批以社会办教育或教育服务于社会为名，实际上是借教育以谋私利的形形色色的新型"教育家"。面临这样严酷的现实，我们应该勇敢地站出来，捍卫教育的本真与尊严，让社会多听一些真挚的师陶、学陶、传陶的声音，让社会上有更多的人认真学习、运用和发展陶行知教育思想。教育有自己独立的科学品格，教育有强大无比的精神力量，人类历史文化的长河就是靠教育才得以绵延不绝。教育工作者应该增强自己的信心，并且以执著的追求与广大人民一起走向未来。如果在这方面能够凝聚若干共识，那也是此次会议相当的成功！

现在会议早已圆满结束，中外学者提交会议的论文结集即将出版。谨以晚清张维屏的一首诗赠给到会代表和未能到会的所有陶行知伟大事业的继承者。诗云："沧桑易使乾坤老，风月难消千古愁。多情唯有是春草，年年新绿满芳洲。"让我们像平凡至极而又不可缺少的春草一样，年年岁岁以自己的新绿装点祖国的锦绣大地，用自己的全部生命谱写一曲又一曲响彻环宇的教育壮歌吧！

1997 年元月于桂子山

（作者系华中师范大学原校长，撰写此文时为中国陶行知研究会副会长、本届国际学术研讨会主席）

目录

最近十年来的中国陶行知研究会

方　明

一、中国陶行知研究会成立前后的情况

从1980年开始，江苏、安徽、上海、四川首先开展陶行知研究活动，成立了陶行知研究会。1981年10月18日，中国人民政治协商会议在北京召开了纪念陶行知诞辰90周年大会，政协有关领导人发表了肯定陶行知功绩的讲话，恢复了陶行知的名誉。之后，各地相继成立陶行知研究会，江苏、安徽出版陶行知著作，四川编辑出版陶行知研究资料，安徽编辑出版专门研究生活教育学说的《行知研究》，四川、江苏、安徽相继举行学术年会，上海、安徽筹建陶行知纪念馆，北京、上海、安徽、江苏、四川、广东六省市联合倡议成立中国陶行知研究会和中国陶行知基金会。

1985年9月5日，中国陶行知研究会、中国陶行知基金会(后文简称为"两会")在北京全国政协礼堂正式宣告成立。

"两会"的成立是在党的十一届三中全会"坚持实事求是，一切从实际出发"的思想路线指引下，继1981年全国政协在北京召开纪念陶行知诞辰90周年大会之后的又一次重要会议，标志着全国陶行知研究工作在全国范围重新开展，其意义是十分重大和深远的。

"两会"的成立，又一次为陶行知恢复了名誉，并作了高度的评价。中共中央政治局委员胡乔木在会上说："我们评价一个人，要从他的全体、他的一生、他的各个方面来看。从这个观点来评价，说陶先生是一个伟大的、进步的教育家、教育思想家，伟大的民主主义战士，伟大的共产主义战士，伟大的爱国者，所有这些方面，陶先生是完全当之无愧的。"胡乔木代表党中央对陶行知所作评价的重要讲话，进一步澄清和纠正了在错误路线影响下对陶行知评价所产生的错误认识，为在全国进一步全面开展学陶师陶活动奠定了政治基础。

“两会”的成立，充分肯定了由陶行知创立的“生活即教育，社会即学校，教学做合一，在劳力上劳心”的生活教育理论，指出生活教育理论是经济发展、科技进步、提高国民素质、培养社会人才的现实生活需要，是符合辩证唯物主义和历史唯物主义原理，是符合中国国情的。陶行知的教育理论和实践经验是我国宝贵的精神财富，对它进行科学的研究和实验，为我国教育改革和发展服务，是有重要现实意义的。一些领导人也表达了对陶行知教育思想的支持。这些实事求是的思想和科学态度，对鼓励、支持陶行知教育思想的研究和实践，进一步澄清和消除对生活教育理论的误解，为在全国开展学陶师陶活动奠定了学术基础。

“两会”成立后，制定和通过了两会章程。选举产生了以张劲夫为名誉会长、刘季平为会长、方明为常务副会长兼秘书长的中国陶行知研究会领导班子。选举产生了许涤新为会长、张健为常务副会长兼秘书长的中国陶行知基金会领导班子。由此，全国学陶师陶活动由原来分散的、各自独立探索的局面，转变为有领导、有组织、有规划的，上下结合、纵横交流的崭新局面，为全国开展学陶师陶活动奠定了组织基础。

“两会”的成立，又一次在全国人民，特别是在广大教育工作者面前树立起伟大人民教育家陶行知的光辉形象和学习楷模，鼓舞教育工作者热爱祖国、无私奉献、教人做人、艰苦创业、求真创新、忠于人民。现在，宣传、学习陶行知忠于人民的思想，不仅是一部爱国主义的教育诗篇，而且是一部正直做人、防腐倡廉的好教材。

“两会”的成立，使学陶师陶活动在邓小平同志提出的“解放思想、实事求是”的思想指导下，走上了新的发展时期。1991 年 10 月 18 日，“两会”在北京人民大会堂隆重集会，纪念陶行知诞辰 100 周年，以及组织编写的《陶行知诞辰 100 周年纪念集》、《为中国教育改革探路》、《改革师范教育的新路》、《农村教育的出路》、《生活教育之花、富民强国之果》等专著，都是全国学陶师陶成果的总结。这是全体陶研工作者辛勤努力的结果，是中国教育改革新的成就。

自 1991 年纪念陶行知诞辰 100 周年迄今，一些为陶研工作做出贡献先后故去的顾问、委员和理事有：楚图南、黄鼎臣、刘炼虹、范尧峰、许士骐、陆维特、梅克、汪平、高天、朱仇美、陶晓光、潘冷云、戴自俺、叶锦田、白曦、刘心村、操震球、左林、张牧等同志。他们的功绩，值得我们永远怀念。

现在,把十余年来的工作作一简要介绍。

二、关于组织建设工作

会长刘季平生前在“两会”总结发言中指出,“陶行知不是少数人的,是全党、全国以及全人类的”,“陶行知的宝贵精神财富属于全国、全人类,不是哪一家的”,“陶研会一定要搞五湖四海,哪个地方团结面大,哪里的工作就必定开展得好”。

十余年来,“两会”的组织建设就是根据这一原则进行的。从 1980 年开始到 1994 年止,全国已有安徽、江苏、上海、四川、北京、福建、陕西、广东、云南、吉林、湖北、辽宁、浙江、山东、广西、山西、江西、河南、天津、黑龙江、河北 21 个省、市、自治区成立了陶行知研究会,还有内蒙古通辽市也建立了陶行知研究组织。省市所属的地区、县,以及院校基层单位成立陶研组织的,全国约有一千个。据不完全统计,全国已有会员六万多人。

在组织建设方面,我们在坚持五湖四海的同时,还坚持老中青三结合的原则,坚持发展“志愿兵”。现在,中青年人员已有明显增加,说明陶研工作后继有人,大有希望。这支队伍以陶行知为榜样,用陶行知的无私奉献精神做好陶研工作,现在已成为推动教育改革,发展教育事业的一支骨干力量,深得广大人民和教育工作者的称赞。

在学陶师陶方面,从 1990 年 9 月安徽省教委、省教育工会、省教育学会、省陶行知研究会联合发出学习伟大人民教育家陶行知活动的通知后,全国共有安徽、上海、江苏、四川、广西、广东、山西、江西、青海、河南、云南、辽宁、黑龙江、河北、浙江等省市的教委、教育工会、陶行知研究会、教育学会等单位发出了学习伟大人民教育家陶行知活动的通知,从而掀起了学陶师陶的热潮,通过学陶师陶活动涌现出了大量研究、宣传、实践陶行知思想的积极分子。

就目前全国陶研工作情况分析,陶研工作成绩突出,社会影响较大的有江苏、上海、安徽、山西、浙江、四川、福建、广东等省市,在去年上海会议上已予以表彰。各省、市、自治区陶研会对本地区陶研工作成绩突出的市、县、学校等单位和个人,也有不同形式的表彰。

三、关于学术研究和实验工作

党的十一届三中全会以后，全国陶行知教育思想的学术研究非常活跃。十年来，我们在上海举行了三次学术研讨会，在北京、广东、广西、四川、安徽、江苏、山西各举行了一次学术研讨会，1996 年 11 月还将在广州市召开职业教育学术研讨会。从研讨生活教育理论产生的历史背景、社会基础、结构体系开始，进而研讨生活教育理论与古今中外教育思想的相互影响，再进而研讨生活教育理论与当前我国建设有中国特色社会主义教育体系的关系。通过这些研究讨论，澄清了在“左”的思想路线影响下造成的错误评价，阐明了党的教育方针以及老一辈无产阶级革命家的教育论述与陶行知生活教育理论的一致性，发展了一些新的办学模式和新的教育思想和方法。研讨要与实验相结合，各地陶研工作者着重抓了当前农村教育、师范教育、基础教育、职业教育、企业教育以及社区文化教育等实验工作，使学术研讨不断扩展和深化，既促进了当前的教育改革，又发展了生活教育理论。

农业是我国国民经济的基础，农村人口占全国人口的百分之八十以上，农村工作是党和国家的重点和难点。农民素质的提高，农村经济的发展，农村社会主义文明的建设，要靠教育和科技。陶行知在实践农村教育改革的过程中，多次提出过“教育要与农业携手”，“要与科学联系”，“科学要下嫁”，他主张走“政富教合一”的办学路子。这和我们党提出的“科教兴国”的战略决策是完全吻合的。

1987 年，安徽省休宁县溪口区，实行“农科教多位一体”改革实验，效果很好。1989 年，中国陶行知研究会、中华职业教育社、全国教育工会组成联合调查组，对休宁县农科教结合进行考察，回京写了调查报告，并以《农科教结合的一项重要实验》为题刊登在《光明日报》上，宣传了这个经验。同年 12 月，上述三个团体联合在黄山市举办了“农科教统筹协调研讨班”，有 21 个省市自治区 187 位代表参加，通过经验介绍，实地考察等活动，大家认为，安徽省的农科教结合，是十年来改革的产物，它是转变各部门职能，改变条块分割状况，实行优势互补，协调地发展农村经济、科技、教育的有效途径，为农村两个文明建设提供了有益的经验。1990 年 3 月，在全国政协七届三次会议上，方明、黄大能、葛志成、饶传生四位委员作了题为《加强农科教统筹协调，齐心协力把农业搞上去》的联合发言，并草拟了一个《从体制改革入手，对农科教制定统筹协调的具体政策》的提案，得到各民主党派、工商联、人民团体以及经济、文化、教育、科技界131位委员的签名。1990年，农业部、国家科委、国家教委、林业部、中国农业银行在安徽滁县联合召开"部分省市农科教结合工作座谈会"，上述三个团体应邀参加了座谈会并发了言。会后，三团体写了书面意见，建议把"科技兴农"改为"科教兴农"，并分送中央有关部门和中央领导。1991年，在制定国民经济十年规划和"八五"计划建议时，中央征求各方面意见，中国陶行知基金会会长孙起孟建议，把"科技兴农"改为"科教兴农"为好，当场为中央领导同志采纳。1995年，中共中央、国务院提出了"科教兴国"的战略决策。

在这方面，安徽黄山市从1986年开始的农科教统筹实验，山西省吕梁地区前元庄从1987年开始的"村校一体"实验，四川省合川县从1987年开始的"整体改革"实验，山西省屯留县东古村行知学校从1991年开始的"整体教育"实验，江苏省沛县欢口小学从1991年开始的"村校一体奔小康"实验，江苏省江浦县五里行知小学从1993年开始的"村级大教育"实验，都是教育、科技与农业相结合，促进农村经济发展的好典型，是创业型的办学模式，在当地产生了极好的影响，深受农民群众的欢迎。

"师范教育可以兴邦，也可以促国之亡"，培养具有"健康的体魄，农夫的身手，科学的头脑，艺术的兴趣，改造社会的精神"的教师，是陶行知改革师范教育的奋斗目标。各地陶研工作者参与的师范教育改革实验，既包括高等师范教育的改革，又重点抓了农村中等师范教育的改革。安徽、山西、江苏、福建等省陶研会组织编写了学陶师陶教材，摄制了学陶师陶电教片，开设了学陶课程，建立了学习陶行知小组，不少师范院校塑造了陶行知像。十多年来，为数众多的农村师范培养出一批又一批热爱农村、热爱儿童、献身农村和山区基础教育的师范生。他们有一颗"农民甘苦化的心"，战斗在农村的广阔天地里，受到了农民们和学生家长的欢迎和尊敬，说他们是"留得住、教得好、信得过的陶行知的好学生"。

在众多的师范学校中，南京的晓庄师范，安徽的肥西师范、天长师范、徽州师范、蒙城师范、金寨师范，山西的太谷师范、长治师范、运城幼师，四川的绵阳师范，江苏的泰州师范，陕西的凤翔师范，上海的崇明师范、行知艺术师范，福建的福安师范，黑龙江的克山师专，河北的邢台师专，湖北的孝感师专，还有四川的绵阳涪城区教师进修学校，福建的建瓯教师进修学校等，都是学陶师陶结出丰硕成果、决心走行知路的好学校。“中陶会”和当地陶研组织因势利导，抓点带面，曾多次召开过农村师范教育改革研讨会，推动各地师范学校的学陶师陶活动，使师范学校成为培养“众多现代陶子”的摇篮。

普及九年义务教育是我们党和国家的重要国策，关系到国家的前途，民族的兴旺。由于种种历史的、社会的原因，应试教育仍然占统治地位，因而在教育思想、教育体制、考试制度等方面严重影响着国家教育方针的全面贯彻，束缚着九年义务教育的健康实施。变应试教育为素质教育已成为基础教育改革的重大课题。

“中陶会”在80年代末期就开始注意研究素质教育问题，后来了解到江苏省江阴市在这方面的工作抓得早，起步快，思路清晰，方法实在，效果良好，在省教育厅的支持下，我们与江苏省陶研会、省教育学会、省教育工会联合于1993年在江阴市召开有六个省市陶研工作者参加的小学素质教育研讨会。

通过经验交流、现场考察、专题研讨，大家一致认为，江阴市在学陶师陶、借鉴陶行知教育思想推动整体教育改革方面有以下三个主要特点：

(1)“社会主义建设必须依靠教育，教育必须为社会主义经济建设服务”的工作秩序已经建立；

(2)社会、学校、家庭三结合的大教育格局已经形成；

(3)学校内部变应试教育为素质教育，在培养目标、课程设置、评估方法等方面，为全面贯彻党的教育方针打下了良好的基础。

江阴市获得“全国经济百强县(市)”、“全国文明城市”、“全国卫生城市”等荣誉称号，经济与教育紧密结合是其中的一个重要原因。这次小学素质教育研讨会起到了“小会办大事”的作用，使大家对贯彻执行党中央、国务院颁发的《中国教育改革和发展纲要》更加增强了信心。会后编印了《小学素质教育专辑》。

继小学素质教育研讨会之后，1994年“中陶会”又在太原与山西省陶行知研究会、省教育工会联合召开了农村中小学与师范学校素质教育研讨会。把小学素质教育与深化师范教育改革联系起来，要求师范学校培养出来的教师要能担负起把应试教育转变为素质教育这一重要任务。参加会议的十二个省市的代表，对前元庄“村校一体”的实验和太谷师范学陶师陶的现场汇报，印象十分深刻，认为是当前农村教育改革具有说服力的好经验。

创造教育是素质教育的重要组成部分，“中陶会”充分注意了这方面的工作，并联合中国发明协会、中国教育学会，于1993年发起成立了全国中小学创造教育研究会。三年来，各地出现了很多借鉴陶行知创造教育思想开展多种育人形式活动的好典型，如：上海市的和田路小学、东安二村小学，江苏的昆山市中心小学、苏州市大儒中心小学，北京市香厂路小学和沈阳市沈河区团结二校、杭州市行知小学、桂林市育才小学等都做出了突出成绩。

鼓励、支持社会力量办学是党和国家发展教育事业的重大决策，《中国教育改革和发展纲要》发布以后，社会力量办学出现了欣欣向荣的局面，满足了人民群众特别是广大青年求知成才的愿望，受到社会各界人士的重视和欢迎。例如北京行知职业学校校长李淑芬，急社会之所急，把闲散在家的青少年集中起来办学校，二十年来没要国家一分钱，为第二、第三产业培养出了四千多名有用人才。浙江衢州市行知女子职业学校是女青年王建华在陶行知无私奉献精神感召下，拿出全部家财创办的一所走行知路的学校，培养出来的学生深受社会各部门的赏识和欢迎。南京延安精神研究会会长朱刚创办的中华育才学校，是一所“抗大式”的中等职业学校，用“抗大”育人铸魂的方式办学，借鉴陶行知生活教育思想，探索一条为发展社会主义市场经济，传播社会主义精神文明的办学新路子。在改革开放的大潮中，在高等教育改革领域里崛起一批民办高等院校，中国科技经营管理大学1985年创立以来，为国家和社会培养和造就了各类人才一万四千多名。该校以质量和信誉求生存，以效率和效益求发展，克服一个又一个困难，取得一个又一个的胜利成果，受到了社会的承认和好评。由中国农村卫生管理学会主办的黄山医科大学，是面向农村、面向工矿、面向基层，着重培养全科医生，以应社会发展急需的又一所民办高校。该校自力更生，艰苦创业，组织了陶研会，设立陶行知奖学金，借鉴陶行知的教育思想办学，培养无私奉献、一心救死扶伤的新型医生。

“中陶会”非常关注社会力量办学，特别是这些学校里的学陶师陶活动。这是一个新的领域，希望各地大胆实验，积累经验，为发展社会主义市场经济、传播社会主义精神文明培养出更多的高素质人才。

职业教育也有许多好的经验，像广东白云山职业高中，根据生活教育的“人民第一”宗旨，创办现代化学校的目标和内容，提出学校改革与发展的主题是:弘扬行知教育思想，创办现代学校，培养现代人。确立了“树职业理想，立报国大志，学一身技艺，做四有新人”的校训。他们办学的思想活、发展快，学生的素质好，很受用人单位的欢迎。还有浙江金华行知职业高中、福建安溪职业高中、江苏铜山县张集职业高中、山西阳泉交通职业学校、四川宣汉毛坝职业高中、安徽金寨县江店职业高中、广西南宁市行知职业学校、陕西洛川县农职中学和渭南申信职业高中等，都为工厂和农村的经济发展做出了重要的贡献。

江苏省委、省政府从江苏的经济和社会发展的实际出发，提出到 20 世纪末苏南地区首先实现初步现代化，到 2010 年全省基本实现现代化的宏伟规划。教育是社会的一个重要组成部分，社会现代化必须要有教育现代化的支撑，没有教育的现代化，没有教育提供现代化的人和智力支持，社会的现代化是不可想象的。要实现社会的现代化必须首先推进教育的现代化，从 1993 年开始，省教委实施《关于在苏南地区组织实施教育现代化工程试点的意见》，已取得了初步成效。这是一项系统工程、区域性工程，“中陶会”和全国陶研工作者十分关注这项实验，希望他们取得成功，获得丰硕的成果。

1985 年，华中师大组织编辑了《陶行知全集》(6 卷本)，五年后，“中陶会”又组织编辑了十卷本《陶行知全集》。这两套全集是我国宝贵的精神财富，是开展陶研工作的重要基础，应广为宣传，扩大它们在改造现实生活中的导引作用。

江苏在劳山脚下、陶行知墓近旁建立了陶行知纪念馆，新辟了由国家主席江泽民题名的行知园。

安徽在歙县扩建了陶行知纪念馆之后又新辟了由国务院总理李鹏题写园名的行知公园，矗立起伟大的人民教育家陶行知铜像。

在闻名世界的黄山，新建了陶行知诗词碑亭，供中外游人瞻仰。

上海、江苏、安徽三个陶行知纪念馆和淮安新安旅行团历史陈列馆，十余年来共接待国内外参观者 120 万人次。这四个馆，在宣传陶行知生平，进行爱国主义教育，建设社会主义精神文明方面发挥了巨大的作用。

生活教育理论，经过十多年来的实验，是否有了新的发展呢？事实说明，已经有了新发展，主要体现在改革农村教育和提倡素质教育两个方面。山西省柳林县前元庄实验学校的“村校一体”和屯留县东古村行知学校的“整体教育”改革，江苏省沛县欢口小学的“村校一体奔小康”和江浦县五里行知小学的“村级大教育”，他们都是从本地实际生活出发，突破了应试教育的框架，为发展本村经济做出了重要贡献，实现了“科教兴村”，为“科教兴国”开辟了新的途径。这比起陶行知七十年前说的“教育与农业携手”大大前进了一步，更显得生动具体，富有成效。

1995 年 8 月 17 日，山西省人民政府下发了 93 号文件，请各地、市、县结合当地实际，认真学习、推广前元庄实验学校的办学经验。通过人民政府推广生活教育经验，这是陶行知终生的理想，今天在山西实现了，在建设有中国特色的社会主义社会的新中国实现了。

素质教育和应试教育是两种性质不同的概念，应试教育是从个体出发，以书本知识为中心，以个人飞黄腾达为目的；素质教育是从社会生活需要出发，使书本知识与社会实践活动相结合，提高人的整体素质，以富民强国为目的。素质教育与生活教育性质相同，目标一致，都是为了提高国民素质。变应试教育为素质教育，这是党中央和国务院提出的战略性的重大课题，我们陶研工作者要为此努力奋斗。

去年，中共中央召开了十四届五中全会，在《国民经济和社会发展“九五”计划和 2010 年远景目标建议》中提到“实施科教兴国战略，促进科技教育和经济紧密结合”，“坚持物质文明和精神文明共同进步，经济和社会协调发展。大力发展科技教育，普遍提高劳动者素质，培养各级各类人才”。我们“中陶会”根据“九五”计划和 2010 年远景目标建议，已制定出五年工作规划，将和各省、市、自治区陶行知研究会共同努力，为培养 21 世纪高素质人才奉献力量。

（作者撰写此文时系中国陶行知研究会会长、本届国际学术研讨会主席）

中国生活教育运动的历史、现状与未来

周洪宇　操太圣

生活教育运动是五四以后兴起的一种提倡和推行生活教育的教育运动。它是在半殖民地半封建中国的特定历史条件下，由于时代生活的推动，社会文化思潮的影响，一批不满现状、有志改革的教育工作者共同提倡和推行而形成的一种声势甚大的改革传统教育的教育运动。它在社会上产生广泛的影响，成为近现代中国最主要也是最重要的教育运动之一。

这场运动酝酿于20世纪初期，兴起于20年代中后期，发展于三四十年代。其后，因种种原因而渐趋沉寂。但近十几年来，随着社会生活的急剧变化和教育事业的蓬勃发展，该运动又呈再兴之势。正确把握这一运动的来龙去脉，总结其经验教训，对深化当代中国教育体制改革，促进教育事业繁荣，推动社会变革与进步均不无裨益。

一、生活教育运动的历史回顾

任何一种教育运动的兴起，都有其时代和思想的背景作为诱因，而且其酝酿与发展，又每随时代和思想背景等各种因素的改变而推移，既不是倏焉而兴，也不会戛然而止，而是一个持续不断地萌芽、壮大，最终抵于成的历程。生活教育运动的形成过程也是这样。本文试根据该运动本身的消长起伏及其与社会政治、经济和文化教育发展的相互关系，将中国生活教育运动的演进过程大致分为酝酿（1913—1926）、兴起（1927—1930）、发展（1931—1950）、低落（1951—1977）和复兴（1978年至今）五个阶段。

（一）生活教育运动产生的背景与原因

生活教育运动的兴起绝非偶然，它是社会历史的产物，有着特定的时代背景。

生活教育运动是近现代中国社会政治经济和文化教育发展的历史产物。1840 年以后，西方列强凭借其坚船利炮打开了古老中国的大门。帝国主义逐渐与中国封建势力、官僚资本主义相勾结，共同支配和操纵中国社会各个领域，竭力把中国变为其殖民地和半殖民地。中华民族面临着空前的危机。反帝反封建、救亡图存成为时代的中心任务和历史主题。在经济上，由于西方资本主义的刺激，民族资本主义在 19 世纪六七十年代也逐渐产生了，出现了第一批近代工业。第一次世界大战期间，由于各帝国主义列强忙于狗咬狗的战争，暂时放松了在世界各地的经济角逐，中国民族资本主义发展获得了有利的国际环境和国内市场，经济实力得到了明显增长。社会经济的蓬勃发展，对教育提出了新的要求，但旧有的教育却远远不能适应 20 世纪以来中国社会政治经济形势发展的需要。清末以来，在资产阶级革命派和维新派的推动下，出现了废科举、兴学校的教育改革运动。政府陆续颁布了一系列法令并建立了近代新型教育制度，有识之士翻译了不少外国的教科书，引进了从赫尔巴特到杜威等人的教育理论和方法。这些对中国教育从传统向现代过渡都起了某些积极作用。但从教育的总体看，学校教育仍未脱离传统模式，读书做官、书本至上、学校中心等传统思想观念并没有得到根本改变。“老八股教育”和“洋八股教育”合流，教育依然严重脱离社会生活实际，尤其是脱离人民大众的生活实际，无法适应近现代中国社会政治的飞跃发展。生活教育运动就是在这样一种特定社会历史条件下出现的教育革新运动。它提出了一系列教育应面向社会、面向生活、面向广大民众的全新主张，适应了时代的需要，给旧教育以猛烈的冲击。

生活教育运动与西方近现代进步教育思想和运动的影响有着密切的关系。近代以来，西方资本主义发展日趋成熟。科学的进步，近代工业生产的突飞猛进，使教育日益落在时代的后面与生活越离越远，时代要求教育与生活在新的基础上结合。要求改革传统教育，以适应现代社会政治经济文化的迅速发展，已成为西方许多国家的共同要求。一些先进国家中各种新教育思想如雨后春笋般出现。夸美纽斯（1592—1670）、卢梭（1712—1778）、爱尔维修（1715—1771）、裴斯泰洛齐（1746—1827）、赫尔巴特（1776—1841）、福禄培尔（1782—1852）、欧文（1771—1858）等人的教育思想，接踵联袂地影响着世界。19 世纪后半叶至 20 世纪初，一批新教育家又先后涌现，如美国实用主义进步教育运动的代表人物杜威（1859—1952），欧洲以提倡新教育而闻名的蒙台梭利（1870—1952）、怀特海（1861—1947）、罗素（1872—1970）等，他们都反对传统教育，主张尊重儿童个性，以儿童活动为中心，让儿童在活动中发展个性和能力。杜威更是明确提出，“教育即生活”，而不是生活的预备，提倡在实际的生活中、经验中学习。他们的说法虽然不一，基本要求却是共同的，即要使学校教育更加紧密地与社会生活联系起来，以适应资本主义工业社会的新发展，为资产阶级培养接班人。20 世纪初，特别是五四新文化运动之后，西方近代这些新教育思想和运动相继被引进、介绍到中国，从而为生活教育运动提供了丰富的思想资源。中国的教育家们通过批判地继承这些西方的教育理论，结合自身在改造中国教育实践中所获得的宝贵经验，推动和促成了生活教育运动。

当然，生活教育运动的产生，在很大程度上还得力于一大批有志革新的教育工作者（特别是陶行知及其同事、学生们）的积极提倡和推行。这是形成生活教育运动不可缺少的主观条件。说到底，任何运动都是由人促成的；离开了人，就不可能有任何运动的产生和发展。

（二）生活教育运动的酝酿阶段（1913—1926）

20 世纪初年，清政府为了维护摇摇欲坠的封建统治，开始重视教育的实用性，发展实业教育，将实业教育列入学制系统之中，并在 1906 年由学部正式颁布的第一个教育宗旨中，列上了“尚实”一条。1911 年 10 月，辛亥革命爆发，推翻了清朝二百多年的封建统治。1912 年 1 月，孙中山在南京组织临时政府，资产阶级教育家蔡元培担任了首任教育总长。同年 4 月，蔡元培发表了《对于教育方针之意见》，批判了清政府颁布的教育宗旨，提出对青少年进行军国民教育、实利主义教育、公民道德教育、美感教育及世界观教育。在 9 月 2 日教育部颁布的新的教育宗旨中，“实利主义教育”被正式列入。上述种种表明，20 世纪初，人们越来越重视教育的实用性，注重加强教育与生活的联系，反对空洞无用的旧教育，改革旧教育、提倡新教育正成为一股强大的不可阻挡的时代潮流。

1913 年，黄炎培时任江苏省教育司司长。他在《江苏今后五年间教育计划书》及《学校教育采用实用主义之商榷》两文中，首次使用了“生活教育”这一名词，为生活教育运动的形成开启了先声①。由于黄炎培当时地位显赫，在教育界颇有号召力，加之后文又刊载于影响甚大的《教育杂志》上，因此，文章一经发表，“实用主义”、“生活教育”等新名词便不胫而走，流行一时。与此同时，庄俞也撰文响应黄的观点，提倡要“采用实用主义”，改革现行教育体制、内容和方法，并对黄炎培关于“实用主义”、“生活教育”的理论渊源作了进一步追溯②。顾树森在基本赞同他们观点的同时，还提出了补充意见。1914 年，他在《中华教育界》上发表了《实用主义生活教育设施法》一文，深入探讨了现行小学教育的弊端及其根源，提出以“生活教育”作为推行实用主义教育的标准，并较为具体地阐述了以“生活教育”为标准的实用主义学级编制的设施法③。他们的言论，在教育界引起了很大的反响。

1917 年秋，陶行知由美留学返国，应南京高等师范学校之聘，任教育学专任教员，传授西方新教育理论。次年 11 月，他在黄炎培主持的《教育与职业》上发表了《生利主义之职业教育》一文，提出“生活主义包含万状，凡人生一切所需皆属之。其范围之广，实与教育等”④。这是陶行知最初对于生活教育的认识。显而易见，这种认识深受当时流行于国内的教育新思潮特别是上述数人有关主张的影响。

从总体上看，此期由于人们对于生活教育的探讨还较多地局限于实用主义(即职业教育)的范围，生活教育这时主要还是作为一个名词在使用，没有什么系统的理论界说，也缺乏具体的教育实践。因此，这一阶段只能说是生活教育运动的酝酿期。但不可否认，生活教育思想在陶行知身上确已初露端倪。他在担任南京高师教授、教务主任、教育科主任，东南大学教育科主任和教育系主任期间，都极力主张改革旧教育，提倡新教育。他创办了暑期学校和安徽公学，开始积累了推行、组织大规模新式教育运动的经验。另外，他还积极参与组织教育社团活动，出任新教育共进社的《新教育》杂志编辑、主任干事，介绍西方现代教育学说，鼓吹民主与科学，提倡教

---

① 黄炎培:《江苏今后五年间教育计划书》,《江苏教育行政月报》1913 年第 1 号;《学校教育采用实用主义之商榷》,《教育杂志》1913 年第 5 卷第 7 号。

② 庄俞:《采用实用主义》,《教育杂志》1913 年第 5 卷第 7 号。

③ 顾树森:《实用主义生活教育设施法》,《中华教育界》1914 年第 1 号。

④ 陶行知:《生利主义之职业教育》,《教育与职业》1918 年 11 月第 1 卷第 3 期。

育革新。尤其在1922年2月，他被聘为中华教育改进社主任干事，次年8月，辞去东南大学教职，专责中华教育改进社工作，组织和开展了声势浩大的平民教育运动，逐步建立了一定的全国性的声望。这些都为日后推行生活教育运动奠定了必要的组织基础和社会基础。

(三)生活教育运动的兴起阶段(1927—1930)

随着时代生活推动和社会文化思潮影响的加剧，一批致力于改革现状的教育工作者，针对传统教育和洋化教育的弊病，于20年代中期开始共同提倡和推行生活教育主张，在社会上产生广泛的影响，形成一种声势甚大的教育革新运动，生活教育遂逐渐由一个名词发展至一种有理论、有实践的教育主张和教育运动。

首先举起生活教育大旗的是陶行知及其同事、学生们。陶行知自留美回国后，经过数年的教育革新实践，发现以杜威实用主义教育学说为代表的西方现代教育思想，虽然在反对封建传统教育方面有一定积极作用，但它们毕竟不适合中国的国情，平民教育运动也未收到预期效果，遂决心探索一条中国化、大众化的教育新路。自1926年开始，陶行知便决定将工作重心由平民教育转到乡村教育上来。1927年春，他与赵叔愚等人在南京郊外的劳山脚下创办了一所试验乡村师范，这就是闻名世界的晓庄试验乡村师范学校。

晓庄师范既为发展乡村教育培养师资，又成为生活教育理论研究和试验的基地。陶行知在《我们的信条》中说："生活是教育的中心"，还说："乡村学校应当做改造乡村生活的中心"，"乡村教师应当做改造乡村生活的灵魂"①。因此，晓庄学校培养的人才，是和改造乡村生活紧密地连在一起的。在晓庄周围，他们办了乡村医院、民众夜校、中心茶园，还修路，打井，建民众戏台、民众运动场，开办石印厂、织袜厂、合作社，还提倡造林，推广农业新技术、新知识等，努力把乡村教育与乡村生活结合起来，为广大的农民及其子女服务。此项教育试验收到了良好效果，来校参观访问者络绎不绝，希望陶行知派出师生去协助办学者也不在少数。1928年4月，受浙江

---

① 陶行知：《我们的信条》，华中师范学院教育科学研究所主编：《陶行知全集》第1卷，湖南教育出版社1984年版，第651、652页。

省委托，陶行知创办了湘湖师范学校（又称“第二个晓庄”），次年春，又应淮安徽州同乡会邀请，创办了新安小学，陶自任校长。

晓庄师范的成立，大大推动了生活教育理论的完善和发展。1927 年 1 月，《乡教丛讯》创刊，为生活教育运动提供了重要的舆论阵地。陶行知对生活教育理论的研究也更加注重科学，注重国情，注重从人民大众的根本利益出发。他认真总结了三年来生活教育实践的经验教训，发表了《教学做合一》、《在劳力上劳心》、《行是知之始》、《生活即教育》、《社会即学校》等一系列文章，对杜威的教育思想进行了较彻底地改造，基本上形成了自己的生活教育理论体系。

与此同时，教育界的一些怀着改造旧教育、建设新教育宏愿的进步人士在从事民众教育、乡村教育和社会教育的过程中，也逐步认识到旧教育的最大弊端就在于脱离人民大众，脱离社会实际生活，是一种吃人的、以书本为中心的教育；并认为生活教育是革除旧教育痼疾的一剂良方。俞庆棠、陈礼江等人相继撰文宣传生活教育主张。

30 年代初，为了配合蒋介石在国民党统治区开展“新生活运动”，陈果夫、陈立夫等国民党政府官员和御用学者也忽然对生活教育感起兴趣来，纷纷成立生活教育研究会，写文章，出专辑，鼓吹生活教育。一时间，“生活教育”的口号声不绝于耳，煞为热闹。

这样，尽管各自的动机和目的不尽一致甚至大相径庭，但由于大家不约而同地提倡和推行，尤其是以陶行知为代表的生活教育派的大力推动，在 20 年代中期以后终于逐渐在全国形成了一个影响广泛的生活教育运动，给死气沉沉的旧中国教育界带来了一线生机。

（四）生活教育运动的发展阶段（1931—1950）

进入 30 年代，随着社会政治、经济形势的不断变化，尤其是抗日战争的全面爆发，民族救亡运动的方兴未艾，陶行知的爱国热情更加高涨，几乎是全身心地投入生活教育理论的实践、创造、革新和探索，百折不挠，艰苦奋斗，推动着生活教育运动不断地向前发展。

1930 年 4 月，晓庄师范被国民党政府封闭，陶行知本人遭通缉，被迫流亡日本。生活教育运动似乎处于静止状态，但它在教育界的影响已不可小觑，不但“教学做合一”已流传各校，而且为在全国掀起普及教育运动奠定了必要的基础。1931 年陶行知回到上海，创办自然学园，设立儿童科学通讯学校，编辑《儿童科学丛书》，从事“科学下嫁”运动。这虽在形式上有别于前期的乡村教育运动，但仍和“改造国民，创造新中国”的思想一脉相承。在此背景下，1932 年 10 月山海工学团在上海成立，它将工场、学校和社会打成一片，使生活教育与工农业生产和社会政治斗争紧密结合，特别是提出团结救国的主张，宣扬教育必须配合政治要求，这是生活教育理论的新创造、新发展。以此为起点，普及教育运动开始大规模地发动起来，渐有普及教育助成会的组织，又产生“即知即传”的“小先生”制，并于 1934 年出版《生活教育》半月刊，有计划有系统地宣传普及教育运动。

生活教育在普及教育运动阶段已逐渐加强与半封建半殖民地的中国社会结构的政治需求相配合，这完全是与其“生活即教育、社会即学校”的观点相一致的。因此，当日寇侵我国土、害我人民，北平学生率先反抗，爆发了“一·二九运动”之后，生活教育者便首先起来响应，于 1936 年发起成立了国难教育社，拟定了国难教育方案，自觉地将教育工作与抗日救亡斗争结合起来，在全国广泛地推行国难教育运动。至此，他们已经明确地意识到社会是一个统一体，其中各部门应相互依存，在认识上获得了很大的提高。其后，陶行知远赴海外，广泛宣传他的生活教育理论，争取国际友人的援助。

“七七”事变后，全面抗战开始，生活教育者又主张改革学制，调整课程，革新教育方法，加强政治教育和抗战需要的知能教育，并出版《战时教育》旬刊，同时在上海、武汉等地大规模地创办抗战知识训练班，并联合各地教育界人士组成抗战教育研究会、全国战时教育协会等团体，积极开展战时教育运动。在这一时期，生活教育愈发壮大，为中国教育增添了新的活力。概括说来，主要表现在：(1)它为当时各机关、部队、团体及一切不愿做亡国奴且随时追求真理和进步的同胞提供了一个最经济最有效的教育方法；(2)它提倡民族精神的发扬、集体意识的增进、组织教育的加强以及集体生活教育的建立；(3)它倡导教育上民主精神的树立和自觉性的启发；(4)坚决主张教育与抗战建国的需要相配合①。1938 年 12 月 15 日，生活

① 戴伯韬：《生活教育发展史纲》，胡晓风、金成林、龚思雪、杨韬主编：《生活教育文选》，四川教育出版社 1988 年版，第 203—204 页。

教育社在桂林正式成立，陶行知被选为理事长。该社的成立是生活教育运动发展史上的一件大事，在其社章中开宗明义地提出了建社宗旨，明确了社务，健全了组织，规划了职权，如此等等，使其成为领导全国生活教育运动的核心，推行生活教育运动的“先锋部队”①。自此，生活教育运动走上有领导、有组织、有计划的发展道路。

1939年，抗日战争进入相持阶段。陶行知敏锐地感到有必要促进战时教育向深广发展，乃适时地提出，教育要随着战争的展开而开展，要推行全面教育。在此期间，他为实现“办难童学校，收容教养在战争中流离失所的苦难儿童”之愿望，于该年7月在四川合川创办了育才学校，作培养人才幼苗的分组实习实验。其生活教育内容在这个时期最重要的变化就是体现了德、智、体、美、劳的和谐发展，既设有普通课，又设有分专业的提高课，还实行创造教育训练，发展高年级学生研究能力，从而进一步丰富、完善了生活教育理论。

抗日战争胜利后，争取和平民主、人民要求解放的斗争形成波澜壮阔的洪流。陶行知又把工作重点放在民主教育运动方面，1945年10月，《战时教育》杂志改名为《民主教育》。次年1月，社会大学在重庆创立，它主要让学生学习民主革命理论和参加反对国民党反动派卖国投降、专制独裁的革命活动，使生活教育为革命斗争服务，成为半封建半殖民地社会的革命教育。该校很快成为革命的熔炉、人才的摇篮。

陶行知的教育实践，始终围绕着把生活教育的理论变为生活教育的现实这一中心，乡村教育运动、普及教育运动、国难教育运动、战时教育运动、全面教育运动和民主教育运动，都是生活教育的现实。陶行知正是通过开展生活教育运动，为贫弱的中国在教育方面找到了一条光明的道路。1946年7月25日，这位“伟大的人民教育家”终因积劳成疾，患脑出血逝世。

陶行知虽然去世了，但生活教育运动并未停息，他创立的生活教育学说在此之后继续得到发展，萌芽学校的诞生便是很好的例证。1947年5月4日，高衡创办了德都萌芽乡村师范学校。该校根据我国新民主主义革命时期的民族的、科学的、大众的文化教育方针和当时农村建设需要，运用陶行知的生活(实践)教育原理与方法，培养建设农村的人才。为了传播陶行

① 王洞若:《生活教育运动与生活教育社》，胡晓风、金成林、龚思雪、杨韬主编:《生活教育文选》，四川教育出版社1988年版，第193页。

知思想，他们印发了 2000 册《行知教育论文选》，把“教学做”改为“做学教”，表示以实践教育为中心。经过 3 年努力，学生发展到 366 名，更重要的是这些学生都已接受了相当程度的教育和训练，特别是他们实际生产知识技能扎实，是文化劳动的双面手，其中就包括了新中国第一代女拖拉机手梁军①。

陶行知等人在注重教育实践的同时，也认真总结了生活教育经验，表现为对于生活教育理论的研究和阐述更全面、更深入。这一阶段，陶行知陆续发表了《生活教育之特质》(1936 年)、《告生活教育社同志书》(1939 年)、《创造的儿童教育》(1944 年)、《实施民主教育的提纲》(1945 年)、《全民教育》(1945 年)等重要文章，把他的生活教育理论发展到一个新阶段。同时，他的同事、学生们也先后发表了不少探讨和宣传生活教育的文章，如刘季平的系列论文《文化与教育一般之特质》、《教与学》、《凝膨教学法》、《科学化的生活教育》(1935—1936 年)，王洞若的《生活教育的涵义》(1939 年)、《生活教育运动与生活教育社》(1939 年)，戴伯韬的《生活教育发展史纲》(1940 年)、《生活教育》(1940 年)，张健的《生活教育是什么》(1942 年)，程今吾的《教育的本质》(1944 年)，陆静山的《陶行知的教育方法——教学做合一》(1946 年)等，进一步完善和丰富了陶行知的生活教育理论。此外，教育界的许多知名人士(包括解放区共产党的老教育家徐特立等人)也对陶行知的生活教育理论作了不少中肯的评价，扩大了生活教育的影响。生活教育的重要主张尤其是陶行知的“生活即教育”、“社会即学校”、“教学做合一”、“即知即传”、“小先生制”等在全国不少地方(包括中国共产党领导的解放区)广为流传与运用，甚至连海外的某些国家和地区(如日本、印度、印尼、缅甸等)也对陶行知的生活教育理论产生了浓厚兴趣，有的还开展了不少具体的实验工作，并取得一定的成绩②。这些都表明 30 年代以后生活教育运动进入了它的兴盛期，发展到一个新阶段。

二、生活教育运动的现状扫描

由于一大批有志革新的教育工作者(特别是陶行知的生活教育派)的

---

① 刘维汉:《生活教育简论》，哈尔滨工业大学出版社 1996 年版，第 204—205 页。

② 参见周洪宇:《陶行知研究在海外》，人民教育出版社 1991 年版，第 1—36 页。

大力提倡和推行，也由于社会各个方面对生活教育主张的重视、肯定和宣传，更由于它本身具有适合时代要求的合理性和进步性，在很大程度上符合并满足了20年代以后中国社会政治经济和文化教育发展的迫切需要，生活教育运动由萌芽而兴起，终至大发展，在社会上产生了广泛而深刻的影响。但在它进入50年代以后，却经历了一次大曲折，直到70年代末，才又重新焕发出青春的活力。

（一）生活教育运动的低落阶段（1951—1977）

1951年，电影《武训传》遭到批判，陶行知受到株连，被扣上了“改良主义”、“实用主义”等帽子，打入了冷宫。当时模糊了学术问题、艺术问题与政治问题的区别，采取搞运动的方式，将这些问题上纲上线，其后果一直影响到拨乱反正之前。它为历史学研究、电影创作以及教育事业的发展设置了重重障碍，使陶行知的声望受到近30年的歪曲贬低，陶行知教育思想也成了研究的禁区，生活教育运动在此阶段遭受重大挫折。1957年邓初民、陈友松等人提出重新评价陶行知，但不久反右运动的开展，使此良好愿望落空。

（二）生活教育运动的复兴阶段（1978年至今）

1978年党的十一届三中全会胜利召开，提出了“解放思想，实事求是”的正确主张，拨乱反正工作在各个领域（包括教育领域）里广泛而深入地展开，陶行知的名誉终于得以恢复，各种陶研机构相继成立，陶研学术会议次第召开。人们在理论上、实践中重新恢复了对生活教育学说的研究和探讨，生活教育运动走上了复兴之途。

（1）陶行知的平反，为生活教育运动争取了政治保证。1981年10月18日，中国人民政治协商会议在北京隆重集会纪念陶行知诞辰90周年，邓颖超、胡愈之等中央领导人分别在会上讲话，对陶行知给予了高度评价，指出他是“人民教育家、爱国民主人士”，“进步的思想家”，为其正名平反。1985年9月5日，中共中央政治局委员胡乔木同志代表党中央在中国陶行知研究会、中国陶行知基金会成立大会上又做了一次具有历史意义的重要讲话，认为应该从“全体”、“各方面”对陶行知进行评价，进一步澄清和消除了在错误路线影响下对陶行知评价所产生的错误认识，重申陶行知是一位“当之无愧”的“伟大的、进步的教育家、教育思想家，伟大的民主主义战士，伟大的共产主义战士，伟大的爱国者”，彻底地为其平反，从而在政治上为生活教育运动向更深更广层面发展提供了重要保证，奠定了必要的基础。

(2)陶研机构的涌现，为生活教育运动提供了组织保证。十一届三中全会以后，率先恢复生活教育研究工作的是陶行知当年的学生和朋友们。1979 年，操震球、杨寿南、李勋南、丁右涵、陈文达、高越等人一起在安徽组织了陶行知研究小组，次年成立了陶行知研究会，出版了第一期《行知研究》。此举获得当时安徽省委书记张劲夫的大力支持。与此同时，江苏、四川、上海三省市也设立了陶行知研究会，并举行学术年会，出版研究成果，积极推动陶行知教育思想研究的深入。其后又相继设立陶行知研究会或陶行知研究组织的省市有广东、福建、北京、浙江、陕西、湖北、江西、湖南、山东、内蒙古、辽宁、吉林、黑龙江、云南等，一时间，陶研之花开遍了中华大地。

1984 年 10 月，北京、上海、江苏、安徽、四川、广东 6 省市联名倡议成立中国陶行知研究会，不久于屯溪召开了有 17 个省市代表参加的座谈会，商讨成立全国陶研组织事宜，并向中共中央宣传部递交了申请报告，12 月申请获准。次年的 9 月 5 日，中国陶行知研究会和中国陶行知基金会在北京正式成立，确定了“两会”工作的宗旨，产生了领导机构。它标志着陶行知教育思想的研究突破了从前那种区域性的、分散的、各自为政的局面，走上了有组织、有规划的道路，从组织上保证了全国的生活教育研究工作得以如火如荼地开展。到 1994 年底，全国成立有陶行知研究会的省市自治区有 21 个之多。另外，各地由省市所属的地区、县以及院校，甚至包括工厂、企业等基层单位成立陶研组织的也近千个，全国的陶研人员则逾 6 万之众。

(3)政府的倡导，为生活教育运动带来了巨大的推动力。1990 年 9 月，安徽省教委、省教育工会、省教育学会和省陶行知研究会联合发出通知，号召学习伟大的人民教育家陶行知。此举在全国产生了巨大反响。其后，相继又有上海、江苏、四川、广西、广东、山西、江西、青海、河南、云南、辽宁、黑龙江、河北、浙江等省区市的教委、教育工会、教育学会、陶研会等单位发出了学习陶行知活动的通知。生活教育理论由于是在反对旧教育的基础上逐步发展起来的，是科学的、进步的，符合中国国情的，对它的研究和实验，有助于我国教育的改革和发展，因而也获得了国家领导人的支持。1991年10月，为纪念陶行知诞辰100周年，江泽民总书记写下了“学习陶行知教育思想，促进教育改革”的题词，李鹏总理的题词为“学习、研究、运用、发扬陶行知的教育思想，为发展社会主义教育事业服务”，从而使生活教育运动开始由一种纯民间的、群众性的自我教育活动发展到由教育行政部门出面领导，以及和教育工会、教育学会等有关部门密切配合、帮助推动的新的阶段。

(4)学术研究的盛行，为生活教育运动提供了理论指导。随着陶行知政治上的评价得以拨乱反正，学术界也恢复了对生活教育理论的研究，取得了显著的成绩。首先，在有关各方的高度重视和共同努力下，生活教育资料的搜集和出版工作取得了很大成绩。集中表现在陶行知的各种文集、选集乃至全集纷纷出版，其中尤值一提的是华中师范大学教育科学研究所经过3年多的艰苦努力(1982—1985)，编辑出版了360余万字的《陶行知全集》(六卷本)，在生活教育研究史上树立了一座巨大的里程碑。数年后，中国陶行知研究会又在其基础上组编了新版《陶行知全集》(十卷本)，其内容更为丰富，注释更加准确，进一步促使生活教育研究走向深入。其次，生活教育的研究领域不断扩大，研究内容不断深化。十余年来，全国各地纷纷举行学术研讨会，从研讨生活教育理论产生的历史背景、社会基础、结构体系开始，探讨了其中的乡村教育思想、普及教育思想、民族教育思想、女子教育思想、幼儿教育思想、师范教育思想、职业教育思想、高等教育思想、成人教育思想、终身教育思想、科学教育思想、创造教育思想等，进而研讨生活教育理论与古今中外教育思想的相互影响，阐释了陶行知与杜威、武训、王阳明、蔡元培、黄炎培、张謇、徐特立、方与严等人的关系，再进而研讨生活教育理论与当前我国建设有中国特色的社会主义教育体系的关系，出版了《为中国教育改革探路》、《改革师范教育的新路》、《农村教育的出路》等专著。通过这些研究、讨论，进一步论证了陶行知创立的生活教育学说是符合马克思主义教育原理的，是符合我们党的教育方针的，因而对我国现阶段的教育改革和发展具有重大的借鉴价值。理论研究愈深入，借鉴也就愈顺利，也就愈容易出成效。

(5)国际学术交流的加强，为生活教育运动国际化创造了条件。由于陶行知不仅是近代以来中国的大教育家，也是具有国际影响的教育改革家，其生活教育理论与实践构成了 20 世纪以来世界范围内勃然而兴的教育革新思潮和运动的重要组成部分，对世界上许多国家(尤其是第三世界国家)教育改革和发展，曾经产生并且还在继续产生着程度不同的影响。因此，生活教育也成为世界许多国家和地区的教育家、历史学家关注的研究领域。国内陶研界非常重视国际间的学术交流，注意译介国外学者优秀的有参考价值的研究成果，如翻译日本学者斋藤秋男的《陶行知评传——政治抒情诗人的一生》，出版《陶行知研究在海外》等，加强与外国的有关组织进行学术往来，如与日本的生活教育联盟建立友好的合作关系等。尤其是 1996 年 10 月，在武汉的华中师大首次成功地举行了"陶行知研究国际学术研讨会"，更促使生活教育运动向国际化的发展方向上迈进了一大步。

(6)教育实验的开展，为生活教育运动积累了丰富的经验。生活教育的研究者们自觉地将研讨与实验紧密联系起来，他们结合本地实际，确定研究专题，把生活教育理论贯彻、落实到具体的教育实践中去，既促进了当前的教育改革，又发展了生活教育理论。1987 年，安徽省休宁县溪口区开始实行"农科教多位一体"改革实验，在全国产生了很大的影响。即以发展农村经济为中心，以科技为动力，以农村职业学校(或其他教育实施)为载体，通过统筹协调，使三部门的人力、物力、财力得到综合利用，合理配置，发挥各自优势，相辅相成，取得人才培养、科技发展和经济振兴的最佳效益，加速了社会主义新农村的建设①。

与此相类似的实验还有 1986 年开始的安徽省黄山市的"农科教统筹"实验，1987 年开始的山西省吕梁地区前元庄的"村校一体"实验，四川省合川县的"整体改革"实验，1991 年开始的山西省屯留县东古村行知学校的"整体教育"实验，江苏省沛县欢口小学的"村校一体奔小康"实验，1993 年开始的江苏省江浦县五里行知小学的"村级大教育"实验等。这些教育整体改革实验的出现，表明了生活教育运动在社会主义时期获得了很大发展。

除农村教育改革外，生活教育的实验领域还包括师范教育、职业教育、工矿企业教育、高等院校、特区教育等。其学科研究方面，除社会科学研究

① 安徽省黄山市陶行知研究和教育改革实验区:《生活教育理论在黄山的实践》,《中国陶行知研究基金会会讯》1993 年第 65 期，第 7 页。

外，也涉及自然科学和技术科学研究领域。这就在华夏大地上重新振起生活教育运动之雄风，产生了如南京的晓庄师范、山西的太谷师范、安徽的徽州师范、黑龙江的克山师专、湖北的孝感师专等众多决心走行知路，并在教改实验中硕果累累的样板师范学校；出现了如江苏省江阴市这样的注重素质教育，加快经济与教育结合的"全国经济百强县(市)"、"全国文明城市"、"全国卫生城市"；诞生了如北京市香厂路小学、苏州市大儒中心小学、上海市和田路小学等借鉴陶行知生活教育思想取得突出成绩的好典型；涌现了如北京行知职业学校、南京中华育才学校、安徽黄山医科大学等以生活教育理论为指导思想的民办学校；创办了如广东白云山职业高中、浙江金华行知职业高中、山西阳泉交通职业学校、安徽金寨县江店职业高中等弘扬陶行知职业教育思想的职业学校，如此等等，不一而足。

短短的十余年里，生活教育运动无论其发展速度、规模，还是产生的影响都已达到空前的程度。数量可观的教育实验既是陶行知教育思想直接指导下的产物，又反过来发展、丰富了他的生活教育理论。尤其是倡导科教兴村，较之陶行知的"教育与农业携手"观点显然已有长足的进步，为科教兴国开辟了一条崭新的途径。

三、生活教育运动的未来展望

生活教育运动是20世纪中国社会转型与教育改革的产物，也是20世纪世界教育革新运动的重要组成部分。它不仅适应了20世纪中国社会转型与教育改革的需要，也符合当代世界教育潮流的发展趋势。因此，生活教育运动具有旺盛的生命力，必将在未来的岁月中得到进一步的发展，发挥更大的作用。

第一，生活教育运动将更加有领导、有组织、有计划地推展。

中国陶行知研究会、基金会及地方(主要是各省市)陶行知研究会作为推动生活教育运动的核心机构，将一如既往地领导陶研活动能多角度地在多层面上发展。其自身也将随着生活教育运动的渐趋深入和持续拓展，而不断调整、完善组织机构，其中领导班子队伍建设问题更将成为一项重大举措。一方面，那些老同志壮心不已，雄风犹存，继续为开展生活教育运动这项伟大事业贡献余热，他们是陶研会的坚实基础；另一方面，一部分中青年同志脱颖而出，他们谦虚好学、精力充沛、富于创造，成为陶研会领导集体中的新鲜血液。老中青的紧密协作，必将促成领导班子世纪交替工作的顺利完成。

在中陶会及各省市陶研会的有组织领导下，陶行知的崇高风范、伟大人格和富于创造性的生活教育理论势必感召更多人献身于教育事业，投身于生活教育运动的热潮中去。毋庸置疑，生活教育运动在即将到来的21世纪里肯定会得到更大的发展，陶研机构势将成立更多，并出现由省级向地市县、学校、企业、社区拓展的良好态势。

生活教育运动的推展还将是有计划、有步骤、有重点的。1996年“中陶会”制定了“九五”规划，确定了今后五年内陶研活动的主要内容，成为推动生活教育运动在“九五”期间继续发展壮大的指导性文件，从而保障陶研工作按步骤有计划地开展。同时，为了巩固已有成绩，提高研究水平，确立师陶典型，开创跨世纪陶研新局面，“中陶会”有必要建立陶研基地，胡国枢同志于1996年10月提出“关于建立八个陶研基地的设想”极富启发意义。它不仅是今后陶研工作不断深化的需要，也是陶研组织求生存、谋发展自身建设的需要，它将使生活教育运动在建设有中国特色的社会主义，落实科教兴国的战略思想方面发挥更大作用。

第二，生活教育的试验实验与学术研究将向纵深发展。

实践陶行知教育思想的试验实验工作一直得到教育界（尤其是陶研界）的高度重视，在农村教育、师范教育、基础教育、职业教育、企业教育以及社区文化教育等各个领域广泛展开，既促进了当前的教育改革，又发展了生活教育理论。为了能与我国教育事业发展和改革的需要紧密配合，生活教育的试验实验工作必将向纵深发展。已有的试验实验点将进一步总结提高，扩大成果，逐步推广，在更大范围、更深层次进行试验和运用；而尚未开展的地市也会从本地实际出发，尽早确定试验学校，组织实施。随着科学技术的日益现代化，大批先进的仪器、设备、科学思维方法、实验手段的大力推广和应用，生活教育的试验实验还将呈现科学化、合理化的趋势。

与此同时，对生活教育的学术研究也将进一步加强。主要表现为：(1)更广泛地挖掘搜集和翻译出版国内外有关资料和研究著作，这是生活教育研究得以顺利开展的前提条件。虽然近十几年来，在有关各方的高度重视和共同努力下，生活教育资料的搜集和出版工作取得了很大成绩，但必须指出，上述材料多属陶行知本人著述，仅凭此点要想全面深入研究陶行知及其生活教育还远远不够，何况即使是陶本人著述，也仍有遗漏，有待整理。因此，陶研界将会突破现有的把生活教育研究资料理解为就是陶本人著述的狭隘的思想观念，形成一种生活教育研究的大资料观，把一切与陶行知及其生活教育有关的资料，无论中外进行广泛而深入的挖掘搜集并出版。(2)研究领域将不断拓宽，研究内容将逐步深化。相对于过去仅仅把研究范围局限在生活教育的原理以内，目前研究者已把研究目光投射到陶行知教育学说的各个方面，这是一个不小的进步。然而，严格地说来，所有这些研究仍然属于一种范围有限的生活教育研究，没有突破现有思想研究的一般框架。可以预见，21 世纪的生活教育的研究领域，除了对陶行知本人及生活教育思想的研究进一步深入以外，更从一个广阔的历史时空里，把生活教育作为一种教育思潮和流派来研究，甚至开拓生活教育运动研究之研究的新领域，这将使我们的研究工作上升到一个更高的层次，具有新的理论视野和历史高度。鉴于这种宏观研究的特点，未来的生活教育研究将特别注重运用比较方法，开展各种大跨度的比较研究，如对陶行知与国内外著名人物进行比较研究，对生活教育思潮和流派与近现代中国教育思潮和流派进行比较研究，以及对生活教育思潮和流派与近现代西方教育思潮和流派进行比较研究等等，以考镜源流，辨析异同，弄清关系，加深认识。

另外，由于对生活教育的研究是以促进建立具有中国特色的社会主义教育体系为宗旨的，因此，生活教育理论研究还将与我国教育改革紧密结合，以研究促进改革，以改革推动研究①。

第三，生活教育理论将得到新的丰富和发展。

生活教育理论之所以产生如此深远、广泛的影响，其原因不仅仅在于其理论本身的进步和科学，也由于当代人(尤其陶研界)对此理论精髓的继承和发扬，促其不断丰富和发展，使之符合当前我国教育发展的需要。如创业教育的提出与推行完全是生活教育理论在当代的发展，1987 年四川省教委批准合川县实施生活教育的整体试验，其先主要开展学陶活动，使全社会逐步明确生活教育的目的和意义。次年，胡晓风正式提出开展“创业教育”，为生活教育理论充实了在新的历史时期的内容，得到四川省有关领导的高度重视，并在试验过程中，“队伍日渐扩大，经验日渐积累，理论日

① 周洪宇:《生活教育研究如何深入》,《华中师范大学学报》1991 年第 6 期。

渐丰富，成果日渐显著”①。与之类似，安徽黄山的“农科教统筹”，山西前元庄的“村社合一”，上海和田路小学的“创造教育”等，无不是陶行知生活教育理论在我国当前社会环境中的极大丰富和长足发展。它们与陶行知的生活教育理论存在着明显的血缘关系，但又绝非生吞活剥，而是在继承生活教育理论精神实质的基础上，根据当前我国社会经济的需求以及现实生活的需要而有所创新，是陶行知生活教育理论在新时期的发扬光大。我们深信，这些教育试验或理论必定会随着人类的不断发展而渐趋完善，在未来的21世纪里，将会有更多更好的以生活教育理论为基础的教改试验实验脱颖而出，更新更成熟的教育理论得以萌生发展，生活教育理论经过不断充实，不断改进，必将得到新的丰富和发展。

第四，中国的生活教育运动与国外的特别是日本的生活教育运动将更加紧密地联系起来，相互借鉴，相互推动，使生活教育运动成为一个影响更大的国际性教育运动，对当代的教育改革产生更大的影响。

陶行知不仅是近代以来中国的大教育家，也是具有国际影响的教育改革家；他的生活教育理论和实践，不仅是半殖民地半封建时期中国人民大众争取自由平等、繁荣富强的教育理论和实践，同时又是20世纪以来世界范围内勃然而兴的教育革新思潮和运动的重要组成部分，对中国以及世界上其他国家的教育改革和发展，曾经产生并且还在继续产生着程度不同的影响。因此，生活教育运动不仅在国内蓬勃发展，在国外也声势不凡，尤以日本为甚。近几年来，随着中外文化交流的日益开展，在中外学者的共同努力下，国内外的生活教育运动增加了沟通的渠道和机会；但不容否认，由于长期隔绝和封闭，这种联系还有待进一步调整、加强。随着生活教育运动在世界范围内广泛而深入地开展，以及人们认识的普遍提高，中国的生活教育运动必将走出国门，与国外的特别是日本的生活教育运动携手并进，在相互借鉴中求取发展，从而在世界上形成一场具有更广阔更深远的国际性教育运动，为推动世界各国的教育改革作出不可估量的贡献。

第五，生活教育运动将对未来中国教育改革乃至社会发展产生更大的作用。

---

① 姚文忠、金成林：《创业教育的理论和实践》，《中国陶行知研究基金会会讯》第61期，第13页。

生活教育理论不同于一般的理论之处，在于它在本质上是一种实践(行动)的教育学说，具有很强的操作性，能为我国的教育改革与发展提供有益的理论借鉴，其“教育立国”思想有助于我们牢固树立“百年大计、教育为本”、“社会主义建设必须依靠教育”的观念，从而采取切实措施，保障教育在社会主义现代化建设中的战略地位；其“生活即教育”的主张启示我们教育必须与社会生活紧密结合，为社会主义物质文明和精神文明服务，为人民大众生活水平的不断提高服务；其“社会即学校”的主张要求我们根据社会发展的需要，采取各种教育形式，开展大规模的教育活动，构建多层次、多形式、开放的大教育体系；其倡导的“全面教育”的论断提醒我们要把德育放在重要地位，强调教育与生产劳动相结合，培养德智体美劳全面发展的社会主义现代化事业的建设者和接班人；其“教学做合一”的观点号召我们加强理论联系实际，培养学生解决实际问题的能力；其提倡的“小先生制”，对我国加快扫盲速度，提高中华民族的基本素质有很大的借鉴价值。陶行知的师范教育为“国家托命”之所在的师范教育思想和他“捧着一颗心来，不带半根草去”的无私奉献的崇高师德，将激励更多人投身于光荣而伟大的教育事业。他的重视农村教育的观点，正确对待中外古今教育经验的态度，都将是未来中国开展教育改革时应该继承学习的内容。

同时，生活教育运动还是教育运动与社会整体改革合一的运动，陶行知主张“政富教合一”，把教育与政治、经济打成一片，这对于我们改变目前教育自教育、政治经济自政治经济的局面，把教育、政治、经济三方面问题作为一个整体来统一考虑，全盘规划，使教育在社会整体改革中与政治经济协调并进，相互推促，颇有启示作用①。

作为一种颇具生命力的运动，生活教育运动经过大半个世纪的发展壮大，已在社会上产生了极其广阔而深刻的影响。随着人们认识的进一步深入，实践活动的进一步开展，生活教育理论必将不断发展，趋于完善，在中国乃至世界教育改革和社会改革的伟大实践中发挥越来越大的作用。

（周洪宇撰写此文时系华中师范大学教育科学学院教授、博士生导师，湖北省陶行知研究会秘书长；操太圣撰写此文时系中南政法学院讲师）

---

① 董宝良:《陶行知教育学说》，湖北教育出版社 1993 年版，第 511—512 页。

日本的生活教育历史及其现状

——与陶行知的邂逅以及日本生活教育运动的轨迹

[日本]中野光　著　祝振媛　译

一、引　言

在日中两国关于陶行知学术问题的研究中，有两件尚已明确的重要史实。

其一，陶行知曾在1930年秋到1931年初这段时间从上海秘密亡命日本，先后辗转、滞留于东京、京都等地。

事情发生在1931年的"九一八"日本侵华战争的前夕。虽然目前尚不清楚陶氏东渡日本取之于何种渠道，但毋庸置疑，他对日本一步步走向军国主义的社会动向却十分关注。尽管陶氏在日本生活的时间很短，但他却利用一切可能的机会考察了国立图书馆、东京大学。在京都，陶行知仔细观察了前来明治天皇陵墓参拜的日本人的表情，敏锐地发现劳动人民对这个天皇制国家的"赤诚之情"十分淡漠。我个人认为，这件事对研究陶行知的生平、思想非常重要。

其二，上述之事经过三年半以后，1934年4月10日，一个自称是陶行知学生、名叫叶维奏(真名不详)的人同数名中国留学生一起，访问了东京池袋的一所小小的私立学校，同该校教师牧泽伊平、户塚廉等人一起座谈。在座谈会上叶维奏介绍了陶行知的教育思想、教育运动。翌年，1935年1月，牧泽在由生活教育研究会创办的月刊《生活学校》的创刊号上以"中华民国的新教育"为题，介绍了陶行知在晓庄师范学校开展的新式教育和"小先生"运动。这是日本教师写的第一篇关于陶行知教育运动的论文。

化名为叶维奏的中国教师为什么要访问池袋的学校？欢迎他们的牧泽和户塚等日本教师为什么会如此热心倾听叶氏的介绍？这些纯属历史的偶然吗？我认为，这绝不是偶然。陶行知的思想被日本教师所了解，给牧泽、户塚等人施以重大影响这是历史的必然。牧泽虽然在1945年逝世了，但是户塚无论在战争期间还是在战后，依旧对陶行知的教育运动热情未减，由他倡导并展开的名为“日本的陶行知”的教育运动一直持续到现在。

二、儿童村和“生活学校”

叶维奏等人访问过的那所规模不大的学校，名叫“池袋儿童村小学校”。它于1924年4月建校，创立人是四名自称是“教育世纪社”的教育家（令人遗憾的是这所学校已于1936年撤销，以后再没有恢复）。

20世纪初的前二十五年（1901年—1925年），从表面上看，日本近代化的公共教育制度已基本形成。然而，也正是在这一时期，由日本教师自主发起的教育改革运动却开展得如火如荼。众所周知，19世纪，日本试图称霸亚洲，成为亚洲地区的军事、经济大国。为了达到这一政治目的，政府竭力要利用教育，以作为推行自己政治目的的手段。这种政治与教育的矛盾在当时的教育界已十分明朗。比如，政府为了使学校教育趋于统一，拼命压制孩子们的个性和自主意识；在此同时，由于国家权力过分限制了教师的自由，起而进行批判的教师也在不断增加。这种现象逐渐演化为“以儿童为中心”的改革口号，尊重孩子们的个性和自发性已成为学校教育实践中的教育方针。1919年，陶行知的老师杜威访问了中国。在此行中他先取道访问日本，日本的许多教师都对他的儿童中心主义思想产生共鸣。卢梭以及裴斯泰洛齐的著作也多被翻译成日文，在教师们中间广为流传。在东京，教师们还举办提倡新教育的讲演会，为此有许多教师专程从地方赶来参加。一般认为在日本近代教育史上，有两段时期教师们最富于自主精神、情绪最高昂。第一是第一次世界大战后，特别是1920年，第二便是二战以后的数年间。我们仔细观察便不难发现，烘托这两次教师运动的正是民主主义势力抬头与发展的广阔背景。

池袋儿童村小学校正是在这样的历史背景下由四名自由主义—民主主义者创办的。时至今日，日本教育史研究者依旧一致评价认为，这所小学校的教育，是在两次世界大战期间日本的自由教育发展到顶点的标志。包括校长野口援太郎（1868—1941）在内，该学校的老师不足十名，学生数约五十名，分为三个年级。存在的时间是从 1924 年 4 月至 1936 年 7 月，约为十二年。尽管它规模很小，历史很短，但它所产生的重大历史作用却无法估量。

池袋儿童村小学校究竟是如何开展教育实践的？我拟从以下几个方面进行论述。

首先，这个学校的重大特点即是学校教育是以孩子们的生活为基础而展开的。在普通的日本学校，使用国家指定的教科书，老师的责任是把教科书的内容教给学生，学生实际上类似一个知识接收器。然而池袋儿童村小学校却截然不同。该校遵循杜威的主张，其教育结构与社会上的一般学校完全相反：学生是学习的主体，教师和教科书是帮助学生学习的辅助机能。该校教师野林芳兵卫（1896—1986）是学校的教学骨干。他写了大量的著作、论文和心得来论述该校的教育情况。野林的著作全集（8 卷）于 1970 年出版。野林书中有这样一段记载：

> 一天早晨，已经过了上课时间可是却没有一个孩子来学校。莫非是途中发生了什么意外？正在担心的时候，孩子们成群结队、兴高采烈地跑了过来。仔细看时，发现他们还牵着一只小狗；很多人手里拿着小木板、小木条。野林问："你们为什么集体迟到？这些木板、木条准备做什么用？这只狗是谁家的？"孩子们七嘴八舌地说："老师，我们来上学的时候遇到了这条狗，它一直跟着我们寸步不离。后来我们商量了一下，决定把这条狗在学校里养起来。我们向水果店老板要来了小木条，准备给狗搭个小房子。老师，您能教给我们怎么做吗？学校里有没有锯子和钉子呢？"事情虽然让野林感到很意外，但那一天，他还是满足了孩子们的要求，和孩子们一起，高高兴兴地给狗搭了个小窝棚。事后，野林无法断定类似这种情况能否划入教育的范畴，这时野口校长和其他的老师坚定地告诉他："像给狗搭窝棚这样的生活实践就是教育，或者说是教育的基础。"

第二个特点是和该校的校名有关系。学校的创立者们起初并不同意使用"学校"这两个字。因为"校"字含有管理、约束、统制的意思。因此在最早的有关成立学校的申报书中，该校的名称仅仅是“池袋儿童村”。正是由于这个名字，学校没有得到政府的批准。其理由是在《小学校令》的法律中，凡初等教育机关都必须使用“小学校”三字。创建者出于无奈，使用了这三个字，但是平常仍把自己的这所学校称为“儿童村”。“村”字的意思自然是“生活共同体”，也有“自治”的含义。当时日本有名的诗人北原白秋创作了一首童谣，名叫《孩子们的村庄》。池袋儿童村的孩子们很喜欢这首童谣。

孩子们的村庄

孩子们的村庄孩子来建，大家快来建！红色的屋顶、小小的屋顶，闪闪发光多漂亮！大家快来住吧。

孩子们的村庄里院墙多漂亮！院墙多漂亮！到处是美丽的花草、蔬菜。微风吹过多凉爽、多凉爽！

孩子们的村庄大家来管，大家一齐管！村长由大家来选，大家轮着当村长！

像童谣中所唱的一样，儿童村的教育很尊重孩子们的自治与互助精神。孩子们在游戏、作业实践和学习的过程中不断接触他人与社会，逐渐形成自我。野林芳兵卫在晚年时说：

> 儿童村的孩子们不持优越感，也不持卑劣感。之所以不持优越感，是因为他们知道，不管是什么人，在他们身上都存在着自己所没有的优点；不持卑劣感，是他们很清楚地知道，在自己身上也有别人所无法代替的长处。

野林的这段话反映出儿童村教育的着眼点完全在于要让孩子们培养自我。关于野林自身，野林也有过论述。他说自己作为一个教师，也是在儿童村的教育实践中，渐渐地步入实现自我的道路。

第三个特点，即是儿童村非常重视对自然与社会的学习和艺术等方面的教育。战前日本的公共教育课程以“读、写、算”为中心，科学、艺术等方面的教育显得甚为薄弱。儿童村的教师们批判了这种格式化地灌入知识的方法，越过政府规定的这些格式框框，积极致力于与学生一起共同创造文化。1930年伊始，日本各地兴起了新的教育运动，这就是被教育界称为“生活缀方”的教育。即教师鼓励孩子们通过作文来观察自身和社会生活，培养孩子们科学性、创造性的思维方法。这种新式教育得到了学生和家长的大力支持。小砂丘忠义就是这众多家长中的一个。他让自己最疼爱的女儿到儿童村上学，以实际行动来支持儿童村的教育。小砂丘忠义后来被公认为是“生活缀方”教育的始祖。他在1929年创办了《生活缀方》杂志。很多教师都希望广为推行“生活缀方”式的教育，把学校改造成生活教育的场所，而对这些教师来说，儿童村的存在无异于乱世中的一个梁山泊。1935年，以野林芳兵卫和户塚廉为中心创办了《生活学校》。从此，儿童村的教育方法已不再是被孤立地局限在一所小小的私立小学内，而是连带全国各地的教师一起开展生活教育，形成了影响颇大的推进教育改革的运动。前面提到的介绍陶行知教育运动的文章就刊登在该杂志的创刊号上。

儿童村的教师们在编辑、发行《生活学校》杂志的同时还坚持进行使“生活教育”、“依赖于生活、运用于生活”的实践活动。“依赖于生活”即是把教育的方法和原理与孩子们的日常生活和该地社会生活结合起来，使教育不再从属于当时的国家权力，而完全遵循于人民对教育的要求。“运用于生活”即批判、克服现实生活中的不合理因素，创建新生活。这些口号显示了儿童村的教育目标与原理，也表明了教师们建设民主生活的决心。这一时期的日本生活教育已不仅仅是以适用于现实生活为目标的经验主义教育，而是把变革既定教育作为远大的目标。在《生活教育》创刊号的刊头，刊登了城户幡太郎(1893—1985)名为《学校教育的意义》的论文。城户作为进步教育学家，在当时已初露锋芒。他在文章中强调指出，学校应该为社会进步作出贡献，教育改革已势在必行。他说：

> 教师缺乏批判精神。这一点已直接影响到学生，致使学生同样缺少批判精神。一般来说，批判精神不足会使人变得卑屈渺小……所谓教育立国，就是要给予人们一种创造、发展新的国民文化的精神力量。

在这一时期(1935年)，日本已开始了对中国的军事侵略。日本的国家权力机关对受到社会主义思想影响的教师进行了大规模的镇压。户塚就是受到压制而被剥夺了公立学校职务的教师之一。日本政府强迫教师向学生灌输“日本民族的祖先是神、日本民族是世界上最优秀的民族”的说教,对此户塚曾在《生活学校》上撰文予以批判:

> 所谓国民精神,并不是在国定的概念上加入史实捏造出来的。而是祖先在社会实践中不断总结教训,在建设新时代、开创新局面的过程中通过充分发挥自由的创造力、科学的判断力而产生的。

在这个时候,户塚一定是想到了中国的陶行知。他和自己持有同样的立场,并在逆境中奋斗着。他把《生活学校》的创刊号寄给了中国的山海工学团。为此陶行知寄来了感谢信。陶行知在信中说,已将书寄赠给“生活学校小朋友”。《生活学校》3 月号有文章专门记载这件事:

> 本杂志创刊号寄给中华民国新教育团体后不久,就收到工学团团长陶行知寄来的书,即该氏的新童话、童谣和《中国教育改造》。书皮上写着“送给生活学校小朋友”——这是送给孩子们的。其他的“送给生活学校诸同志”。从童谣、童话的插图中能感受到几分彼地新教育的气势。有的地方让人忍俊不禁。如“从前世界属大人,现在世界属儿童”这幅图。

我有幸看到了由户塚先生珍藏的名为《乌鸦》的童话集。封面的里页上有陶行知的亲笔题词和签名:“送给生活学校小朋友、陶行知、24. 1. 21。”看后使我深受感动。

另外,从斋藤秋男先生和牧野笃氏的研究(见 1993 年的著作)中也得知,在中国生活教育社出版的机关杂志《生活教育》(第二卷第一期,1935 年 3 月 1 日发行)中,也有关于同年 1 月 31 日在儿童社会第二次筹备会上,由张健主席等人提出“写一封信到日本生活学校小朋友”的建议并为此进行了讨论的记载。有关这件事,我已从在上海陶行知纪念馆购到并带回日本的复刻版《生活教育》上得到了证实。

三、战争和生活教育的苦难

《生活学校》创刊后的第二年，1936 年 7 月，池袋儿童村小学校被撤销了。据说是因为财政困难和学校内部教师们在教育思想上的对立。但是其背景里却有军国主义势力的增长及日本社会普遍存在的仇视自由主义的因素。虽然学校被撤销了，然而《生活学校》这本杂志却在户塚廉和其支持者们的努力下继续出版发行，没有中断。1936 年下半年，在蓬勃兴起的反对法西斯军国主义强权、教育应反映真实与和平的运动中，《生活学校》成为唤醒教师良心的一盏明灯。但是由于资金困难和户塚的妻子病倒等众多不利因素，《生活学校》不得不在 1938 年 8 月号上宣布该刊为终刊号。

《生活学校》停刊一年半以后，从 1940 年 2 月开始到 1941 年 1 月，曾是《生活学校》读者的教师们陆续被逮捕、入狱，继之便发生了被称为“生活学校事件”的镇压事件。事件中牺牲者众多，光被判刑的就有 116 名。户塚是在 1940 年 12 月 4 日早晨被告发的，尽管拘留、审讯了 9 个月后被保释出狱，但不久又被征兵，作为日军的一员被派到了中国。

日本的国家权力部门为什么要对生活教育采取敌视态度？原因就在于生活教育的探求者们拒绝、抵制虚伪的国家思想，而力求贯彻实事求是的精神，坚持和平反战的立场。在当时政府镇压教师的文章里就明确写着：在战争当前的时候，生活教育是一种有害的教育思潮，必须“完全剿灭”这一思想运动。我读过户塚以及其他同志在狱中秘密写下的记录。他们描述了宪兵的审讯、严刑拷问是如何残酷，读后让人义愤填膺。就这样，许多教师被置于日寇的监督之下，一直等到 1945 年 8 月 15 日迎来日本战败的这一天。一个饱受磨难的女教师这样叙述了在 8 月 15 日这一天的感受：

> 我们在暗无天日的世界里挣扎。终于，使我们受苦受难的天皇政权崩溃了。八月十五日，灿烂的太阳照亮了人间。

户塚在上海迎来了 8 月 15 日这一天。他立刻脱下军装，投身组织、安排日侨居民团的工作。第二年，1946 年 4 月 29 日，他乘最后一艘日本居民的归国航船返回到日本。恰巧在同一时期,陶行知从重庆经南京来到了上海。就这样阴差阳错,陶行知和户塚没有见面。

四、战后日本的生活教育运动

在战争中,除了遭受迫害的一部分教师和知识分子以外,大多数教师都没认清战争的本质。他们屈服于政府的高压统治,在客观上为战争提供了服务,因此他们当中的很多人在战败后不久一直处于一种茫然若失的状态。一些有良心的教师,当听到自己的学生死于异国战场、再也不能生还的消息时,纷纷赶到死者家中和其父母一起吊唁。此时此刻,他们深感自己作为一个教师的失职。在这样的历史情况下,凝聚着千百万人永远放弃战争决心的日本国宪法(1946 年 11 月 3 日公布)以及建设一个和平、文化国家的教育基本法(1947 年 3 月 31 日公布)对唤起教师的觉醒起到了重大的作用。

1946 年 10 月,《生活学校》杂志再刊问世。使它复活的是在战前就曾给予该刊很多赞助的、一个名叫波多野完治的教育心理学家。那时正是户塚从中国回到日本的第五个月。波多野在再刊的第 1 号上这样写道:

> 这本刊物不是创刊,是“再刊”,是“复活”,是“再建”。在过去曾被白色恐怖笼罩的教育界里,《生活学校》起到了很大的进步作用,与在“生活学校事件”中当局的卑劣行径形成鲜明的对照。今天,我们使《生活学校》再刊,就是要让它过去的传统发扬光大;再建一个与民主主义革命相适应的时代;让该刊为教育的进步多做贡献。

再刊后的《生活学校》的作者,是过去曾支持过该刊的教师们,是与强权者的暴行进行过斗争而获得解放的人们,还有意欲继承、发展先人文化遗产的年轻教师和学者。杂志的中心内容是如何给在荒败的日本社会中生活的孩子们提供品质精良的文化。新的《生活学校》虽然在 1949 年 2 月号以后停刊了,但它对联结战前与战后的民主主义教育传统,起到了重大的历史作用。

在新的《生活学校》停刊的前一年，即 1948 年 10 月，应生活教育运动向前发展的趋势，一个名为“中核·教育课程研究联盟”的庞大的研究团体诞生了。这个团体就是现在“日本生活教育联盟”(1953 年改名)的前身。

战后初期，该联盟集结在日本各地学校中兴起的、要求自主的教育改革运动的力量，主张根据孩子们的现实生活和当地居民对教育的要求制订课程表。这种改革要求逐渐成为全国性的运动。该联盟在运动的发展中起到了中心策划的作用。由于当时的文部省也对战前国家统治教育的现象持批判态度，这个联盟一时在教师中名声大振，甚至被称为“民间的文部省”。

然而好景不长。1950 年，美国占领军把联盟列为“不受欢迎的团体”，加以批评。教育行政当局也开始干涉联盟的活动。日本生活教育联盟不得不联合其他的民间教育团体对当时的教育政策展开批判。不回避日本社会所面临的历史课题，而把解决问题视为学习的基本内容，这就是从 1950 年末到 1960 年初的日本生活教育的特点。而这种生活教育是带有几分和政府意志相违背的、“反对现实教育”的特性。1959 年日本教育联盟发表了《生活教育宣言》。宣言说：“‘生活教育’拥有‘不死鸟一样的能量’，‘它将唤起、增强孩子们旺盛的生活欲望和学习欲望。’‘尊重孩子们所遇到的关于社会、自然、人类的客观现实和实际情况，提倡基于实践的教育’。”为此，在 1962 年制定的《日本生活教育联盟纲领》中，对生活教育的联盟做了以下规定：

> 生活教育，是以推动历史前进的民众的基本要求为基础的教育；是旨在挖掘、发展被埋没在现代社会体制之下的民众的人性、科学性、民族性，建设一个崭新国家的教育；是着眼于学生、学校、社会之内部诸矛盾，并力求最大可能地解决诸矛盾。我们将基于这种立场制定学校的教育方针。

这个纲领直到今日仍然发挥着它的作用。60 年代以后日本经济的高速发展确实带来了“物质的极大丰富”，但是我们却不能忽视由此而产生的各种各样的矛盾现象。并非因经济困难而出现的孩子们不上学、不上课的现象年年增加，而且遍及日本的每个学校。另外，来自同学、朋友的“欺侮、虐待”行为日增，为此而苦恼、自杀的孩子越来越多。这种现象已成为目前日本教育中的重大问题，它使得日本教育呈现出一种病态，同时它又使人认识到生活教育的重要作用。陶行知先生的儿子陶城先生在给日本生活教育委员长丸木政臣的信中说：“生活教育没有国境。”我对这句话深感共鸣。陶行知的生活教育运动与日本的生活教育运动不谋而合。战后在我们的生活教育运动遇到多种困难时，我们的研究能与以斋藤秋男先生、牧野笃先生为首的、研究陶行知问题先驱者们的研究成果相接轨，让人感到十分荣幸。陶行知的伟大业绩使我们进一步了解到进行生活教育运动所具有的国际价值。我非常感谢组委会遭请我和丸木委员长来参加这次学术讨论会。我希望我的报告能为促进日中两国生活教育运动的进一步发展、加深两国间学者的交流贡献一份力量。

（作者中野光撰写此文时系日本中央大学教授、日本教师教育学会会长、日本生活教育联盟副委员长，译者祝振媛翻译此文时系日本中央大学讲师）

陶行知研究在德国

[德国] 黄　冬

德国对陶行知的学术研究始于20世纪70年代初。当时的联邦德国在经历了战后50年代至60年代的经济奇迹之后，国内新旧社会政治矛盾不断加剧，国内人民，特别是青年人强烈要求社会变革，加之诸种国际因素的影响，如中国的“文化大革命”、美国的侵越战争，和以1968年法国的“五月风暴”为高潮并波及西方主要发达国家的工人和青年运动的高涨，在联邦德国也爆发了以大学生为主，以反传统、要求社会政治改革为特征的青年学生运动。在这场对德国社会发展意义重大的学生运动中，各大学里汉学、社会学、教育学等人文科学学科要求研究现代中国的呼声日益强烈，因此，有关20世纪中国的学术或学位论文越来越多。恩斯特·诺格保尔(Ernst Neugebauer)1971年提交的博士学位论文《中华民国教育发展援助之开端，1931至1935年》①便是在这一背景下产生的。该论文提供了国联(联合国的前身)教育考察团1931年对中国教育考察工作的许多珍贵细节，特别是考察团成员内部的争论和对美国教育在中国泛滥的批评，以及中美教育家对中国教育状况与改革的各种观点和方案，其中多处提到陶行知。虽然该论文还不是对陶行知的专门研究，但在笔者所掌握的材料中毕竟是首次涉及陶行知。

1972年，现任科隆大学教授托马斯·沙平(Thomas Scharping)发表了专著《民主同盟及其先驱者，1939至1949年》，副标题是：介于国民党和共产党之间的中国知识分子②。如标题所示，该文主要研究对象是民盟这

---

① Neugebauer, Ernst: *Anfänge pädagogischer Entwicklungshilfe unter dem Völkerbund im China 1931 bis 1935*, Hamburg 1971.

② Scharping, Thomas: *Der Demokratische Bund und seine Vorläufer 1939—1949, Chinesische Intelligenz zwischen Kuomintang und Kommunistischer Partei*, Hamburg 1972.

一中华民国后期由中国民主政团同盟改组建立并以文教界知识分子为骨干的组织及其政治地位与作用。陶行知作为十八名民盟中央常委之一和民主教育委员会主任，以及其机关刊物《民主星期刊》的发行人，《民主教育》的主编，在该组织中发挥过重要作用。而在这本一百五十多页的著作中仅有一处出现了陶行知的名字。由此可以看出，当时沙平对陶行知还相当不熟悉，但是他这本专著却为研究陶行知的民主思想和后期的政治活动间接地提供了许多重要的背景材料。

艾哈德·内克曼(Erhard Neckermann)曾在汉堡、柏林、东京学习汉学、日本学和社会学。1975年于西柏林自由大学毕业后，在该校汉学系担任助教，并从那时起开始从事陶行知教育思想研究。1975—1976年冬季由他主办了一期以陶行知的生平与著作为重点，还包括晏阳初等教育家在内的中国近代教育研讨班，并与参加研讨的四名学生和其他两位同事共同翻译整理了一本文献汇编《生活即教育——中国改革教育学家陶行知之生平》①。汇编分为(1)杜威教育哲学对陶行知的影响，(2)创立发展自己解决中国教育问题的办法，(3)中华人民共和国关于陶行知教育学的争论三个专题。共包括十二篇德文译文，其中七篇陶行知的著作，一篇晏阳初的著述和《人民教育》1950年第4期社论以及钱俊瑞、邓初民和潘开沛的争鸣文章。除了总序言外，每个专题前均有一篇缜密的导论，同时在每篇译文中都有详尽的注释。1978年至1980年，内克曼先生到中国西安外国语学院担任外籍专家。在任教期间，他除了完成教学任务，还积极地收集各种有关资料，为他关于陶行知教育思想的博士学位论文做准备。另外，他利用在华的有利机会，实地考察参观了南京晓庄师范和陶行知纪念馆，并且在北京对刘季平、在西安对金堤等陶的学生和同事进行了采访。任教期满回国时，绕道东京，拜访了日本著名的陶行知研究专家斋藤秋男先生，并在以后的一段时间里保持着联系，互相交流见解和交换资料。回德国后，他又翻译了几篇陶行知的文章，对1975年在西柏林自由大学校内发行的文献汇编进行了修改充实，准备在社会上正式出版，但由于种种原因一直未能如愿。1981年纪念陶行知诞辰90周年之际，内克曼在德中友好协会

---

① Tao Xingzhi LEBEN IST ERZIEHUNG—Das Leben eines chinesischen Reformpädagogen in Dokumenten, Arbeitskreis Erziehung in China an der FU Berlin, Wintersemester 1975/1976.

会刊《新中国》上发表了题为《陶行知——被中国重新认识的人民教育家》①的纪念文章，概括地向德国读者介绍了陶行知的生平和教育思想与实践。这篇文章后来曾被多人引用(例如下面将谈到的利斯勒和丁伟祥等)。他还将该文压缩改写成一篇相同标题的广播稿，由自由柏林广播电台在《高校与社会》节目中播出。他想通过这些方式引发德国读者对这位不寻常的中国教育家的兴趣，并从陶的思想实践中得到启迪。十分遗憾的是，由于职业和其他原因，内克曼放弃了撰写博士学位论文的计划。虽然如此，他却始终关注着各国的陶研动向，并为在德的陶研者提供资料上的支持和帮助。还值得提到的是，他陶研的主要兴趣和原计划的博士论文重点是陶行知与胡适的比较。

马蒂亚斯·利斯勒(Matthias Risler)曾接受过专门的工商和技工职业教育，所以他1972年在汉堡大学完成了汉学、社会学和经济学学业后，选择了中国的职业教育作为自己的研究方向，并于1978—1980年在中国研习考察。1983—1986年，他再次来华，参与由联邦德国学术交流署(DAAD)和德国科研协会(DFG)资助的研究考察项目“中华人民共和国的职业教育”。在此期间他发表过不少这方面的文章和研究报告。1988年，他提交了以多年研究成果为基础的博士学位论文《中国的职业教育——又红又专》②。该论文长达427页，详述了自19世纪中叶以来中国职业教育发展的历程，分析了与之相关的各种政治、经济和社会联系，提出了对中国在实现现代化过程中职业教育发展战略的一些见解和建议。该文在第五章“约翰·杜威及其对中国教育的作用”中，对陶行知的教育思想与实践做了概括的介绍和积极的评价。但是作者引用美国学者孔斐力(Philip A. Kuhn)的观点，认为陶行知采取的“这些措施和行动却是唯意志论的。企图以榜样和信念来改造社会，从一开始既注定是要失败的”③。

80年代中期以后，随着改革开放，中国与世界各国的文化学术交流不

---

① Neckermann, Erhard: *Tao Xingzhi—Chinas wiederentdeckter Volkspädagoge*, *in*: >*Das nene China*<, No. 5/1981, pp. 24-25.

② Risler, Matthias: *Berufsbildung in China-Rot und Experte*, Hamburg 1989.

③ 见上文199页；参阅孔斐力论文(Kuhn, Philipp A.: *T'ao Hsing-chih, 1891—1946, An Educational Reformer, in*>*Papers on China*<vol. 13, HarvardUniversity, 1959, pp. 163-195)184页。

断增加。不少中国学者和留德学生利用在德的“地利”和资料以及德国的研究成果，积极在哲学、历史、语言、文学、宗教、教育各人文科学领域里展开中德比较研究。德国方面也十分欢迎和支持这些研究，因为这些研究也有利于德国从另外的角度和渠道了解德国思想文化的传播和在异国产生的影响与作用，能拓宽视野并从中获取不少新的观点、史料和信息。由大众汽车基金会资助，以科隆大学教育系为基地的科研项目“中国二十世纪的教育”便是一例。在那里有几名中国学者和留学生分别独立或与德国人合作进行诸如“赫尔巴特教育学在中国”等课题研究。其中来自南京的丁伟祥（原在南京大学学德国语言文学，后在北京大学读研究生）将陶行知教育思想实践做选题，准备以此撰写博士论文。经过几年的资料收集整理和翻译，完成了大量的准备工作，但不幸因突患癌症被迫中断了撰写工作。使这一不幸和遗憾得到了一定补偿的是，他的指导教授克尔斯滕·赖希（Kersten Reich）作为出版人，将丁伟祥已完成的部分以研究项目著作的形式，以《陶行知——中国二十世纪的改革教育学家》①为标题于1993年初公开发表，并亲自写了序言。该文由六章组成：（1）陶行知生平；（2）陶行知对传统教育的批判；（3）陶行知基本理论的系统概述；（4）陶行知的教育实践；（5）其作用与影响的历史；（6）总结。此外还附录了五篇德译和三篇英译陶行知著作（译文有一部分是丁本人所译，一部分是对其他人的译文进行了一定修改收录）。赖希教授在序言里称“该文是通过其著名的经典著作家介绍改革教育学潮流在中国的一个开端……它为西方研究者对这位中国改革教育学的经典著作家进行探讨奠定了基石”。另外，他还指出了由于丁伟祥未完成，而今后应该在对陶行知的比较研究中着重开发的课题，如“更确切地界定陶行知独特的中国教育理论与杜威教育学的关联”；“评价陶对杜威批判的依据”；“对陶的社会教育与改革教育学中其他流派，尤其是当时的苏联模式进行比较”；“陶行知教育学在中国的作用与影响”；“发现其他的中国改革教育学家并与陶进行比较”；等等。

马堡大学（Universitat Marburg）汉学系女教授余蓓荷（Monika Ubelhor）是一位中国古代思想史和教育史专家，对王阳明颇有研究，曾发

① Ding Weixiang: *Tao Xingzhi—Ein Chinesischer Reformpädagoge im 20, Jahrhundert*, Köln 1993.

表过不少有关王阳明哲学的著述和文章。其中1980年刊登在德国学术杂志《亚洲研究》上的论文《王阳明与儒家教育观念的解体》①有不少独到的见解。进入90年代后，欧美汉学界出现了一股民国研究热，她也将部分研究转向民国人物，曾先信奉后批判王阳明"知行合一"学说的陶行知自然引起了她极大的兴趣。在她的动议下，近年来，马堡大学汉学系购置了上百册陶行知著作和有关陶研的书籍资料。自1992年以来，余蓓荷教授经常在为学生开设的阅读课上选用陶行知写的文章。此外，她还在1992年为庆贺她的博士导师、著名德国汉学家傅吾康(Wolfgang Franke)教授八十寿辰出版的纪念文集中，发表了一篇学术论文《为新中国担起半边责任——妇女在二十年代初中国合作运动中的作用》②，文中提到了陶行知，并称其为"独特的教育家"。

笔者1978—1982年在西安外国语学院德语专业学习时，曾协助当时的德籍专家内克曼先生收集翻译陶研资料，并且由此对陶行知的教育思想产生了浓厚兴趣。内克曼先生回国后，一直与他保持联系，继续帮助他收集资料。1981年还将他纪念陶行知的广播稿译成中文，寄给南京晓庄师范陶行知纪念馆，后刊载在《纪念陶行知》(湖南教育出版社1984年出版)和《陶行知研究在海外》(人民教育出版社1991年出版)两书中。1988年初至今，在联邦德国马堡大学留学，学习传媒科学(已于1993年获硕士学位结业，毕业论文是《中德电影交流史》)，同时在该校汉学系兼任教师。目前正在余蓓荷教授指导下撰写陶行知与德国教育家莱希维恩(Adolf Reichwein，旧译：赖赫淮恩，赖进万，利奇温)比较研究的博士学位论文，今年内可望完成。论文除导论和结论外分两大部分。第一部分包括三章：(1)陶行知生平事业与著作概述；(2)中华人民共和国国内对陶行知教育思想的争论；(3)国际陶行知研究状况与评价。第二部分包括四章：(1)莱希维恩与中国；(2)陶与莱教育思想和实践比较；(3)陶与莱民主思想比较；(4)陶与莱异文化观比较。笔者将另文专门介绍此论文的内容。

---

① Übelhör, Monika: *Die Auflösung des konfuzianichen Bildungsbegriffs bei Wang Yang-ming, in:* >*Asiatische Studien*<34, 1(1980), pp. 1-17.

② Ühelhör, Monika: *Die Hälfte der Verantwortung für ein neues China-Zur Roller der Frauen in den chinesischen Genossenschaften der frühen 20er Jahre, in: Eberstein, B. Staiger, B. (ed.): China—Wege in die Welt, Hamhurg* 1992, pp. 125-142 (Tao Xingzhi, p. 139).

还须指出的是，由于资料和时间以及其他条件的限制，对原民主德国存在的四十多年间是否也对陶行知有所研究介绍情况不明，因此暂缺，有待今后考察。

最后，将现已译成德文的陶行知著作列示如下。

1.《共和精义》(1914)
2.《普鲁士教育之基本改革》(1919)
3.《教学合一》(1919)
4.《改造全国乡村教育宣言书》(1926)
5.《中国乡村教育之根本改造》(1927)
6.《教学做合一》(1927)
7.《以教人者教己》(1927)
8.《在劳力上劳心》(1927)
9.《行是知之始》(1927)
10.《“伪知识”阶级》(1927)
11.《生活即教育》(1930)
12.《教学合一下之教科书》(1931)
13.《普及教育运动小史》(1934)
14.《什么是生活教育》(1935)
15.《生活教育现代化》(1935)
16.《生活教育之特质》(1936)
17.《民主》(1945)
18.《民主教育》(1945)

说明：

本文中多次使用的“改革教育学”和“改革教育学家”等字眼是根据德文中通常使用的专业概念“Reformpa dagogik”和“Reformpa dagoge”译出，是指20世纪上半叶包括美国的进步教育在内的世界性的教育改革运动中产生的各种教育理论和实践及其教育家。

（作者撰写此文时系联邦德国马堡大学博士）

试论陶行知的中西文化教育观

陈汉才

在中国近现代教育史、思想文化史上，陶行知的中西文化教育观颇具特色，很有影响。深入研究陶行知的中西文化教育观，对于拓展陶学研究领域，促进当前教育改革，落实中国共产党十四届六中全会精神，加强社会主义精神文明建设，都是有积极意义的。

陶行知的中西文化教育观贯穿着一个总的指导思想，即从中国国情出发，对中西文化教育采取分析、批评的态度。他说："用批评态度，介绍外国文化，整理本国文化。"①并总结性地指出："我们在这十二年当中干了些什么事？三件事，还没有做完。一是反洋化教育，二是反传统教育，三是在半殖民地半封建的国家建立争取自由平等之教育理论与方法。"②以上两段文字，概括了陶行知的中西文化教育观的基本观点，可以视为其中西文化教育观的总的纲领。从中可以看到陶行知对中西文化教育观采取具体分析、批评过滤的态度，坚持把"破"(反对洋化教育和传统教育)与"立"(建立新教育理论与方法)结合起来，把学习继承和开拓创新结合起来。

一

在对待西方文化教育上，陶行知反对"仪型他国"、盲目模仿，主张学习外国先进经验，吸取其精华。

近现代，各国帝国主义在加紧对华军事、政治、经济侵略的同时，也大力加强文化教育和精神方面的侵略和渗透。学校和文化界出现的盲目模

① 陶行知：《中国教育政策之商榷》，华中师范学院教育科学研究所主编：《陶行知全集》第1卷，湖南教育出版社1984年版，第557页。

② 陶行知：《告生活教育社同志书》，华中师范大学教育科学研究所主编：《陶行知全集》第3卷，湖南教育出版社1985年版，第337—338页。

仿和抄袭外国的不良现象，正是这种侵略政策的必然产物。在沿海城市的学校、幼稚园里，照搬照套外国东西，盲目追求西化、美化，成了一种十分普遍的时髦倾向。陶行知揭露旧中国幼稚园害了一种“外国病”。他指出：“试参观今日所谓之幼稚园，耳目所接，那样不是外国货？他们弹的是外国钢琴，唱的是外国歌，讲的是外国故事，玩的是外国玩具，甚至吃的是外国点心。中国的幼稚园几乎成了外国货的贩卖场，先生做了外国货的贩子，可怜的儿童居然做了外国货的主顾。”①还说：“现在有一点我们应当注意的，就是以前的教育，都是像拉东洋车一样。自各国回来的留学生，都把他们在外国学来的教育制度拉到中国来，不问适合国情与否，只以为这是文明国里的时髦物品，都装在东洋车里拉过来，再硬灌在天真烂漫的儿童的心坎里，这样儿童们都给他弄得不死不活了，中国亦就给他做得奄奄一息了！”②陶行知揭露这种文教部门的“外国病”、“拉东洋车”病是多么的中肯、形象、深刻，所造成的危害是多么的巨大而又严重啊！的确，它“害国害民”，坑害青少年儿童，“是万万做不得的”。陶先生写诗讽刺这些贩卖“洋八股”的教师为“拉车夫”：“分明是教员，爱做拉车夫；拉来一车洋八股，谁愿受骗谁呜呼！”③“先生拉洋车，满身汗如雨。拉他一辈子，马路知他苦。”“学生坐洋车，风凉而舒服。坐他一辈子，还是不知路。”④陶行知这三篇诗歌，无情地嘲讽了某些教员盲目照搬外国教育文化、乐拉“洋车”、热衷贩卖“洋八股”的媚态，鞭挞了崇洋媚外、认为“外国月亮要比中国圆”、“没有抽水的洋马桶是几乎拉不出屎”的文化病态心理。

陶行知不仅在精神文化层面上反对盲目照搬外国教育文化、拉贩“洋八股”的思想，而且在制度文化层面上反对“仪型他国”、抄袭别国的行为。他批评那些“辄以仪型外国制度为能事”的“新人物”的抄袭行为：“我国兴学以来，最初仿效泰西，继而学日本，民国四年取法德国，近年特生美国热，

① 陶行知：《创设乡村幼稚园宣言书》，华中师范学院教育科学研究所主编：《陶行知全集》第 1 卷，湖南教育出版社 1984 年版，第 619 页。

② 陶行知：《晓庄试验乡村师范学校创校概况》，华中师范大学教育科学研究所主编：《陶行知全集》第 2 卷，湖南教育出版社 1985 年版，第 17—18 页。

③ 陶行知：《拉车的教员》，华中师范大学教育科学研究所主编：《陶行知全集》第 4 卷，湖南教育出版社 1985 年版，第 182 页。

④ 陶行知：《拉车》，华中师范大学教育科学研究所主编：《陶行知全集》第 4 卷，湖南教育出版社 1985 年版，第 182—183 页。

都非健全的趋向。学来学去,总是三不像。这次学制草案,颇有独到之处,但是不适国情之抄袭,是否完全没有?请大家注意。诸先进国,办学久的,几百年;短的,亦数十年。他们的经验,可以给我们参考的,却是不少,而不能采取得益的,亦复很多。今当改革之时,我们对于国外学制的经验,应该明辨择善,决不可以舍己从人,轻于吸收。”又指出:“至于外国的经验,如有适用的,采取他;如有不适用的,就回避他。……去与取,只问适不适,不问新和旧。能如此,才能制成独创的学制——适合国情,适合个性,适合事业学问需求的学制。”①这两段文字,是陶先生对外国学制文化的最完整、最全面的表述,包含有三个基本观点:

(1)中国学制机械照搬、盲目效法泰西、日本、德国、美国的,都属于“不适国情之抄袭”,“非健全的趋向”;

(2)对于外国学制的态度,“应该明辨择善,决不可以舍己从人,轻于吸收”;

(3)对中外学制取舍标准就是能否“三适合”——“适合国情,适合个性,适合事业学问需求”。如果“三适合”,就“采取他”、“保存他”;三不适合,就“回避他”、“除掉他”。

可见,陶行知采取分析、过滤的态度,审视中外文化教育,体现了实事求是、辩证的思想,是一种冷静、理智的态度,反映了开放的、进步的中西文化教育观。

陶行知反对抄袭他国精神文化和制度文化,并不是反对学习外国先进的文教经验和教育理论,恰恰相反,陶先生是十分重视、非常强调学习、借鉴外国先进的教育文化的。他在谈到幼稚园建设时曾说过:“我们一方面在这里干,我们一方面还要吸收别人的经验,我们要把英国的,法国的,日本的,意大利的,美利坚的……一切关于幼稚教育的经验都吸收进来,我们来截长补短冶成一炉,来造成一个‘今日之幼稚园’!”②对于外国教育文化的其他经验,陶先生也是主张积极学习的。他称赞外国反对封建主义统治、争取民主、平等和自由的斗争,赞扬西方先进的科学技

① 陶行知:《我们对于新学制草案应持之态度》,华中师范学院教育科学研究所主编:《陶行知全集》第1卷,湖南教育出版社1984年版,第190—191页。

② 陶行知:《今日之幼稚园》,华中师范大学教育科学研究所主编:《陶行知全集》第2卷,湖南教育出版社1985年版,第160页。

术，出版了儿童科学普及丛书，介绍牛顿等15位外国科学家的发明创造事迹和热爱人类、追求真理的探索精神，评介了杜威等17位外国教育家的教育试验成果，评价了外国儿童作业室教学法、道尔顿制、设计教学法和普鲁士教育改革经验，评论了列夫·托尔斯泰等大批文学名家的艺术精品及其思想艺术特色，还主张学好外国语，派遣大学毕业生到外国留学，积极参加国际性的教育文化学术会议，与国际文化教育交流、沟通和接轨。所有这一切，都说明他学习外国经验是积极的、主动的、多层面、全方位的。

但必须看到，陶行知学习外国文化经验和教育理论又是有分析、有区别对待的。这就是严格实行两个“区别开来”和一个“结合”。

第一，把学习外国教育文化专家的真知灼见同反对某些洋教授的主观臆测、假知偏见严格区别开来。

第二，把学习外国优秀教育遗产同反对帝国主义控制中国教育权和教育侵略严格区别开来。

第三，把学习外国教育家的教育理论同批判、改造、创新结合起来。

二

用批评、分析的态度，整理本国文化，审视中外传统教育文化，这是陶行知中西文化教育观的另一个基本内容。在这方面，他有三个基本观点。

(一)提倡学校教学继续使用白话文、大众文，反对使用文言文来进行教学

伟大的五四运动，高举“民主”、“科学”两面大旗，开展“文学革命”，改革学校教学文体，废止文言文，采用白话文和国语进行教学，这是一个进步的、具有人民性的举措。但是，到了20世纪30年代初期，又有人提倡恢复文言文作为教学文体。汪懋祖、柳诒徵先生就著文指责“白话国语不高雅”，“教本不健全”，主张中小学(小学高年级以上)一律采用文言文。在这场新的文言白话论战中，陶行知强调“大众的要求，儿童的要求，新人才的要求，都是逼着白话文进展，而不让文言文复辟”，因而旗帜鲜明地主张“一切公立学校，都应教白话文，不应教文言文；凡合乎现在社会需要的文言

文，都应该翻成白话文”[①]。可见，陶行知坚持维护五四运动以来改革教学文体的积极成果，力倡学校继续使用白话文、大众文进行教学，反对“文化沉渣再泛起”。

（二）在对待中外文学艺术遗产问题上，陶行知站在大众的、民族的立场上，采取具体分析、“择善而从”的态度，以“适不适”为取舍标准

概括起来，这种取舍标准主要有四个。

取舍标准之一：视中外文学作品是否有利于激励我国军民抗日救国。

在日寇大举犯华、侵占大半个中国领土之际，我国人民的根本任务就是团结一致，共赴国难，把日本帝国主义赶出中国去。为了实现这一伟大目标，陶行知除了发动“抗战教育”、“国难教育”，组织教育文化界人士积极参加抗日斗争之外，在文学作品的评价上，还坚持为抗日救国正义斗争服务的民族评价标准。在分别于1931年和1943年写下的《托尔斯泰与穆罕默德的信徒》和《要把学习的门打开》两文中，对俄国伟大作家列夫·托尔斯泰的思想和作品进行了评介。一方面赞扬他在《复活》、《安娜·卡列尼娜》、《战争与和平》等著名长篇小说中，无情地揭露了沙皇农奴制和新兴资本主义势力的种种罪恶，抨击了俄国贵族资产阶级上流社会的腐朽、奸险的丑态；另一方面，又批评他宣扬皈依宗教、对恶势力不抵抗的妥协思想。陶行知批评我国“有些武官”对日寇侵占东三省“竟采取无抵抗主义，做了托尔斯泰的信徒”。可见，对于外国著名作家和传世巨著是采取中华民族的爱国抗日的评价标准的。

取舍标准之二：观其作品是否内容丰富，符合大众要求。

陶行知认为，中外优秀文学作品都是贴近人民大众，内容丰富，为大众所喜爱的。而胡适的诗作则内容苍白，脱离人民大众。1935年初，胡适在《立报》上发表小诗《桂游小赞》，其诗云：“看尽柳州山，看尽桂林水。天上不须半日，地上五千里。古人辛苦学神仙，要受千百戒。看我不修不炼，也凌云无碍。”陶行知写诗作文批评胡诗“内容空虚”，“害了贫血症”，指出“它

---

① 陶行知：《文言白话又一战》，华中师范大学教育科学研究所主编：《陶行知全集》第2卷，湖南教育出版社1985年版，第679—680页。

是一幅天空行乐图，也可以说这是一幅现代仙人逍遥图。它只是一位有闲华人自摄的安享小照。”①这就批判了胡适的诗歌作品、立场感情都是与工农大众格格不入的。其诗作内容空虚，脱离大众。

取舍标准之三：看它是否继承、发扬中华民族固有的文化教育艺术的优秀传统。

陶行知认为文学艺术创作要学习、继承和发扬中华民族的优秀传统，绝不能随便放弃这个优秀传统，“舍己从人，轻于吸收”。1926 年前后，国内美术院校师生滋长一种不良倾向，盲目临摹西洋画的“时髦玩意儿”。有识之士大声呼吁继承国画的民族艺术优良传统。当时，艺术大师刘海粟发表一篇题为《昌国画》的文章，受到陶行知大力赞赏。陶行知认为刘海粟此文使民族传统艺术得以发扬，“不禁为中国美术前途贺”。陶行知说自己近年来参观了学校的美术作品，发现学生图画作品，一百分之九十九是非驴非马的“西洋画”。他批评这些学生放弃中华民族优秀的艺术传统，是一种十分幼稚、愚蠢的艺术洋八股，是一种民族虚无主义的行为。

取舍标准之四：对于自己酷爱和娴熟的古典文学、古典诗词和古代论说文，陶行知则依据“适者取之”、“择善而从”的原则，取其精华，推陈出新，古为今用。

一是利用“旧瓶装新酒”，借助古文、古诗的文字表现外壳，作为阐发新义的载体。陶行知早年所写的十几首古体诗和用文言文形式写成的十几篇文章，就是抒发健康感情和阐发教育文化的新义的。二是灵活地、恰当地引用古典文学、古典诗词的警句名言，来阐析教育文化的精义。例如，陶行知在《金陵光》学报发刊词中，运用杜少陵、曹子建、韩愈的诗句，形象地说明学报追求光明、民主、自由的办刊宗旨；用顾炎武的“天下兴亡，匹夫有责”的名言，鼓舞金陵大学同学勇挑保卫祖国、振兴中华的重担；用荀子“制天命而用之”的句子，鼓舞大家冲破教育困境，大胆进行教育改革试验；引述孟子“富贵不能淫，贫贱不能移，威武不能屈”的大丈夫气概和孔子的“学而不厌，诲人不倦”的名言，来重塑新时代学生的理想人格。在南京晓庄师

① 陶行知：《另一看法》，华中师范大学教育科学研究所主编：《陶行知全集》第 4 卷，湖南教育出版社 1985 年版，第 309—310 页。

范学校草创时期，陶行知引用王国维《人间词话》关于“古今之成大事业大学问者，必经过三种之境界”的词句，策励师生艰苦奋斗，排除万难，攀登事业学问的新境界、新高峰，创造人类伟大的业绩。三是对传统文化进行改造，赋予其新的时代含义。如对王阳明的“知是行之始”的唯心论进行革命改造，吸取《墨辩》中的“亲知”、“同知”、“说知”的论述精华，阐明“行是知之始”的唯物主义观点，并把自己的名字由“知行”改为“行知”，反映了他的哲学观从唯心论向唯物论的根本转变。

以上四条取舍标准，揭示了中西文化教育观的本质和规律，反映了文教发展的基本准则，因而是正确的、进步的、具有中华民族特色的中西文化教育观。

（三）反对封建主义教育传统，提倡建立半殖民地半封建社会里自由、平等、民主的新教育理论和方法

陶行知反对封建主义教育传统包含着多方面的内涵。他反对“害人”、“坑人”的赶考应考制度；反对“满朝朱紫贵，尽是读书人”、“朝为田舍郎，暮登天子堂”的科举制度和科举教育，主张选拔“手脑相挥”、德才兼备的“真人”；反对为少爷小姐服务的小众教育，提倡把教育送到牛背上、送到铁匠铺里的大众教育；反对读死书、死读书、读书死的死教育，提倡读活书、活读书、读书活的活教育；抨击“劳心者治人，劳力者治于人”、“万般皆下品，惟有读书高”的轻视劳动和劳动人民的教育，提倡生产劳动光荣、在劳力上劳心、乐与“牛大哥”睡觉的劳动教育；批评教学做分离对立的教育，提倡“教学做合一”的教学方法；反对把孩子关在小课堂里的鸟笼式的教育，主张以社会为课堂、“社会即学校”、拜宇宙造化为师、放鸟到大森林大自然去的“森林教育”；反对分利主义的职业教育，提倡生利主义的职业教育；批评片面教育、抄袭模仿教育，主张全面教育、创造教育；反对党化教育、独裁教育，提倡民主教育、自由教育；鞭挞卖国教育、投降教育，力主爱国教育、救国教育；批判封建迷信教育，提倡科学教育；反对多子多福的超生教育，力主计划生育的教育……所有这些，都说明陶行知反对封建主义传统教育是一种抛弃封闭式教育而实行开放式的教育，是破与立、学习继承与开拓创新结合起来的新教育，也是一种民族的、大众的、爱国的正确教育。更可贵的是，陶行知“为发展我国固有文化计，为沟通东西文化

计……以谋改进，而扬国光"①，提出了要在孔子家乡齐鲁之地，创办青岛大学的具体方案，这就把继承我国优秀文化教育的传统，同培养高级文史专门研究人才结合起来。这是一个带有建设性的提议，可惜没有受到当轴者的重视。

三

陶行知的中西文化教育观，内容丰富，自成体系，有其鲜明的个性特点，在中国教育史、思想文化史上有着重要的地位。

近代中国，积贫积弱，备受帝国主义的各种侵凌，被迫签订了许多不平等条约。为了拯救中华民族，振兴国家，中国先进的知识分子，不断提出学习西学、富强国家的主张。魏源、龚自珍、林则徐等早就提出了"师夷之长技以制夷"等口号。冯桂芬在《校邠庐抗议》一文中，系统地论述了"复古法"、"采西学"的早期改良主义性质的中西文化观。容闳撰《西学东渐记》一书，全面地论述了中西文化教育观，认为西方文明比东方发达，欲"借西方文明之学术以改良东方之文化，必可使此老大帝国，一变而为少年新中国"。但所有这些应时变革的建议和观点，都遭到守旧势力的抵制和非难。尤其维新运动以来，中西文化教育观之争，中学与西学、科举与学校、旧学与新学之争，一直没有停止过。五四新文化运动之后，文化复古派、全盘西化派、文化折中派、中国本位的文化建设论，都进行过激烈的论战。陶行知在这场论战中，发表了很好的中西文化教育观，作出了积极的贡献，有着重要的历史地位。

文化复古派的代表人物要算是辜鸿铭了。这位近代闻名的"文化怪杰"，在其所著的《中国人的精神》一书(又名《春秋大义》)中，从两方面对中西文化文明进行比较，一是从中西人的性格而言，欧洲民族"偏激、冷酷、粗野和暴力"，而中华民族则具有"深沉"、"博大"、"纯朴"、"灵敏"、"温良"的气质，比泰西人更优胜；二是欧洲人敬畏上帝，信奉基督天主，畏惧法律，而中国人都尊崇孔儒学说，"儒学不是宗教，却能取代宗教"，孔子不是基督天

① 陶行知:《创办青岛大学案》，华中师范学院教育科学研究所主编:《陶行知全集》第1卷，湖南教育出版社1984年版，第255页。

主，却优于基督天主。用儒家的德治比西方的法治更能得民心，因此，孔儒为代表的东方文化教育比西方文化教育更优越。欧洲人要文明进步，就必须学习两千多年前春秋时代的孔子儒家学说。这种回归孔儒、恢复儒家文化教育的主张，实质上是一种封建主义文化复古主义思潮，不符合新时代社会发展需要。陶行知反对文化教育的封建复古主义思想，批评它“沿袭旧法”、“因循守旧”，提出“反传统教育”的口号，认为封建复古与新时代的“共和与人文之进化精神”相悖。

“全盘西化”、“充分世界化”，是胡适、陈序经的中西文化教育观的中心点。胡适曾毫不掩饰地申言：“我主张全盘的西化，一心一意的走上世界化的路。”①不久，他的全盘西化论受到中外有识之士的严厉批评，正如他自己所说的那样，“受了不少的批评，引起了不少的辩论，感到‘全盘’二字有语病，故又改为‘充分世界化’”。胡博士的反思不对，不是他的文字有“语病”，而是思想观点有“心病”。不管胡适如何改变文字，但其拜倒在西方文明的脚下、大搞文化教育上的民族虚无主义的精神和观点是不变的。陶行知反对全盘西化论，反对洋化教育。他认为中国文化教育有很多优秀遗产和精华，西方文化教育也有很多毛病，全盘西化不适合中国国情。他批评盲目照搬西方，抄袭欧美，“仪型他国”，以致文化教育样样都“欧化”、“美化”，是“洋八股”，害了“外国病”，其结果必定丢掉了中华民族固有的优秀传统，变成殖民主义、帝国主义的洋货色。在国人猛烈抨击之下，胡适不思悔改，仍然坚持全盘西化的观点。1937 年 4 月间，胡适写诗述志，题作《秋柳》：“但见萧萧万叶摧，尚余垂柳拂人来。西风莫笑长条弱，待向西风舞一回。”胡博士在习习“西风”面前，醺醉狂舞，得意忘形，自我陶醉于全盘西化论之中，这是胡博士全盘西化论的形象表述和自我真实写照。陶行知立即以诗回敬驳斥：“这是先生自写照，诬我献舞亦奇哉！君不见吾鞭但一指，任尔东风西风都滚开。”②明明是胡适面对西风迷醉狂舞，反而别有用心地诬蔑陶行知等人“献舞”、“西风”，这就激起了陶行知的无比愤怒。他把神“鞭”一“指”，喝令崇尚日本“充分世界化”的“东洋风”和全盘美化的“西风”

① 胡适：《充分世界化与全盘西化》，姚鹏、范桥编：《胡适散文》第 2 集，中国广播电视出版社 1992 年版，第 311 页。

② 陶行知：《秋柳答》，华中师范大学教育科学研究所主编：《陶行知全集》第 4 卷，湖南教育出版社 1985 年版，第 435—436 页。

都滚开！这是对胡适全盘西化和崇洋媚外文化心态的有力鞭挞。

张君劢曾提倡过中国文化本位论，他与熊十力、梁漱溟等提倡新儒学之时，就主张“采西方学之长”，“以吾国儒家哲学为本位，而后本大道并行、万物并育之旨，可集合众家之说，以汇为一大洪流”①。1935年初，萨孟武、何炳松等十位教授发表了《中国本位的文化建设宣言》，提出以中国文化为本位，融合西方文化为我所用。这种观点虽然有以中华民族文化为主体的思想，强化了民族文化主体意识，比全盘西化论好一些，但其“本位论”易被解为“中学为体”的翻版，“为我所用”易被误为“西学为用”，故理论逻辑不完善。另外，有些文化折中论者，主张“一面要保存国粹，一面又要采用西艺”，“以体充实体，以用补助用”。这种理论貌似全面、公允，最后又要回复到“中体西用”的老路上去。陶行知既反对文化折中论，又不赞成文化本位论。他在表述中西文化教育观时，不采用“体”与“用”、“本位”与“非本位”的概念，而用“适不适”的名词。他认为，中国文化教育并非全坏，西方文化教育并非全好，各有优缺点，各存精糟。对于中外古今文化教育的“去与取”，“只问适不适，不问新与旧”，也不问土与洋。凡是适合中国国情、适合个性发展、适合事业学问需求之“三适合”，则取之；凡是不适合中国国情、不适合个性发展、不适合事业学问需求的“三不适合”，则去之。这种观点是取其精华、去其糟粕的观点，是实事求是、有历史分析的、比较合理的辩证观点。它在理论逻辑上比文化本位论和文化折中论更胜一筹，在实践上更符合中华民族发展的需求。

陶行知的中西文化教育观既不同于文化本位论和文化折中主义，又有别于全盘西化和文化复古主义。它内容丰富，自成体系，颇有自我特点。这些特点主要有四个。

（一）民族性

陶行知的中西文化教育观有一个基本出发点，即强调中华民族的民族性。他大力倡导挖掘中华民族优秀传统文化，以“三适合”为取舍标准，反对“仪型他国”，盲目照搬照抄外国教育制度，批评各种形式的“外国病”、“洋八股”，讽刺那些热衷于贩卖洋货、坑害孩子的教员“拉车夫”，鞭挞民族

---

① 张君劢：《中西印哲学文集》，台湾学生书局1981年版，第76页。

虚无主义思想，提倡民族性的评判价值取向。这一点与胡适的全盘西化论有着本质的区别。

(二)大众性

陶行知的中西文化教育观处处站在人民大众的立场上，事事强调文化教育要为大众服务，大力提倡实行“大众文化”、“大众教育”，倡导“文化为公”、“教育为公”、“大众第一”，“要为三万万四千万农人烧心香”，“把教育送到牛背上，送到铁匠铺里”。反对由少爷小姐垄断文教事业的“小众教育”、“小众文化”，反对教育变成“摩登女郎手上的金刚钻戒指”那样的装饰品，提倡并大力组织平民教育运动、乡村教育运动、“小先生”扫盲运动、“科学下嫁”运动、幼稚园下乡下厂运动、师范教育下乡运动，倡导白话文、大众文。反对教学使用文言文、八股文，提出要为“采桑娘子”、“牛大哥”和铁匠工人办好幼稚园，更批评胡适脱离大众、内容贫乏的“新诗路线”。这些都说明在文化教育为大众服务的根本问题上，陶先生与胡适的全盘西化论、辜鸿铭的文化复古派、萨孟武等的本位文化论有着根本的不同。

(三)爱国性

陶行知的中西文化教育观还有一个特点，即它的爱国性。在日本帝国主义发动“九一八”事变、“七七”事变，大举侵略中国之际，陶行知义愤填膺，在国内文教单位和国际舞台上，发表陈词慷慨的演说，怒斥日本帝国主义屠杀中国人民的滔天罪行。他倡导文艺战士上前线，作慰问前方将士的演出活动，发动了“国难教育”、“战时教育”、“全面抗战教育”运动，组织文化教育界知识分子“共赴国难”，投身抗日救国的正义斗争。他写诗撰文揭露、批判蒋介石及胡适之流“攘外必先安内”的投降妥协行径，批评胡适故意放走帝国主义这个“大鬼”，向日寇“送大礼”(把东三省送给日本帝国主义)的卖国行径。赞扬重庆育才学校培养反抗侵略小战士的爱国宗旨，十分惊喜地称赞中国的《义勇军进行曲》的嘹亮歌声在德国、英国、法国、美国的华人社区响起来。所有这些都说明爱国救国成了陶行知中西文化教育观的主题曲、主旋律，他的中西文化教育观具有鲜明的爱国特点。

(四)科学性

陶行知大力提倡科学教育，主张学习西方自然科学和社会科学之精华，倡导"科学下嫁"运动，要求青少年儿童人人"吃科学果子"，个个"尝科学点心"，接受科学洗礼，大力编辑出版儿童科学普及读物丛书，提倡学生掌握数学、外语、中文、科学方法四把打开人类知识宝库大门的钥匙，反对各种封建迷信活动。他的中西文化教育观的理论本身，从中国国情出发，逻辑条理清晰，内涵丰富，表述恰当，具有辩证性、科学性的特点。

总之，陶行知中西文化教育观的四个特点，显示出它区别于其他中西文化教育观的鲜明特色。毛泽东同志在《新民主主义论》中强调要建立"民族的科学的大众的文化，就是人民大众反帝反封建的文化"，即"新民主主义的文化"、"中华民族的新文化"①。陶行知的中西文化教育观的四个本质特点，表明它同毛泽东同志强调要建立的"新民主主义的文化"、"中华民族的新文化"在精神上是一致的，与文化革命的伟大旗手鲁迅先生的中西文化教育观在方向上、本质上是相同的。可见，陶行知的中西文化教育观在当时是革命的、进步的、正确的。它新颖独到，颇具创造性，在中西文化教育史上、思想文化史上是一块重要的里程碑。

（作者撰写此文时系华南师范大学教育系教授）

① 毛泽东：《新民主主义论》，《毛泽东选集》第2卷，人民出版社1990年版，第669页。

论陶行知的中外教育观

董宝良

中西教育观，是陶行知从事教育理论研究和办学实践活动的重要指导思想之一。他能在开展平民教育、乡村教育、国难教育、战时教育、民主教育和全面教育各次运动中留下教育改革的不朽业绩，尤其是创造性地提出了生活教育理论，在中国教育发展史上取得令人瞩目的光辉成就，这与他有着能够正确对待中外教育及其关系的教育观分不开。众所周知，自中国近代西学东渐以来，在教育领域出现了西学与中学经过碰撞而走向融合的过程。可以说，处理中西教育及其相互关系问题，是近代教育中的一个中心问题，谁对它处理得好些，谁就能获得成就多一些。我国近代教育发展的史实，已经回答了这个问题。那么，陶行知的中外教育观又究竟如何呢？本文仅从其知识结构、思维方法和教育价值观几个方面，阐述它的形成、发展及其主要内涵。

一、从知识结构上看陶行知中西教育观的形成

陶行知的中西教育观，就是他对待和处理中外教育及其相互关系时所持的观点和态度。这种观点和态度，早在他青少年求学时期和后来留美深造，已呈现出端倪。他在青少年时期学习的是中学，后入教会学校才开始接触到西学，最后留学美国专攻西方的政治和教育，可见他所学的知识结构是中西杂糅的，这是他中西教育观形成的起点和基础。

（一）儒学开蒙，植根于传统教育沃土

陶行知的出生地歙县，隶属于徽州。徽州不仅是拥有巨资的徽商故里，又是著名徽州文化的发祥地。从学术思想上看，有以朱熹为代表的新安理学，有以江永和戴震为代表的朴学等，史称“徽州学派”。从其他文化

方面看，文房四宝中的徽墨和歙砚，也驰名中外。他生长在这样经济繁荣的徽州文化故乡，自然受到了中学的潜移默化的熏陶。

但因陶行知幼年家贫，无力入塾。直到他6岁时，蒙馆塾师方庶威秀才，喜其聪慧，方免收束脩代为开蒙。1900年，他随父陶位朝到万安镇，得入吴尔宽经馆伴读，不过只读一年多，又随父返回家乡黄潭源，只好在家自学。他攻读经史认真，成绩斐然。据他童少年时的同学、同乡姚文采回忆："在小学时代，我们比赛记忆力，他在三刻钟内，可以背熟四十三行《左传》①。"还有人回忆："他从王藻老夫子学习四书经传，天资聪敏，过目不忘。"②这位王藻老夫子是前清时的贡生，在离陶行知家十五里的航埠头经馆执教。陶行知登门拜师，每隔几天去求教一次，风雨无阻。他这样勤奋攻读儒学经史，为其中学阶段求学打下了牢固的基础。

(二)广采博集，中西兼学

陶行知于1906年入教会学校崇一学堂就读，这是他接触西学的肇始。当时，崇一学堂开设的课程，是中西兼学，以西学为主，其中的英文、代数、格致、外国历史等，为西学；修身、历史、地理、算数、音乐等，为中西兼学；经学、国文、中国历史等，为中学。他不但堂内各门课程学习成绩均为优秀，还在课外注意补充中国传统的文化知识。"他常听人说'熟读唐诗三百首，不会吟诗也会吟'，因此他对吟诵唐诗颇为向往。他挤出时间向国文老师程修之求教。"③可见，他在崇一学堂时，努力攻读，中西互进。

他于1909年考入南京汇文书院，后随书院并入金陵大学，读预科和本科共五年。在这五年间，他中西兼学，刻苦钻研，尤其所学"国文、法文、数学诸科成绩优异，闻名全校，并经常帮助同学解决数学上的难题"④。他既接受了西方达尔文的进化论和美国总统林肯的民主共和主张，还受到了基督教义的很大影响，同时也吸取了中国古代孔子的乡愿告诫、孟子养浩然

---

① 方与严：《人民褒扬，昭告天下》，生活教育社：《陶行知先生四周年祭》(下集)，新北京出版社1950年版，第405页。

② 张国良：《我所知道的陶行知》，安徽省陶行知教育思想研究会编：《陶行知一生》，湖北教育出版社1984年版，第33页。

③ 张国良：《再记我所知道的陶行知》，《行知研究》，1984年第11期。

④ 朱泽甫：《陶行知年谱》，安徽教育出版社1985年版，第7页。

之气、王阳明“知行合一”学说。由此可见，他在金大学习期间，所形成的知识结构是中西冶为一炉、融为一体的。

（三）赴美留学，吸纳西学

陶行知为了继续深造，于1914年赴美留学，实现了乘长风破万里浪的宏愿。同年9月，入伊利诺伊大学研究院，攻读市政。头两个学期，修习的课程主要有公法研究、市政、美国的性质和教育行政等；第三学期修习的多为教育课程，有“单位等级与规范、教育研究法、中学课程、教育心理学研究”①等。其后，他决心献身于教育事业，1915年夏转入哥伦比亚大学师范学院，专攻教育。他在哥大第一学年修习的课程主要有美国公共教育管理、教育史、教育哲学、财政学以及进步社会的教育、中学原则等；第二学年修习的课程主要有教育史、教育社会学实习、国外学校系统的社会基础以及教育社会学研究等。这表明，他在美国留学期间，主要攻读了西方的市政和教育，使他的知识结构增大了西学的分量。

二、从思维方法上看陶行知中西教育观的发展

陶行知在学习期间构成涵盖中西的知识结构，严格来说这还只是他中西教育观形成的物质基础，而其进一步发展，很重要的因素就取决于他选择的思维方法上。因为他所学的中西知识本身还不等于是智力和能力，而从知识转化为智力和能力，不可能只靠知识积累就能够自动去实现，其中有一个重要转化条件，就是要靠有方法论来指导。他正是运用了现代的思维方法，处理中西教育及其关系，使他的中西教育观得到了相应的发展。他的现代思维方法，是受制于他的认识论并与之一同的发展变化。他前期相信“知是行之始”，将其原名文濬，改为知行；后来认识到“行是知之始”，又将名字改为行知，在认识论上由唯心主义走向了唯物主义。他后期主张“行知行”，并自造一个字“衎”为（音干），表明了他已初步具有了辩证唯物主义的认识论。这样，他受其认识论指导，运用现代思维方法，为其处理中西教育及其关系取得了世人为之瞩目的光辉成就。

---

① 《陶行知在美国的教育经历》，《行知研究》1983年第7期，第66页。

(一)运用中西比较方法,借镜西方试验主义方法论,揭示传统教育弊端

陶行知留美返国,带回来了试验主义(亦称"实验主义")教育思想,这是五四时期教育领域的主潮。他在五四运动中,从思维方法上,大力介绍了试验主义教育方法,并将中西教育从治学方法上两相比较,深刻地揭示出中国儒学传统教育在治学方法上存在着违背科学的弊端。他指出:"吾国数千年来,相传不绝之方法,惟有'致知在格物'一语。"[①]可是,格物致知的结果如何呢?他认为朱熹和王阳明虽然有"格物"与"格心"的不同,但均不得其法,因为缺乏试验,所以都不能格物穷理。在他看来,教育为群学之一种,治学必须采取试验主义教育方法。因为教育之进步,莫不根源于试验,"试验之消长,教育之盛衰系之"[②]。他主张要以试验主义教育方法进行教育改革,革除中国传统的治学方法。他指出:"欲求常新之道,必先有去旧之方。试验者,去旧之方也。盖尝论之,教育之所以旧者五,革而新之,其惟试验。"[③]他归纳出"五旧":一曰依赖天工,二曰沿袭陈法,三曰率任己意,四曰仪型他国,五曰偶尔尝试。他把"仪型他国"也作为"五旧"传统教育之一,是因为他把杜威实验主义教育视为新教育,而把以前传入国内的西方古代和赫尔巴特的教育思想作为传统教育。他曾指出,"吾国维新二十载,形式上虽不无可观,而智识进化之根本方法,则无人过问",又说"仪型他国,则吾人以为新,他人以为旧矣"[④]。

他从思维方法上将中西教学方法两相比较,发现西方试验主义新教育尊重儿童,采取自动主义,注重启发诱导,于是对中国传统的注入式教授法产生怀疑,认为对学生的主动积极精神有伤害,主张加以改革。他回忆说:"我自回国以后,看见国内学校里先生只管教,学生只管受教的情形,就认

---

① 陶行知:《试验主义之教育方法》,华中师范学院教育科学研究所主编:《陶行知全集》第1卷,湖南教育出版社1984年版,第60页。

② 陶行知:《试验主义与新教育》,华中师范学院教育科学研究所主编:《陶行知全集》第1卷,湖南教育出版社1984年版,第92页。

③ 陶行知:《试验主义与新教育》,华中师范学院教育科学研究所主编:《陶行知全集》第1卷,湖南教育出版社1984年版,第93页

④ 陶行知:《智育大纲》,华中师范学院教育科学研究所主编:《陶行知全集》第1卷,湖南教育出版社1984年版,第72页。

定有改革之必要。”[①]他在南京高师教务会议上提出了把教授法改为教学法的提案，但受到保守势力的阻挠，提案未能获得通过。直到五四运动兴起，他才趁反对者无暇坚持，毅然将全校的教授法改为了教学法。可见，他将教授法改为教学法，是他从思维方法上，接受了西方的试验主义教育方法，对比中西，发现了传统注入式教授法的弊端，决心改革所取得的重大胜利。

（二）采取逆向思维方法，逆反旧理之不足，反转变成新理

陶行知为了吸取中外前人的教育思想，往往采取逆向思维方法，针对前人之不足，反转过来，利用其语言形式，变成为新理。这种逆反思维方法，为他的中外教育观带来了新思维，使他在处理中外教育及其相互关系过程中受益颇多。他在金陵大学学习期间，采取逆反思维方法，将王阳明提出的“知是行之始，行是知之成”的唯心认识论，逆反其思路，但又利用了原有语言形式，“翻了半个筋斗”，就变成了“行是知之始，知是行之成”的唯物认识论，为他创立生活教育理论奠立了坚实的理论基础。后来，他在创办晓庄师范、山海工学团过程中，体会到杜威教育理论不适于中国国情，理论本身体现的不是真的生活，而是假的生活，于是他采取逆反思维方法，将“教育即生活，学校即社会”，“翻了半个筋斗”，但又利用了原有的语言形式，变成为“生活即教育，社会即学校”，促进了他的生活教育理论的发展和完善。他运用逆反思维方法的地方很多，有时只巧改几字，内容实质则截然不同。譬如，他对儒学经典《大学》一书中开宗明义一语“大学之道在明明德，在新民，在止于至善”，依照他一心为人民大众的新思想，逆反其封建正统观念，保留其语言形式，巧用几字，则变成为：“大学之道在明大德，在新大众，在止于大众之幸福。”[②]他运用逆反思维方法，主要是为了从资产阶级、大地主那里批判继承其中合理的思想因素所采取的方法。他曾对一位朋友说过：“我的生活教育思想，大半都是从资产阶级、大地主以及老百姓中的启发而来的。自然，我的思想，不是抄他们的，他们有的只启

---

① 陶行知：《教学做合一》，华中师范大学教育科学研究所主编：《陶行知全集》第 2 卷，湖南教育出版社 1985 年版，第 41—42 页。

② 陶行知：《新大学》，华中师范大学教育科学研究所主编：《陶行知全集》第 3 卷，湖南教育出版社 1985 年版，第 72 页。

发我想到的某一面。有的我把它反过来,就变成了真理。"[①]可见,陶行知运用逆反思维方法批判吸取中外教育思想,是其中外教育观的一种重要方法。

(三)运用辩证思维方法,对待中外教育经验教训,主张从现时生活滤下来,明辨择善

陶行知的思维方法中,辩证思维是很丰富的,认为"矛盾相生复相克,数量满盈能变质。相推而进正反合,顺延发展觅规律"[②]。他对中外的教育经验教训,既主张吸取,以丰富和发展生活教育理论,但又要求必须加以选择,明辨择善。他指出:"人类从几千年生活斗争中所得到,而留下来的宝贵的历史教训,我们必须用选择的态度来接受。"[③]在他看来,要先加考察、试验,辨明好坏,再选择是否接受。他说:"在这之前,中国有点盲目地模仿外国。最初,为了学习新的,就抛弃了一切旧的。到现在,他已逐渐认识到,旧的未必一定就坏,新的也并非必定就好。他对于一切新理论、新方法的反应不再是生搬硬套,而是先存疑,考察,实验,然后才加以选择。"[④]那么,对于人类留下来的历史经验教训和从外国传入的一切新理论、新方法,要怎样进行选择呢?他主张:"历史教训必须通过现生活,从现生活中滤下来,才有指导生活的作用。"[⑤]他的这种"从现生活滤下来"的办法,是把"现生活"作为了分辨好坏、决定是否吸取的过滤器。不过,他指的"现生活"是否有标准呢?其实是有严格标准的。因为他指的"现生活",就是他对生活教育要求过的生活,是与生活教育一样具有下述的特点,就是生活的、行动的、大众的、

---

① 陶行知:《与柳湜的谈话》,华中师范大学教育科学研究所主编:《陶行知全集》第3卷,湖南教育出版社1985年版,第609页。

② 陶行知:《创造年献诗》,华中师范大学教育科学研究所主编:《陶行知全集》第4卷,湖南教育出版社1985年版,第586页。

③ 陶行知:《生活教育之特质》,华中师范大学教育科学研究所主编:《陶行知全集》第3卷,湖南教育出版社1985年版,第27页。

④ 陶行知:《民国十三年中国教育状况》,华中师范学院教育科学研究所主编:《陶行知全集》第1卷,湖南教育出版社1984年版,第511页。

⑤ 陶行知:《生活教育之特质》,华中师范大学教育科学研究所主编:《陶行知全集》第3卷,湖南教育出版社1985年版,第27页。

前进的和有历史联系的。简单来说，就是中国广大劳苦民众要求进步向上的现在生活，只有经过这种生活的过滤才是生活教育所需要的教育经验教训。他表示："今当改革之时，我们对于国外学制的经验，应该明辨择善。"①总之，他认为古代的和外国的教育中，旧的未必坏，新的也未必一定好，吸取时"必须用选择的态度"，"从现生活中滤下来"，"明辨择善"。

三、从教育价值观取向上看陶行知中西教育观的内涵

陶行知中西教育观的形成和发展，看来是在他具有了中西文化知识的深厚基础，运用了现代思维方法所完成的，但其中不可忽视的一个重要因素，就是这些都与受到了他的教育价值观指导所分不开的，否则就不可能得到完善。对于形成和发展陶行知中西教育观来说，实际上起着关键的指导作用的则是他的教育价值观。

陶行知的教育价值观，就是认为教育对于人和社会的发展有着巨大的功能和价值。他早在金陵大学学习时就强调："人民贫，非教育莫与富之；人民愚，非教育莫与智之；党见，非教育不除；精忠，非教育不出。"②这是他经过辛亥革命后，从经验教训中体会到：革命仅靠武力还不够，要消除政治上的种种弊端，必须运用教育的力量，提高国民的政治和文化素质。他到美国留学以后，更加坚定了建设民主共和国，要依靠教育的信念。他表示："我的毕生志愿是通过教育而非武力来创建一个民主国家。在目睹了我们突然诞生的共和国的种种严重弊端之后，我坚信没有真正的公共教育就不可能有真正的共和国。"③当然，他这时对教育力量的估计无疑有些过高，直到他从事乡村教育运动，创办晓庄师范等实践活动，以及他同共产党合作和具有了一定的唯物论和辩证法观点，才逐渐摆正了教育与政治的关系，使他的教育价值观更加明确合理了。他指

① 陶行知：《我们对于新学制草案应持之态度》，华中师范学院教育科学研究所主编：《陶行知全集》第1卷，湖南教育出版社1984年版，第190页。

② 陶行知：《共和精义》，华中师范学院教育科学研究所主编：《陶行知全集》第1卷，湖南教育出版社1984年版，第51页。

③ 董宝良主编：《陶行知教育论著选》，人民教育出版社1991年版，第9页。

出："惟既有国民政治上的革命，同时还须有教育上的革命。政治与教育原是不能分离的，二者能同时并进，同时革新，国民革命才有基础和成功的希望。"①他是一位伟大的爱国主义者，又是人民至上、主张"教育为公"的教育家，他的教育价值观的核心是为国为民造福，其主体是能够为劳苦大众建立起使人人均可受教的公共教育制度。他的中西教育观受着他的教育价值观指导，既主张吸取中外教育的经验教训，但同时要求适合国情，适合广大劳苦民众受教育的需要，因此，其内涵极为丰富，有很多独到之处。

（一）反传统教育，但并不反对固有的优点

陶行知把反传统教育作为他一生教育活动的一项重要任务。他所要反对的传统教育，具体指的是："'满朝朱紫贵，尽是读书人'的升官教育，以及'为教书而教书，为读书而读书'的超然教育。"②从他的教育价值观取向看，他主要反对的是为小众服务的贵族教育和超然教育，反对传统教育中的"五旧"弊端。他反传统教育，逐渐对传统教育加深了认识，体会到中国由于长期实行科举取士制度，在教育内容和教育体制方面，八股教育遗毒特别深重。他认为，近代"新学办了三十年，依然换汤不换药，卖尽气力，不过把'老八股'变成'洋八股'罢了"③。他颇为生动形象地将两种八股教育的共同特征描述成为：先生是"教死书，死教书，教书死"，学生是"读死书，死读书，读书死"④。他认为这样的传统教育只能把学生造就成为书呆子、书架子、字纸篓、蛀书虫。

值得注意的是，他只是反对传统教育为小众服务的性质和"五旧"弊端，而不是反对传统教育的一切。他运用辩证思维方法，加以分析指出："反传统教育也不是反对固有的优点"，不惟如此，他以其教育价值观为指

---

① 陶行知：《晓庄试验乡村师范学校创校概况》，华中师范大学教育科学研究所主编：《陶行知全集》第2卷，湖南教育出版社1985年版，第17页。

② 陶行知：《告生活教育社同志书》，华中师范大学教育科学研究所主编：《陶行知全集》第3卷，湖南教育出版社1985年版，第338页。

③ 陶行知：《生活工具主义之教育》，华中师范大学教育科学研究所主编：《陶行知全集》第2卷，湖南教育出版社1985年版，第76页。

④ 董宝良主编：《陶行知教育论著选》，人民教育出版社1991年版，第372页。

导，从而认为“对于中国固有之美德是竭诚的拥护”①。这一点很重要，但往往为人们所忽略，以致对陶行知关于反传统教育的论述在理解上有时出现不够全面。

陶行知竭诚拥护传统教育中“固有之美德”，是因为他觉得“我国先秦诸子如老子、孔子、孟子、庄子、墨子、杨子、荀子等都能凭着自己的经验发表文字，故有独到的议论”②。他不仅对先秦诸子加以赞扬，而且吸取诸子文化教育思想之处很多。他不但借镜孔子的启发式教学方法等一些思想，还吸纳了墨子的有关亲知、闻知、说知的认识论，还将孟子、王阳明尊为“二贤”，效法他们去伪存真，学做真人，进行自我修养，期望“行出一真是一真，谢绝一伪是一伪”，“将来真我之必胜，而伪我之必可败”③。由此可以看出：陶行知反对传统教育，但并不反对中国传统教育中固有的优点。

(二)反洋化教育，但对外国输入的真知识则竭诚欢迎

陶行知把反洋化教育与其反传统教育一样，作为他一生教育活动的另一项重大任务。他所指的洋化教育，主要是“办学校一定要盖洋楼、说洋话、用洋书”，“尤其是没有工业的生产而他们要工业的享受和花费”④。这就是说，他所反对的洋化教育，是办学不顾中国贫穷落后的国情，照搬发达国家那种贵族的模式和要过奢侈生活的作风。他总结照搬照抄发达国家办学的经验教训时指出：“我国兴学以来，最初仿效泰西，继而学日本，民国四年取法德国，近年特生美国热，都非健全的趋向。学来学去，总是三不像。”⑤他从辩证思维出发，虽然反对洋化教育，不顾国情照搬照抄，但他

---

① 陶行知：《告生活教育社同志书》，华中师范大学教育科学研究所主编：《陶行知全集》第3卷，湖南教育出版社1985年版，第338页。

② 陶行知：《“伪知识”阶级》，华中师范大学教育科学研究所主编：《陶行知全集》第2卷，湖南教育出版社1985年版，第88页。

③ 陶行知：《伪君子篇》，华中师范学院教育科学研究所主编：《陶行知全集》第1卷，湖南教育出版社1984年版，第28页。

④ 陶行知：《告生活教育社同志书》，华中师范大学教育科学研究所主编：《陶行知全集》第3卷，湖南教育出版社1985年版，第338页。

⑤ 陶行知：《我们对于新学制草案应持之态度》，华中师范学院教育科学研究所主编：《陶行知全集》第1卷，湖南教育出版社1984年版，第190页。

"反洋化教育的用意并不是反对外来的知识",不但如此,他并以教育价值观为指导,"对于外洋输入的真知识是竭诚的欢迎"①。他对借镜外国经验办幼稚园的态度,就是很好的具体说明。他主张办幼稚园"不要搬洋货,也不要骛时髦,只求适合于乡村儿童的生活",但同时"还要吸收别人的经验,我们要把英国的、法国的、日本的、意大利的、美利坚的……一切关于幼稚教育的经验都吸收进来,我们来截长补短冶成一炉"②。他积极主张截长补短、有选择地吸收外国教育优长于我之处,是因为他认识到:"泰西学术,实高出吾人之上。何妨借人之长,以济己之短。"③他还指出:"中外情形有同者,有不同者。同者借镜,他山之石,固可攻玉。不同者而效焉,则适于外者未必适于中。"④

陶行知在积极主张有选择地吸取外国文化教育的同时,则反对两种不正确的态度:一是醉心西化,东施效颦;二是唯我独好,拒绝吸取。对于前者,他很早就有所觉察,认为:"自西学中输,新学派之醉心欧化,蔑视国文也,久矣。殊不知腐儒鄙弃西学,固属偏见;而新进蔑视国文,尤为忘本。"⑤对于后者,他批驳以东方精神文明为最好作借口,抑制向西方学习的论调,指出:"现在有一班人,开口就说:西方物质文明比东方好,东方精神文明比西方高。这句话初听似乎有理,我实在是百索不得其解。"然后他论证说:"精神文明与物质文明是合而为一的"⑥,如果承认西方物质文明比东方好,精神文明也一定要比东方高,就该接受西方文化教育,不该自以为精神文明唯我独好,拒绝向西方学习。

其实,陶行知不只是在认识上积极主张有选择地向西方学习,而且是

① 陶行知:《告生活教育社同志书》,华中师范大学教育科学研究所主编:《陶行知全集》第3卷,湖南教育出版社1985年版,第338页。

② 陶行知:《今日之幼稚园》,华中师范大学教育科学研究所主编:《陶行知全集》第2卷,湖南教育出版社1985年版,第159—160页。

③ 陶行知:《增刊中文报之缘起》,华中师范大学教育科学研究所主编:《陶行知全集》第3卷,湖南教育出版社1985年版,第649页。

④ 陶行知:《试验主义与新教育》,华中师范学院教育科学研究所主编:《陶行知全集》第1卷,湖南教育出版社1984年版,第94页。

⑤ 陶行知:《增刊中文报之缘起》,华中师范大学教育科学研究所主编:《陶行知全集》第3卷,湖南教育出版社1985年版,第649页。

⑥ 陶行知:《生活工具主义之教育》,华中师范大学教育科学研究所主编:《陶行知全集》第2卷,湖南教育出版社1985年版,第77页。

在实际行动中明辨择善、选粹吸取西方文化教育的典范。他早在大学学习期间，为了加强修养，存真去伪，除了从儒学中吸取有益身心思想方法外，“暇时辄取《新约》展阅之，冀得半言片语以益于身心而涤其伪习”[①]；由于相信民主共和，他把林肯主张的民主、自由、平等视为圭臬；后来学了马克思著作，赞扬马克思主义学说是“光明照万世，宏论醒天下”[②]。他对西方的教育经验教训，有选择地吸取更为广泛。对他影响最为显著者，一是瑞士资产阶级民主教育家裴斯泰洛齐和德国小资产阶级教育家福禄培尔。他在一个研究会上演讲中，对这两位西方大教育家倍加称赞：“尝观世界大教育家，如白斯达罗齐、福禄伯等之伟功盛业，无不在试验，无不在发明。故鄙人深愿本会为试验之先河，为发明之鼻祖。”[③]他本人后来坚持教育试验，办晓庄师范、办幼稚园，为难童创办育才学校，对难童孤儿倾注爱的教育，显然都是受到了裴、福二氏影响的结果[④]。二是美国教育家杜威。他的“生活即教育，社会即学校”教育论，显然是对杜威“教育即生活，学校即社会”教育学说“翻了半个筋斗”，虽然有了质的区别，但所受影响是非常明显的，就连语序都是经过改造而继承了。

上述可见，关于陶行知对待西方教育的态度问题，必须有一个全面的辩证理解，才不至于出现只强调反洋化教育或只重视他对外国教育的吸取与继承的片面性。

(三)去与取，只问适不适、好不好

陶行知的中西教育观，有一个总的指导思想和根本原则，就是“去与取，只问适不适，不问新与旧”。所谓“适不适”，即“适合国情，适合个性，适合事业学问需求”。他认为：“外国的经验，如有适用的，采取他；如有不适用的，就回避他。本国以前的经验，如有适用的，就保存他；如不适用，就除

① 陶行知：《伪君子篇》，华中师范学院教育科学研究所主编：《陶行知全集》第1卷，湖南教育出版社1984年版，第27页。

② 陶行知：《马克思墓》，华中师范大学教育科学研究所主编：《陶行知全集》第4卷，湖南教育出版社1985年版，第414页。

③ 陶行知：《教育研究法》，华中师范学院教育科学研究所主编：《陶行知全集》第1卷，湖南教育出版社1984年版，第68页。

④ 董宝良、周洪宇编：《陶行知教育学说》，湖北教育出版社1993年版，第66—69页。

掉他。”①

他对外国教育的吸纳，以“只问适不适”的准则，反对照搬照抄外国。他指出：“以前的教育，都是像拉东洋车一样。自各国回来的留学生，都把他们在外国学来的教育制度拉到中国来，不问适合国情与否。”②他作一首小诗讥讽愿当这类拉车的教员，写道：“分明是教员，爱做拉车夫；拉来一车洋八股，谁愿受骗谁呜呼。”③他回顾我国近代改革学制过程，就是当拉车夫，一味抄袭外国，未能制定出适合国情的学制。他主张：“只有透彻地研究自己的需要与问题，才能确有把握地制定出一套真正适合中国国情并为中国服务的教育制度来。”④他后来还认为：“一个国家的教育，无论在制度上、内容上、方法上不应常靠着稗贩和因袭，而应该准照那国家的需要和精神，去谋适合、谋创造。”⑤

他不但对吸纳外国教育要看“适不适”中国国情，就是继承中国古代教育也要看“适不适”现时生活和教育实际。他反对依样画葫芦，以古鉴今办法。他说：“有的人见古人怎样解决，我们也怎样解决，这种解决是不对的，是没进步的。因为古时现象不是与今日现象一样。所以以古鉴今的办法往往是错的。”⑥为什么会这样呢？他这样做过解释：“今昔时势不同，问题亦异。问题既异，方法当殊。故适于昔者未必适于今。徒执古人之成规，以解决今之问题，则圆枘方凿，不能相容。”⑦

但是，他对有益于今天的古代教育，则主张有选择的继承。甚至对于安徽本土的乡贤思想与学问，也只问“好不好”，而不问“土不土”。他提出

① 陶行知：《我们对于新学制草案应持之态度》，华中师范学院教育科学研究所主编：《陶行知全集》第 1 卷，湖南教育出版社 1984 年版，第 191 页。

② 董宝良主编：《陶行知教育论著选》，人民教育出版社 1991 年版，第 206 页。

③ 陶行知：《拉车的教员》，华中师范大学教育科学研究所主编：《陶行知全集》第 4 卷，湖南教育出版社 1985 年版，第 182 页。

④ 陶行知：《民国十三年中国教育状况》，华中师范学院教育科学研究所主编：《陶行知全集》第 1 卷，湖南教育出版社 1984 年版，第 510 页。

⑤ 陶行知等：《〈新教育评论〉创刊缘起》，华中师范学院教育科学研究所主编：《陶行知全集》第 1 卷，湖南教育出版社 1984 年版，第 568 页。

⑥ 陶行知：《教育科学与方法》，华中师范学院教育科学研究所主编：《陶行知全集》第 1 卷，湖南教育出版社 1984 年版，第 291 页。

⑦ 陶行知：《试验主义与新教育》，华中师范学院教育科学研究所主编：《陶行知全集》第 1 卷，湖南教育出版社 1984 年版，第 93—94 页。

的“好不好”，是对“适不适”更高的要求。在回答一位小朋友问他应该怎样对待乡贤“土产”思想与学问时，他用“只问好不好，不问土不土”的衡量标准作出这样的解释：“我们徽州的土产本来不错。你看朱晦庵、江慎修、戴东原诸位先贤，哪一位不是土产？现今的胡适之先生，从头到脚也只是我们家园所出的土产。我深信，他们来做你们的老师，你们是一定欢迎的。”①可见，他主张向乡贤学习，是为了继承和发扬有乡土气息的儒学文化教育，只问“好不好”、“适不适”，“不问土不土”。可是，他对于违背这一精神的，是不加吸纳的，就是他视为徽州现代“乡贤”、“文学革命巨子”的胡适也不例外。当胡适赞扬作为英国殖民地的香港所谓普及教育搞得好，还说出要去“效法”的话，他不顾与胡适同乡、同学的关系，马上撰文驳斥。在他看来，殖民地香港的普及教育根本不适合于拥有主权而贫弱的中国内地，根本无“借镜”可言，否则，如果真的“借镜”了，就会“先把中国一起变成香港”，“到那时，不消说得，文学革命的巨子是一变而为英国远东殖民地普及教育之导师了”②。

总之，陶行知上述的中西教育观，在吸取中外教育经验教训时，最使人们受到启迪的有两点：其一，必须从现时生活中“滤下来”，“明辨择善”，既反对传统教育和反对洋化教育中的弊端，又主张有批判、有选择地接受中外教育中的固有优点和真正知识；其二，“只问适不适，不问新与旧”，“只问好不好，不问土不土”。他的这种在现代思维方法和教育价值取向的指导下的中西教育观，与我们党对待中外教育一贯坚持的去其糟粕、取其精华的批判继承主张，是相一致的。在迈向 21 世纪的今天，为了建设有中国特色的社会主义教育体制，我们有必要把陶行知中外教育观当成一面历史的镜子，从中取得借鉴，丰富和提高现在处理中外教育及其关系的经验和方法。

（作者撰写此文时系华中师范大学教育科学学院教授、湖北省陶行知研究会副会长）

---

① 陶行知：《徽州土产——致吴立邦》，华中师范大学教育科学研究所主编：《陶行知全集》第 5 卷，湖南教育出版社 1985 年版，第 88—89 页。

② 陶行知：《胡适的普及教育理论》，华中师范大学教育科学研究所主编：《陶行知全集》第 2 卷，湖南教育出版社 1985 年版，第 772 页。

陶行知的中西文化观

张 癸

中西文化的冲突与融合是近代中国文化形成的重要源泉。伟大的教育家、思想家陶行知先生曾对近代中国文化的形成和中西文化的交流，做出过特殊的贡献。他主张对中西文化继承、融合、创造的观念，至今仍受到中外有识之士的推崇。在目前改革开放的社会主义现代化建设中，重新探讨陶行知关于中西文化问题的论述，很有现实意义。

一、正确对待中西文化的冲突

19 世纪中叶，中国传统文化面临着西方近代文化的严重挑战。"天朝"文化在"番夷"文化的进攻下，一败涂地。由于西方近代文化是伴随着战争、压迫、灾难和强权政治涌进中国，中西文化的冲突则不可避免地呈现出使人困惑的场景：保留优良的传统美德与废除愚昧的封建制度，学习先进的科学、技术、文化与抵抗野蛮的侵略、掠夺、奴役，接受西方的社会制度与摆脱列强的殖民统治等种种现实矛盾，都错综复杂地交织在一起。这往往使人们不易从本质上去认识中西文化的差异和优劣，而一切有识之士又不能不对此作出自己的评判。如何看待中西文化的冲突，则成为近代中国先进知识分子首先必须解决的问题。陶行知在青少年时代进入教会学校学习后，很快就接触到了中西文化冲突的现实矛盾。他在崇一学堂所学到的数学、理化、医药常识等科学知识，开拓了他的眼界，使他明确了向西方学习的求学方向；而他在广济学堂所遭遇的学校引诱、胁迫学生入教的做法，又使他感到困惑而陷入深思。当他进入金陵大学学习后，新学与旧学的激烈争斗，给予他更深的刺激。他很感慨地比喻："吾辈青年为学，正如日暮浮舟险峡，邪说淆听，瓦裂之怪石也；跛行冒善，云翻之豪湍也。是非莫别，安危一发。”[①]因此，他认为求学必须善辨“径途”，善治“心疾”，学什么，怎样学，以及如何做到学以致用，克服中西文化的矛盾冲突，都必须作出自己的判断。从这时起，陶行知开始有选择地学习中西文化，从中寻找解决中国社会现实矛盾的真理。

进化论观念是陶行知向西方学习最先获得的思想武器。“物竞天择，适者生存”是五四运动以前先进知识分子普遍接受的观念。陶行知在求学期间撰写的《因循篇》一文即阐述了这一观念，并以此对中西文化的冲突作出自己的评判。他提出，客观世界从自然界到人类社会普遍存在着优胜劣败，适者生存的激烈竞争：“竞争而不能胜，则难生矣！竞争而败北，则痛生矣！”比较西方社会日新月异的变化，他斥责中国因循守旧的传统思想是“自误”、“误人”、“误国”的大害：“社会因循而民气不张，政府因循而国魂不振。吾国行将由贫弱而渐臻于沦丧，岂不甚可畏乎？”因此，他大声疾呼：“生乎今之世，列强既具有进取之特性，其学术工商复高出吾人之上，以强佐强，进步一日千里。吾人欲与并驾齐驱，其进取当有列强什百倍之勇猛。即欲在世界求一生存，犹当夙兴夜寐，不容稍事蹉跎。苟仍萎靡不振，易于因循，则保守已无余地，大局何堪设想？”[②]从中可以看出，列强的侵略，中国的贫弱，中西文化的差异，给予求学时代的陶行知的刺激是何等的强烈，奋起赶超西方列强已成为他求学的明确目的。他还向金陵大学的同学们发出号召，求学要“由感立志，由志生奋，由奋而捍国，而御侮，勠力同心，使中华放大光明于世界”[③]。这一鲜明的爱国主义立场，则成为陶行知考察中西文化问题的基本出发点。

从进化论出发，陶行知热切地追求民主共和政治理想，认为这是解决中西文化冲突的一个关键。他在辛亥革命时期曾发动同学开展募捐活动，拥护和支持南京临时政府。以后，又在大学毕业论文《共和精义》一文中，对中外政治制度的差异，作了深入地分析和批判。他指出，中国积弱不振

---

① 陶行知：《〈金陵光〉出版之宣言》，方明主编：《陶行知全集》第1卷，四川教育出版社1991年版，第163页。

② 陶行知：《因循篇》，方明主编：《陶行知全集》第1卷，四川教育出版社1991年版，第176页。

③ 陶行知：《〈金陵光〉出版之宣言》，方明主编：《陶行知全集》第1卷，四川教育出版社1991年版，第164页。

的根本原因在于封建专制制度的长期统治，只有顺应历史发展潮流，建立民主共和政治体制，才能促进中国社会的进步。民国建立以来，国家处于内忧外患，人民处于水深火热，这都是因为真正的民主共和国尚未建立起来。因此，他倡导要在中国建立自由、平等、博爱的国家和民有、民治、民享的政体，并且提出了教育国民，提高全民族文化水平的教育建国方案。这些优秀思想反映了辛亥革命以来先进知识分子向西方学习的真诚愿望，对中西文化冲突的本质问题的基本认识，以及如何从根本上解决这一矛盾冲突的良好意图。

值得重视的是，陶行知在向西方寻找救国救民真理的同时，并没有放弃对中国传统文化的钻研。如何运用西方社会政治学说指导改造中国社会的实践，乃是戊戌变法以来先进知识分子努力探讨的一个问题。为了能使自己的思想方法更符合中国的社会实际，他们往往又从中国传统文化中吸取一些有用的思想养料。这个时代特点在陶行知身上也得到了充分体现。他在金陵大学学习西方文化的同时，努力钻研王阳明的学说，逐渐对王学“知行合一”说产生了浓厚兴趣。他主张运用即知即行的思想方法，迅速把西方的社会政治学说付诸改造中国的社会实践，并运用王学“格心”，“事上磨炼”的功夫，在寻找真理的过程中不断自我更新，使“真我驱伪我不遗余力”，做到“行出一真是一真，谢绝一伪是一伪”①。他还取“知行”为笔名，在求学时期多次发表研讨中西文化的文章，以示对传统知行观的继承和发扬。这是陶行知糅合中西文化所作的最初尝试。可以说，他在钻研中西文化方面，真正做到了“并行不悖，殊途同归”②。

由此可见，陶行知在求学时期对中西文化的差异和冲突已经有了比较明确的认识。他没有回避中西文化冲突所带来的现实矛盾，既不固守于盲目排外的民族自大心理，也不偏向于不加选择、全盘西化的民族虚无主义；而是主张有选择地学习西方的先进文化，克服传统文化的弊端，在融合中西文化的过程中发扬光大传统文化中的优秀遗产，用以捍国、御侮、振兴中华。正因为如此，新文化运动一出现，他便立即投身于这一运动，成为民主

---

① 陶行知:《伪君子篇》，方明主编:《陶行知全集》第 1 卷，四川教育出版社 1991 年版，第 193 页。

② 司徒雷登:《我所认识的陶行知》，《陶行知先生纪念集》，陶行知先生纪念委员会 1947 年编印，第 5 页。

与科学的呐喊者之一。

二、用新的价值观念重新评判中西文化

近代中国新文化运动的兴起，使中西文化的冲突达到了一个新的高峰。由各国留学归来的知识分子，纷纷运用自己所学到的思想武器，开展对封建主义的批判，从而使中国思想界出现了百家争鸣的局面。从美国留学归来的陶行知则在教育领域高举民主与科学的旗帜，批判传统的旧教育体制和理论，宣传西方的新教育理论与方法。他着重从方法论方面论证了中西文化的异同，力求用新的科学方法论改造中国传统的思维方式，并著文对中西文化在方法论上的异同，作了新的评价。

比较中西文化，陶行知首先对中国传统的思想方法提出质疑："吾国数千年来，相传不绝之方法，惟有'致知在格物'一语。然格物方法何在?"朱熹的"格物"与王阳明"格心"皆因"格之不得法"，所以不能格物穷理。而这种思想方法却长期束缚人们的头脑，使中国在近代大大落后于西方国家。自维新变法以来，西学东渐日甚，中西文化虽有多次冲突和交流，但二者的融合尚未在方法论上达到统一。"吾国维新二十载，形式上虽不无可观，而智识进化之根本方法，则无人过问。故拘于古法而徒仍旧贯者有之；慕于新奇而专事仪型者有之。"①前者"徒执古人之成规，以解决今之问题，则圆枘方凿，不能相容"②；后者"醉心西化，动辄效颦，而不知宜于彼者，未必皆宜于我"③。因此，研究中西文化问题，首先应该在方法论上下一番功夫。

什么是行之有效的方法论呢？陶行知把在美国学到的实验主义方法论看作科学的方法论，认为这是融合中西文化的一个重要手段。他特别强调实验方法的创新精神，认为实验方法"既能塞陈旧之源，复能开常新之

---

① 陶行知：《智育大纲》，方明主编：《陶行知全集》第1卷，四川教育出版社1991年版，第276—277页。

② 陶行知：《试验主义与新教育》，方明主编：《陶行知全集》第1卷，四川教育出版社1991年版，第6页。

③ 陶行知：《教育研究法》，方明主编：《陶行知全集》第1卷，四川教育出版社1991年版，第270页。

道”,可以起到“发古人所未发,明今人所未明”的作用[①]。他指出,人类社会的发明创造实际上都经过了实验,西方社会日新月异的发展变化,主要是由于在自然科学和人文科学领域都运用了这种积极进取的实验方法。要改造中国社会,必须引进这种方法论,培养国民的“创造精神”和“开辟精神”[②],从根本上改造国民的心理素质,以达到改变中国社会落后面貌的目的。

陶行知在五四时期把实验方法引进中国,适应了当时中国社会反封建传统的特殊需要。瞿秋白在总结这一特殊的社会历史现象时曾指出,由于新文化运动的冲击,中国社会的旧传统观念动摇,人们迫切要求有一种新的宇宙观和人生观来武装自己的头脑。而“实验主义的哲学,刚刚能用他的积极方面来满足这种需要”。这是因为“实验主义的特性就在于否认一切理论的确定价值”[③]。陶行知对此也作过总结。他指出,新文化运动是“中国的文艺复兴”,“这是一次对所有的传统价值观念,包括教育方面的传统价值观念用新观点、新标准去加以评判的运动。旧传统被抛弃了,权威受到了冲击,旧信仰的基础破坏了”。在实验方法引进中国之前,“中国有点盲目地模仿外国。最初,为了学习新的,就抛弃了一切旧的”,学习西方具有明显的形式主义偏向。随着实验方法的输入,人们已经逐渐认识到“旧的未必一定就坏,新的也并非必定就好。他对于一切新理论、新方法的反应不再是生搬硬套,而是先存疑,考察,实验,然后才加以选择。毫无疑问,这是一种理智的态度”[④]。由此可见,陶行知宣传实验方法,始终与新文化运动反封建传统的需要紧密地联系在一起,并且运用这种新的价值观念重新评判中西文化问题。正因为如此,他在五四时期讨论中西文化问题时,具有两个明显的特点。

第一,陶行知主张用新的价值观念重新评价中国传统文化,使中西文化的融合达到一个新的高度。他很善于运用外来的新思潮,从中国传统文

---

① 陶行知:《试验主义与新教育》,方明主编:《陶行知全集》第1卷,四川教育出版社1991年版,第7页。

② 陶行知:《第一流的教育家》,方明主编:《陶行知全集》第1卷,四川教育出版社1991年版,第26页。

③ 瞿秋白:《实验主义与革命哲学》,《新青年》1924年第3期。

④ 陶行知:《民国十三年中国教育状况》,方明主编:《陶行知全集》第6卷,四川教育出版社1991年版,第278页。

化中发掘一些有用的思想精华，融会贯通地介绍给思想界和教育界。比如，他在新文化运动中多次称誉和介绍中国古代荀子的“制天命”思想，认为荀子提出“大天而思之，孰与物畜而制之！从天而颂之，孰与制天命而用之！望时而待之，孰与应时而使之！因物而多之，孰与骋能而化之！思物而物之，孰与理物而勿失之”的论断，“可谓中试验精神之窍要矣”①。这样的介绍实际上是把荀子的“制天命”思想与实验方法及创造精神巧妙地糅合在一起，向人们宣传中西文化所共有的创造观念。又如，他在介绍西方的启发式教学论时，注意运用新观念重新阐发中国古代的启发式教学论思想。他论证：“孔子说‘不愤不启，不悱不发’，我更要进一步说，使他不得不愤，使他不得不悱。杜威先生也说，教学生的法子，先要使他发生疑问；查出他疑难的地方，使他想种种方法，去解决这个问题；从这些方法之中，选出顶有成效的法子，去试试看对不对。如其不对，就换法子；如其对了，再去研究一下。照这方法来解释同类的问题和一切的问题。”②这样的对比分析，既发掘了古代孔子的教学论思想，又用杜威的实验主义教学论对其作了新的阐发，使得西方的启发式教学论能够得到广泛的承认和推广。在新的价值观念基础上，融会贯通中西文化，的确是陶行知在五四时期讨论中西文化问题的一大特色。

第二，陶行知主张运用创新的观念，有选择地吸取和更新外来文化。他在五四时期强烈反对不问国情，生搬硬套，盲目西化的倾向，这在当时形式主义地接受各类新思潮的西化潮流中，的确是难能可贵的。他多次强调：“中外情形有同者，有不同者。同者借镜，他山之石，固可攻玉。不同者而效焉，则适于外者未必适于中。”③因此，他主张学习西方，改造中国社会，首先应该以创新的精神有选择地接受和更新外来文化。他曾提出“自新、常新、全新”的口号，认为没有“自新”的意识，则无法主动地吸取外来文化；没有“常新”的意识，则无法创造性地更新外来文化；没有内外一致的

---

① 陶行知：《试验主义之教育方法》，方明主编：《陶行知全集》第 1 卷，四川教育出版社 1991 年版，第 243 页。

② 陶行知：《新教育》，方明主编：《陶行知全集》第 1 卷，四川教育出版社 1991 年版，第 314 页。

③ 陶行知：《试验主义与新教育》，方明主编：《陶行知全集》第 1 卷，四川教育出版社 1991 年版，第 8 页。

“全新”意识，则只能有外表形式上的新，而无内在精神上的新①。这种对待外来文化的态度在我们今天看来仍然是值得大力提倡的。

五四时期马克思主义在中国的广泛传播，使中西文化冲突上升到一个新的高度。陶行知没有回避这个现实的矛盾冲突。他在五四时期曾撰文介绍马克思和德国社会民主党的活动，试图从中寻找一些有益于改造中国社会的借鉴。经过社会实践的磨炼和对各种新思潮的比较、鉴别，特别是在中国共产党人的影响下，他最终体验到了马克思主义的正确，并且在伦敦瞻仰马克思墓时写下了“光明照万世，宏论醒天下”的诗句，表达了他对马克思主义的敬仰②。

接触马克思主义，使陶行知看待中西文化问题的价值观念又有了新的发展。30年代，他开始用唯物史观解释中西文化问题，进一步明确提出必须继承优秀的中外文化，抛弃束缚人们思想的“老八股”和“洋八股”。他说：反对“老八股”，“并不是反对固有的优点，我们对于中国固有之美德是竭诚的拥护”；反对“洋八股”，“也不是反对外来的知识，我们对于外洋输入的真知识是竭诚的欢迎”③。他认为，对于中外优秀的文化，必须在创造的基础上加以融合会通和发展。在中西文化会合的伟大交流中，“文化是作为进一步创造的基础，而不是仅仅创造一次以后便停止不前的东西”④。

综上所述，陶行知的中西文化观是随着中国社会革命的发展而更新的。他力求运用新的价值观念来考察中西文化问题，并且提出了一些有价值的创见，最终得出对中西文化继承、融合、创造的结论。

三、科学地总结中西文化论争

新文化运动所引发的中西文化论争，在中国思想界延续了很长时间。

① 陶行知：《新教育》，方明主编：《陶行知全集》第1卷，四川教育出版社1991年版，第312页。

② 陶行知：《马克思墓》，方明主编：《陶行知全集》第7卷，四川教育出版社1991年版，第672页。

③ 陶行知：《告生活教育同志书》，方明主编：《陶行知全集》第4卷，四川教育出版社1991年版，第355页。

④ 陶行知：《出访二十六国日志》，方明主编：《陶行知全集》第10卷，四川教育出版社1991年版，第386页。

关于文化的本质，中西文化的异同，人类文化的同一性及其发展趋势等等问题，长期成为众多学者深入探讨与激烈争论的对象，至今仍是智者见智，仁者见仁。

五四时期对中西文化论争作出系统阐述，比较有代表性的，是梁漱溟的《东西文化及其哲学》一书。梁漱溟认为，文化“乃是人类生活的样法”，各个民族的文化则是“那一民族生活的样法”。而人类生活又表现为叔本华所说的“意欲”，即不断的满足与不满足。中西文化的差异是由于“生活样法最初本因的意欲分出两异的方向，所以发挥出来的便两样罢了”。西方文化“是以意欲向前要求为其根本精神的”，由于西方文化不断向前改造，特别是物质文明的竞争导致资本主义产生不可调和的矛盾，已使以物质文明为主要特征的西方文化走到了尽头。因此，“人类文化要有一根本变革：即由西洋态度改变为中国态度”。“人类将从人对物质的问题之时代而转入人对人的问题之时代”，也就是说，“把中国原来态度重新拿出来”，用以儒家学说为代表的中国的精神文明去取代在物质生活中已陷入困境的西方的物质文明。根据这一立场，梁漱溟对阐述中西文化问题的各类新思潮，均持反对态度，走向了新文化运动的对立面。

梁漱溟的上述中西文化观，受到了各方面的批评，陶行知亦为持不同观点者之一。在《生活工具主义之教育》一文中，陶行知指出：“现在有一班人，开口就说：西方的物质文明比东方的好，东方的精神文明比西方高。这句话初听似乎有理，我实在是百索不得其解。”因为持这种说法的人实质上根本不懂人类文化的科学含义。他认为，人类文化的起源及其同一性主要表现在人类能够制造工具，以改造自然与社会。“人的生活，必须有相当工具，才能表现出来。工具充分，才有充分的表现；工具优美，才有优美的表现，工具伟大，才有伟大的表现。”所以“精神文明与物质文明是合而为一的。这合而为一的媒介就是工具”。况且“精神与物质接触必定要靠着工具。工具愈巧则精神愈能向着物质发挥”，“没有工具则精神不能发挥，生活无由表现”。

陶行知的上述论点对于探讨人类文化的本质问题，有着重要的意义。人类文化的起源的确是在于生产工具的发明创造。因此生产工具已成为人类文化最根本的基础和主要标志。一种文化进步程度如何，主要就看它生产工具的进步状况。近代中西文化的差异最主要的也在于生产工具的优劣和由此导致的生产力的高低。这样，考察人类文化的同一性和各民族文化的差异，则有了一个客观依据。梁漱溟把人类文化的同一性归结为人类的“意欲”，由此论证东西文化从诞生起即有差异，为东方文化的永恒价值寻找依据。这显然是主观的推断。相比之下，陶行知的论述则比较科学，而且接近唯物主义的解释。

30 年代，陶行知进一步用唯物史观解释人类文化的本质问题。他提出，对人类文化应作广义和狭义两种解释。从广义上看，除了大自然之外，凡是人类所创造的一切都是文化。凡是可以用来生产、战斗、交通、享乐、治理、思想的工具以及这些工具所引起的变化都可以当作文化看待。从狭义上看，人们为了说明自己的精神生活，则从上述广大的事物里抽出一部分来，“特别叫它为‘文化’。这部分便是记录思想、传达思想、发展思想、改变思想的符号、工具和行动”，“从本质方面看，文化工作是反映着人类经济政治的思想”①。

陶行知对人类文化所下的两个定义，较为科学地阐明了人类文化的本质问题。前一个定义，概括了人类文化的最大范畴，即人们所创造的物质文明与精神文明的总和；后一个定义则比较科学地区分了物质文明与精神文明的不同含义，用唯物史观解释了精神文明的内涵。这样，人们考察文化问题，则有一个比较科学的逻辑定义。特别值得重视的是，陶行知强调“文化所要记录、传达、发展、改变的思想乃是人类生活中心的思想，即是政治经济的思想。文化脱离了政治经济便成了不可思议”②。根据这种文化观考察中西文化问题，即可清楚地看到，人类文化的产生和发展是同一的，只是近代各民族经济政治发展的不同，才导致中西文化出现极大的差异，而帝国主义的野蛮侵略和封建主义的专制统治更加剧了这种差异。陶行知由此得出结论，要从根本上解决中西文化冲突，首先必须解决中国社会最紧迫的现实问题，即民族的解放和大众的解放，并且要运用文化工作作为“民族大众解放的斗争的武器”③。他还承认，他所从事的文化事业即是

---

① 陶行知：《文化解放》，方明主编：《陶行知全集》第 3 卷，四川教育出版社 1991 年版，第 460 页。

② 陶行知：《文化解放》，方明主编：《陶行知全集》第 3 卷，四川教育出版社 1991 年版，第 461 页。

③ 陶行知：《文化解放》，方明主编：《陶行知全集》第 3 卷，四川教育出版社 1991 年版，第 462 页。

毛泽东阐明的新民主主义文化的一部分。

探讨陶行知的中西文化观,感到有两点启示,值得我们深思。

第一,中西文化的融合会通,世界各民族文化的融合会通,乃是人类历史发展的必然趋势。只有顺应这个历史发展趋势,才能对中国传统文化的更新和中外文化的交流作出贡献。近代中国先进知识分子为此贡献了他们的全部聪明才智。陶行知中西文化观的形成与发展,则生动地说明了这一点。他的聪明才智和创造力,恰恰是在中西文化的会合与交流中体现出来的。我们今天考察中西文化问题,首先应该对这个历史发展趋势有充分的认识,以积极的态度看待中西文化交流。

第二,考察中西文化问题,必须运用科学的方法论作指导。在近代中西文化论争中,学者们运用各类思想武器考察中西文化,众说纷纭。事实证明,只有运用科学的方法论才能对中西文化问题作出较为科学的总结。陶行知的思想发展正说明了这一点。他向西方学习进化论、实验方法、唯物史观,力求用新的价值观念重新评价中西文化,从而提出了一些很有价值的观点。我们今天考察中西文化,仍然必须坚持和发展科学的方法论,这样才可避免盲目排外和全盘西化的偏向。

(作者撰写此文时系上海市教育委员会统战处副处长、华东师范大学政教系副教授)

陶行知对中西文化交流的贡献

周　毅

陶行知是东方文化巨子之一，也是致力于中西文化交流的杰出成功人士之一。

陶行知生长在中国安徽省徽州地区，那里文化底蕴极深，已形成了理学、美学以至医学的徽州学派。陶氏少年好学，有很深厚的国学基础，在他的著述中常引用诸子百家的名言，在他的思想中，亦可寻觅到孔子的"仁"、"爱"、"有教无类"、"因材施教"、墨子的"民为贵"，以至孙文（中山）主义的轨迹。但他绝不是封闭的国粹主义者。他青年时代求学于被称作"六朝故都"而又得西学风气之先的南京，在中西文化的碰撞中，他吸取中西学之精华，而绝不"醉心欧化"。他于 1913 年在金陵大学求学时主编中文学报《金陵光》，曾声言旨在"保存国粹"。但他又指出："泰西学术，实高出吾人之上。何妨借人之长，济己之短"，所以，中文报刊载对研究有帮助的文章，"以承其乏"①。可见他在求学时代对于吸取中西文化，已有所认识。

陶在 1917 年留学美国归来之后，博采西学之长，而绝不"拉洋车"；他善于吸纳古今中外学术之长，从中国国情出发，通过实践，创造着适合时代发展需要的民族新文化。

一、生活教育学说是中西文化交流的结晶

陶行知创立的生活教育学说，成为中国新教育运动的旗帜，影响及于全世界。回溯这一学说的形成，正典型地体现了中西文化交融、吸纳、扬弃的成功。

① 陶行知：《增刊中文报之缘起》，方明主编：《陶行知全集》第 1 卷，四川教育出版社 1991 年版，第 166、167 页。

陶行知的生活教育理论的哲学基础是他的“行知行”观，而他的“行知行”观的形成是有着这样一个过程的：早年，陶行知研究王(阳明)学，信仰知行合一的道理，取名“知行”①。1914—1917 年，陶行知留学于美国哥伦比亚大学，师从杜威。杜威是当时领世界教育新潮流之先的“世界新教育之父”。陶行知接受了当时世界最先进的学说，对杜威的实验(陶行知作“试验”)主义推崇备至，曾于 1917 年著文《试验主义与新教育》以推介之。此时，陶氏肯定了中国哲学思想中“格物致知”之理，批判了王阳明的“知行合一”的唯心主义的先验论。其后，经过十年的实践，他发现了他的老师杜威的不足。杜威曾经这样分析思想之过程：“困难之感觉—审定困难之所在—设法解决—在许多方法中选一最有效的试验—屡试验之后再下断语。”陶行知认为，杜威所述的思想过程，像“单极电路通不出电流，他没有提及那思想的老祖宗，这位老祖宗便是行动，路走不通才有困难”。陶行知吸取了实验主义的唯物主义的因素，扬弃了其唯心主义的成分，通过自己的实践，概括出这样的规律：“行动生困难，困难生疑问，疑问生假设，假设生试验，试验生断语，断语又生行动，如此演进以至无穷。”1928 年，他写下了《行是知之始》的哲学论文，形成了他的“行知行”观。自 20 年代末，他研读西方传入中国的马克思主义，其辩证唯物主义哲学观更趋成熟。

陶行知的教育思想的形成，与其哲学思想的形成是相一致的。他的老师杜威，在世界第二次工业革命的历史背景下进行教育改革。他强调了教育必须与生活相联系，提出了“教育即生活，学校即社会”的主张。他把社会生活引入学校，破了贵族式的封闭的旧教育传统。陶行知吸取了杜威学说中把教育与生活联系起来的合理成分，通过自己的实践探索，创造了属于他自己的生活教育学说，即“生活即教育，社会即学校，教学做合一”。他在《生活即教育》一文中阐述这一教育思想形成的过程时说：“‘教育即生活’是杜威先生的教育理论，也就是现代教育思潮的中流。我从民国六年便陪着这个思潮到中国来，八年的经验告诉我说‘此路不通’。在山穷水尽的时候才悟到‘教学做合一’的道理……实行‘教学做合一’的地方，再也不说‘教育即生活’。他不再耐烦把学校变成社会的缩影，他要伸张到大自然

① 陶行知：《行知行》，方明主编：《陶行知全集》第 3 卷，四川教育出版社 1991 年版，第 575 页。

大社会里去活动。他要我们在生活里各尽所能,各取所需。没有'教育即生活'的理论在前,绝产生不出'教学做合一'的理论。但到了'教学做合一'的理论形成的时候,整个的教育便根本的变了一个方向,这新方向是'生活即教育'"①。陶行知十多年来实践"教学做合一"的原则,发现生活是教育的本源,教育又必须引导社会生活前进。因而教育不能只"关在笼子里",于是产生了"社会即学校"的思想。他有许多生动的比喻:如"奉万物作宗师"、"宇宙皆学校"、"人类皆同学"都是他的生活教育观的体现。至此,陶行知把杜威的教育学说"翻了半个筋斗"而使之起了质的变化。

陶行知主张的"教学做合一"的原则,吸取了杜威的"做中学"、"手脑并用"的主张,通过自己的实践,又发展成为"手脑心并用","在劳力上劳心"、"以心制力"。他的《手脑相长歌》写道:"人生两个宝,双手与大脑,用脑不用手,快要被打倒;用手不用脑,饭也吃不饱,手脑都会用,才是开天辟地的大好佬。"在他的教育创造中,"手脑并用"已跳出了杜威把它当作一种教学方法的范畴,成为一个培养目标:培养既劳心又劳力的全面发展的新人,使社会达到各尽所能,各取所需的境界。

陶行知倡导大众教育,其大众教育思想,植根于他的平民性,而唤醒他的平民意识的,既有中国古代的"民为贵"思想,也有西方的民本主义思想,还有中国近代的孙文(中山)主义与中国五四以来的平民运动思潮。

从上面略述一二的陶氏教育思想中可见:陶行知对教育科学的光辉贡献,是吸纳了中西学说之精华,并予以创造发展的结果。陶行知绝不是杜威在中国的传人,他是植根于中国土壤的伟大的人民教育家;但又不等于陶行知不尊重杜威等前人的创造。

陶行知的生活教育学说,在中国有着广泛的影响。自 20 年代在南京创办晓庄师范起,生活教育就像磁铁般吸引了无数以改造教育、改造中国为己任的有志之士。30 年代初,晓庄师范被当局封闭,然而,生活教育之火不灭,全国相继出现了许多推行生活教育的乡村师范。30 年代他在上海倡导的工学团运动,抗战期间的孩子剧团、新安旅行团等实践生活教育的单位,影响及于全国。1939 年,陶行知贯彻生活教育主张的人才培养试

---

① 陶行知:《生活即教育》,方明主编:《陶行知全集》第 2 卷,四川教育出版社 1991 年版,第 7、8 页。

验学校重庆育才学校,更受到国内外教育界与各界人士的称赞并获得广泛的支持。陶行知亲自组织领导的生活教育社及其出版的《生活教育丛书》,更成为推进生活教育运动的组织者。在当时由共产党领导的陕甘宁边区,也有生活教育社的组织,并推行陶行知创造的“小先生制”。

陶行知通过参加国际活动,把他创立的生活教育学说推向世界,参与国际文化交流。1936 年 8 月,陶行知赴英国伦敦附近的切尔滕纳姆,出席世界新教育第七届年会。在这个有五十个国家一千五百多名代表出席的国际教坛的盛会上,他应邀作了题为《中国大众教育运动》的演讲。他的演说引起了强烈的反响。印度圣雄甘地邀请他赴印度讲学。1938 年 8 月,他完成环球宣传任务之后,如约到印度,印度议会议长博塞主持一个有全印大会领袖人物、学者、工人、农民和学生代表参加的欢迎会,陶行知发表了长篇演说,介绍中国的大众教育运动。8 月 14 日,印度民族运动领袖甘地在寓所会见了陶行知,并约请陶行知写文章。后来,陶行知在回国途中写成了《中国的大众教育运动》,寄给甘地,甘地在文章上加了按语:“我不得不认为,这份具有指导意义的小册子在我们印度是非常有用的。”这篇文章连同甘地的按语发表在印度的《民族旗帜》杂志上。

在世界新教育会议之后,陶行知又应母校哥伦比亚大学之邀,在师范学院国际院向来自世界各国的留学生演讲。

1937 年 9 月 16 日,陶行知应邀到墨西哥大学讲学,墨西哥总统卡尔梯乃斯(卡德纳斯)于 9 月 20 日会见了陶行知,9 月 24 日,墨西哥公共教育部为陶行知举行了饯别午宴。当地的报刊报道了陶行知在墨西哥活动的消息和演讲的照片。

通过上述活动,陶行知使他的生活教育学说汇入世界新教育潮流中,也使他的学说,成为不发达国家人民谋求解放的一把利斧。

尽管陶行知不主张“一切从西方拿来”,但他却热忱地、客观地介绍西方教育新思潮,供中国教育界借鉴。

1919 年,美国的杜威博士到日本游历,当时在南京高等师范任教的陶行知得悉,写信给在北京大学任教的留美同学胡适,共同函约杜威博士来华讲学,并托到日本东京考察的南京高师教务主任郭秉文持函当面邀请。3 月,陶行知在《时报》发表了《介绍杜威先生的教育学说》的文章。杜威于 5 月 1 日从日本乘海轮抵上海,陶行知与北京大学校长蔡元培、留美归来的蒋梦麟一同到码头迎接。然后，杜威夫妇由蔡元培陪同北上讲学，陶行知返回南京。1920年春，杜威到南京高师及各地讲学，足迹遍及直隶、奉天、山东、山西、江苏、江西、湖北、湖南、浙江、福建、广东等11省，历时两年零两个月。陶行知受江苏教育学会与南京高等师范的委托，安排杜威的讲学活动，并陪同在一些地方讲学，担任翻译。中国出版了杜威的演讲集：《杜威五大讲演》、《杜威教育哲学》、《民本主义与教育》，后一本是邹韬奋（署名邹恩润）翻译，由陶行知校译的。从以上史实，可见他是在中国引进杜威教育思想的倡议者与热忱的推介者。这对于中国冲破传统旧教育的束缚，打开窥视世界新教育之窗，起了积极的作用。

美国哥伦比亚大学教育史专家孟禄博士于1921年到中国京、津、沪作教育调查，陶行知陪同四个月，他在报上撰文介绍孟禄博士，系统地翻译并发表了孟禄的讲话。陶行知也随孟禄作教育调查，从中发现中国大城市里文盲高达70%的惊人数字——这对于他决心走下大学讲坛献身平民教育起了决定性的作用。

陶行知关注着国外教育改革的每一新动向，无论是宏观的或微观的改革，都在他的视野之内。1919年，德国联邦的普鲁士社会民主党人执政，陶行知撰写了《普鲁士教育之基本改革》，介绍该国一反军国主义、阶级主义的教育为平民的共和教育的一系列改革政策。他在此文开头写道："欧战之后，各国教育都有改革的趋势，其中改革，最大最速的莫过于德国，而德国联邦中尤以普鲁士的教育改革为最有研究的价值。"在文章结语中又说："……当军国、阶级两主义凋落的时候，那抄袭德国精神的国家，也能回心转意，培植那平民主义的教育，使他能够开花结果，为东亚放一异彩。"陶行知留学归国才两年，就能放眼世界，以高屋建瓴的姿态，为世界教育改革推波助澜，其气魄与慧眼，实在令人叹服！

此外，1919年，他也曾著文介绍美国哥伦比亚大学师范院附属小学教员柏格罗女士的《美国活动教授之一段》；1925年，他曾著文介绍美国道尔顿制及其创始人柏克赫司特女士，在文章末尾，却又告诫人们不要盲目照搬。

1923年6月28日至7月6日，由美国全国教育会发起举行万国教育会议，中国政府和具有全国性质的各种教育团体都被邀请赴会，这是世界上教育界第一次大结合。陶行知与蔡元培、黄炎培等八人被中华教育改进社推举赴会。由陶行知担任总干事的中华教育改进社为会议准备了25份印刷品(书刊文章)。后来陶行知因社务繁忙未能赴会,但他多次撰文力主中国参与国际教育交流。

陶行知的种种活动,都对中西教育文化交流起着积极的促进作用。

二、引进自然科学为科普事业奠基

陶行知少年时代在家乡安徽省歙县崇一学堂就读,这是英国教会办的学校,课目中有西方传入的自然科学。陶氏对自然科学兴趣甚浓,以至曾赴杭州学西医(后因该校歧视非教徒而愤然离去)。陶行知自美国留学归来后,在他创办的晓庄师范,十分注重自然科学教育,而且把“科学的头脑”作为师范教育的培养目标之一。他还认为,根据乡村的特点,培养科学的头脑,应当特别注重生物学。后来,又成立了晓庄科学社,请中国科学社的秉农山先生定期来讲学。秉农山曾在美国专攻生物学八年,回国后在南京主持生物研究所。他曾带领晓庄学生对长江下游沿岸进行科学考察,采集制作了三千多件动植物标本,建立了种类丰富、规模颇大的生物室,又在农场指导学生建立了动物园,并通过晓庄的学生,把生物科学知识普及到晓庄的农民中去。1930年,晓庄师范被封后,陶行知被迫流亡日本,目睹日本情形,感叹地说:“日本所以强,强在科学昌明。”“就一个国家而言,从农业文明过渡到工业文明,自然科学是唯一的桥梁。”他在日本目睹科学被屠夫用做杀人的利器,所以他要“从屠夫的手里把科学夺过来”。于是他于1931年在上海倡导“科学下嫁”运动。他团结了从法国留学归来的电机工程专家丁柱中、留美的细菌学专家高士其等在上海创办自然科学园,他们要“造就科学的孩子”,提倡“科学下嫁”,“科学知识,要变得像空气、日光一样的普遍,要为工人、农民、穷苦的老妈子和小孩子所共同享有”。他在经济极其困难的条件下,编写《儿童科学丛书》,计划出版三五百本,把近代生物、化学、物理、天文、矿物、数学、农业、生理卫生等各方面的知识,都包罗进去,后来只出了101本;还计划出儿童科学活页指导和一批通俗科学译著,终因经济困难而中断。陶行知与自然科学园的科学家及自然科学爱好者们,又以低价租了一间寺庙,创办儿童通讯学校(函授学校),最后连这点经费也拿不出了,便争取上海无线电台支持,办了个空中科学通讯学校,即是现在的广播学校，由自然科学园的人撰稿，由他的次子晓光每天在广播电台作20分钟的科学广播。

由此可见，陶行知为振兴中华而积极引进西方自然科学。他成为中国科学普及事业的奠基人之一。

三、对中外文学艺术的交流贡献卓著

陶行知是我国新文化运动的促进者，他对文学艺术领域内的中西文化交流亦有卓越的贡献。

众所周知，陶行知是中国独树一帜的大众诗人，而鲜为人知的是他曾为中诗英译与外文诗中译尽力。

陶行知曾出版过收入40首中国诗的英译本①。他选诗不拘一格，既有古代的与当代的名家作品，也有民间歌谣和他的大众诗。从内容看，他着意于表现中华民族精神的作品，如写古代女子巾帼不让须眉的《木兰辞》，写不屈精神的农民领袖黄巢的《菊花诗》，清代名诗画家郑板桥的《岩竹诗》，还有近代作家田汉的《义勇军进行曲》等；也有表现我国人民之间的乡情、亲情、友情的名作，如唐代诗人李白的《静夜思》、《月下独酌》等；还有描写民风民俗的，如《新嫁娘》、《煮粥诗》、民谣《小白菜》等。陶行知选译自己的作品，或是阐述自己的人生观、教育观的代表作，或是宣传抗日、颂扬世界和平的诗篇。

自1937年起，陶行知亲自笔译或与其夫人吴树琴合译的外文诗有21首，包括了美、德、法、英等国著名诗人的作品。他以大教育家的视野，选译了一批引人奋发向上的诗作。此外，他还发表了《美国总统罗斯福传》等多篇译著。

在中西舞蹈艺术交流史上，也应有陶行知的一笔。事情经过是这样的：20世纪40年代初，旅英华侨舞蹈家戴爱莲女士归国参加抗战。她师从世界著名舞蹈家邓肯、拉班，对芭蕾舞、现代舞及舞蹈理论的造诣很深。她抱着以其舞蹈艺术报国的志愿，尝试着开设舞蹈学习班，培植中国新舞

① 参见方明主编：《陶行知全集》第6卷，四川教育出版社1991年版，第747—839页。

蹈的嫩芽。但在战时陪都重庆，风靡一时的只是“桃花江是美人窝”一类的东西，她无法实现自己的理想。正当她痛感报国无门之时，经过邓颖超介绍，陶行知把戴爱莲请到育才学校，并为她设立了舞蹈专业，由她主持教学。不久，又亲自策划了一次音乐舞蹈演出活动，由育才学校音乐组师生与舞蹈家吴晓邦、戴爱莲同台演出，将筹得的款项，支持戴爱莲去川、康边境的藏族和彝族地区采集民间舞蹈。戴爱莲得到陶行知精神上与经济上的支持，有了育才学校这块创造气氛极浓的沃土，如鱼得水。她以西洋舞蹈技巧，发掘整理中国古典舞蹈与边疆少数民族舞蹈，带领舞蹈组师生，创作了一批风靡全国的中国民族民间舞蹈节目，如《嘉戎酒会》等，为中国舞蹈艺术开辟了新路。全国解放后，戴爱莲沿着这条道路坚实地往前走，把中国的舞蹈艺术推向一个新的发展阶段。她也成为著名的舞蹈教育家，曾任联合国教科文组织舞蹈委员会副主任。

在音乐、美术、戏剧艺术方面，陶行知在自己创办的育才学校音乐、美术组中，努力创造条件，让学生掌握中西理论与技法，勉励学生在此基础上创造本民族风格的作品。例如他聘请当时全面掌握西洋音乐理论的著名作曲家贺绿汀(后为上海音乐学院院长)任音乐组主任，请著名小提琴家马思聪授课。陶行知在经济异常困难的情况下，为学校募捐来钢琴、小提琴，其次子陶晓光去印度就职，陶行知命陶晓光举办育才学生画展，将卖画所得经费用以购买提琴弦。陶行知鼓励学生搜集民谣，学中国乐器，师生共同努力，创作了一批具有浓郁的民族风格的声乐与器乐作品，在重庆公演后轰动了山城。育才学校的美术组，为让学生能听到自巴黎习画归国的名家徐悲鸿与国画家关山月的课，陶行知将美术组的学生从乡间搬到重庆市区。育才学校戏剧组的学生，既学习英国莎士比亚的名著，学习俄国斯坦尼斯拉夫斯基的表演理论，也请中国著名戏剧家田汉、阳翰笙讲课。陶行知支持鼓励学生创作四川方言剧，《啷个办?》、《拉壮丁》等方言剧在重庆公演，取得轰动效应。

在陶行知的艺术教育思想引导下，育才学校培养了一批后来在国内外享有盛誉的艺术家。

四、环球宣传 传播东方文明

1936—1938 年，在中华民族遭受日本军国主义侵略的历史关头，在德、意、日结成侵略轴心国的前夕，陶行知以国民外交使节的身份，去国外宣传抗日。他出席了国际和平大会（又名反侵略大会）。这个有四千多名代表参加的代表着750个民族的大会的目的是反对人类同遭惨运的战争。在这个大会上，代表们声讨日本军国主义的罪行，撕下绥靖主义者的“中立”画皮，还其纵容侵略的面目，呼吁世界人民联合、团结、斗争以维护世界和平与安宁。这一国际政治舞台上的壮举，从文化角度去审视，它又是扬正义、惩腐恶、宣扬仁爱、抨击残暴，构筑人类道德长城的壮举。陶行知不仅是参与者，而且是力发千钧的推波助澜者。他担任中国代表团团长，代表世界上1/5人口进行推进世界和平的工作。他起草了《告和平与中国之友书》，提出在中美英苏及其他爱好和平国家之间形成促进太平洋集体安全的结合。1938年2月，他出席了在伦敦举行的世界和平大会执行委员会议，并参加了世界援助中国抵制日货大会，提出了对日经济封锁的方案。自世界和平大会后的两年零三个月时间，他自筹经费作环球宣传，足迹遍及亚、非、欧、美四大洲的二十六个国家与地区，行程十万八千英里。他以地球作讲坛，阐述世界一家的思想。这正是中国代代相传的大同世界的理想在当时的历史阶段的体现。且看他在法国留下的诗篇：“两位好姊妹……姊名大中华，妹名法兰西，拿起笔与剑，保卫德谟克拉西。”再看他在尼亚加拉大瀑布前写的诗《和平的威力》：“这力量大于尼嘎拉之水力，能阻止侵略战争之加于中华。等到无奴隶的和平降临大地，自然而然地也会繁荣加拿大。”他在加拿大国会、在哥伦比亚大学、在墨西哥大学演讲；他会见世界著名学者与各国政要人士，如杜威、甘地、泰戈尔、白求恩以及墨西哥总统。他还到世界各国的青年妇女团体中去，到美国码头工人集中的海港去，到印第安人聚居的丛林中去，到华侨团体中去演说。他的记事本上密密麻麻地记下了不下千人的名字。他的环球宣传，从文化角度去审视，可说是在传播一种完美的道德观念，包括中国的“仁”、“爱”、“推己及人”等传统道德与不畏强暴的不屈精神等。他所传播的思想观念，得到世界各国人民的理解与有效的回应，举其大者，如他在日志中所记：1937年12月8日，草拟《杜威宣言》。这份由他起草的，由杜威和印度民族领袖甘地、法国著名文学家罗曼·罗兰、英国哲学家罗素、美国科学家爱因斯坦联合签名的宣言，庄严宣告支援中国抗战，谴责日本侵略，呼吁对日禁运，在世界上引起了强烈的反响。从个人的感受来说，英中人民之友社秘书杨格夫人在欧洲华侨抗日大会上的演说，最具代表性。她说："中国的美的观念，实在是世界上最完美的。我因此深信，这样的民族，一定能够战胜暴力！"

陶行知在作环球宣传时，不仅与日本反战人士鹿地亘等有来往，连制造南京大屠杀的日军头目松井石根大将的侄女松林春小姐，也因她能参加在美国举行的"不参与侵略"的集会而成了陶行知的朋友。这也是中国传统的"恕道"的体现。当然，陶行知不仅是中国传统道德观念的传播者，还是一位爱满天下的人格完美的国际主义者。他以自身的人格魅力传播着东方灿烂的文明。

（作者撰写此文时系广东省委宣传部编审、广东省陶行知研究会常务副会长）

陶行知反传统教育论析

韦善美

在中国近现代教育史上，批判评论传统教育并有专文专著者，似不乏人。可是，能以反传统教育为己任，能破立结合且卓有成效者，首推陶行知先生。因此，称他为反传统教育的旗手，实不为过。

1939年3月15日，陶行知在《告生活教育社同志书》中曾说："我们在这十二年当中干了些什么事？三件事，还没有干完。一是反洋化教育，二是反传统教育，三是在半殖民地半封建的国家建立争取自由平等之教育理论与方法。"这三件事是合而为一的，即统一于他发起推动的生活教育运动。为了全面评价陶行知，深化我国正在进行的教育改革，本文侧重于对他的反传统教育进行论析。

一、陶氏词典里的传统教育

"传统"二字，按中文原意索解，应指世代流传的系统。英文 tradition 一词的汉译，是"因袭"、"惯例"之意。可以认定，传统属文化范畴，是历史的积淀，包括观念、制度、办法……若论其总体特征，一是它的民族性，二是它的时代性。但是，传统的民族性不是排他的，传统的时代性也不是割断历史。因此，传统具有两面性，有其负面，也有其正面。

什么是传统教育？笔者认为，这不是一个空泛的定义就可了结的。仅就中国的传统教育而言，在长达两千多年的封建社会里，儒家思想成为统治的思想，为巩固封建专制服务的传统教育也摆脱不了儒家思想的窠臼。但是，儒家思想是不断变化的，如由孔儒到汉儒再到宋明儒，还有近代的儒学。于是，直接依附于儒家思想的传统教育也在变。当然，变中也有不变。

现在说到陶氏词典里的传统教育。

在陶行知的论著中，"传统教育"的字样是在1926年以后才出现的；在此之前，他多用“旧教育”字样。现在要问：旧教育和传统教育是不是一个东西？恐怕不能简单地说是。传统当然是旧的，但旧的不一定就是传统。旧教育什么样儿？陶先生在《试验主义与新教育》一文中说到旧教育之旧有五：“一曰依赖天工”，“二曰沿袭陈法”，“三曰率任己意”，“四曰仪型他国”，“五曰偶尔尝试”。依我看，这“五旧”中之一二当属传统教育之列，但其三五则不是传统教育所必备。至于其四如何理解，后面将有说明。如此说来，由反对旧教育到反对传统教育应视为一大进步，因为旧教育的要害在于它有根深蒂固的传统。

陶行知笔下的传统教育有许多别名，如小众教育、少爷教育、小姐教育、政客教育、书呆子教育、超然教育、升官教育、鸟笼教育、四寸教育、书本教育、八股教育、吃人的教育、装饰品的教育……真是名目繁多！1930 年 3 月，他在《晓庄三岁敬告同志书》中勾画出传统教育的轮廓：“以文化为中心”，“教训分家”，“教育等于读书”，“学校自学校，社会自社会”，“漠视切身的政治经济问题”。

1932 年夏，陶先生在《乡村工学团试验初步计划说明书》中说到工学团的方法与传统的方法有别，并列举了传统方法之要点：“学校与社会隔离”；“生活与教育分家”；“把师生的界限分得太严”；“先生教而不做，学生学而不做”；“教劳心者不劳力，不叫劳力者劳心”；“教人先费几年，把智识装满了再去行”；“教少数人升官发财”。

1934 年 11 月 15 日，在《传统教育与生活教育有什么区别》的讲话中，陶先生响亮地提出“传统教育，是吃人的教育；生活教育，是打倒吃人的教育”。为什么叫做吃人的教育？怎样吃人？一是“教学生自己吃自己”，即从读死书到死读书到读书死；二是“教学生吃别人”，即教人升官发财，吃农人、工人的血汗。这些话表明，陶先生对传统教育的恶感已经到了无以复加的程度。

以上引语足以说明，陶行知心目中的传统教育是一个整体，涉及教育的方方面面，包括教育的本质、目的、制度、内容、方法和组织形式。溯其源，它们多来自古代遗训，如“学而优则仕，仕而优则学”；“民可使由之，不可使知之”；“劳心者治人，劳力者治于人”；“万般皆下品，唯有读书高”……真是地道的古玩意儿的产物！

这里应提出一个问题：陶行知既然喊出打倒传统教育的口号，那么，他是否全盘否定传统教育？难道传统教育没有一点好东西吗？对此我们不宜简单地说是。请看 1939 年他所写的即本文一开头提到的那篇文章。在文中他说：“反洋化教育的用意并不是反对外来的知识”，“我们对于外洋输入的新知识是竭诚的欢迎”，“反传统教育也不是反对固有的优点”，“我们对于中国固有之美德是竭诚的拥护”。

二、反传统教育的哲理

马克思主义认为，传统是一种历史惰力，是社会进步的一大阻力，因而也是一种十分可怕的力量。正因为这样，马克思和恩格斯在《共产党宣言》里庄严宣告：“共产主义革命就是同传统的所有制实行最彻底的决裂，毫不奇怪，它在自己的发展进程中要同传统的观念实行最彻底的决裂。”既然要彻底决裂，反对传统教育，打倒传统教育也就理所当然了。作为“一个无保留追随党的党外布尔什维克”，陶行知就是这样干的。

陶行知是一位中西兼通的饱学之士，早在金陵大学就学时，他就读过“实验科学的鼻祖”培根的《因循论》，写了《因循篇》。在这篇读后感中，他不仅对因循作了解释，并描绘其图像，还对因循的原因结果做了具体入微的分析。他严正指出，因循之害“既足以自误，复足以误人，更足以误国”。他奉劝国人“自警警人”，“共跻于勇为之士”。由此可见，出国留学前的陶行知，已将反因循守旧同国家的命运紧紧地连在一起了。

再看他在金陵大学的毕业论文《共和精义》，其中就有许多发人深省的东西。尤应称道的是，文中说到“共和的险象”，包括“国民程度不足”、“伪领袖”、“党祸”、“多数之横暴”，并指出：“教育实建设共和最要之手续，舍教育则共和之险不可避，共和之国不可建，即建亦必终归于劣败。”由此可见出国留学前的陶行知，已将教育的兴衰和祖国的命运紧紧地连在一起了。

以上两例说明，反对因循守旧，关心国家命运，重视教育功能的发挥是陶行知反对传统教育，创造生活教育的思想基础。

留美归国后，陶行知用了将近十年的寻觅探索，他看到了五四运动以后虽说中国教育发生了一些变化，但要实现自己的抱负，必须另辟蹊径，这就是他在中国大地上掀起的生活教育运动。

如实地说，陶行知的生活教育运动是一场反洋化教育、反传统教育的运动。现在要问：传统教育为什么非反不可？此中的哲理何在？

1926年12月，陶先生在《中国乡村教育之根本改造》一文之开头就说："中国乡村教育走错了路！他教人离开乡下往城里跑，他叫人吃饭不种稻，穿衣不种棉，做房子不造林，他教人羡慕奢华，看不起务农；他教人分利不生利；他教农夫子弟变成书呆子；他教富的变穷，穷的变得格外穷；他叫强的变弱，弱的变得格外弱。"他大声疾呼："前面是万丈悬崖，同志们务必把马勒住，另找出路！"不过一个月，他又作了《再论中国乡村教育之根本改造》的讲演，继续发出类似的呼吁。我认为，这是他向中国传统教育发出的征讨檄文。

中国的传统教育是重城市而轻农村，即使农村有一点教育（学校教育），也是城市的那套办法，怎能适合农村的需要？因此，陶先生所说的话，可谓一语中的。更进一步，中国人口绝大多数在农村，最穷最苦的是农民。陶行知决心向农民"烧心香"，他这样做，叫做逻辑的必然。

"九一八"事变以后，国难当头，陶行知将乡村教育推向普及教育，并以工学团的形式实施"六大训练"，即军事训练、生产训练、科学训练、识字训练、民权训练和生育训练。工学团的方法也与传统的方法迥异。山海工学团成立后，他即着手推行"即知即传"的"小先生制"，后遍及全国20多个省份，为解决国难问题作出独特的贡献。这是他在一个穷国探获的普及教育新路。

综上所述，陶行知反传统教育，创生活教育，实乃时代的呼唤，社会的需求，人民的渴望。

这里还应说到他这样做的学理，即两个颠倒。一是"教育即生活"、"学校即社会"的颠倒；二是"先知后行"、"知行合一"的颠倒。

前已提到，传统教育是教育与生活分家，学校与社会分离。杜威先生1897年就喊出打倒传统教育的口号，并提出"教育即生活"、"学校即社会"的主张。作为杜威的学生，陶行知回国初期也曾为之宣传并进行仿效。经过一段时间的学和做，因感到"此路不通"，于是给它"翻了半个筋斗"，变成"生活即教育"、"社会即学校"。这是第一个颠倒。这种叛逆无疑出于真理的追求。

根据陶先生的自述，他从19岁就开始研究王阳明先生的学说，深受其

"先知后行"、"知行合一"的影响，故改名为"陶知行"。留学回国以后，他通过教育改革试验，认识到先知后行是一种传统思想，于是将其颠倒过来，坚信"先行后知"、"行知合一"的真理。与此同时，他也把自己的名字由"知行"改为"行知"。这是第二个颠倒。

从以上说到的两个颠倒我悟出一个道理：坚持辩证唯物主义的世界观和方法论就比较容易接近真理。

一点质疑：陶先生反传统教育的业绩是否也有一些值得商榷的地方？这里只提出两点：第一，在个别的文章里，他不赞成"读书"的说法，说他"主张用书不主张读书"。他对以文字为中心的教科书的批判也有些过激之言。第二，他提倡"教学做合一"，有补偏救弊之效，但一味地强调"以做为中心"，似乎过于呆板，也不易做到。当然，这是玉璧有瑕的问题，它无损于生活教育的光辉。顺此说到矫枉过正的问题。陶先生在《古庙敲钟录》里有言："要想打破根深蒂固的积习，难免要用些矫枉过正的手段。"这话虽出自朱先生之口，却是陶先生的思想。不过，矫枉过正的哲学不一定是高明的哲学。

三、反传统教育的试验

读过陶先生早期著作的都会知道，他十分重视教育试验。这是他认真总结国际经验的结果，也是他从老师那里得到的启发。在《试验主义之教育方法》、《试验主义与新教育》、《试验教育的实施》等文中，他反复说明这样的道理："试验者，发明之利器也。试验虽不必皆有发明，然发明必资乎试验。人禽之分，在试验之有无；文野之别，在试验之深浅。""然近二百年来，教育界之进步，何莫非由试验而来。"他还提出试验教育必须注重之方法，如办试验学校，重视心理学、教学法、教育统计……这些理论和方法对他以后反对传统教育、创造生活教育均发挥了指导的作用。

这里应说到陶行知理想中的教育家。在《第一流的教育家》一文中他说："我们常见的教育家有三种：一种是政客的教育家，他只会运动，把持，说官话；一种是书生的教育家，他只会读书，教书，做文章；一种是经验的教育家，他只会盲行，盲动，闷起头来，办……办……办。"真是一览无遗，逼真生动形象。接着他就说到现代需要的自己期待的"第一流的教育家"的要素:“敢探未发明的新理”,“敢入未开化的边疆”。具体解释:“敢探未发明的新理,即是创造精神;敢探未开化的边疆,即是开辟精神。创造时,目光要深,开辟时,目光要远。总起来说,创造、开辟都要有胆量。在教育界,有胆量创造的人,即是创造的教育家;有胆量开辟的人,即是开辟的教育家,都是第一流的人物。”这些话,是渴望,是期待,也是自律。这从他反对传统教育,创造生活教育的试验的行动中可以看出。

先说晓庄。创办晓庄是陶行知生活教育的真正起点,也是他向传统教育发起冲刺的第一站。根据先生《教育生活漫忆》及有关论著,晓庄试验是从“教学做合一”入手,即从改革教学方法做起,从根本上解决“读死书、死读书、读书死”问题,使学校逐步成为改造乡村社会的中心。江问渔先生对晓庄的评价:“他们见着过去以至目前的一般旧式学校,只是死读书本,一无实践,真的失望极了。失望之余,他们便树反叛之旗,另找路径。二年的成绩,非常可观,诚可为我国教育前途,开一生路!”[①]就连被称为文化保守主义者的梁漱溟先生参观晓庄以后也给予好的评价,还做了一些“己不如人”的比较:“我们呢,师生分做两级,治者与被治者,这是不能发展参与社会生活的能力的。”“我们呵!无能力,又不平民化;不能做事,又要享贵族生活。”[②]

晓庄存在的时间不长,实在只有3年零28天。陶行知在《晓庄三岁告同志书》中作了这样的总结:“晓庄是从爱里产生出来的”,“晓庄三年来的历史,就是这颗爱心之历史——这颗爱心要求实现之历史”。要实现爱心必遇着阻力,“遇着阻力便不得不奋斗”(包括“与传统教育奋斗”),“这奋斗之历史,也就是这颗爱心之历史”。就是他这位“最体恤穷人的人”,就是他这位“挑粪校长”、“和马牛羊交朋友的洋博士”,在晓庄3年的时间里,取得了反洋化教育、反传统教育的决定性胜利,逐步形成生活教育的理论体系。

次说工学团。晓庄被南京当局查封,陶行知遭到通缉,只好逃往日本。“九一八”事变发生后,他回到上海。1932年5月21日至8月15日《申报》副刊陆续刊登他的自传体小说《古庙敲钟录》。陶行知在文中一面总结晓

---

① 江问渔:《乡村教育》,《中华教育界》第18卷第4期。

② 参见戴自俺、孙铭勋合编:《晓庄批判》,上海儿童书店1934年版。

庄的经验,一面展示他新的抱负:发扬晓庄精神,创办既是学校又不是学校的工学团。1932 年秋,他在上海市郊的大场办起了山海工学团,在这里进行"工以养生,学以明生,团以保生"的试验。到 1934 年,这里有儿童工学团、青年工学团、妇女工学团、棉花工学团、养鱼工学团、幼儿工学团,还有以地区命名的工学团。除此以外,还有茶园、木工场、图书馆、研究室、诊疗所、消费合作社等,真的把工场、学校和社会打成一片。这是晓庄经验在新形势下的发展,也是对传统教育的更大冲击。

再说新安。1929 年 6 月 6 日成立于江苏淮安的新安小学,陶行知亲兼校长。大学教授当小学校长,这是少有的事。从陶先生给汪达之等人的信看出,办这样一所小学,为的是扩散晓庄精神:"捧着一颗心来,不带半根草去",实行"教学做合一"……在陶先生的关怀指导下,新安小学越办越好。张爱萍同志在《纪念"新旅"学习"新旅"》一文中说:"五十年前,一批儿童少年(最大的 18 岁,最小的不满 12 岁——笔者),为了宣传抗日救亡,宣传革命真理,从江苏省淮安出发,走了全国二十二个省、市,行程五万多里,为争取抗日战争和解放战争的胜利,做了大量卓有成效的工作。"①这是行知精神开出的鲜花,称之为人间奇迹也不为过。

陶行知为创立生活教育而进行的大胆试验完全立足于中国本土,也吸收外域历史的经验教训,可是,每前进一步,都要向传统教育开仗。这种破立结合的做法,是教育实验的成功范例。

一点质疑:陶行知先生反传统教育的构想是否也有一些值得商榷的地方?这里只想说一点,即学校与社会的关系问题。诚然,陶先生并不否定学校的作用,他还要求学校成为"改造社会的中心",而且他也办过许多学校,可是,在他的一些论著中,在抨击传统学校的同时,却流露出对社会教育形式的偏爱。例如,他在《普及教育运动小史》中说:如能重新估计儿童的力量,把传统学校彻底看破,"则普及中国教育不但是有可能,并且是可以一举而成,万世不灭"。我们并不否定"小先生制"的作用,但"一举而成"的话只能看作诗人的语言。又如,他在《生活即教育》一文中说:"整个的社会活动,就是我们的教育范围,不消谈什么联络,而他的血脉是自然流通的。"如此说来,填平教育与生活的鸿沟,推倒学校与社会的隔墙当是容易

① 张爱萍:《纪念"新旅"学习"新旅"》,《光明日报》1985 年 5 月 26 日。

的事，但事实并非如此，由此看来，陶先生的生活教育也夹杂着某些理想主义的成分。

（作者撰写此文时系广西壮族自治区人大教科文卫委员会原主任、广西雷沛鸿教育思想研究会会长）

试论陶行知的价值观

刘慧群　卢自德

近年来，教育界对陶行知先生的研究日益增多，硕果累累，但是从价值观方面研究的文章尚不多见。陶先生虽然没有专门集中、系统地阐述关于他的价值观念与价值思想，但是在他的整个思想里，在他的理论与实践中，处处鲜明地反映出他的价值思想与价值观念。价值观是他的整个思想的重要组成部分。

在任何一个价值观念体系中，都有一个为什么人的问题，这是一个根本问题、核心问题、原则问题。这是检验一切价值观念体系的根本分野所在。

陶行知的价值观，说到底，是“人民至上”。它的价值主体是人民，是大众，首先是广大的农民、工人，它的价值标准是人民大众的根本利益。陶行知的人生价值观是为人民大众的事业奋斗、创造。陶行知的道德价值观，是无私忘我，冯玉祥将军在给陶行知50寿辰的贺诗中，褒扬他“利他无我超孔子”。陶行知的教育价值观是“教育为公”①。可以毫不夸张地说陶行知的价值观是教育工作者的典范，是革命干部与知识分子的楷模。陶行知的价值观具有以下一些主要特点。

一、物质价值与精神价值的统一

物质价值是指人的物质需要的满足，亦即是满足主体物质生活需要的客体的价值，如经济利益、物质生产和生活等等。精神价值是对人的精神需要的满足，亦即满足主体精神需要的客体的价值，包括科学价值、教育价

① 陶行知：《民主教育》，方明主编：《陶行知全集》第4卷，四川教育出版社1991年版，第590页。

值、道德价值、审美价值等等。

在中国价值思想发展史中，长期有义利之争与理欲之辨、志功之辨。程朱理学的价值观集中表现在“存天理，灭人欲”，鼓吹封建纲常至上，抹杀人的正当的物质利益要求；空谈立心，鄙视事功。陶行知在《生活即教育》的论文中尖锐指出：“中国从前的旧文化，是上了脚镣手铐的。分析起来，就是天理与人欲，以天理压迫人欲，做的事无论怎样，总要以天理为第一要件。”“在生活即教育的原则之下，人欲是有地位的。”①陶行知就是这样重视人的物质要求，重视实实在在的物质利益的。

物质价值还可以细分为：物质生产价值与物质消费价值。陶行知对物质消费价值——人欲的重视已如上述。他对物质生产价值的重视论述更多。他在为新中国教育寻觅曙光的过程中，对传统教育脱离物质生产作了深刻的揭露与批判。他写道：“中国读书的人不去生利，是一个极不好的现象。现在的教育者要把他们的头脑灌输成科学化，使他们为自己创造，为社会创造，为国家创造，为民族创造。更要把他们的一双手解放开来，使他们为自己生利，为社会生利，为国家生利，为民族生利，这才是对的。”②

陶行知历来主张把精神价值与物质价值结合起来，把教育、科技与经济结合起来。陶行知说，他之所以提倡生活教育，“就是要用教育的力量，来顺民之情，顺民之意，把天理与人欲打成一片”③。1918 年，他在《共和精义》一文中指出：“人民贫，非教育莫与富之：人民愚，非教育莫与智之”，“舍教育则共和之险不可避，共和之国不可建，即建亦必终归于劣败”④，“社会一切事业皆胎息于教育”。又说“科学是工业文明的母亲，我们要创造合理的工业文明，必须注重有驾驭自然的力量的科学”，主张“科学下嫁”、“科学与农业携手”。

作为一个人民的教育家，他在物质价值与精神价值如何结合上，作了

---

① 陶行知：《生活即教育》，方明主编：《陶行知全集》第 2 卷，四川教育出版社 1991 年版，第 493 页。

② 陶行知：《生活即教育》，方明主编：《陶行知全集》第 2 卷，四川教育出版社 1991 年版，第 493 页。

③ 陶行知：《化除青年烦闷发挥青年精神以保全民族元气而增加抗战建国力量案》，方明主编：《陶行知全集》第 3 卷，四川教育出版社 1991 年版，第 509—510 页。

④ 陶行知：《共和精义》，方明主编：《陶行知全集》第 1 卷，四川教育出版社 1991 年版，第 221 页。

一系列的创造性的探索。早在1918年陶行知就提出要办“生利主义教育”，指出：“职业教育应以生利为主义。生利有二种：一曰生有利之物，如农产谷，工制器是；二曰生有利之事，如商通有无，医生治病是。前者以物利群，后者以事利群。”①

20世纪20至30年代，陶行知又反复阐述“生利主义教育”的意义、举办的途径与方式。在城市创办工学团，“工以养生，学以明生，团以保生”②；在农村，他倡导乡村教育。他说：“活的乡村教育，要教人生利。他要叫荒山成林，叫瘠地长五谷。他教人人都能自立、自治、自卫。他要叫乡村变为西天乐园，村民都变为快乐的活神仙。”③在这里，陶行知描绘了一幅物质价值与精神价值相统一的生动、美妙的图画。

陶行知还把“生利主义教育”，引申发展为富民的教育，从而提出“政富教合一”的观点。他在总结晓庄学校三年经验时写道：“在教育的立场上说，我们所负的使命：(一)是教民造富；(二)是教民均富；(三)是教民用富；(四)是教民知富；(五)是教民拿民权以遂民生而保民族。”④陶先生在《中华民族之出路与中国教育之出路》一文中，为中国教育的出路开了一剂药方：(一)教人少生孩子；(二)教人创造富的社会；(三)教人建立平等互助的世界。在教人创造富的社会的七条措施中，要求教人打破“贫而乐”、“不劳而获”、“劳而不获”的人生观，这三种人生观都是造富的心理上的最大障碍。没有健康的精神世界，就不可能创造丰富的物质硕果，这二者紧密相连，相互渗透。

在物质价值与精神价值关系上，金钱与精神的关系，无疑是一个摆在人们面前突出的、严峻的问题。在陶行知所处的物欲横流，民族灾难深重，办学经费朝不保夕的环境是如此，在今天商品大潮冲击，拜金主义肆虐，也是如此。陶行知不愧为一代先哲，他对这对关系作了发人深省的分析。他

---

① 陶行知：《生利主义之职业教育》，方明主编：《陶行知全集》第1卷，四川教育出版社1991年版，第13—14页。

② 陶行知：《普及什么教育》，方明主编：《陶行知全集》第3卷，四川教育出版社1991年版，第126—127页。

③ 陶行知：《中国乡村教育之根本改造》，方明主编：《陶行知全集》第1卷，四川教育出版社1991年版，第100—101页。

④ 陶行知：《政富教合一》，方明主编：《陶行知全集》第2卷，四川教育出版社1991年版，第561页。

把物质价值与精神价值辩证地统一起来。

首先,他指出:钱与精神是两回事。金钱是不可少的,但精神也不是金钱主宰的,精神可以离开金钱而独立。陶行知说:“高尚的生活精神不用钱买,不靠钱振作,也不能以没有钱推诿。”“用钱可以买来的东西,没有钱自然买不来;用钱买不来的东西,没有钱也是可以得到的。”①中国历代有风骨的知识分子坚守“淡泊明志,宁静致远”即是如此。陶行知本人从美国留学归来放弃大学教授月薪400大洋及省教育厅厅长的高官厚禄,深入农村,与“牛大哥”为伍,兴办乡村教育。这种高尚的为中国农民大众服务,无私奉献的精神,的确“不用钱买,不靠钱振作”,也是“用钱买不来的”。

陶行知认为:“高尚的精神如同山间明月、江上清风一样,是取之不尽、用之无穷的。”②“精神是在我们身上,我们肯放几分精神,就有几分精神,不关有没有钱,只问我肯不肯把精神放出来。”③陶行知作为一个为人民大众的革命与教育事业而艰苦奋斗,无私奉献的化身,就是不断地放出这种精神的。他在一片荒地上,白手起家,在南京创办了晓庄师范,在重庆合川县古圣寺的破庙中兴办了育才学校,为抗战救国、振兴中华育人,克服重重困难,“朝叩富儿门,暮随肥马尘”,四出筹款,奔走呼号,渴了喝白开水,饿了啃冷馒头,就是这种精神放出的异彩。陶行知不但自己身体力行,也要求他的学生坚持政治操守,高风亮节,要“富贵不能淫,贫贱不能移,威武不能屈,美人不能动”④。他形象生动而又极为深刻地向乡村小学教师表达了一个心愿,他说:“我今天要代表乡村儿童向全国乡村小学教师及师范生上一个总请愿:‘不要你的金,不要你的银,只要你的心’”,“倘使我们肯把整个的心捧出来献给乡村儿童,那末,无论如何困难,必有达到目的之一日”⑤。

---

① 陶行知:《我之学校观》,方明主编:《陶行知全集》第2卷,四川教育出版社1991年版,第309页。

② 陶行知:《我之学校观》,方明主编:《陶行知全集》第2卷,四川教育出版社1991年版,第309页。

③ 陶行知:《我之学校观》,方明主编:《陶行知全集》第2卷,四川教育出版社1991年版,第309页。

④ 陶行知:《为新中国之新教育继续奋斗——致育才学校全体师生》,方明主编:《陶行知全集》第9卷,四川教育出版社1991年版,第719页。

⑤ 陶行知:《晓庄试验乡村师范的第一年》,方明主编:《陶行知全集》第2卷,四川教育出版社1991年版,第384页。

其次,不作金钱的奴隶,而把金钱作为办事的工具。陶行知说:“我们别把钱看得太大了,因为钱之上还有比钱大的大事;也别把钱看得太小了,因为钱是要用来做大事的。”①“拜金而不拜己,乃是万恶之源。”“金钱主义,最足破坏教师职业的尊贵。”②

再次,金钱与精神相互转化,相互渗透。陶行知说:“没有钱是一回事,没有精神又是一回事。有钱而无精神和无钱而有精神的学校,我都见识过。”③无钱而有精神的学校如像陶先生举办的育才、社会大学就是如此,他们面临断炊危机,却办得生意盎然,朝气蓬勃。遗憾的是,我们现在有不少学校虽然经费充裕,却死水一潭。

物质价值与精神价值相互渗透与转化,不只表现在精神价值向物质价值的渗透与转化,同时还表现在物质价值转化为精神价值。这在陶行知倡导的生活教育中屡见不鲜。例如,他在推行“生利主义”的职业教育时所列举的七大理由中,专门分析这种教育既能出物质产品,又能出精神产品,他说:师生“生产一事一物时,必自审曰:‘吾能生产乎?吾所生产之事物于群有利乎?’教师学生于不知不觉中自具一种利群之精神”④。

二、道德价值与知识价值的统一

道德价值是指人们行为规范的社会价值。道德是人们行为规范的总和,这种行为规范客体,对社会主体的物质需要与精神需要的满足就是道德价值。知识价值是指人们认识活动成果的知识这种精神客体,对人们求知的精神需要和精神活动能力的培养、提高的需要的满足。

陶行知一生的大量实践是从事教育改革,他在教育改革的实践中,把道德价值与知识价值的辩证统一,集中体现在德育与智育的统一上。20

① 陶行知:《克虏伯之金钱观》,方明主编:《陶行知全集》第2卷,四川教育出版社1991年版,第154页。

② 陶行知:《孟禄博士与各省代表讨论教育之大要》,方明主编:《陶行知全集》第1卷,四川教育出版社1991年版,第395页。

③ 陶行知:《我之学校观》,方明主编:《陶行知全集》第2卷,四川教育出版社1991年版,第309页。

④ 陶行知:《生利主义之职业教育》,方明主编:《陶行知全集》第1卷,四川教育出版社1991年版,第14页。

年代末，他即提出“德育为本，智勇为用”，认为“德也者，所以使吾人身体揆于中道，知识不致偏倚者也。身体揆于正道，而后乃能行其学识”，“道德不立，智勇乃乖”①。到了1942年办育才学校时，他要求学生“每天四问”②，其中重要的一问是“我的道德有没有进步”③。并指出道德是做人的根本，根本一坏，纵使你有一些学问和本领，也没有什么用处。并且，没有道德的人，学问和本领愈大，为非作恶愈大④。陶行知在这里深刻阐述了知识价值的发挥要以道德价值为转移，以及德育为本的真理。

道德的一个重要支柱，是大节、操守、人格，通过大节、人格来调节人们的行为规范。陶行知提出“明大德”，“大德”即是大众之德，大众之德有三：一是觉悟，二是联合，三是争取解放，后来又加上创造。道德价值主要是满足社会主体和群体主体的利益。陶行知把道德分为公德与私德，指出私德是公德的根本。私德最重要的是廉洁，一切坏心术、坏行为，都由不廉洁而起。他主张要筑起以道德为基础的“人格长城”，建立起“人格防”，做一个具有真善美人格的整体的人。从而他要求人们做“真君子”，不做“伪君子”；做“政治家”，不做“政客”。他对伪君子与政客作了淋漓尽致的揭露与无情的鞭挞，表现出他疾恶如仇的磊落胸襟。他指出：伪君子言是而心非，“服尧之服，诵尧之言，而处心积虑，设阱伏机，则桀纣也”，“虽是实非，虽非而难以攻之也；真中藏假，虽假而难以察之也”⑤，伪君子酿成伪家声、伪国俗、伪世俗，灾及万世而不可穷。

陶行知所指的德育，并不是内省的修身养性，而是要求把自己的人生道路汇入社会生活的洪流。他的教育的真正宗旨是“培养合理的人生”⑥，

① 陶行知：《为考试事业敬告全国学子》，方明主编：《陶行知全集》第1卷，四川教育出版社1991年版，第186页。

② 陶行知：《每天四问》，方明主编：《陶行知全集》第4卷，四川教育出版社1991年版，第515页。

③ 陶行知：《每天四问》，方明主编：《陶行知全集》第4卷，四川教育出版社1991年版，第516页。

④ 陶行知：《每天四问》，方明主编：《陶行知全集》第4卷，四川教育出版社1991年版，第524页。

⑤ 陶行知：《伪君子篇》，方明主编：《陶行知全集》第1卷，四川教育出版社1991年版，第192页。

⑥ 陶行知：《古庙敲钟录》，方明主编：《陶行知全集》第3卷，四川教育出版社1991年版，第105页。

对此目标千万“不要忘记”。要教育学生不但学会知识，学会做事，首先学会做人。他在一本小说题材的教育论著《古庙敲钟录》写道：“工学团只是以人生为大前提，在我们心目中，人生是超过一切的。”他以犀利的笔锋，批评“一般办学校的是抱着书本而忘了人生；一般办工厂的是抱着黄金而忘了人生；一般社会运动者是抱着标语而忘了人生”①。这段话是对那些把知识价值与道德价值，物质价值与精神价值割裂开来、对立起来的人绝妙的写照。半个世纪之后的今天，我们重温陶老夫子的教导，不得不惊叹他对社会透视的深刻与远见。一种闪光的思想，是不会随着时光的推移而磨灭它的光辉的，今天一些时代过客的行径，陶行知在50年前，已经给他们描绘出来。这难道不值得发人深省么！

陶行知对道德价值的视野，不仅局限于学校，也不仅局限于学生的进德修业。他把目光投注到整个社会的改造，从而把道德理想与社会理想结合起来，他认为“教育就是生活的改造”②，办学和改造社会是一件事。改造社会而不从办学入手，便不能改造人的内心，“不能改造人的内心，便不是彻骨的改造社会”③。

陶行知不仅阐述了道德价值是知识价值的前提与基础，同时揭示知识价值对道德价值的作用，以及知识教育与德育之间不可分割的关系。早在1926年，他在《南京中等学校训育研究会》一文中，极力主张在学校工作中，把教务与训育结合起来。他认为学习知识与修养品行是受同一学习心理定律支配的，如果强为分家，必致互相矛盾。要打破知识品行分家的二元论，在二者合一上研究些办法出来。1940年，有人针对新教育只搞知识贩卖，指出应提倡感情教育，知情并重。陶行知对此表示基本赞同，并进一步指出：知识教育与感情教育“并不对立”，“知情意三者并非从割裂的训练中可以获取”的。他在《育才学校教育纲要草案》中，十分透彻地揭示出知情意教育的辩证关系，他说“知情意的教育是整个的，统一的”。首先，“知

① 陶行知：《古庙敲钟录》，方明主编：《陶行知全集》第3卷，四川教育出版社1991年版，第105页。

② 陶行知：《地方教育与乡村改造》，方明主编：《陶行知全集》第2卷，四川教育出版社1991年版，第435页。

③ 陶行知：《地方教育与乡村改造》，方明主编：《陶行知全集》第2卷，四川教育出版社1991年版，第436页。

的教育不是灌输儿童死的知识”,在知识教育的同时便进行了道德教育,因为在这个过程中引起了“儿童社会兴趣与行动的意志”。其次,感情教育,他在这里主要是指追求真理的感情教育,是人类高级的社会道德感情。在这种道德感情教育过程中,由于感情之调节与启发,“儿童了解其意义与方法便同时是知的教育”。再次,意志教育“不是发扬个人盲目的意志,而是培养合于社会及历史发展的意志”,而“合理的意志之培养和正确的知识教育”是不能分开的。陶行知在育才学校积极推行知情意合一的教育,认为在这种统一的教育中“培养儿童的知情意,启发其自觉,使其人格获得完备的发展”①。

三、个人自我价值与社会价值的统一

价值哲学认为,人们在实践过程中个人在作为价值主体的同时,必然成为两种价值客体。其一是个人作为他人、群体、社会的价值客体,即个人作为他人、群体、社会需要的满足者,这就是“个人的社会价值”;其二,个人作为自己需要的满足者,他的价值就是个人的自我价值。个人的社会价值的核心和本质是为社会作贡献。爱因斯坦说:“一个人的价值,应该看他贡献什么,而不应该看他取得什么。”德国著名诗人歌德说:“你若喜爱自己的价值,你就得给世界创造价值。”陶行知一生的光辉实践表明,他把自己无私地、全部地奉献给中国人民的民主革命事业与教育事业。他毕生愿意为人民大众“甘当骆驼”,实践着他的不朽名言:“捧着一颗心来,不带半根草去。”作为一个人民事业的战斗员与拓荒者,他大声疾呼“人生价值在于战斗”②,“人生志在创业”,“大丈夫不能舍身实验室,亦当埋骨边疆,岂宜随便过去”。陶行知豪迈地说:“人生为一大事来,做一大事业去。”③大事就是人民大众之事,国家民族之事,而不是为自己升官发财。陶行知对大事

---

① 陶行知:《育才学校教育纲要草案》,方明主编:《陶行知全集》第 4 卷,四川教育出版社 1991 年版,第 459—461 页。

② 陶行知:《和民族解放运动配合的中等教育——和一位大规模的省立中学校长的谈话》,方明主编:《陶行知全集》第 4 卷,四川教育出版社 1991 年版,第 71 页。

③ 陶行知:《山穷水尽》,方明主编:《陶行知全集》第 8 卷,四川教育出版社 1991 年版,第 118 页。

小事的一番议论，可以看出他的价值评价标准，完全是以人民大众的、国家民族的利益的满足为前提的。他说：人民的事业本来没有大小之分，大事小做，大事变成小事；小事大做，小事变成大事。小学虽小，“小学教师之好坏，简直可以影响到国家的存亡和世运之治乱”，“庙小乾坤大，天高日月长”，办小学也应成为大事。这种见微知著的精神，是对国家民族有高度的责任感，对人民有深厚的爱，道出了人民教育家的心声。

个人的社会价值的本义虽然主要在于贡献，但是并不排斥个人的正当的获取、享用与消费。这是由于个人不仅仅是社会价值的客体，同时也是社会价值的主体。个人作为主客体的统一，必然表现为需要与供给的统一，贡献与享用的统一，价值创造者和占有者身份的统一。个人的享用与消费之所以是必需的，因为它是实现与提高个人的社会价值的条件与手段。那种认为个人的社会价值只是社会满足个人的需要，只是个人向社会索取，或者认为对社会作贡献的人，无权享用社会的价值成果，都是一种剥削者、寄生虫的价值观，同马克思主义的价值观是根本对立的。

陶行知并不是一个柏拉图式的禁欲主义者，他并不否认个人的享用价值，并不否认社会应给予创造社会价值的个人以应有的回报。早在1914年，他在《共和精义》这篇被黄炎培先生誉为“秀绝金陵第一声”的大学毕业论文中，便提出“共和主义重视个人之价值”，“共和主义予个人以平等机会”，为人民争取生存权利，争取政治、经济、文化等物质价值与精神享用价值。到1946年，他在生命最后的日子里，又以极大的热情呼吁“天下为公，有我们自己的一份在内”。在国民党反动派统治下，他鼓励小学教师要做“民主的酵母”，“发起民主的酵来”，“争取民主的保障生存权利”。并号召他们“为着提高生活待遇，我们必须参加在整个国家民主斗争里面去”①。陶行知在承认个人的享用价值的同时，又把权利与付出的代价联系起来，有机地结合起来。他写道：“人世幸福是要用代价换来的。享一分权利必须付出一分代价。出代价而不享受权利固可谓清高，若享权利而不出代价心岂能安？”②

陶行知是把个人的自我价值与个人的社会价值高度统一起来的典范。

---

① 陶行知：《小学教师与民主运动》，方明主编：《陶行知全集》第4卷，四川教育出版社1991年版，第636—637页。

② 陶行知：《教会教育与私立学校——答同仁中学校杨继宗先生的信》，方明主编：《陶行知全集》第8卷，四川教育出版社1991年版，第133页。

社会是实现个人自我价值的前提和基础，个人自我价值总是在一定的社会关系中实现的。个人对自己需要的满足，绝不能不通过社会，不以社会的形式表现出来。存在主义和利己主义，把“自我”说成是人的本质，鼓吹“自我表现”、“自我扩张”，视“他人”为“地狱”等等，把自我价值同社会、他人相分离、相对立、相抗衡。与此相反，陶行知在自己的实践中把他个人自我价值融入社会价值之中，在他对社会创造的价值中，充分显现出他的自我价值。陶行知认为清苦的教育事业是“大事业”，“有大快乐”，“先生之最大的快乐，是创造出值得自己崇拜的学生”①。陶行知在国民党统治区办教育，既遭到政治迫害，又面临巨大的经济困难。好心的人劝他：“你不要背着一块大石头游泳了。”他回答说：“不，我是背着爱人在游泳呢!”“哪怕卖掉裤子也要坚持下去”，“穷到要饭也要办教育”，而且“非终身从事不可”。这种吃大苦、耐大劳、以苦为乐的精神，既是奉献精神这种社会价值的高度升华，也是他的自我价值的充分体现。

个人自我价值之有无或大小，个人自我价值衡量的尺度也同样只能是个人的社会价值。陶行知说：“个人之有价值，以其对于社会有天职当尽耳。”②一个人为社会作的贡献愈大，他的自我价值就愈高；一个人越是少依靠自己的努力而多依赖社会、他人，他的自我价值就愈小。那种根据自己的欲望、需要、野心来衡量评价自己的价值，只能是空中楼阁，极不现实。单纯根据自己的地位、权力、财富、势力，即依据自己对社会价值的占有与享用为尺子来自我评价，只是一种表面现象，过眼烟云罢了。陶行知在为人民的事业奋斗的实践中，深刻认识到自己生命的价值。当他的同辈人中不少人获取了高官厚禄，过着优裕的生活，并奉劝他离开苦行僧式的教育改革实践，他斩钉截铁地回答道：“我自为牛为马，任人呼虎呼龙。”但是历史的评价总是公正无私的，吹尽黄沙始到金，那些位尊权重、锦衣玉食的高官显宦随着时间的推移早已黯然失色，而为人民大众“为牛为马”的陶夫子，却被党和国家誉为“伟大的人民教育家”、“万世师表”，受到人民的永远爱戴与称颂。历史再一次雄辩地证明，个人的自我价值，最终是由个人的

① 陶行知：《创造宣言》，方明主编：《陶行知全集》第 4 卷，四川教育出版社 1991 年版，第 4 页。

② 陶行知：《共和精义》，方明主编：《陶行知全集》第 1 卷，四川教育出版社 1991 年版，第 216 页。

社会价值决定的，而它的本质仍然是奉献这样一条颠扑不破的真理。

四、价值观与真理观的统一

价值与真理是两个不同的概念，价值不等于真理，真理也不等于价值。真理是对客观事物及其规律的正确反映，是解决主体对客体的反映问题，回答的是正确与错误；价值是客体对主体的意义，客体满足主体需要及其程度，回答的是利与害，有用与无用。一般来说，真理不一定对任何人有用，对人有用也并不等于就是真理。但是，如果站在社会进步与人类历史发展的高度，以人民群众为价值主体，以人民群众的利益、满足人民需要为价值标准，这种价值就与反映社会发展规律的客观真理之间，有着内在的、必然的一致性。因为人民群众是历史的主体，是历史的创造者，人民群众的生产和生活方式发展变化的规律，就是社会历史发展的客观规律，人民群众的价值取向和社会历史发展的客观规律是两相符合的。在这个高度与层次上，价值观与真理观是一致的。

陶行知奉行的是以人民大众为主体的价值观。他的价值评价标准是"人民第一，一切为人民"，"文化为公"，"天下为公"①。这种"人民至上"的价值观与真理观便具有内在的有机的统一。这种统一，我们可以从如下三个方面进行分析。

第一，陶行知追求真理，是为了追求与实现人民大众的价值。

在民族灾难深重、人民穷困潦倒的 1941 年的大后方办学，步履艰难。在这种情况下，陶行知以大无畏的精神提出"友穷、迎难、创造"六个字勉励大家。他在给马侣贤的一封信中写道：我们之所以"毁誉之来，可不必计较"，"横逆之来，无畏处之"，就是因为我们"追求真理，爱护真理，抱着真理为小孩、为国家、为人类服务，社会必有了解之一日"。他为小孩，为国家服务既是追求人民大众的价值，又有着深刻的哲理——追求真理。"一切为创造，创造为除苦"②，解除人民的痛苦，就是他抱着不放的真理。他具有

---

① 陶行知：《小学教师与民主运动》，方明主编：《陶行知全集》第 4 卷，四川教育出版社 1991 年版，第 632 页。

② 陶行知：《友穷　迎难　创造——致陶晓光》，方明主编：《陶行知全集》第 9 卷，四川教育出版社 1991 年版，第 401 页。

“爱护真理之不可限量之热诚”。

陶行知教育他的学生要追求真理，把追求真理与做人结合起来，他响亮地提出生活教育培养的目标是“追求真理做真人”①，即做一个德智体全面发展的人，集真善美于一身的整个的人，生活在人民之中的“人中人”。他说：教师的职务是“千教万教，教人求真”；学生的职务是“千学万学，学做真人”②。陶行知断言：“在学问上忠于真理的，则在政治上必忠于革命”，“一个人在学问上能追求真理，则在革命上能杀身成仁”。所以“学问与革命是一件事，不是两件事”。

第二，陶行知坚决反对为了实现价值而舍弃真理。

他认为意大利马可尼这样的科学家，拿着他的无线电发明，违反科学为人类社会进步服务的客观真理，向帝国主义投效，甘心情愿做他们的工具，是“拍卖科学”，因而对他嗤之以鼻。他尖锐地指出：“真正的科学家是追求科学的真理，拿着科学的火把救人。至于运用科学为个人或帝国主义争权夺利，甚至于杀人身体灭人国也毫无顾忌，这叫做科学强盗、科学走狗、科学刽子手，我们是要重新为他们估估价了。”③

陶行知对政客与政治家所作的生动形象的比较，从一个侧面反映出他坚持的是真理观与价值观的统一。他说：“政治家的存心只是一个诚字，一伪就变成政客了。政治家的动机是为公众谋幸福的，有所私就变成政客了。政治家的进退以是非为依据，若随利害转移，就变为政客了。政治家为目的而择手段，政客只管达到他的目的而不择手段。政治家以‘正’为家；政客是‘正’之客，自外于正的人。”④可以说政治家与政客的一个重要区别，就在于他们的真理与价值是互相统一还是互相背离。

陶行知主张：做教师的人，必须和学生、大众站在一条战线上为追求与实现真理作战。追求价值必须按真理的原则办事，“让真理赤裸裸的出来

---

① 陶行知：《追求真理做真人——致陶晓光》，方明主编：《陶行知全集》第9卷，四川教育出版社1991年版，第310页。

② 陶行知：《百侯中学校歌》，方明主编：《陶行知全集》第7卷，四川教育出版社1991年版，第923—924页。

③ 陶行知：《马可尼》，方明主编：《陶行知全集》第3卷，四川教育出版社1991年版，第691—693页。

④ 陶行知：《政治家与政客》，方明主编：《陶行知全集》第2卷，四川教育出版社1991年版，第372—373页。

和大众见面，不要给它穿上天使的衣服。也不要给它戴上魔鬼的假面具。你不可以为着饭碗、为着美人、为着生命，而把‘真理’监禁起来或者把它枪毙掉”①。陶行知在这里说得何等好啊，他对那些见利忘义、口蜜腹剑的伪君子、两面派的丑恶嘴脸作了极为深刻的揭露。

第三，陶行知反对以价值代替真理，把真理与价值等同起来的实用主义观点。

实用主义也承认价值与真理是统一的，在这一点上有它的合理性。但是他们认为真理就是有用，或者说“有用即真理”，这种真理观实际上是否认客观真理，以价值代替真理。现代西方科学主义哲学则只承认真理，否认价值，否认价值真理。这两种论调的共同本质，在于否认价值与真理的具体的历史的统一。

陶行知在“是非之辨”的一系列论述中，再次阐明他的真理观与价值观的统一。他认为，真者是，不真者非；公者是，不公者非；推动时代前进者是，阻碍时代前进者非。在这里陶先生明确指出，代表真理的是推动时代前进的，出以公心的人，他们集价值与真理于一身；反之，阻碍时代前进的，沉湎私利之徒，对人类社会既无价值可言，更不代表真理。在旧中国，社会黑暗，是非颠倒，陶行知愤世嫉俗，哀叹“中国无是非，世界无是非”，“强者是，弱者非；富者是，穷者非；胜者是，败者非”。更有甚者，真理在一些人手中，成为运用纯熟的获利工具。陶行知说：“‘是非’是上算者的敌人，‘明是非’是吃亏者的呼冤”，“大凡自己讨便宜的时候，不愿是非分明；只要自己吃了一点亏，便大声疾呼要人家辨别是非”②。这是对信奉“有用即真理”的人的惟妙惟肖的画像，在现实生活中，我们在许多场合可以找到这种人的影子。

（刘慧群撰写此文时系四川大学哲学系教授，卢自德系四川教育学院原院长、撰写此文时为四川省陶行知研究会常务副会长）

① 陶行知：《怎样做大众的教师》，方明主编：《陶行知全集》第3卷，四川教育出版社1991年版，第451页。

② 陶行知：《是非》，方明主编：《陶行知全集》第2卷，四川教育出版社1991年版，第212—213页。

源头活水：陶行知教育思想的知识底色

余子侠

近代中国的社会属性，人们早已定论为半殖民地半封建社会。然而就人类文明演进程序而论，则表现为传统农业文明过渡向工业文明。政治领域中封建专制集权逐渐受到近代民主政治因素的影响，经济领域中传统小农经济在新生资本主义经济日益增长过程中逐渐萎缩，文化领域中以儒学精神为主导的传统文化在强调理性认知、注重个性价值的西方文化冲击下逐步解体。如此等等社会转型的时代特征，不仅决定着整个思想领域必须呈现一种离异与回归相间、新质与旧体相悖的变异趋势，而且决定着这种过渡时代知识分子必然通过兼习新旧、采融中西的求知途径，涂绘自身思想体系的知识底色。本文研究的对象——陶行知先生的教育思想理论的知识底色，正是遵循着这种历史与逻辑相互印证的程序而涂施绘就。

一

概观20世纪到来之前出生的近代士子学人，几乎在举步人生求知的道途时，大多都难离自己祖祖辈辈热恋不舍的儒学故土。尽管陶行知来到人世间的历史时刻，中国新式教育在一些风气早开的地方已兴起多年，但他的知识体系的最底层积淀，却同样来自对传统文化养分的吸取。

当陶行知于1891年10月18日出生时[①]，他的家乡安徽歙县仍是一块饱受传统文化沐浴浸染的土地。直到1923年夏季举家迁居北京，陶行知不仅在这块山清水秀的皖南山乡社会中度过了自己的幼年和少年时代，而且后来虽说求学金陵、负笈游美乃至执教南京高师，但他犹如一只飘弋高空的风筝，其根线一直拴在这块传统的文化热土中。

① 关于陶行知的出生时间，笔者将另文阐述。

歙县,地处安徽省东南部,新安江上游,早在秦代就成为江南古邑,自隋末至新中国成立之前,一直为郡、州、路、府和专署治所。其地不仅是徽州地区和新安江上游流域的政治和经济中心,亦是这一区域社会的文化和教育中心。在灿烂辉煌的中华文明发展史中,其地发源滋长的新安理学、徽派朴学、新安画派、新安医学、徽派建筑及徽派盆景等,构成了一个独特的新安文化流派。这种由徽州暨歙县先人们创造发展的新安文化,与自东晋以来即著称于世的徽商经济,两者之间一千数百年的辅促共进,构建成一种以儒学文化为主体的历史悠久、传统富厚的人文社会环境。后来成为伟大的人民教育家的陶行知,就生长在这种人文社会环境之中。

据有关资料,陶行知的祖籍原本在浙江绍兴府会稽县陶家堰,在歙县的始祖属于典型的外来户。但三百八十年来十余代人的生活变迁,陶家子孙完全被徽州社会的地区特色所浸染所同化。是故陶行知之父陶位朝成年立家后,即接手祖上在休宁县万安镇开设的亨达官酱园,作为自己的谋生行当。后因经营不善,将酱园出顶曹姓亲戚后即归家种田。至1899年,当陶行知八岁时,其父重返休宁万安任职,掌管当地田赋资料的册书,并租赁当地涨山铺。两年后,陶父解职再度回到黄潭源,靠几亩祖业田躬耕自食。为求生计,于农闲之际往返休宁、歙县之间作些酱油买卖。童少年时期的陶行知,即生活成长在这种亦农亦商、生计窘迫的家庭之中。

受整个地区社会风气和习俗的影响,陶父早在儿子启蒙之前,就利用空余时间教陶行知认字、临帖①。后得旸村塾师方庶咸秀才的赏识,乐意免费代为开蒙。其时陶行知六岁。启蒙后,陶行知即在家跟随父亲读书习字,接受传统的儒学教育。八岁时,陶行知随父前往休宁万安,得入离外祖母家甚近的当地地主吴尔宽经馆就读。然而好景不长,十三岁上陶行知不得不随父归居故里,辍学力农,以求生计。但勤奋好学的陶行知并没有就此放下书本,不仅家教甚严的陶父罄其所有的传统文化知识于闲暇教子攻读,而且得亲友之助,陶行知还先后得到秀才程朗斋对“四书”的指点和道

① 陶行知早在六岁之前就由其父教识字书、习练书法,自然与其父具有相当的文化知识有关。根据有关材料,陶父曾于民国初年就任金陵女子中学国文教员,直到民国四年(1915年)十二月去世,可知陶父的传统文化知识水平不低,故此陶行知认字习书后未及时破蒙,应该说主要不在于经济问题。又可知陶行知传统文化根基深厚,其父对其帮助不小。

德文章在当地享有盛名的贡生王藻对经学的传授。由是，凭借父亲家教言传和四处求师问学这两条途径，陶行知深受着传统文化的熏陶，打下了较为扎实的儒学基础。

时值陶行知在传统教育圈内刻意追求进取，时代风云的变幻使其外界环境发生了前所未有的变化。伴随着传教士对中国内地的积极渗透浸入，陶行知获得了在家乡接受新式教育洗礼的际遇。先是有基督教“中华内地会”传教士于 1876 年前往歙县传教。至 1900 年，该教会组织在歙县城关教堂内附设了第一所教会小学——崇一小学堂，校长系英国牧师唐进贤。这所小学堂创立后仅及两年时间，就在 1906 年改为三年制的中学堂，仍以“崇一”为名。是年陶行知 15 岁。其时陶父已成为基督教教徒，其母正在崇一学堂做佣工。在唐进贤的允准下，已辍学数年的陶行知得以进崇一学堂接受一种异质文化的教育。直到 1908 年，该校由于唐进贤这位当时“唯一教授西学的教师”回国“而停办”①，陶行知只得提前毕业。在崇一学堂的两年时间内，陶行知不仅继续学习到其时归属经学、国文、历史等课程的中国传统文化知识，而且还学习到英文、数学、理化、医药常识等近代西式教育才有的文化科学知识。所有这些，既加厚了陶行知知识体系中传统文化的积淀层，也为他接受一种崭新文化的熏染作了前期铺垫。以此种种获得告别“家乡就读”这一历史段落后，陶行知开始了自己人生道路的新求索。

依循前人的研究路径，笔者将实现人生求知道路新求索之前的家乡就读，视为陶行知在第一重文化圈中的熏陶铸冶。此重文化圈中的种种知识积累和心理萌端，主要表现为传统教育对旧式知识人才的共性塑造。但于陶行知来说，家乡就读及其社会人文环境，无疑为其后来教育思想的产生和形成，作好了最初的心理准备和最底层的知识积淀。

考察陶行知即将转以获取新知的又一重文化圈，其时正在变异的社会环境正日益强烈地向社会主体提出如此的教育需求。陶行知能够适时地完成向这种转型社会的新文化圈的跳跃或转轨，则在于他年少就读的农乡社会，已蕴涵着某种与转型社会相榫接的活性因素，即显示出一定的背异

---

① 陶行知：《我的简历及志向——致罗素》，华中师范大学教育科学研究所主编：《陶行知全集》第 8 卷，湖南教育出版社 1992 年版，第 727 页。

传统安土社会的流动性——这正是近代以工商经济为基础的动态社会赖以形成的一个最为重要的条件。

就区域性社会环境而论,前文考察已经揭明,尽管歙县饱受传统文化的熏染,中国的乡土气息十分浓烈,但早在明清时期即已显示出社会主体“三贾一儒”的成分构成,表明其地社会的流动性之大,而且这种社会主体的流动又主要以商贸为其干流。陶行知的故乡社会中人们对知识和教育的共性认识以及他们事业成败的种种经历或经验,无不使陶行知受到触动和感染,有如物体在磁场中通过磁化而获得磁性,使他自童少时期就认识和体验到教育对于人生对于社会的绝大作用。这种认识和体验,既成为他年少时代对传统文化知识勤奋苦学的动力,又为他后来献身中国教育事业的改造和进步潜聚下一种最深沉的思想意念,同时还为他能在家乡就读时期即对新知产生一定兴趣作出一定的心理铺垫。沿着这种已在起步的心路历程,他开始跳出传统文化圈去求取更为有效于人生有益于社会的知识和学问。

二

在陶行知跨出家乡社会文化圈实现第一次人生转折之际,正如其时中国文化正处于中西杂陈、新旧交替一样,他即将转往并于其中接受到更进一层正规教育的新一重文化圈,提供的亦是一种中学与西学并重、旧学与新学兼蓄的知识养料。

金陵大学的前身为南京汇文书院。在进入汇文书院之前,陶行知曾一度往杭州广济医学堂就学,其中周折已为人们所知,兹不赘述。现仅就汇文书院—金陵大学时期的陶行知学习生活稍加爬梳,以利人们看清他的教育思想形成的第二层面的知识底色。

南京汇文书院,为美国传教士美以美会的傅罗于 1888 年创立。首任院长是美国传教士福开森。福氏在汇文书院掌院务近十年,至 1896 年受聘于南洋公学监院时才辞去院长职务,遂由师图尔接任院长一职,直至 1908 年又交于另一美籍人士包文。包文长院不久,即将汇文书院与另一教会学堂宏育书院合并,改名为金陵大学堂。其时正在汇文书院成美馆即相当于大学预科的中学部学习的陶行知,刚好完成二年预科的学习,直接顺序升入金陵大学堂，成为后来的金陵大学的首届大学生。

根据有关金陵大学的史料，通过由汇文书院到金陵大学的三任校长有关材料，人们可以对陶行知所跨入的金陵大学这一新文化圈之形成背景得一大概认识。其中福开森系美国马萨诸塞州人氏，原是南京地区的一个传教士，操一口南京话，精通中文，活动能力很强。因抱有“促进中国文化事业”、“沟通中西思想”的志向，故而“汇文书院之成立，盖以沟通中西文化培植人才为职志”①。继之掌校的师图尔，乃美国东部马里兰州人，曾获医科博士学位。抱着“救灵”、“浚智”、“医病”三大志愿，于1888年偕其夫人来中国南京地区传教。后又赴芜湖传教并创立一弋矶山医院。当1896年南京汇文书院医科设成并聘他任医科总教习，他欣然往任。是时，“中国风气闭塞，南京以长江之交通稍异于他省”，加之福开森的惨淡经营，故当其接任院长后，“与福氏先后继美汇文书院之声誉，匪特冠绝东南，实侨居中国人士所组织教育事业而首屈一指者”②。后因对南京地区三所教会高校合并一事持异议，故于1908年让院长职于包文。包氏为美国伊利诺伊州人，大学毕业后，于1897年来中国，熟悉中国国情，且有志于教育事业。在他看来：“中国之困亟矣，非以教育新民智不足以自振救，而教育之宗旨宜纯正，规模宜远大，组织设备宜健全完美，然后始可以言得人才为社会用。”③在包氏接任院长后，汇文书院有了重大的改进。其中最重要者：一是1910年2月，汇文书院与先于1907年由基督、益智两书院合并成的宏育书院合井，并由此而成为名实相符的教会大学。二是在1911年4月，金大获得美国纽约州教育局暨纽约大学正式承认为“完全大学校”，并由纽约大学校董签发毕业文凭。自后凡在本学堂毕业者，即无异在美国大学校毕业。这些变化，为后来陶行知进入美国高校这第三重文化圈创造了相当的条件。

如果说，作为一所教会开办的大学，陶行知在其中汲取了一种博爱思想和献身精神，那么，作为一所在中国本土上开办的西式大学，陶行知则于

---

① 《金陵大学60周年校庆纪念册》，南京大学高教研究所校史编写组编：《金陵大学史料集》，南京大学出版社1989年版，第6页。

② 《金陵大学1922年同学录・师图尔传略》，南京大学高教研究所校史编写组编：《金陵大学史料集》，南京大学出版社1989年版，第9页。

③ 《金陵大学60周年校庆纪念册》，南京大学高教研究所校史编写组编：《金陵大学史料集》，南京大学出版社1989年版，第14页。

其中极大程度的丰富和充实了自己的知识体系。由于经费由美国创办人会承担 65%,且已取得了美国方面承认和立案,金陵大学"从行政到教学,很少与中国政府发生关系","教学用的教材、图书杂志、仪器设备乃至有些生活设施",无不"从美国运来"[①]。陶行知肄业的金大文科,因其建置最早,故其学科编制,"一从美国文科大学制度"。其中预科"以培植学者深造之基础及应世之技能为宗旨",本科则"以教授高深学术、养成硕学宏材为宗旨"[②]。在校五年连续读完预科和本科的陶行知,深知穷人上学之不易,刻苦钻研,勤奋学习,尤以国文、法文、数学诸科成绩优异,闻名全校。据后来成为他创办晓庄师范的得力助手之一、在金大与其同学一年的邵仲香回忆,陶在金大学习期间,是全校的"高材生","经常埋头在图书馆的书库内读书写作","在校园内是难得见到他走动的"[③]。因学习成绩特别优异,所以陶行知后来能以第一名毕业于金陵大学文科。

比较国人自办的新式学校而言,作为教会大学,自然偏重于时人所谓的"西学"知识的传授,因此在金大校园内,欧美化倾向亦相当严重。正如早在 1905 年即入汇文书院附中的陈裕光所说,所有的教学一从欧美制。这样做自然给中国学子的知识体系中添加了极大分量的近代西方文化科学知识的比例,使陶行知早在崇一学堂时就有所浅尝的西学知识,得到了很快的继长增高。但校园内过分的欧美化文化氛围,又使素具"我是一个中国人"之心的陶行知,在获求新知时产生种种的不满。因此在追求西学知识时,对本属中国文化体系的学科知识,如前面提及的成绩优异的国文等,同样没有放松自己的勤钻苦研。他对传统文化的钟情厚爱,人们仅从下述几件事例中即可得见:针对金大学报《金陵光》只有英文版且内容比较贫乏的学术现象,他本着"灌输欧美学术"的同时应"彰明中华国粹"的宗旨,力助《金陵光》中文报的创办,并先任中文编辑,不久又出任主笔。为了让这一方"保存国粹"、"灌输学术"的阵地发挥更大的学术影响,他继著名

---

① 陈裕光:《回忆金陵大学》,中国人民政治协商会议上海市委员会文史资料工作委员会编:《上海文史资料》第 42 辑,上海人民出版社 1983 年版。

② 《金陵大学 1922 年同学录·大学初建时期的文科》,南京大学高教研究所校史编写组编:《金陵大学史料集》,南京大学出版社 1989 年版,第 17 页。

③ 邵仲香:《我和陶行知在晓庄》,南京大学南京校友会:《金陵大学建校一百周年纪念册》,南京大学出版社 1988 年版。

的《〈金陵光〉出版之宣言》后，频频为该报投稿。针对金大原来举行演说会（文艺会）时只有英语演说的“偏颇”行为，他为了“交换知识”，并借以宣传爱国思想，倡议增加并带头力行用汉语演说。在他的倡行下，金大校园的公众演讲活动实现了“中英文并演”①。所有这些，无不显示出早年传统文化的熏染在青年陶行知身上产生出的良性影响。有此深厚的心理基础，故在金大时期，他在自身道德修养方面，虽曾一度求助于基督教“道学”，“冀得半言片语以益于身心”②，但最终还是于修身过程“宗旨未定”之际，回溯到讲求“知行合一”的“王学”上。

陶行知离开中西兼习的金陵大学，时间在1914年秋。其时的中国社会，包括政治、经济、文化以及教育等等领域的变化，不仅与其走出第一重文化知识圈相较，而且与其进入第二重文化知识圈时相较，均显示出已不是“昨日的那条河流”。尤其思想领域，处封建专制王朝统治下的人们，与处于资产阶级共和国初创时期受民主思潮感染的人们，两者的思想认识自然不可同日而语。故此走出第二重文化圈之后的陶行知，随着新知的不断充实和扩展，开始对教育的社会功用，形成一种有过于前人的思想认识。

处这一历史阶程中经受了第二重文化圈进步潮流浸染后的陶行知，在日益充裕的知识体系上，对教育的社会功用产生了一种于其时思想水准的最高标度的认识。在他看来，五族共和的民国必须有能实现共和的人民，而现时中国的国民既贫且愚，不足以实现民主国家的主人翁资格与责任，只有教育才是救时的良方，才能使中国实现真正的民主制度：“人民贫，非教育莫与富之；人民愚，非教育莫与智之；党见，非教育不除；精忠，非教育不出。教育良，则伪领袖不期消而消，真领袖不期出而出。而多数之横暴，亦消于无形。况自由平等，恃民胞而立，恃正名而明。同心同德，必养成于教育；真义微言，必昌大于教育。”“可见教育实建设共和最要之手续，舍教育则共和之险不可避，共和之国不可建，即建亦必终归于劣败。”③正如前人所论，正是此时对教育认识的升华，才奠定了他日后终生从教的思想基

① 《程湘帆·陶行知倡议演说会中英文并演》，《金陵光》1913年第3期。

② 陶行知：《伪君子篇》，华中师范学院教育科学研究所主编：《陶行知全集》第1卷，湖南教育出版社1984年版，第23页。

③ 陶行知：《共和精义》，华中师范学院教育科学研究所主编：《陶行知全集》第1卷，湖南教育出版社1984年版，第51页。

础。有此思想认识作基础,在第三重文化圈中对知识的摄取,陶行知则着意向教育学科转向了。

三

陶行知为完成自己知识体系的最后建构,选择了留学一途,走上了赴美求学的人生道路。于 1914 年至 1917 年之间,他先后在美国伊利诺伊大学和哥伦比亚大学这种西洋文化环境中完成自己人生求知的最后学业。

当其于 1914 年 6 月以名列榜首的优异成绩,毕业于金陵大学文科哲学心理系时,正值中国学子赴美留学热潮日益高涨之际,于是陶行知以其具备的某些优势,跻身于留美队列。这些优势主要表现在熟练的外语能力和教会大学的学校出身。当时让陶行知最难跨越的路障,只是经费这道关。

如众所知,自 1908 年美国实行庚子赔款余款退还以来,中国就建立了一种官费留美制度,但取得官费留美的前提就是进入清华学堂。陶行知于此条件自然无缘,只好择取自费留学这条路径。根据所见材料,可知他的留美经费乃由如下数项所凑集:一是父母亲朋的零凑,二是他在金大图书馆打零工的报酬,三是金大校长包文等师友的解囊,四是安徽省为鼓励本省籍学子出洋而提供的少量奖学金。但所有这些,都还是他的留学经费的小头,经费大头的解决,则是他经过申请后,获自金大校长包文的故乡——美国伊利诺伊州的伊利诺伊大学为留学该校专攻政治学市政学的外国学子提供的优惠条件——免除学费并提供奖学金①。在伊利诺伊大学,陶行知修学兴趣和研习内容十分广泛,但对他影响最大的或者说使他受益最深的课程,恐怕还是在教育学科方面。现据有关资料,将其在伊大一年间修习的课程附列于次:第一学期修习课程为“政治学和公法讨论”、“市政”、“美国的性质”(或作“国家论”)、“教育行政学”(或作“教育管理”);第二学期修习课程为“政治学和公法讨论”、“欧洲大陆的政治”、“美国的外交”、“美国对外贸易及殖民地贸易”;1915 年夏学期修习课程为“单位、等级与

① 参见牧野笃:《关于陶行知在美国留学期间学习与生活的若干考察》,《教育史学会纪要》第 33 号,1990 年 10 月 27 日。

规范”(或作“教育评价基础”)、“教育研究法”、“教育心理学讨论”以及“中学课程”①。从这些课程来看,陶行知不仅完成了政治学城市行政学专业的正常学习内容——为了保证学位的顺利取得,而且一直坚持对教育学科有关内容的摄取——这才是他的志向和兴趣所在。因此,伊利诺伊大学的政治学硕士学位一到手,他即竭力进入哥伦比亚大学师范学院——其时世界上研究教育的最有学术权威的最高学府。

与进入伊利诺伊大学一样,进入哥伦比亚大学的陶行知,面临着的最大困难也可说是唯一的困难,仍然是经费问题。其时他的父亲已于当年春上去世,是年4月初,他的长子陶宏出生。家庭中这一悲一喜两件大事,使经济上本就不甚宽裕的陶家生活更为困顿。为了解决哥大深造期间的经济问题,陶行知只好再次遍叩“柴扉”了。根据国内有关留学规定,其时对于赴美留学的自费生,由驻美中国使官或部派驻美留学监督“查照”,对于那些“确系在大学正班肄业实习,已入第二年班以上,功课实有成绩,景况实在困苦者”,可以经过申请获得部分“庚款奖学金”②。对照这些留学奖励条件,在美留学了一个学年且已获得硕士文凭的陶行知,无疑完全符合,是故在他“决定进入哥大师范学院不久”,中国方面便授予他“部分奖学金”,再加上其他资助,使他有了“足够的勇气起步”③。然而与伊大不同,位于纽约的哥大的生活费用要昂贵得多,于是在哥大学习半年后,陶行知就深感阮囊羞涩。幸得孟禄博士的惠意介绍,使他得以申请“利文斯顿奖学金”并获批准。这就使他为完成自己知识体系的最后建构获得了经济上的基本保障。

直到1917年秋8月踏上归国之途,陶行知在哥伦比亚大学师范学院整整学习了两个学年,完成了自己知识体系的第三重建构。根据有关调查材料,我们可以看到陶行知不光专攻自己研究的基础课程教育行政学,而且还申请研习了“比较教育”、“教育史”、“教育哲学”、“教育社会学”、“伦理学”以及“财政学”等课程。这些课程分别由四个学期的时间来完成:

---

① 参见朱宕潜:《发展中国家的教育模式:陶行知在中国的工作,1917—1946》,台南高昌印刷公司1966年版。

② 舒新城:《近代中国留学史》,上海中华书局1933年版,第77—78页。

③ 陶行知:《我的简历及志向——致罗素》,华中师范大学教育科学研究所主编:《陶行知全集》第8卷,湖南教育出版社1992年版,第728页。

1915—1916学年第一学期,修习“美国公众教育管理”、“学校与社会”(或作“伦理学及教育问题”)、“教育史”、“教育哲学”和“财政学”;第二学期修习“美国公众教育管理”、“教育史”、“教育哲学”、“财政学”、“进步社会的教育”(或作“进步社会的发展”)以及“教育社会学实习:中学原则”;1916—1917学年第一学期,修习“教育史”、“教育社会学实习”以及“国外学校系统的社会基础”(或作“各国学校制度的社会基础”);第二学期修习“教育社会学实习”、“教育史”、“国外学校系统的社会基础”以及“教育社会学研究”①。至此可见,在美国的留学教育,不仅打下了决定着陶行知后来择业的知识基础,而且在第三重文化圈中偏重于对教育学科的知识的接收,也为自己教育思想的最终形成,打下了较为扎实的理论基础。

对陶行知后来教育思想理论体系的形成,影响更大的恐怕还在于上述种种课程的传授者们。在哥大师范学院学习期间,师范学院研究院院长兼该院研究生指导委员会委员长是著名教育家孟禄,而直接指导陶行知论文撰作的指导教师则是斯特雷耶教授。在上述课程中,前者担任“教育史”的讲授,后者负责“美国公众教育管理”的教学。除此而外,“学校与社会”和“教育哲学”这两门课程则分别由著名教育家杜威及其高足克伯屈负责,“进步社会的教育”和“教育社会学实习”两门课由斯列丁担任,塞索库曼和康德尔则分别讲授“财政学”和“国外学校系统的社会基础”②。由于陶行知勤奋好学,故此深受杜威、孟禄、克伯屈等任课教师的器重③。“此外,陶行知还与哈罗德·罗格教授(Prof. Harold Rugg)、唐纳德·G.特威克斯伯里教授(Prof. Donald G. Tewksbury)等其他美国著名教授过从甚密”④。有了这些有如璀璨群星的名师们的指点和扶助,陶行知深受当时美国正处汹涌澎湃势态的进步主义教育思想潮流的感染和洗礼。于是,在完成知识体系的最后建构的同时,陶行知也完成了自己对西方现代教育思

---

① 参见朱宕潜:《发展中国家的教育模式:陶行知在中国的工作,1917—1946》,台南高昌印刷公司1996年版。

② 参见牧野笃:《关于陶行知在美国留学期间学习与生活的若干考察》,周洪宇编:《陶行知研究在海外》,人民教育出版社1991年版。

③ 参见章开沅、唐文权:《平凡的神圣——陶行知》,湖北教育出版社1992年版,第98—100页。

④ 朱宕潜:《发展中国家的教育模式:陶行知在中国的工作,1917—1946》,台南高昌印刷公司1966年版。

想乳汁的吮吸和采收。

虽说陶行知学子时代种种求知问学事实早为人们所了解，但重新考察和探讨他在三重文化圈中如何构建自己的知识体系以及由此而产生和形成自己的教育思想理论，仍然可以让人们发现某些新的历史价值和现实意义：一是作为近代中国一位伟大的人民教育家，其教育思想观念的产生形成由来有自，诚所谓活水源头。正如溥水泓流，得益于众源交汇，在近代以来万邦文化交融、中西文明会通的历史时代，一种革新传统的思想理论的形成，必然也必须是建植在饱吸整个人类新知养分的沃壤之中。二是任何理论主张的产生和思想观点的形成，要使之适于社会发展和时代进步的需要，具有生生不息的活力，对于前人思想、结晶的摄收和承继，必须得其最有先进性最有创造性的部分。即如陶行知，无论于中于外，所取所择的知识和理论，均是领先时代的因素或成分。这种取择态度正是当前教育改革必须具备的时代精神。三是认识和评价历史人物，必须将其安置于广阔的时代背景之中。既要肯定他比照前人而言有所贡献的事业成就或思想理论，又要认识到任何历史人物都不过是"历史的"人物——一切事业的创造和理论的发明，都不过是在前人走过的道路上的进步和延伸。因此，否定他们的种种进步之处固然不可取，但对历史人物应该肯定的部分采取"发烧友"的态度又何曾能为历史所容忍！

（作者撰写此文时系华中师范大学教育科学学院副教授、博士，湖北省陶行知研究会副秘书长）

陶行知教育哲学的儒学渊源

高时良

陶行知教育哲学是中西文化的结晶体。在西方，主要是杜威对陶行知有着重大影响。在中国，主要是儒家。反传统是陶行知思想的主要标志，但不排斥个中的儒学熏染，爰作陶行知教育哲学的儒学渊源。

一、从“知”、“行”的认识论说起

知行观是哲学认识论的基本内容，也是教育理论的哲学基础。在中国哲学史上关于知、行问题，不仅儒家提出，道释二家亦多触及，但从其广度和深度，从其现实性来说，都远不及儒家。儒家中，推本溯源，固然可从孔、孟、荀说起，但就知行先后、知行分合、知行轻重的专门命题来探讨，形成系统的理论，还是从宋代开始。陶行知的知行观，也打上宋明学者思想烙印。依《陶行知年表》记载，1910 年陶就学金陵大学时，研究王阳明学说，深受“知行合一”论的影响，乃改名“知行”。1934 年，陶行知于其《行知行》一文中，说：“在二十三年前，我开始研究王学，信仰知行合一的道理，故取名‘知行’。”①事实上，程朱的知行观对他也不无影响，如程颐强调“能知必能行”：“知之深，则行之必至，无有知而不能行者。”②继程颐后，朱熹便说“知行常相须，如目无足不行，足无目不见”③；又说“论先后，知为先；论轻重，行为重”④。朱熹的弟子陈淳也说：“知行不是两截事，当齐头着力并做。”⑤

---

① 陶行知：《行知行》，华中师范大学教育科学研究所主编：《陶行知全集》第 2 卷，湖南教育出版社 1985 年版，第 687 页。

② 《河南程氏遗书》卷 15。

③ 《朱子语类辑略》。

④ 《朱子语类辑略》。

⑤ 《宋元学案》卷 68《北溪学案》。

陶行知早期思想亦如是：一方面，他看到了知、行的相互关系；另一方面，又规定了知、行的先后次序。王阳明批判程朱“将知行分作两截用功”，创立了知行合一说，强调两者要“合一并进”：“知之真切笃实处即是行，行之明觉精察处即是知。知行功夫，本不可离。”[①]实则朱、王说都有偏颇；朱之偏在于重矛盾而忽统一，王之偏在于重统一而忽矛盾。

列宁说过：“当一个唯心主义者批判另一个唯心主义者的唯心主义基础时，常常是有利于唯物主义的。”[②]马克思、恩格斯吸取黑格尔辩证法中的合理内核，摒弃它的唯心主义外壳；吸取费尔巴哈唯物主义中的合理内核，摒弃它的形而上学外壳；建立崭新的科学的世界观，就是一个例子。陶行知早年接触儒学非同寻常。在一些文章中还出现“良知良能，有时而泯”[③]等词句。但一当他从事教育和社会实践，接受了科学的思想方法，便毅然修正了儒家，尤其是王阳明的看法，强调知行的矛盾统一关系和行的重要性。如1929年11月，在湘湖师范学校教学做讨论会上，他说“至于阳明先生的‘知行合一’是‘即知即行’，那么‘知行’就一样的困难，或是一样的容易，实在‘知’和‘行’不能分开，不过是一件事的两面而已。”[④]1932年，在一次讲演关于“活的教育”时又说：“王阳明说：‘知为[是]行之始，行为[是]知之成。’我说：‘行为[是]知之始，知为[是]行之成。’”[⑤]为此他宣称：“王阳明的话，我可以把他翻半个——180度的筋斗，意思就是把他的话来个倒栽葱。”[⑥]但不论其如何翻、倒，以及陶行知于1934年7月间宣布，将自己原名“知行”改为“行知”，表白他的认识论从“知行知”到“行知行”的根本转变，却仍排除不了他关于“知”、“行”两个范畴，和知行二者的相互关系，主要来自宋明学者的哲学认识论，即对后者的批判继承。宋明学者也

---

① 《传习录》。

② 列宁：《哲学笔记》，《列宁全集》第38卷，人民出版社1959年版，第313页。

③ 陶行知：《一夫多妻之恶结果》，华中师范学院教育科学研究所主编：《陶行知全集》第1卷，湖南教育出版社1984年版，第9页。

④ 陶行知：《在湘湖师范教学做讨论会上的答问补录》，华中师范大学教育科学研究所主编：《陶行知全集》第8卷，湖南教育出版社1992年版，第245页。

⑤ 陶行知：《仍在不辍研究中的“活的教育”》，华中师范大学教育科学研究所主编：《陶行知全集》第8卷，湖南教育出版社1992年版，第303页。

⑥ 陶行知：《从教育上谋国难的出路——手脑并用》，华中师范大学教育科学研究所主编：《陶行知全集》第8卷，湖南教育出版社1992年版，第309页。

并非不重行①，只是知也好，行也好，他们都将其看作封建社会伦理道德规范的认识和实践。陶行知的功绩在于把中国老牌的知行观做了脱胎换骨的改造，换上社会生产实践的新衣，包括物质生产活动和精神生产活动。

二、“泛爱”，尽瘁教育事业的思想源泉

南京劳山麓陶行知长眠地，那墓门石牌坊横额，镌刻着他手书的“爱满天下”四个大字。这使人联想起孔子有一句话“泛爱众，而亲仁”②。“泛”与“满”同义，“天下”与“众”都表明其覆盖面之大。孔称“众”，陶称“大众”。应当强调指出，“大众”这个词汇，容不得到孔夫子那里寻根究源，它有其特定的时代内容与阶级基础，虽则“众”在，我国历史早期，还是指社会最底层的劳动人民③。至于“仁”，作为人与人之间的正常关系的标志，它与“爱”相联系。孟子说：“仁者爱人”④，没有爱就谈不上仁；所以孟子又说：“仁者无不爱也。”⑤陶行知不止一次地言仁：“尧舜率天下以仁而民从之”，“居仁由义”，“天下归仁”。此外还有“宅心仁”、“大仁大智”、“仁不违仁”等等。1913年，他在《杀机之天然淘汰》一文中，引申了孟子“杀一无罪非仁”说，强调“仁者无敌”，变“虐民政治”为“悦民政治”。他也引申了孟子的“仁民”说，关心民间疾苦，在政治上强调“民为贵”⑥。至于他说“民之所好好之，民之所恶恶之”⑦和“民胞物与”⑧，也都是儒家的语言。不同的是，儒家是站在巩固封建政治的立场，从上而下向劳动人民伸出同情之手；而陶行知则是站在追求民主政治的立场，从下而上为劳动人民立德、立功、立言，如

---

① 如朱熹既讲“行为重”，还说“知之之要，未若行之之实”（《朱子语类辑略》）。

② 《论语·学而》。

③ “众”在殷代，其阶级属性为生产内容。在卜辞中就像三个人在烈日当空时从事生产劳动。

④ 《孟子·离娄下》。

⑤ 《孟子·尽心上》。

⑥ 陶行知：《小学教师与民主教育》，华中师范大学教育科学研究所主编：《陶行知全集》第3卷，湖南教育出版社1985年版，第604页，语出《孟子·尽心上》。

⑦ 陶行知：《小学教师与民主教育》，华中师范大学教育科学研究所主编：《陶行知全集》第3卷，湖南教育出版社1985年版，第606页，引《礼记·大学》。这句话，陶行知不止一次地提到。

⑧ 张载《西铭》：“民吾同胞，物吾与也。”

表示真心真意地为农民烧心香，呼吁“与老百姓亲切”，“和老百姓共同创造”①。陶行知曾经说过，“共和之体”在“民胞”②。他提出的“政治仁智”、“领袖仁智”，也植基于此。

“仁”、“爱”不是抽象的词汇，它归根到底要落实到人权上来。而首先是人的生存权。针对国民党统治时期千千万万儿童在死亡线上挣扎，作为卓越的教育家、人道主义者陶行知，他曾以万钧的笔触，呼吁“敲碎儿童的地狱”。在这里，他又一次抬出孔子来：“我们只须读一读孔子、耶稣的故事，便知道剥夺儿童生存权是何等的罪恶。”③为此，他把“工以养生，学以明生，团以保生”作为建立儿童工学团的指导方针和施教原则。

当然，从思想上和行动上关心和爱护儿童，表明陶行知不仅正视现在，也瞻望未来，如孔子所说：“后生可畏，焉知来者之不如今也。”④但如果认为陶行知只重视儿童教育，而不重视成人教育，也是错误的、片面的；他为成人教育所费的精力，所付出的代价，可以说是大量的。他创“小先生制”，也是为了更好地解决成人教育存在的问题。1923 年成立中华平民教育促进会，他揭橥“民为邦本”⑤，对象也是广大民众，主要是成人。他脱掉西装，下到农村，筚路蓝缕。许愿“捧着一颗心来，不带半根草去”，都表现出对以教育好“三万万的村农”为指标的高度爱心⑥。1930 年，他在《晓庄三岁敬告同志书》中就是这样说的：“晓庄是从爱里产生出来的。没有爱便没有晓庄。……因为他爱中华民族，所以他爱中华民族中最多数而最不幸之农人。”

但是，如果把陶行知的精神境界，仅限定在眼睛底下的中华民族、中华民族中的儿童和农人，也远远不够的。他不止一次地强调，晓庄的出发点是为爱心，而这爱心的最高点便是爱人类，即为全人类谋幸福。

---

① 陶行知：《再谈民主教育》，华中师范大学教育科学研究所主编：《陶行知全集》第 8 卷，湖南教育出版社 1992 年版，第 604 页。

② 陶行知：《共和精义》，华中师范学院教育科学研究所主编：《陶行知全集》第 1 卷，湖南教育出版社 1984 年版，第 45 页。

③ 陶行知：《敲碎儿童的地狱，创造儿童的乐园》，华中师范大学教育科学研究所主编：《陶行知全集》第 3 卷，湖南教育出版社 1985 年版，第 530 页。

④ 《论语・子罕》。

⑤ 按“民为邦本”也是儒家的语言。同年陶行知在金陵大学孔子纪念会上演讲，题目亦为《孔子纪念与平民教育》。

⑥ 陶行知：《仍在不辍研究中的“活的教育”》，华中师范大学教育科学研究所主编：《陶行知全集》第 8 卷，湖南教育出版社 1992 年版，第 303 页。

这使人联想起“天下为公”这个口号。孙中山提出它，但最早还是出现在儒家经典《礼记》的《礼运》篇：“孔子曰……大道之行也，天下为公，选贤与能，讲信修睦。故人不独亲其亲，不独子其子。使老有所终，壮有所用，幼有所长，矜、寡、孤、独、废疾者，皆有所养。”这当然需要一场社会革命，才能达到此目的，但文化教育是重要的一环。陶行知把文化为公，教育为公与天下为公并提，主张通过“教育为公以达到天下为公”实现男女、老少、贫富、城市教育机会均等，最终实现全民政治。他本着一片爱心提出全民教育、大众教育、民主教育等等，都为了实现天下为公。则陶行知的泛爱说，比之二千多年前儒家的“泛爱”说，不啻前进了一大步。

三、“明民德”为主的教育目的论

《礼记》的《大学》篇，开宗明义，揭橥“大学之道，在明明德，在亲民，在止于至善”。南宋朱熹集注的《大学》章句，保留程氏原注“亲当作新”，历代因之。1936 年，陶行知写了《新大学》一文[①]，把程注“新”还原为“亲”，“民德”改为“大德”，“民”改为“大众”。全文是：“大学之道，在明大德，在新大众，在止于大众之幸福”，即把《大学》原文作了不同凡响的更改，他解释“大德”为“大众之德”，有三层意思：“一是觉悟，二是联合，三是争取解放。”“明”是明白。“新大众”指“大众自新”，“是要教大众在真理的大海里洗个澡，天天洗，一直洗到老，使得自己的头脑常常是清清楚楚的，认识痛苦之来源和克服痛苦之路线”。“止”就是“瞄准”“对着大众的幸福瞄准”，“为大众争取幸福所必需的就拿来教人”[②]。1945 年 1 月，陶行知在四川璧山县国立社会教育学院作题为《创造的社会教育》的演讲时，重申“今天我们的‘大学之道’，不是在‘明明德，在新（亲）民，在止于至善’，而‘在明大德，在亲大众，在止于大众之幸福’”。所谓“大德”，就是“大公无私”；所谓“亲民”，就是革掉知识分子的优越感，让文化天使下凡——“文化、精神、学术下凡”；而所谓“止于大众之幸福”，就是“解放老百姓的创造力”，包括解放

---

① 本文原载《生活教育》第 3 卷，第 7 期，收入作者自编《中国大众教育问题》一书中，改题目为《新大学——大众的大学》。

② 陶行知：《新大学》，华中师范大学教育科学研究所主编：《陶行知全集》第 3 卷，湖南教育出版社 1985 年版，第 72 页。文中还强调新大学“要培养和大众共同做事的人才”。

老百姓的双手、双眼、嘴、头脑，和解放我们的空间与时间①。1946年3月，陶行知在一次谈论社会大学时，说重庆的社会大学“也有一个大学之道，是修改儒家之大学之道的”，内容比前此提出的命题，又有所修改补充。例如：

> （一）在明民德（而非明德），有四方面：(1)觉悟（非“民可使由之，不可使知之”）——要使学生知道自己是中国的老板；(2)联合——联合起来做老板；(3)解放头、手、嘴、眼、时、空六大解放；(4)创造——要创造新的自己，新的中国，新的社会。
>
> （二）在亲民（而非新民），有三部曲：(1)钻进老百姓队伍与老百姓亲近；(2)成为他们的亲人；(3)要老百姓承认你的确是他们的亲人。还有一个三部曲是(1)为人民服务，(2)跟老百姓学习，(3)和老百姓共同创造。
>
> （三）止于人民之幸福——与人民共同造福除苦。幸福包括：(1)福——安居乐业，有自由，有读书机会；(2)禄——丰衣足食；(3)寿——健康有保障，生病有医药；(4)喜——要有结婚，生儿育女，经济能力，都能如愿以偿②。

据我们所知，陶行知于30年代写《新大学》的同时，还作了一首《新大学歌》，歌词是：“大学之道，在明大德，在新大众，在止于大众之幸福。知止而后能动，动而后能虑，虑而后能得。”这里，除了前四句作了不同程度的更动，已如上述外，第五、六句又将《大学》原文“静”字改为“动”字。总的意思便是：把握（即陶行知所说的“瞄准”）了为大众谋幸福的正确方向后，就能行动起来，在行动中认识并经过仔细考虑，付诸实施，以取得社会效益，这便是贯彻新大学教学方针的全过程。

对陶行知的思想脉络，我们不妨再推前些，即早在1918年，陶行知在南京高师工作时，草拟了该校《智育大纲》，首先提出“本校以诚为训育之本，亦以诚为智育之本。盖诚合成己成物而言，故格物所以致知，即所以致

---

① 陶行知：《创造的社会教育》，华中师范大学教育科学研究所主编：《陶行知全集》第8卷，湖南教育出版社1992年版，第570、572页。

② 陶行知：《再谈民主教育》，华中师范大学教育科学研究所主编：《陶行知全集》第8卷，湖南教育出版社1992年版，第603—604页。

诚”。他引证《中庸》“自明诚谓之教”和“诚之者，择善而固执之者也”句，说：“曰明，曰择，皆智育所有事，而皆所以致其诚也。”[1]这里的“诚”，就是真，或真理，即不论是探求知识，还是涵养德性，为学做人，都应当老老实实，真心真意，如陶行知生平对教师和学生所要求的：“千教万教，教人求真；千学万学，学做真人。”他说他“欢喜说真话”[2]，真话也是诚的表现。

四、智、仁、勇三达德的教育内容

育才学校校徽为三个圆圈，首先标志着智、仁、勇，其次为真、善、美，二者又是相互联系，不可分割，所谓“所以行之者一也”[3]。

智、仁、勇作为道德涵养命题首见于《中庸》：“智、仁、勇，三者天下之达德也”；“好学近乎知，力行近乎仁，知耻近乎勇”。《中庸》作者说是孔子遗训，十分重要。因为“知斯三者，则知所以修身；知所以修身，则知所以治人；知所以治人，则知所以治天下国家矣”[4]。

1943年，陶行知在他拟订的《育才学校教育纲要草案》中，说：“育才学校办的是智仁勇的教育。智仁勇三者是中国重要的精神遗产，过去它被认为‘天下之达德’；今天依然不失为个人完满发展之重要的指标。”他强调：“目前抗战建国时期，我们需要智仁勇兼修的人。”这三者不能缺一：“不智而仁是懦夫之仁，不智而勇是匹夫之勇；不仁而智是狡黠之智，不仁而勇是小器之勇；不勇而智是清谈之智，不勇而仁是口头之仁。”[5]他还强调：“育才学校不仅是以智仁勇为其局部训练之目标，而是通过全部生活与课程以达到智仁勇之鹄的。”做到“每一个学生个性上滋润着智慧的心，了解社会与大众的热诚，服务社会与大众自我牺牲的精神”[6]。

---

① 陶行知：《智育大纲》，华中师范学院教育科学研究所主编：《陶行知全集》第1卷，湖南教育出版社1984年版，第70页。

② 1938年陶行知作了一首诗：“这位老人家，为何也坐牢？欢喜说真话，假人都烦恼。”

③ 借用《中庸》语言。

④ 《中庸》右第二十章。

⑤ 陶行知：《育才学校教育纲要草案》，华中师范大学教育科学研究所主编：《陶行知全集》第3卷，湖南教育出版社1985年版，第368页。

⑥ 陶行知：《育才学校教育纲要草案》，华中师范大学教育科学研究所主编：《陶行知全集》第3卷，湖南教育出版社1985年版，第368页。

陶行知对智、仁、勇教育如此重视，以至于在他离开人间前几天还谆谆教诲育才学校的师生们。且看他的两封信。

1946 年 7 月 16 日给育才同学会上海分会全体同学的信：

> ……让我再详说英勇的民主战士是怎样培养出来。第一套功夫是"仁者不忧，知者不惑，勇者不惧，达者不恋"。第二套功夫是"富贵不能淫，贫贱不能移，威武不能屈，美人不能动"。有了这些德性，无论过着什么关口，也会胜利的通过，虽杀身亦成仁了。我们应该在这些德性上面努力进修，共同勉励。①

同日致育才学校全体师生的信：

> ……平时要以"仁者不忧，智者不惑，勇者不惧，达者不恋"的精神培养学生和我们自己。有事则以"富贵不能淫，贫贱不能移，威武不能屈，美人不能动"相勉励。②

以上所引"仁者不忧，智者不惑，勇者不惧"③，乃出自《论语》记孔子之言；所引"富贵不能淫，贫贱不能移，威武不能屈"④，乃出自《孟子》记孟子之言。至于"达者不恋"、"美人不能动"则是陶行知加上去的，是有所据而云然。有趣的是孟子把那在富贵等面前不低头的人，称为"大丈夫"⑤，陶行知也曾经称道具有独立的意志和思想的人具有"大丈夫的精神"⑥，这种人，应当有"耐劳的筋骨，耐饿的体肤，耐困乏的身，去做他摇不

---

① 陶行知：《为民主斗争前仆后继——致育才同学会上海分会全体同学》，华中师范大学教育科学研究所主编：《陶行知全集》第 5 卷，湖南教育出版社 1985 年版，第 964 页。

② 陶行知：《最后一封信——致育才学校全体师生》，华中师范大学教育科学研究所主编：《陶行知全集》第 5 卷，湖南教育出版社 1985 年版，第 965 页。

③ 《论语・子罕》。

④ 《孟子・滕文公下》。

⑤ 参见《孟子・滕文公下》，原文为"此之谓大丈夫"。

⑥ 陶行知：《南京安徽公学创学旨趣》，华中师范学院教育科学研究所主编：《陶行知全集》第 1 卷，湖南教育出版社 1984 年版，第 503 页。陶行知说："把这几种精神合起来，我找不到一个更好的名词，就称他为大丈夫的精神罢。"

动的基础"①。这一段话又是脱胎于《孟子·告子下》"故天将降大任于是人也,必先苦其心志,劳其筋骨,饿其体肤,空乏其身,行拂乱其所为,所以动心忍性,曾[增]益其所不能"。其他如教育学生待人接物、严格要求自己方面,陶行知也经常应用儒家的语言。如说"对于关系全体的事还要和衷共济的商量,总以'己所不欲,勿施于人'为标准"②,"讲理的人应当'毋意、毋必、毋固、毋我'"③,"过则勿惮改"④。1925 年陶行知写了一首《恕歌》,最后两句为"还是大量包容好","如果只知责人,不知责己,那就糟糕"⑤,这与孔子说"躬自厚而薄责于人"一语没有二致。陶行知曾说"敢以孔圣之言进告吾所敬爱之学子"⑥。

五、"教学相长"说的进一步发展

1919 年,陶行知写了《教学合一》一文。教与学为何要合一?他提出三个理由:一是,"先生的责任不在教,而在教学,而在教学生学";二是,"教的法子必须根据于学的法子";三是,"先生不但要拿他教的法子和学生学的法子联络,并须和他自己的学问联络起来"⑦。这,正是受《礼记·学记》"教学相长"说的启发。《礼记·学记》的"教学相长也"正是这个意思:一方面揭示教师的教同学生的学的辩证关系,另一方面又揭示教师的教同他本身的学的辩证关系。教师的教促进了学生的学,学生的学和教师自身的学

① 陶行知:《南京安徽公学创学旨趣》,华中师范学院教育科学研究所主编:《陶行知全集》第 1 卷,湖南教育出版社 1984 年版,第 502 页。

② 陶行知:《女师大与女大问题之讨论》,华中师范学院教育科学研究所主编:《陶行知全集》第 1 卷,湖南教育出版社 1984 年版,第 577 页,引《论语·颜渊》。

③ 陶行知:《〈新教育评论〉之使命》,华中师范学院教育科学研究所主编:《陶行知全集》第 1 卷,湖南教育出版社 1984 年版,第 573 页,引《论语·子罕》。

④ 陶行知:《为考试事敬告全国学子》,华中师范学院教育科学研究所主编:《陶行知全集》第 1 卷,湖南教育出版社 1984 年版,第 23 页,引《论语·学而》。

⑤ 陶行知:《恕歌》,华中师范大学教育科学研究所主编:《陶行知全集》第 8 卷,湖南教育出版社 1992 年版,第 636 页。

⑥ 陶行知:《为考试事敬告全国学子》,华中师范学院教育科学研究所主编:《陶行知全集》第 1 卷,湖南教育出版社 1984 年版,第 23 页。

⑦ 陶行知:《教学合一》,华中师范学院教育科学研究所主编:《陶行知全集》第 1 卷,湖南教育出版社 1984 年版,第 87—89 页。

又促进了教师的教。陶行知的《教学合一》最后一段话是："有了这样的联络，然后先生学生都能自得自动，都有机会方法找到无价的新理了。"①这又使人联系到《礼记·学记》的"是故学然后知不足，教然后知困。知不足，然后能自反也；知困，然后能自强也"。这个全过程，用现在的话说，便是一场信息反馈。陶行知说："德国学术发达，大半靠着这种教学相长的精神。"②他引用孔子的"学而不厌，诲人不倦"，说"因为必定要学而不厌，然后才能诲人不倦；否则年年照样画葫芦，我却觉得有十分的枯燥。所以要想得教育英才，首先要把教学合而为一"③。他为此提出"以教人者教己"和"相学相师"。

事物的发展，必然会引起理论的发展。教为了学，学又为了什么？这个耐人思考的问题，终于由陶行知在长期教育实践中，作了正确的回答。

"似曾相识燕归来。"早在 1924 年 7 月，陶行知同赵叔愚一起参观南京燕子矶国民学校时，看到"这个学校不但教学生读书，并且教学生做事"，认为这正是"天天求他实现而不可得"的"我们心目中所存的理想"④。1924 年 12 月，在一份《南京安徽公学创学旨趣》中，陶行知提出了"我们要以'事'为我们活动的中心"，那就是："研究学问要以事为中心，改造环境要以事为中心，处世应变也要以事为中心。"他强调"我们要用科学的精神在事上去追求学问，用美术的精神在事上去谋改造，用大丈夫的精神在事上去锻炼应变"⑤。这个"事"或"做事"就意味着"做"。到 1926 年 12 月，在《中国师范教育建设论》中，陶行知便正式提出"教学做合一"的命题，或者说系统的教学理论，说"教的法子要根据学的法子，

① 陶行知：《教学合一》，华中师范学院教育科学研究所主编：《陶行知全集》第 1 卷，湖南教育出版社 1984 年版，第 89—90 页。

② 陶行知：《教学合一》，华中师范学院教育科学研究所主编：《陶行知全集》第 1 卷，湖南教育出版社 1984 年版，第 89 页。

③ 陶行知：《教学合一》，华中师范学院教育科学研究所主编：《陶行知全集》第 1 卷，湖南教育出版社 1984 年版，第 89 页。

④ 陶行知：《半周岁的燕子矶国民学校——一个用钱最少的活学校》，华中师范学院教育科学研究所主编：《陶行知全集》第 1 卷，湖南教育出版社 1984 年版，第 473 页。

⑤ 陶行知：《南京安徽公学创学旨趣》，华中师范学院教育科学研究所主编：《陶行知全集》第 1 卷，湖南教育出版社 1984 年版，第 503 页。

学的法子要根据做的法子。教法、学法、做法是应当合一的”,和“事怎样做就怎样学,怎样学就怎样教,怎样教就怎样训练教师”①。这个“做”就意味着“行”或“习”,即实践。《论语·学而》首先提出“学而时习之”,《说文》:“习,鸟数飞也。”朱熹集注引程子说“学者将以行之也”。可以设想,小鸟没有经过“飞”的不断实践,长了翅膀也不会飞上天。陶行知为此指出:“不在做上下功夫,教不成教,学也不成学。”②他的结论是:“教而不做,不是真教;学而不做,不是真学。故教而不做,不是先生;学而不做,不是学生。”③

那么,陶行知强调“做”的功夫,是不是反对书本教育呢?不是。他反对的是“读死书,死读书”,到“读书死”,以及过分迷信书本中的知识。他曾引证孟子“尽信书不如无书”的话,说“在书里没有上过大当的人,决不能说出这一句话来”④。但对于“征求知识之方法”,他也主张读书:“读书多,则积理富,积理富,则随时应用,绰有余裕矣。”⑤

六、使学生“愤”、“悱”、自觉主动的教学方法

1919 年,在浙江第一师范学校毕业生讲习会上所作的关于新教育问题的讲演中,陶行知强调启发教学的重要性。他说:“在学校里并非一面教人,一面受教,就算了事。要使学生的精神意志和能力,渐渐地发育成长。”他引孔子说“不愤不启,不悱不发”,并作了补充:“我更要进一步说,使他不得不愤,使他不得不悱。”⑥在同一讲演中,他阐述杜威的主

---

① 陶行知:《中国师范教育建设论》,华中师范学院教育科学研究所主编:《陶行知全集》第 1 卷,湖南教育出版社 1984 年版,第 638 页。

② 陶行知:《在湘湖师范教学做讨论会上的答问》,华中师范大学教育科学研究所主编:《陶行知全集》第 2 卷,湖南教育出版社 1985 年版,第 162 页。

③ 陶行知:《生活教育提要》,华中师范大学教育科学研究所主编:《陶行知全集》第 8 卷,湖南教育出版社 1992 年版,第 627—628 页。

④ 陶行知:《读书与用书》,华中师范大学教育科学研究所主编:《陶行知全集》第 2 卷,湖南教育出版社 1985 年版,第 731 页。

⑤ 陶行知:《教育研究法》,华中师范学院教育科学研究所主编:《陶行知全集》第 1 卷,湖南教育出版社 1984 年版,第 67 页。

⑥ 陶行知:《新教育》,华中师范学院教育科学研究所主编:《陶行知全集》第 1 卷,湖南教育出版社 1984 年版,第 125 页。

张，“教学生的法子，先要使他发生疑问，查出他疑难的地方，使他想种种办法，去解决这个问题”①；还说我记得有一个人说过：“学贵知疑：大疑则大进，小疑则小进，不疑则不进。”②这一段话依其精神来说，也出于儒家体验。北宋张载就说“可疑而不疑者不曾学，学则质疑”和“于不疑处有疑，方是进矣”；朱熹也说：“大疑则可大进。”有疑，就得问个究竟。陶行知要求“解放小孩子的嘴”，因为“发明千千万万，起点是一问”。他举了“孔子入太庙，每事问”的例，说“智者问得巧，愚者问得笨。人力胜天工，只在每事问”③。问是求知精神的一种表现。研究科学，探索真理，容不得半点虚假、装腔作势，要老老实实。陶行知为此引了孔子的“知之为知之，不知为不知”④，说“因为我们自己知道自己不知道的地方，那还有能够知道的一日；倘若不知的而认以为知，那么，不知道的，终究没有知道的日子了；还可说是自己斩断自己求学的机能”⑤。陶行知还揭示已知同未知的关系：“行以求知知更行，不知直认为不知；遍览已知求未知，以知与人己愈知。”⑥

人类积累的知识浩如烟海，不可能全部授予学生，因此只能择其主要，示以诀窍，其关键在于培养学生独立思维能力。对此，陶行知引了孟子的话：“大匠诲人，能与人规矩，不能使人巧”⑦，并说“见几察隐，阐奥探源，全恃学者自悟”⑧。另一方面，也得力于教师的教学方法，再则是教师的教学

---

① 陶行知：《新教育》，华中师范学院教育科学研究所主编：《陶行知全集》第1卷，湖南教育出版社1984年版，第125页。

② 陶行知：《古庙敲钟录》，华中师范大学教育科学研究所主编：《陶行知全集》第2卷，湖南教育出版社1985年版，第525页。

③ 陶行知：《创造的儿童教育》，华中师范大学教育科学研究所主编：《陶行知全集》第3卷，湖南教育出版社1985年版，第526页。

④ 陶行知：《学生的精神》，华中师范学院教育科学研究所主编：《陶行知全集》第1卷，湖南教育出版社1984年版，第570页。引《论语·为政》。“则”原文为“为”。

⑤ 陶行知：《学生的精神》，华中师范学院教育科学研究所主编：《陶行知全集》第1卷，湖南教育出版社1984年版，第570页。

⑥ 陶行知：《创造年献诗》，华中师范大学教育科学研究所主编：《陶行知全集》第4卷，湖南教育出版社1985年版，第586页。

⑦ 见《孟子·告子上》：“大匠诲人，必以规矩”；《孟子·尽心下》：“梓匠轮舆能与人规矩，不能使人巧。”

⑧ 陶行知：《医德》，华中师范学院教育科学研究所主编：《陶行知全集》第1卷，湖南教育出版社1984年版，第37页。

态度，即师德。陶行知批评有些教师“纵有一二宝贵心得，亦持‘绣得鸳鸯从君看，不把金针度与人’之主义”[①]。记得明代科学家，并深受儒家“格物致知”说影响的徐光启有一段话：“昔人云：‘鸳鸯绣出从君看，不把金针度与人’，吾辈言几何之学，正与此异。固反其语曰：‘金针度去从君用，未把鸳鸯绣与人。’”[②]陶行知思想与徐光启正相似，他是主张无保留地“即知即传人”的。即知即传乃是对王守仁“即知即行”的改造翻新。

为了调动学生学习的积极性，陶行知也重视对学习对象发生兴趣。用他的话说，就是“唤起兴味”。他认为“学”和“乐”不可分离[③]。这个“乐”字，便是孔子的“知之者不如好之者；好之者不如乐之者”[④]的“乐”。《礼记·学记》也讲“不兴其艺，不能乐学”。重要在于“乐”字。正如陶行知所说：“学生有了味，就肯用全副精神去做事体……所以设法引起学生的兴味，是很要紧的。”[⑤]

此外，陶行知还提出自觉主动的治学途径，叫做“五路探讨”，即体验、看书、求师、访友、思考。他把《中庸》的“博学之，审问之，慎思之，明辨之，笃行之”，依据“行是知之始”及自动的原则颠倒过来，说“体验相当于笃行；看书、求师、访友相当于博学；思考相当于审问、慎思、明辨”[⑥]。

总之，陶行知教育哲学有个儒家渊源，但不是唯一的渊源，也不是主要的渊源。一如本文开头所说的，它是中西文化的糅合物。陶行知重视中华民族优秀文化遗产，还主张压缩地给儿童传授这份遗产。他对居中华民族传统文化主导地位的儒家思想有补充，有改动，有批判，也有翻筋斗，是取其精华，弃其糟粕。对待外国文化，如杜威的思想也是如此。这亦如本文开头所说的，它是中西文化的结晶体。从陶行知教育哲学的总体说，对杜

① 陶行知：《医德》，华中师范学院教育科学研究所主编：《陶行知全集》第1卷，湖南教育出版社1984年版，第37页。

② 徐光启：《几何原本杂议》。

③ 陶行知：《新教育》，华中师范学院教育科学研究所主编：《陶行知全集》第1卷，湖南教育出版社1984年版，第125页。

④ 见《论语·雍也》。

⑤ 陶行知：《新教育》，华中师范学院教育科学研究所主编：《陶行知全集》第1卷，湖南教育出版社1984年版，第125页。

⑥ 陶行知：《育才十字诀》，华中师范大学教育科学研究所主编：《陶行知全集》第3卷，湖南教育出版社1985年版，第479页。

威的思想有继承，但更主要的是创新，十分强调通过试验（实验），得出崭新的正确的教育理论。因为“适于昔者未必适于今”，“适于外者未必适于中”①。在这里，我们又不妨从陶行知《试验主义与之教育方法》一文中，借儒家荀子的一段话，来说明他对试验功能的坚定信念：“荀子曰：‘大天而思之，孰与物畜而制之！从天而颂之，孰与制天命而用之！望时而待之，孰与应时而使之！因物而多之，孰与聘能而化之！思物而物之，孰与理物而勿失之也！’此数语，可谓中试验精神之窍要矣。”

（作者撰写此文时系福建师范大学教育系教授）

① 陶行知：《试验主义与新教育》，华中师范学院教育科学研究所主编：《陶行知全集》第1卷，湖南教育出版社1984年版，第93—94页，引《荀子·天论》。

陶行知教育思想的墨学渊源

黄仁贤

陶行知的生活教育理论博大精深，它既是陶行知在长期的教育实践中"为中国教育寻觅曙光"的创造性成果，凝聚着一代教育巨匠的智慧结晶，又是陶行知批判地吸取古今中外诸家众流教育学说之所长，囊括人类文化教育之精华而建立起来的现代教育理论体系。探本溯源，我们将会在他那充满现代生活气息的教育思想中，感受到缕缕先秦墨家学派的思想脉络。本文旨在对陶行知教育思想中一些墨学渊源作一点探索和整理，以求教于学界前辈和同仁。

一

陶行知教育思想的一个显著特征，就在于它的人民性。他认为人民大众是文化的创造者，"创造文化的大众应该享受创造的结果"。他的一生，先后倡导推行了平民教育、乡村教育、普及教育("科学下嫁")、国难教育、战时教育和民主教育六大运动，而其心中只有一个中心问题，就是要使全国人民都有受教育的权利和机会，把教育和知识化做新鲜空气，普遍地广泛地给予大众，使人人可以按其需要自由呼吸，因而增加大众新的生命活力。正如陶行知所反复阐述的，生活教育运动即为人民教育运动的别称，它是"大众自己的教育，是大众自己办的教育，是为大众谋福利除痛苦的教育"①。为人民办教育，办人民需要的教育，为人民服务，为人民解放、民族振兴服务，是陶行知教育思想的根本出发点，也是贯串于生活教育理论中的一条主线。

---

① 陶行知:《大众教育与民族解放运动》，华中师范大学教育科学研究所主编:《陶行知全集》第3卷，湖南教育出版社1985年版，第61页。

对于陶行知教育思想中鲜明的人民性特征，许多研究者在追溯其民族文化渊源时，往往把它与中国古代儒家学者的重民思想和“仁民爱物”学说联系起来，认为这是陶行知批判地吸取古代民本主义思想，是对儒家重民思想的继承和发展。这个论断在陶行知的论著中得到比较充分佐证。陶行知在其著述中，确实非常推崇先秦儒家的民本主义思想，对孔子的“教民”、“爱民”思想和孟子的“民为邦本”、“民贵君轻”等各种重民思想颇多赞辞。

然而，儒家的“民本主义”是作为君主维护统治的手段而提出来的，是以维护君主专制制度为前提的，而不是站在人民的立场上，维护人民的天赋人权，提倡人的平等、人格的独立和尊严。先秦儒家的“仁者爱人”、“仁民爱物”、“民为邦本”等等论述，从来就是把人民看作是被怜悯的对象，只有君主和社稷，才是他们关注的目标。尽管孟子提出“民为贵，社稷次之，君为轻”的主张，那也是因为他认识到小农经济是专制王权建立的基础，是国家财政的直接来源，没有人民的支持，任何一个政权都无法维护。关于其中的内在联系，荀子有一段话道出了真谛:“有社稷者而不能爱民、不能利民，而求民之亲爱己，不可得也。民不亲不爱，而求其为己用，为己死，不可得也。民不为己用，不为己死，而求兵之劲，城之固，不可得也。”《荀子·荣辱》由此可见，先秦儒家的这种站在统治阶级立场上的“爱民”、“重民”，以及“有教无类”的教育主张，与陶行知的一切从人民的利益出发，为了人民的教育事业“捧着一颗心来，不带半根草去”的鞠躬尽瘁精神，并无内在的渊源关系。

相比较而言，代表着先秦“农与工肆之人”利益的墨家学说，与陶行知的教育思想却有着更加紧密的历史联系。

首先，墨子揭露了儒家“仁者爱人”的虚伪性，认为这种根据等级关系、亲疏关系去爱人，是“爱有差等”，是一种自私自利的爱。墨子提倡“兼爱”，并把它视为人类的最高道德理念。兼爱就是平等地去爱天下一切人，“视人之国若视其国，视人之家若视其家，视人之身若视其身。是故诸侯相爱则不野战，家主相爱则不相篡，人与人相爱则不相贼，君臣相爱则惠忠，父子相爱则慈孝，兄弟相爱则和调。天下之人皆相爱，强不执弱，众不劫寡，富不侮贫，贵不傲贱，诈不欺愚”《墨子·兼爱中》。只有这样，“凡天下祸篡怨恨，可使毋起者”，百姓才能过上“饥者得食，寒者得衣，劳者得息”的安居生活。显然,墨子的“兼爱”,突破了儒家“爱有差等”的狭隘观念,更具有平等博爱的精神。它与陶行知爱人民、爱民族、爱人类的“爱满天下”,不是有着更多的相通之处么!

其次,墨子及其门徒以“兴天下之利,除天下之害”为己任,“日夜不休,以自苦为极”,效法大禹治水时不辞劳苦、公而忘私为人民谋福利的精神,“上说下教”,立定意志,坚决地去实行他的政治理想,推广他的教育事业,不管遇到任何困难险阻,虽粉身碎骨亦在所不辞。这种坚定的信念,顽强的意志和献身的精神,为世人所敬佩,就连墨家的政敌孟子也为其“摩顶放踵,利天下而为之”《孟子·尽心上》的精神所叹服。陶行知生活在民族危机深重,人民奋起救亡,反帝反封建的革命运动日益高涨的现代社会,他以“捧着一颗心来,不带半根草去”的献身精神,把毕生献给人民,献给教育事业,融教育改革和社会改革为一体,孜孜不倦地探索、创造、奋斗、进取,创立了生活教育理论,为中国人民的教育事业和革命事业做出了不朽的贡献。其思想境界之崇高,对人民贡献之巨大,是两千多年前的墨子所不能比拟的,然二者的精神确有其相似之处。

再次,墨子在判断客观事物的真伪是非时,把是否对国家人民百姓有利,看作是重要的衡量标准。他站在“农与工肆之人”的立场上,从国家人民的根本利益出发,衡定是非,区分善恶。这是墨子思想方法的杰出之处。他的教育思想中许多富有人民性的思想精华,都是在这样的指导思想下发展起来的。而在陶行知的教育思想中,更是鲜明地贯串着“人民第一”的精神,“民之所好好之,民之所恶恶之”①,人民利益是最高的标准,一切为了人民的利益而举办教育事业。其境界已远远高于古人,但也可从中窥见一缕古今相通的红线。

最后,值得一提的是,尽管墨子怀抱美好的理想和坚定的信念,他的“兼爱”思想在当时的社会条件下是无法全面推行的;他试图“兼以易别”,通过教育来培养“为义的”兼士,消除战乱、纷争,建立一个人人能“兼相爱交相利”的太平世界,只能是一种社会幻想。这与陶行知曾经踌躇满志地试图通过平民教育来创造一个“四通八达的社会”的理想主义,不也有几分

① 陶行知:《敬赠政治协商会议代表》,华中师范大学教育科学研究所主编:《陶行知全集》第4卷,湖南教育出版社1985年版,第704页。

神似吗？

二

倘若我们对陶行知生活教育理论的认识论、知识观细加剖析，其教育思想中墨学渊源的脉络将更加清晰可见。

陶行知的生活教育理论是建筑在他的独特的认识论基础之上的。陶行知曾经围绕着“知”与“行”孰先孰后、孰轻孰重的问题，苦苦探索了数十年，经历了由“知行”到“行知”再到“行知行”的发展轨迹。而随着他对知行关系认识上的每一次重大突破，他的教育思想就升华到一个新的境地。

众所周知，青年时代的陶行知是王阳明“知行合一”学说的忠实信徒，笃信“知是行之始”为认识的真谛，取名“陶知行”以示对王学的倾倒。那么，是什么因素促使他由“知行”变为“行知”，即由“知是行之始”转化为“行是知之始”的呢？除了随着教育实践的深入，动摇了他对王学的笃信外，墨子重感性经验的认识给他以启迪，促成他的转化。

墨子是先秦诸子中比较集中比较系统地研究人的认识过程的思想家、教育家。他从四个方面论述人的认识的形成：(1)“知，材也。”①即人们对客观事物的认识，首先有赖于感官的本能；(2)“虑，求也。”②即必须通过进一步的积极思考，才能构成求知的动机；(3)“知，接也。”③即人们只有通过感官与客观实在相接触，才能获得知识；(4)“智，明也。”④即只有通过详明的检验，才能证实认识的正确与否。墨子根据认识来源的不同，把知识分为闻知、说知和亲知三种，他说：“知；传受之，闻也；方不瘴，说也；身观焉，亲也。”⑤闻知靠他人传授，即间接经验；说知靠推论而得；亲知即亲身的经历实践而得，属直接经验。他特别重视亲知，认为直接经验比间接经验更重要，更可靠。

墨子这一唯物主义的认识论，对陶行知由“知是行之始”转化为“行是

① 《墨子·经上》。
② 《墨子·经上》。
③ 《墨子·经上》。
④ 《墨子·经上》。
⑤ 《墨子·经上》。

知之始"产生了直接影响。陶行知指出:"《墨辩》提出三种知识:一是亲知,二是闻知,三是说知。亲知是亲身得来的,就是从行中得来的。闻知是从旁人那儿得来的,或由师友口传,或由书本传达,都可以归为这一类。说知是推想出来的知识。"①他接着指出:"我们拿'行是知之始'来说明知识之来源,并不是否认闻知和说知,乃是承认亲知为一切知识之根本。闻知与说知必须安根于亲知里面方能发生效力。"②

陶行知从"亲知为一切知识之根本"的论断出发,去判定知识的真伪。他说:"思想与行为结合而产生的知识是真知识。真知识的根是安在经验里的。从经验里发芽抽条开花结果的是真知灼见。"③"不是从经验里发生出来的知识便是伪知识。"④他依据《墨辩》中"知,接也"的命题,提出了"接知如接枝"的主张,比较科学地阐明了感性认识与理性认识,直接经验与间接经验的关系。他认为重视亲知,并非事必躬亲,也不是否定闻知,"如果把别人从经验发生之知识接到我们从自己经验发生之知识上去,那么,我们的知识必可格外扩充,生活必可格外丰富"⑤。他认为传统教育"所注重的知识,只是闻知,几乎以闻知概括一切知识,亲知是几乎完全被拒于门外。说知也被忽略,最多也不过是些从闻知里推想出来的罢了"⑥。因此其教育内容几乎与社会生活实际没有什么直接联系,由这样的教育所造就的,只能是一代代的"伪知识"阶级了。

由"知行"到"行知",虽然仅仅为"知"与"行"位置上的改变,却完成了陶行知在认识论上由唯心主义向唯物主义的转化。其后,陶行知又将其发展到"行知行"的阶段。1935 年,他创造了"衜"字作为自己的笔名,以表示

① 陶行知:《行是知之始》,华中师范大学教育科学研究所主编:《陶行知全集》第 2 卷,湖南教育出版社 1985 年版,第 152—153 页。

② 陶行知:《行是知之始》,华中师范大学教育科学研究所主编:《陶行知全集》第 2 卷,湖南教育出版社 1985 年版,第 152—153 页。

③ 陶行知:《"伪知识"阶级》,华中师范大学教育科学研究所主编:《陶行知全集》第 2 卷,湖南教育出版社 1985 年版,第 86—87 页。

④ 陶行知:《"伪知识"阶级》,华中师范大学教育科学研究所主编:《陶行知全集》第 2 卷,湖南教育出版社 1985 年版,第 86—87 页。

⑤ 陶行知:《"伪知识"阶级》,华中师范大学教育科学研究所主编:《陶行知全集》第 2 卷,湖南教育出版社 1985 年版,第 86—87 页。

⑥ 陶行知:《行是知之始》,华中师范大学教育科学研究所主编:《陶行知全集》第 2 卷,湖南教育出版社 1985 年版,第 152—153 页。

“行知行”的不可分割性。他在《育才二周岁前夜》一文中指出：“人类与个人最初都由行动而获得真知，故以行动始，以思考终，再以有思考之行动始，以更高一级融会贯通之思考终，再由此跃入真理之高峰。”这样循环往复以至无穷，完成了他在认识论上的第二个飞跃，既克服了墨子认识论上的机械唯物论的局限，又保留了唯物主义，并增添了辩证法，使其认识论更具有科学性。

三

在中国古代教育史上，墨家学派以提倡实学，重视生产劳动教育和科学教育而独树一帜。

墨子出身低微，长期从事生产劳动，精于工艺。他在教育活动中，始终把生产劳动知识，技能技巧以及简单的机械原理和操作，作为重要的教育内容，认真传授给学生。他认为一个人只有依靠劳动才能维持其正常的生存需要和自身发展的需要，他用“赖其力者生，不赖其力者不生”①为其教育信条，肯定了劳动对于人生的现实意义和基本价值。他的劳动教育领域相当广泛，有农业生产，“故圣人作诲，男耕稼树艺，以为民食”②。有手工业生产，“凡天下群百工：轮车、鞼匏、陶冶、梓匠，使各从事其所能”③。在生产劳动中，墨子还传授给学生一定的理论知识和实际技术，要求学生学会运用规、矩，懂得制造方、圆，了解杠杆、滑车、斜面等原理并应用于生产实践。

更难能可贵的是，墨子在长期的生产实践教育中，注意把实践的感性知识概括、抽象，上升为理论，提炼出一整套科学的理论知识，并用以教育学生，使之与生产实践紧密地结合起来，更好地指导实践，为实践服务。《墨经》中记载了墨家学派在自然科学方面的研究成果，其中包括数学、力学、光学、声学等等，其内容之丰富，成就之广博，不仅领先当时的世界水平，今人也为之惊叹折服！墨子在进行科学教育的实践中，还积累了丰富的教学经验，传授给学生一些科研方法。他在科学教育中，特别重视观察

---

① 《墨子·非乐上》。
② 《墨子·辞过》。
③ 《墨子·节用中》。

和科学实验，在反复观察中探索自然现象的一些内在规律，然后通过实验加以验证，从而形成科学概念和理论。他在教学中注意运用逻辑性原则，引导学生“察类明故”，从已知到未知，从现象到本质，探明原理，发展学生的抽象思维能力。

墨家重视生产劳动教育和科学技术教育，使其教育思想更充满务实精神，更贴近生活实际，这在古代教育史上是独一无二的。可惜的是，在漫长的封建社会中，墨家的教育思想被儒家的“正统”思想所埋没，而长期销声匿迹。墨家的学说，到了近现代才得以重新开掘，重新认识。陶行知的生活教育，在新的社会条件下不仅弘扬和发展了墨学这一优良传统，而且把劳动教育和科学教育纳入其改造社会，培养一代新人的理论体系之中，使之更具有理论性、科学性和革命性。

陶行知的生产劳动教育观是建立在他的“行是知之始”，“在劳力上劳心”等教育哲学观的基础上。他主张“手脑并用”，“手脑联盟”，教育与生产劳动相结合，培养“有血有肉有灵魂，用脑用手用工具”的一代新人。他认为中国传统教育造就了两种畸形人，一种是用脑不用手，另一种是用手不用脑，“中国教育革命的对策是使手脑联盟”，全面发展，培养“整个的人”。陶行知的生活教育，为教育与生产劳动相结合创造了内容丰富、形式多样的办学形式，他无论在论述劳动教育的理论深度和广度上，还是在劳动教育的创造性实践上，都是前所未有的，前无古人的。他的生产劳动观的形成，既是对墨家躬亲劳作，“以自苦为极”吃苦耐劳精神和重视劳动教育的优良传统的弘扬，又是对五四运动时期工读主义、勤工俭学、职业教育等现代教育思潮的发展。

重视科学教育，是陶行知教育思想的一个重要组成部分。他认为当时的中国正处在由农业社会向工业社会过渡的历史阶段，要使整个民族现代化，就必须用科学武装人民。从 20 世纪 30 年代开始，他提倡“科学下嫁”运动，把科学教育普及到工农大众中去，要使“做工种田的人，拾垃圾的孩子，烧饭的老太婆也能享受近代科学知识，要把科学变得和日光空气一样普遍，人人都能享受”。他在《科学的孩子》一文中指出，现在是一个科学的世界，科学的世界里应有一个中国，科学的中国要靠小孩子去创造，中国的教育应指导孩子去“攀科学树”，“摘科学果子”。陶行知从“行是知之始”的认识论出发，认为科学知识来源于实践，又指导实践，运用于实践。他强调教师和学生要有科学的头脑，在“做”中探求科学的原理，在“做”中运用科学的原理。这与墨子的科技教育思想，又有一脉相承的地方。

总之，在陶行知教育思想的本土文化渊源中，先秦墨家的教育思想占有相当重要的成分。陶行知在其长期的教育实践中，正确对待中国传统文化，批判地继承了包括墨学在内的中国古代教育理论，使其生活教育理论更具中国特色，更具有民族性。

（作者撰写此文时系福建师范大学教育系副教授）

世纪轮:戴东原·陶行知

储朝晖

论及戴东原和陶行知,世人常以为他们之间没有多大关联。这主要是因为他们之间没有直接的师承关系,所从事的职业差别甚远,所属学派无直接渊源,所处时代有一个多世纪的间隔。人们在看到这些事实的同时,却往往忽视了中华文化深层,特别是新安文化的许多关联性东西,忽视了鸦片战争前后中国知识阶层的重大区别及相对的同源特征。戴东原和陶行知可谓两个不同世纪的代表人物,对此加以分析探讨,于当今精神文明建设有许多启迪的东西。

一、两代巨子出新安

戴震(字东原)与陶行知的出生年代虽然相隔一个多世纪,社会环境有了很大的变迁,突出表现在清王朝没落的加剧和鸦片战争的爆发。但他们幼年都生长在新安文化的中心区域,两地相隔仅 50 华里。加之在这一段时期里,虽然鸦片战争后中国沦为半殖民地半封建社会,农村社会底层的经济状况却没有发生飞跃性的变化,徽州传统的经济模式未发生根本的变化,知识阶层的价值观未发生根本性变化,这是他们文化深层相关联的基点。

他们在少年时代都具有两个显著特点:一是祖辈曾为高门望族,从外地迁来徽州,到父辈已几近没落,家境贫寒;二是本人十分聪慧。戴震的祖上在唐朝做过大官,后从江西饶州乐平迁到歙州,到了戴氏曾祖父以下,就都是无官平民了。陶行知祖上在浙江绍兴会稽也是望族,到了父辈也是无官平民。他们的父辈在无以为业时,又都曾以商为业,使得他们儿辈随父东奔西走。这样的出身和生活境遇预示着这类家庭蕴藏的巨大的内动力:对祖辈生活的景仰,对异域的向往,对现实痛苦的切身体验,这些都是产生内动力的根源。这种内动力在新安文化“虽为贾者，咸近士风”的贾而好儒的氛围及中国传统的“唯有读书高”思想影响下，在父子两代间构成某种默契，达成一致，即要克服困境，发奋攻书，寻求一个更加美好的生活境界，寻求家业振兴。商旅生活也造就了他们开放的胸襟和精明的思辨，善识机遇以及对每一可能得到的机遇都十分珍惜，这对他们后来的成长影响颇大。

戴震十岁从塾师读书，流传甚广的追问“孔子之言而曾子述之”的故事，足以证明他的聪慧与勤学好问。陶行知少年聪慧的故事流传甚多，且不究其是否全为事实，其少年聪慧当必无可置疑。聪慧这是他们两人都具有的个体特征，与新安文化的既有产物——塾师相遇，从而产生了新的社会内动力，激励他们在新的人生道路上前进。无论戴氏还是陶氏，在求学过程中都得到了来自恩师的精神上和物质上的援助，这种援助并非来自施恩投报思想，而是来自新安文化的一种长期积存的独有的意向定势，这种定势与戴氏和陶氏两家父子的追求和向往再次达成一致，进一步强化了既有的内动力，从而构成了两位巨子少年时期走向成才之路的强大动力。

进入青年期以后，虽然他们在前进的道路上又不断汇进新的动力，但上述少年时期成才的动力在他们整个一生中都或多或少地发挥着作用。他们两人家庭的衍变迁徙本身就是新安文化的一个组成部分，或说是侧面缩影，这一部分也是新安文化最活跃的部分，是新安文化发展的主要内动力之一。因此无论是他们个体的内动力发展，或是他们在新安文化环境中孕育出的新的个性特征，总归起来都是新安文化的产物。新安文化是他们成长的共同根基，也是他们成就的共同根基。

二、异矢同的达民情

少年时期的平民生活使戴氏和陶氏对平民百姓怀有深厚的情感，对劳苦大众深切同情。这种情感导引他们都反对“存天理，灭人欲”的理论，主张“达民之情，遂民之欲”。由于时代、社会环境及戴氏和陶氏所处的社会地位不同，他们的这一共同主张见诸行动则产生了巨大的差异，或者说他们通过不同的途径为实现“达民之情，遂民之欲”的主张和境界而努力奋斗。

在“天理”与“人欲”的关系问题上，戴震对程朱理学的批驳使得其思想在中国思想史上占有突出的位置。这种批驳是尖锐而又深刻的："古之言理也，就人之情欲求之，使之无疵之谓理。今之言理也，离人之情欲求之，使之忍而不顾之谓理。"①认为"理存于欲"，指出追求离开人的情欲的理，实质是"以理杀人"。

在这方面，陶行知几乎没有作任何改变地接受了戴氏的主张，并将之与他创立的生活教育理论结合起来，认为中国从前的旧文化，是上了脚镣手铐的，以天理为一件事，人欲为一件事，人欲是不对的，是没有地位的。"在生活即教育的原则下，人欲是有地位的，我们不主张以天理来压迫人欲的。这里，我们还得与戴东原先生的哲学打通一打通：他说，理不是欲外之理，不是高高地挂在天空的；欲并不是很坏的东西，而是要有条有理的。我们这里主张生活即教育，就是要用教育的力量，来达民之情，顺民之意，把天理与人欲打成一片。"②

在选择"达民之情，遂民之欲"的途径上，戴震一直在走着一条艰难而曲折的道路："仆自十七岁时，有志闻道，谓非求之六经孔孟不得，非以事于字义、制度、名物，无由以通其语言……经之至者道也，所以明其道者其辞也，所以成辞者字也。必由字以通其辞，由辞以通其道，乃可得也。"③似乎"明道"就是戴氏"达民之情，遂民之欲"的途径。然而综观他的一生可以看出，其实从教和著述多因出于生计而无奈，进入仕途才是他认为"达民之情，遂民之欲"真正理想的途径。他一生最后十余年里六次参加会试不第，且屡败屡试，最后一次参试已是去世前两年，年届五十有三，便证明了这一点。而陶行知一生以"捧着一颗心来，不带半根草去"的精神办教育，一直在履行着自己的信念。

戴陶二氏异矢同的达民情这一点说明："达民之情，遂民之欲"是自清末以来进步的思想家及杰出人士的共同价值取向。戴氏的坎坷经历说明要实现"达民之情，遂民之欲"绝非仕途所可及，社会的向前发展使得陶氏有机会接触更多更先进的社会发展理论，认识到"教育是国家的万年根本大计"而献身教育事业，使他将教育与整个国家和民族的政治命运密切配

① 戴震：《孟子字义疏证》卷下。

② 陶行知：《生活即教育》，华中师范大学教育科学研究所主编：《陶行知全集》第2卷，湖南教育出版社1985年版，第184页。

③ 转见段玉裁：《戴东原先生年谱》。

合起来去“达民之情，遂民之欲”。历史证明这实是一条极为有效的途径。两者在“达民之情，遂民之欲”上的思想和行动变迁，正是近现代中国知识分子思想风貌变迁的一个缩影。从中足以看出他们思想和行动一步步前进的艰难步态。

三、各向书实辨知行

知行关系是中国思想史上争论很久的问题。

戴氏有关“知行”关系的观点比较复杂，并显得有点矛盾，同在《孟子字义疏证》一书中，就出现了两种说法。其一：“味也，声也，色也，在物而接于我之血气，理义在事而接于我之心知。血气心知，有自具之能，口能辨味，耳能辨声，目能辨色，心能辨夫理义。”①其二：“凡异说皆主于无欲，不求无蔽；重行，不先重知。圣人之言，无非使人求其至当以见之行；求其至当，即先务于知也。凡去私不求去蔽，重行不先重知，非圣学也。”②

戴氏有关知行关系的论述还有多处，以上是具有代表性的两处。从这两段论述可以看出，他认为物质是客观存在而且能够认识的，也是可以被认识的；但他没有认识到知必然是来源于行这一点，因而主张圣人之学应先重知而非先重行，也就是说：客观事物可以被感知，但可以不必去感知就能获得知，做学问要重知而不是重行。

对此，陶行知与戴东原唱了一个反调，认为先知后行是谬论，“阳明虽倡知行合一说，无意中也流露出‘知是行之始’之意见。东原更进一步主张‘重行必先重知’。这种主张在中国教育上的影响极深。‘知是行之始’一变而为‘读书是行之始’，再变而为‘听讲是行之始’。‘重行必先重知’也有同样的流弊。……教学做合一既以做为中心，便自然而然地把阳明、东原的见解颠倒过来，成为‘行是知之始’，‘重知必先重行’”③。

对陶氏和戴氏在这一问题上的分歧应做历史的分析：首先，戴氏青年时就受“六经载道”的观念影响，这是他“重行必先重知”的思想根基。再

① 戴震：《孟子字义疏证》卷上。

② 戴震：《孟子字义疏证》卷上。

③ 陶行知：《晓庄三岁敬告同志书》，华中师范大学教育科学研究所主编：《陶行知全集》第2卷，湖南教育出版社1985年版，第208页。

者,清朝统治者为了稳固政权,加强思想统治,将客观唯心的程朱理学推至统治地位,并笼络一批这方面的学者,誉之"理学名臣",授之高官厚禄。戴氏继黄宗羲、顾炎武、王夫之、颜元之后,举起反程朱陆王学派的旗帜,对陆王学派的批判主要集中在对他们"存天理,去人欲"的批判。知行关系不是他们批判的焦点所在,因而对陆王知行观的批判也只是批判其唯心主义的一面,未能充分运用辩证的方法对陆王整个哲学加以批判,由于知行关系追根究底还是物质和意识关系问题,所以在这一问题上戴氏唯物观是不彻底的。这也是他自己的两段论述自相矛盾的原因所在。陶氏则先是对王阳明哲学思想产生兴趣,进而信仰,这种兴趣主要是建立在王阳明"知行合一"的"合一"之上,一旦他后来在亲身实践中发现不对,便立即以亲身实践的事例和辩证的思维对其加以批判:"王阳明先生主张'知行合一',有一点却拖下一根狐狸尾巴,说:'知是行之始,行是知之成'。我们把他翻了个筋斗,提出'行是知之始,知是行之成'的理论,正与阳明先生的主张相反。"①从这一角度看,戴氏完成了对王阳明哲学的表层唯物地批判,陶氏完成了对它深层辩证地批判,并完成了根本性的唯物批判,后者在前者的基础上形成辩证唯物的知行观。

戴氏未能完成对陆王学派辩证地及根本性的唯物批判,并不能简单地得出戴氏无辩证思想的结论,只能说明他的辩证和唯物思想都具有局限性,至少可以说在知行观上有其局限性,造成这种局限性的原因何在呢?陶氏的一句话道出了其中的缘由:"我所写的便是我所信的,也就是我所行的。"②他把所写所信与所行结合在一起,也就是把知和行紧密结合在一起,亦即他所倡导的"行以求知知更行",通俗地说就是"行动是老子,知识是儿子,创造是孙子",把"行"获得的"知"再贯穿到现实实践的"行"当中去是陶氏一大创造。戴氏则不然,他一生致力于注疏义理之学,临终之际给后人留下的是"生平读书,绝不复记。到此方知义理之学,可以养心"③。从书经里辨别知行关系自然与在实践基础上辨别知行关系所得出的结论

① 陶行知:《普及教育》,华中师范大学教育科学研究所主编:《陶行知全集》第2卷,湖南教育出版社1985年版,第757页。

② 陶行知:《〈中国教育改造〉自序》,华中师范大学教育科学研究所主编:《陶行知全集》第2卷,湖南教育出版社1985年版,第70页。

③ 转见焦循:《雕菰楼序》。

不同，这也是陶氏和戴氏在知行观上差异的根本原因所在。

四、分道古今寻善真

知行观的差异必然反映到道德领域上来，这是因为道德与知行有着内在的必然联系。

戴氏作为义理之学的名家，认为善恶衡量标准是建立在“人伦日用”基础之上的，并将能否以道德知识见诸道德行为作为衡量真善伪恶的标准。

那么道德知识从何而来呢？如果认为它还是从人伦日用上来那就错了，戴氏在“重行必先重知”的指导原则下，根据他在考据学方面的收获，认为求之六经孔孟，便可“灼然知古今治乱之源”。他的代表作《原善》从字义看就是要推究善，他推来推去，还是在古人留下的书堆中，很少结合现实生活的实际。《原善》一书中阐述的善的主要内容仍是古人再三阐述的仁、义、礼等，善的内容也偏向抽象，失之具体，成了他所认为的一般人难以达到的人类共同的最高行动准则，而当时的一般平民百姓也无法理解并在实际生活中行他所谓的善。

时代的发展使得陶行知有条件采取与戴氏截然不同的态度，他力主面向社会现实去寻求真和善：“为今之计，我们应当痛下四个决心：一从今以后，我们应当放弃一切固有的伪知识；二从今以后，我们应当拒绝承受一切新来的伪知识；三从今以后我们应当制止自己不要再把伪知识传与后辈；四从今以后我们应当陪着后起的青年共同努力去探真知识的泉源。最后，我要郑重的说：二十世纪以后的世界，属于努力探获真知识的民族。”①陶氏的这些观点和看法，又根源于前面所说的他的“行是知之始，知是行之成，行以求知知更行”的哲学观。在此基础上，他认为将“学理与实习分为二事，简直是以大书呆子教小书呆子”②，“与人民亲近是做人的第一步”③。

① 陶行知：《“伪知识”阶级》，华中师范大学教育科学研究所主编：《陶行知全集》第2卷，湖南教育出版社1985年版，第95页。

② 陶行知：《艺友制师范教育答客问》，华中师范大学教育科学研究所主编：《陶行知全集》第2卷，湖南教育出版社1985年版，第54页。

③ 陶行知：《第二年的晓庄》，华中师范大学教育科学研究所主编：《陶行知全集》第2卷，湖南教育出版社1985年版，第131页。

在道德的善与认知的真的关系上，戴氏认为："形体始乎幼小，终于长大；德性始乎蒙昧，终乎圣智。其形体之长大也，资于饮食之养，乃长，日加益，非复其初；德性资于学问，进而圣智，非复其初，明矣。"[①]他认为"欲不失之私，则仁；觉不失之蔽，则智，仁且智，非有所加于子能也，性之德也"[②]。他主张通过学问上的求真，达到个体的求智，通向道德的求善。

更重要的是戴氏将欲、情、知三者联系起来考察，认为："人生而后有欲，有情，有知，三者血气心知之自然也，给于欲者，声色臭味也，而因有爱畏。发乎情者，喜怒哀乐也，而因有惨舒。辨于知者，美丑是非也，而因有好恶。声色臭味之欲，资以养其生。喜怒哀乐之情，感而接于物。美丑是非之知，极而通于天地鬼神。"[③]

戴氏心存创造真善美的未来社会的意愿，并从现实生活及历代典籍中去寻求这种真善美的标准，考据它们之间的关系，获得了不少真知灼见，这在当时的社会条件下是难得的。陶氏所处的社会自然是前进了许多，但"欢喜说真话，假人都烦恼"的社会积弊并未完全消除，而且仍很猖獗，他以他无畏的胆略和明晰的思辨，把寻求真善美社会的主导方向指向所生活的现实社会，却又不排除从历史中去取得精华。他所写的一副对联很能反映他这方面的思想："亲民亲物亲赤子，问古问今问未来。"

从"问古问今"到"问古问今问未来"，其中包含着近现代中国知识阶层思想的一个重大飞跃，也是中国社会政治发展的必然，因为前者事实上是"讳于问今，只得问古"，后者则实质上是"问古问未来最终落实于问今"。也就是说实际上他们一条是"古道"，一条是"今道"。从"古道"到"今道"是陶氏相对于戴氏在追求真善美社会的道路上跨出的质性飞跃的一大步，也是中国知识阶层在经历一个多世纪的血雨腥风之后，政治意识更加成熟的重要标志之一。

五、言德功学励后人

相对于戴氏，陶氏是后人，戴氏的道德文章赢得了包括陶氏在内的后

---

① 戴震：《孟子字义疏证》卷上。

② 戴震：《原善》卷上。

③ 戴震：《孟子字义疏证》卷下。

人的钦佩。与之同时，陶氏受戴氏的影响，也清晰可见。

陶氏对戴氏存有一种同源文化的认同感。1924年，他在给吴立邦的信中说："你所说徽州的土产一层，我倒想和你谈谈。我以为我们只问好不好，不问土不土。你现在新拜的那位老师，身子虽在外面，骨子里也是徽州的土产。我们徽州的土产本来不错。你看朱晦庵、江慎修、戴东原诸位乡先贤，那一位不是土产？现今的胡适之先生，从头到脚也只是我们家园所出的土产。"①这说明陶氏自己认同了与戴氏同源自徽州文化。在此他以戴氏为例说明徽州文化，也表现他对戴氏的崇仰之情。

陶氏对戴氏的敬仰不只是以戴氏为名人或文化同源为基础的，更深层的原因是戴氏的某些思想、奋斗精神、思辨性格、学术成就等多方面在陶氏心灵中留下了深刻的印象。1934年陶氏在《读书生活》创刊号上发表《读书与用书》一文，就列举了戴氏少年问倒塾师的故事，说明"书既不可以全信，那么应当怀疑的地方就得问。学非问不明。戴东原先生在这一点上是给了我们一个很好的引导"。

为了弘扬戴氏的思想和精神，据《晨报副刊》1924年1月25日载，1924年陶氏与范源濂、许世英、熊希龄、胡适、梁启超等名流发起筹建东原图书馆的募捐，以纪念戴氏二百周年诞辰，并指定图书馆应有图书如下："(一)东原先生本人之著作，(二)东原先生参与之著作，(三)其他与东原先生有关系之著作"等。

戴氏和陶氏后学广众，虽由各自的社会条件所决定，却又存在着一些共同的作用因素。师道是其中起重要作用的一个因素，戴氏一贯主张师友不分。有个名叫姚姬传的倾心戴震之学，欲奉为师，戴氏在《与姚孝廉姬传书》中说："古之所谓友，因分师之半。仆与足下，无妨交相师。"段玉裁向戴氏求师，戴氏答曰："古人所谓友，原有相师之义，我辈但还古之友道可耳。"②他对自己的恩师江慎修也只称"同里老儒"，可见以师为友，以友为师不只是戴氏的客套话，而是他的师道准则。这在大倡师道尊严的时代里也不失为大胆之为。

陶氏在这方面不只是接受了这一准则，而且有了新的发展，民主思想

---

① 陶行知：《徽州土货——致吴立邦》，华中师范大学教育科学研究所主编：《陶行知全集》第5卷，湖南教育出版社1985年版，第88—89页。

② 转见段玉裁：《戴东原先生年谱》。

也给这一准则注进了新的内容。早在20年代陶行知创办安徽公学及后来的晓庄学校里，都倡导师生同吃同住同生活同劳动，强调学生自治，成立学生自治组织，这都是在上述准则上的新做法。

艺友制的教育是陶氏运用上述师道准则于教学实际的一项独特创举。“何谓艺友制？艺者艺术之谓，亦可作手艺解。友为朋友。凡以朋友之道教人艺术或手艺者，谓之艺友制教育。”“艺友制之根本方法为教学做合一。……共教、共学、共做方为真正之艺友制。”①陶行知如是说。从一种意识，一种思想发展成为一种具体的教学形式。前者是包括戴震在内的中国古代思想家，教育家已有的，后者则为陶氏的独创。严格地说，戴氏所奉行的以师为友，以友为师，无论对为人还是求学来说都是善举，陶氏所具有的这种观念则是经过现代社会的民主及天赋人权、人人平等思潮冲刷戴氏那个社会及其以前所遗留下的这种师道观念而产生的更高层次的升华，是东西方文化交汇熔炼出的新思想结晶及这种思想所指导的实践。

尽管有这样的不同，无论是戴氏还是陶氏都拥有广众的后学，除了因为他们都勤奋为学，思想广博，学问精深之外，不能不说他们所奉行的这种师道是吸引学子的一个共同而独特的原因。

总而言之，以戴东原、陶行知为两个不同时代中国知识阶层的标杆，可以窥视出近三个世纪来中国知识阶层旨趣、思想及人生轨迹异同之一斑，显示出知识阶层的先驱派在寻求自己的社会位置和社会责任，由亲官转向亲民亲物亲赤子，由宣扬天理治民到遂民之欲，达民之情，由单纯求知到行以求知知更行，由寻古到问今的艰难历程。

（作者撰写此文时系安徽省陶行知纪念馆研究人员）

① 陶行知：《艺友制的教育》，华中师范大学教育科学研究所主编：《陶行知全集》第2卷，湖南教育出版社1985年版，第234页。

陶行知、晏阳初、梁漱溟之比较[1]

蔡宝琼 著 操太圣 译

20 世纪 30 年代初以前，以江苏、浙江两地为先导，各沿海城市轰轰烈烈地开展了教育改革运动。从那以后，改革家个人，不管有没有政府资助，总是有意识地希望通过教育手段来进行乡村建设。这表明，到那时为止，乡村的落后已被广泛地认识到。

作为乡村教育和建设的先驱，徐公桥实验为同时代相似工作定下了基调。这个实验计划基本上由一小群城市知识分子中的精英们所领导实施，他们负责开展并指导像修路、开信用社、提供医疗器械等各项工作，以期达到提高社区人民生活水平的目的。计划中也含有谨慎的改良主义的意味。如强调用“有益健康的”娱乐替代赌博一样，希望使乡村经济自足、社会稳定，进而去建立一个强大的国家。

以徐公桥实验为肇端，类似的乡村建设计划层出不穷，并由于 30 年代初国民党政府对此持宽容态度而达到高潮。因为国民党政府视其为一种加强社会控制、缓和贫穷乡村一触即发矛盾的手段。

在下面几部分，我们将评述在国民党统治时期进行的主要三种不同的乡村教育计划。即晏阳初在定县施行的“平民教育”实验；梁漱溟在山东进行的乡村建设，以及陶行知在各省农村推行的教育改革。之所以选择以上三者，是因为他们对中国乡村问题的认识各有自己独到的见解，而且他们中有的是获得国民党政府资助的，如晏阳初和梁漱溟；有的是得到共产党的支持并与之合作的，如陶行知，从而最为引人注目。并通过陶行知等人的例子说明，即使有违国民政府的意愿，但由知识分子发起的大规模运动，这一事实却显示出他们具有某种程度的自主性，甚至可以说，他们的活动

① 本文是作者留学英国牛津大学时的博士学位论文《近代中国教育与政治》(英文)第七章。标题系译者所拟。

暴露了一些从前的教育改革不曾遇到的问题。

一、晏阳初：无知孕育贫穷

在1924—1925年间，贝克(J . E. Baker)和孟禄(Paul Monroe)概括出了极其相似的、可能有利于中国发展的教育改革观点。他俩都是中华教育文化基金董事会的董事，该基金会以美国第二次退回的庚子赔款作为管理基金。他们谴责了花几十年时间，在城市中建立起不合时宜的西方模式的学校和医院，导致接受这种教育的知识分子和医生不关心广大民众疾苦的做法。他们关注集中在北方某些地区设置农业顾问的做法，主张在农村设置顾问，进而制订计划。乡村顾问肩负着使他所在的村庄或社区的生活，无论是农业生产、家庭手工业，还是孩子的照管、卫生条件和教育状况都达到现代水准的任务。

正如布克(Buck)所分析的那样，贝克和孟禄的观点表明美国对中国问题及其解决途径的看法发生了改变。到20年代末，人们不再迷信只有建立西式制度和派遣留学生去获取最先进的科学知识才能促进中国发展这样一条途径，开始崇尚在农村施行切实可行的、利于实现乡村自给自足的计划。而这也确实是晏阳初在定县实行乡村建设计划时所持的观点，并得到了美国资助者们的认同。

晏阳初从小就信奉基督教，后留学于美国耶鲁大学，并有在海外华工中办识字班的经历。他深信农村衰败主要是由于农民无知和社会混乱。虽然这不像客观分析，而像是告诫，他还是把中国的“社会病”概括为“愚、穷、弱、私”四项。他相信，为了救治这“愚、穷、弱、私”，就要在农村发展教育。教育能扫盲“攻愚”，提高生产技能，丰富卫生健康方面的知识，并能使农民团结起来，建立自给自足、秩序井然的社区。

晏阳初对乡村问题的界定以及新提供的解决方法体现了文化还原论和教育万能论。20世纪初期绝大多数知识分子都持有这种论调。如格瑞德(J. Grieder)在他有关现代中国知识分子的研究中所指出的那样，五四青年比他们的前辈们更深信文化改革具有作为民族振兴基本手段的重要意义。晏阳初的乡村建设思想就是这个时代的产物。也正因此，晏阳初成为共产党方面教育工作者猛烈批判的对象，被谴责不能用历史唯物主义观点分析问题，特别是避而不谈实质问题，如中国农村存在的人剥削人的社会关系等。

二、梁漱溟：儒家理想的文化重建

当国民党政府支持晏阳初的乡村建设计划，并希望将其纳入巩固农村政局的计划中时，他们也注意到更早时候就在山东进行乡村教育实验的梁漱溟。与晏相比，梁的计划更系统化。当晏和与他持相同观点的美国资助者们相信他们不仅可以满足农村经济上、社会上的需要，而且可以满足教育的需求时，梁却致力于统治阶级中宣扬恢复古老的儒家思想。按梁的观点，乡村问题既包括旧的社会关系的破坏，也包括统治阶级的日益腐败。因此，他所倡导的是恢复传统的乡绅政治，尤其强调了伦理道德的作用。综上所述，梁的计划在本质上是文化和教育的计划，而这正是他与晏阳初共同点之所在。

三、陶行知：大众的实际生活教育

陶行知是国民党统治时期另一位杰出的乡村教育家。当晏阳初和梁漱溟的乡村教育计划被国民党政府加以利用时，陶行知却与革命的共产党人建立起紧密的工作伙伴关系。另外，他把五四时期的口号“到群众中去”作为座右铭，而这正是共产党对陶行知的教育理论和实践感兴趣的一点。

不同于晏阳初和梁漱溟，陶行知是坚定的唯物主义者。尤其是他清晰地看到城乡之间存在着剥削与被剥削的关系，他认为乡村问题是发展不平衡的结果。在这种发展过程中，城市不仅将乡村远远地抛在身后，而且带走了乡村中的人力和物力。解决方法在于通过基于农村的教育运动的开展，并将解决人民实际生活问题作为首要任务，从而使人才回流。对陶行知及其同事来说，这个运动被简称为“生活教育运动”。

陶行知受过高等教育，并曾留学海外（就读于哥伦比亚大学师范学院），然而他对劳动人民一直怀有深厚的感情，与农民打成一片正是他在性情和工作作风上有别于晏和梁的地方。晏和梁强调的是与农民相对立的少数“精英”们有效的领导作用；而陶是全心全意向农民学习，帮助他们发掘自己的潜力,解决可能遇到的问题。当他一意识到城市教育的失败,就把注意力放到了农村,而且,由于他对劳动人民满怀深情,也就避免了与官方发生瓜葛。因此,他的教育实验就具有高度的自发性和革命性,并摆脱了曾置晏阳初和梁漱溟乡村建设计划于死地的官僚主义的束缚,未成为国民党政治统治的工具。

四、依靠科学技术的进步和限于自给自足的落后

我们早就提到布克在20世纪20年代就发现了美国学者对中国乡村问题看法的改变。他敏锐地指出中国和其他发展中国家在选择发展战略时,将面临进退两难的境地。按孟禄和贝克的说法,中国要么不顾国内城乡两极分化而继续引发先进的科学技术,继续依靠第一世界国家的帮助;要么依靠代价少、水平低的科学技术,使农村能自给自足,但这样与发达国家相比,会处于更加落后的地位。

在这三位乡村重建者中,只有晏阳初毫无遗漏地采用上述计划,从而陷入窘境。按照美国资助者的旨意,他努力想使在选定的社区里实现经济上的自给自足和社会秩序的稳定。然而,事与愿违,他的实验(包括引进优良品种、改善灌溉方法)需要花很多钱,所以不但不能自给自足,反而需寻求洛克菲勒(Rockefeller)基金会的大力资助,这个基金会同意负担实验所需全部开支。甚至在一些专门选定的社区里,如果没有外界的资助,也难以实现自给自足。因此把科学发展与自给自足对立起来的计划,事实上是靠不住的。

对梁漱溟来说,因为他并不像关注文化复兴一样关注技术和经济成果,所以在这个问题上他陷得不深。他信赖东方文化(印度和中国的传统文化)的内在力量,因此他不在乎是否依赖外国,并且对他来说,自给自足的经济只有在为恢复社区封建等级制度提供物质基础时才显得重要。尽管他从形而上学的角度创造性地比较了中西文化,但总的来说,他对乡村建设问题的实际处理方法是内省式的,仅限在社区内部。甚至,在他想以文化术语来评论这个问题之后,就再也不曾直接地论及科技发展与自给自足关系的问题了。

陶行知认为,实现农村自给自足并不会与发展科技相矛盾,这不论是

对整个民族还是广大人民来说都是正确的。各种各样的教育改革措施，如“小先生制”（孩子们把从大人或别的孩子那里学来的知识教给其他人）和“科学下嫁”运动（为孩子们开了一系列科学通讯课程），都是以尽量少的花费向下层社会的广大听众传播最新知识。后来在抗战期间成立的收容孤儿和难童的育才学校，从各方面来说，都是一个辉煌成就。当然，它也是本着节约的原则，尽量地少花钱。

陶行知强烈的平等主义思想使他愿意毕生从事普及教育事业。出乎人们的意料，陶行知向学生传授的知识，在总体水平上并不比城市中条件好的教育机构传授的知识差，甚至他还订下了学习高级水平知识的目标。从结果来说，我们将会看到，这个目标实现了。更重要的是，这种知识具有有机性，因为它们都是通过身边现实问题的解决而获得的。所有这些，可能是由于以下几个原因：自觉地与当地社区建立良好的关系；在师生共同生活中形成处处洋溢着的、积极向上的精神；以及认为不管学习者年纪怎样小，只要把他的潜力挖掘出来，他都能获取知识的观点。尽管陶行知在实施其教育中，注意联系当地情况，解决实际问题，成功地对杜威的教育理论有所突破，但他对教育的一些看法源自杜威，却是毋庸置疑的。

当然，如何摆脱科技落后而达到自给自足。这个问题并不是靠陶行知一人之力所能解决的。直至 1949 年以后共产党执政时期，它仍然困扰着中国。然而，确实是陶行知为之走出困境而指明了道路。另外，陶行知不同意晏阳初及其资助者和美国观察家如孟禄和贝克等人所持的观点（他们认为自给自足和科技发展互不相容）。因此，若要走出困境就需要发挥人民的潜能，去解决他们面临的问题。共产党也采取措施，去解决农村发展问题，首先是 1949 年以前在延安根据地开展运动，后来，这种运动遍及了全国。

（作者蔡宝琼博士撰写此文时系香港中文大学教育学院副教授，译者操太圣翻译此文时系中南政法学院讲师）

陶行知与杜威

单中惠

在近代中国教育史上，陶行知对近代中国教育的改革和发展起了很大的推动作用。不容置疑，作为近代中国教育改革的推动者，作为杜威的学生，陶行知在教育思想上受到了美国教育家杜威的影响。但是，陶行知在他的教育实践中吸取了杜威理论和学说中的合理因素，并结合中国的国情和教育实际进行了改造，从而形成了他自己的具有特色的教育理论。质是之故，本文拟对两者教育思想试以比较。

一

早在芝加哥大学担任哲学、心理学和教育学系主任期间，杜威已开始形成具有特色的教育思想，并创办了芝加哥大学实验学校（通称"杜威学校"），进行了影响颇大的教育实验活动。正是从这一时期起，杜威被公认为美国教育家中的一位重要的教育家。1904 年 9 月，杜威经友人介绍赴哥伦比亚大学哲学系和师范学院任教，一直到 1930 年退休。其间，杜威发表了他的最重要的一本教育著作《民主主义与教育》（1916 年），最完整而又最详尽地阐述了实用主义教育思想。当代美国教育家克雷明（L. A. Cremin）曾这样指出："到 1916 年，杜威已被公认为进步主义的一位最主要的发言人。不管他写什么文章，都保证有众多的感兴趣的读者。"①《新不列颠百科全书》也指出：杜威"被看作美国进步教育运动及 20 世纪前半期教育革新的杰出思想家"②。

杜威与美国教育界和心理学界的其他一些著名学者，如孟禄（P.

① 克雷明：《学校的变革》，单中惠、马晓斌译，上海教育出版社 1994 年版，第 135 页。

② 《新不列颠百科全书》，不列颠百科全书出版公司 1977 年英文版，第 5 卷，第 680 页。

Monroe)、克伯屈(W. H. Kilpatrick)、坎德尔(I. L. Kandel)等在哥伦比亚大学师范学院任教,使得哥伦比亚大学师范学院在教育理论方面成为美国乃至世界很有影响的一所著名高等学府,吸引了国内外很多青年前去学习。正是在这种背景下,陶行知进入了哥伦比亚大学师范学院留学。

陶行知自 1914 年 8 月金陵大学毕业后,被保送赴美留学。他先进入伊利诺伊大学攻读政治系城市行政学专业。当时担任教育行政学课程的考夫曼(L. D. Coffman)教授是受到杜威实用主义教育思想影响很大的一位进步主义教育家。由于考夫曼教授的影响,陶行知开始有了立志学教育的愿望,并想转学哥伦比亚大学师范学院。但促使陶行知下决心转学的主要原因是 1915 年夏天在威斯康星州基尼法湖畔召开的基督教育年会夏季大会给他的感受。在给哥伦比亚大学师范学院院长罗素(J. E. Rurssel)教授的一封信里,陶行知曾这样写道:"作为我毕生的事业,就是决心献身于教育行政,我的这个考虑在去年夏天基尼法湖畔就决定下来了。我在那次基督教育年会的夏季大会上,得到了很大启发,尽我所知,观察所有大学,我感到最适合我的莫过于哥伦比亚大学师范学院。"①1915 年 9 月 27 日,陶行知转入哥伦比亚大学师范学院学习。在哥伦比亚大学师范学院学习期间,他以教育行政学为基础,选听了杜威的"学校与社会"、克伯屈的"教育哲学"、孟禄的"教育史"、坎德尔的"各国学校制度的社会基础"等课程。其中,对陶行知"影响最大的是杜威教授的讲义和教程"②。因此,陶行知后来也自称是杜威的"受业弟子"③。1917 年 8 月,已取得申请博士学位的论文写作资格的陶行知回国,在南京高等师范学校教育科任教。

在 20 世纪前半期进步教育运动中,在美国教育理论界占有举足轻重地位的哥伦比亚大学师范学院成为进步教育协会的大本营。不言而喻,在那里留学的陶行知受到了进步教育理论的影响,也受到了杜威的思想方法和实用主义教育思想的影响。正如美国教育学者布朗(H. O. Brown)指

---

① 牧野笃:《关于陶行知在美国留学期间学习与生活的若干考察》,周洪宇:《陶行知研究在海外》,人民教育出版社 1991 年版,第 151 页。

② 阿部洋:《哥伦比亚大学留学时代的陶行知》,《河南教育学院学报》1989 年第 4 期。

③ 斋藤秋男:《"生活教育"理论形成的过程》,周洪宇:《陶行知研究在海外》,人民教育出版社 1991 年版,第 270 页。

出的：包括陶行知在内的许多致力于近代中国教育改革的学者，曾“在美国进步主义思想的中心哥伦比亚大学学习，并在其生平的某点上自认是它公认的大师约翰·杜威的追随者”①。

作为杜威的学生，陶行知等人促成了杜威1919年的中国之行。在杜威的访华讲学过程中，陶行知主要担任杜威在南京、上海等地讲演时的翻译。布朗指出“当杜威访问南京时，陶行知作为主人和翻译。这或许是陶同杜威理论最持久的一次直接正式接触。”②

但是，必须指出，陶行知对杜威实用主义教育思想并不是照抄照搬的。作为学生的陶行知无疑在一定程度上吸取了杜威的学说和理论，然而从他的教育思想形成来看，又可以说是他对杜威的学说和理论进行改造的过程。在反对传统的中国封建教育的过程中，陶行知从杜威实用主义教育思想中吸取合理因素并在长期的平民教育、农村教育和普及教育的实践活动中对它加以改造，形成了他自己的“生活教育”理论，体现了人民大众的新民主主义教育的方向。哈佛大学教授费正清(John King Fairbank)先生曾指出：“杜威博士的最有创造力的学生却是陶行知。……陶行知是杜威的学生，但他正视中国的问题，则超越了杜威。”③陶行知的学生张劲夫也指出：陶行知“早期确实受过杜威的影响，但他回到中国之后，尤其是到了人民群众中以后，就逐渐改变了观点。……到了后期，他……在教育思想上已形成了自己的独特观点”④。

二

在20世纪以前，以德国教育家赫尔巴特(J. F. Herbart)的主知主义教育思想为标志的传统教育理论和方法在世界各国的学校教育领域中占

---

① 布朗：《中国教育中的美国进步主义：陶行知个案》，许美德、巴斯蒂等：《中外比较教育史》，上海人民出版社1990年版，第184页。

② 布朗：《中国教育中的美国进步主义：陶行知个案》，许美德、巴斯蒂等：《中外比较教育史》，上海人民出版社1990年版，第194页。

③ 费正清：《陶行知与杜威》，周洪宇：《陶行知研究在海外》，人民教育出版社1991年版，第397页。

④ 张劲夫：《追忆伟大的人民教育家陶行知先生》，中国陶行知研究会编：《陶行知教育思想研究文集》，人民教育出版社1985年版，第17页。

据了统治地位。为了适应新时代和社会发展的需要,许多国家的教育家对传统学校教育进行了批判。就这一点来说,陶行知与杜威无疑是一致的。

1899年杜威在《学校与社会》一书中第一次用“传统教育”一词来称呼以赫尔巴特为代表的主知主义教育思想。他顺应时代和工业发展的趋势,对主知主义教育思想以及传统学校教育进行了批判。

杜威指出,传统学校教育的主要弊病之一就是学校教育同儿童现在的生活经验相割裂,没有给儿童充分生活或生长提供必要的和适当的条件。杜威强调说:传统学校教育的“最大浪费是由于儿童在学校中不能完全、自由地运用他在校外所获得的经验;同时,另一方面,他又不能把学校里所学的东西应用于日常生活”①。

杜威还指出,传统学校教育忽视培养儿童的思维习惯和能力,缺乏引起思维的经验的情境。在传统学校里,来自教师的刺激和控制太多,而对儿童的兴趣和经验的需要考虑太少,甚至忽略了儿童这个教育对象。因此,杜威强调说:“‘学习’已经变成令人厌烦的同义语,一堂课等于一种苦役。”②在他看来,在传统学校里,儿童的思维能力和个性发展被沉重的知识负担压得窒息了,包围儿童的是僵死的、机械的和形式主义的东西。

毫无疑问,杜威对传统学校教育的批评,在许多方面是切中当时美国学校教育的弊病而富有积极意义的。他的批评极大地引起了人们对传统学校教育的反思。正如杜威本人所说的:“传统学校的拘泥形式和固定性似乎是压迫人和束缚人的。因此,在一个摆脱了这些观点和方法的学校里,首先很自然地考虑到的事情就是排除这种人为的和使人的思想僵化的束缚。”③

在近代中国以民主和科学为旗帜的新文化运动中,陶行知也积极批判和改革传统的旧教育。因此,“反对传统教育”无疑是陶行知从美国留学回来后要做的三件事之一。他认为,传统的旧教育沿袭陈法,因循守旧,致使

---

① 杜威:《杜威教育论著选》,赵祥麟、王承绪编译,华东师范大学出版社1981年版,第31页。

② 杜威:《杜威教育论著选》,赵祥麟、王承绪编译,华东师范大学出版社1981年版,第79页。

③ 杜威:《杜威教育论著选》,赵祥麟、王承绪编译,华东师范大学出版社1981年版,第257页。

“先生是教死书，死教书，教书死；学生是读死书，死读书，读书死”[①]。在陶行知看来，传统的旧教育是只听教师讲，不许学生问，不教学生用脑，也不教学生动手，而把学生关在学校课堂里，其结果必然是摧残学生的生活力和创造力。

陶行知又认为，在传统的旧教育下，学校教育是脱离生活的，也是脱离生产劳动的。他强调说：传统学校教育是“教人吃饭不种稻，穿衣不种棉，住房不造林。它教人羡慕奢华，看不起农务。……它教农夫子弟变成书呆子”[②]。在陶行知看来，传统学校教育与生活隔离，便成为空洞的教育、消费的教育、死的教育。而且，陶行知还尖锐指出，传统学校教育是贵族教育，是少数人的、脱离社会大众的小众教育。

就陶行知与杜威来说，尽管他们所处的国情不一样，尽管他们的思想方法也不完全一样，但是，他们对传统教育的批判都是一针见血和击中要害的。概括起来讲，传统学校教育的弊病主要在于脱离社会生活实际、忽视儿童的经验、压抑儿童个性的发展、课程内容贫乏枯燥、教学模式僵死呆板、教学方法死记硬背等。在陶行知与杜威看来，传统学校教育肯定培养不出适应新时代需要的人才，因此，必须进行改革。应该看到，只要学校教育中存在着僵死的、空洞的形式主义，陶行知与杜威批判传统学校教育的观点必将继续具有其生命力。

三

对于教育的本质和学校的任务问题，杜威与陶行知分别作了各自的论述。杜威提出了在世界上颇为著名的“教育即生活”、“学校即社会”的观点。陶行知则提出了“生活即教育”、“社会即学校”的观点。陶行知自称把杜威的观点“翻了半个跟斗”。

在批判传统学校教育的基础上，杜威提出了“教育即生活”。在《民主主义与教育》一书的第一章里，他从最广泛的意义上论述了教育是生活所

① 陶行知：《教育的新生》，中央教育科学研究所编：《陶行知教育文选》，教育科学出版社 1981 年版，第 147 页。

② 陶行知：《中国乡村教育之根本改造》，中央教育科学研究所编：《陶行知教育文选》，教育科学出版社 1981 年版，第 57 页。

必需的。杜威强调说:“生活就是发展,而不断发展,不断生长,就是生活。用教育术语来说,就是:(1)教育过程在它自身以外无目的;它就是它自己的目的。(2)教育过程是一个不断改组、不断改造和不断转化的过程。”①在他看来,教育就是儿童现在生活的过程,而不是将来生活的预备。教育就是要给儿童提供保证生长或充分生活的条件。

杜威还提出,生活就是生长,人的发展与形成就是原始本能生长的过程。就这点而言,“教育即生长”。杜威说:“生长是生活的特征,所以教育就是生长;在它自身以外,没有别的目的。”②在他看来,儿童的本能是教育最根本的基础。教育就是为了使人类与生俱来的能力得以生长,而不是把外面的东西强迫儿童去吸收。

针对传统学校教育脱离社会生活的弊病,杜威强调指出:学校应该“成为一个小型的社会,一个雏形的社会”③。教育既然是一种社会生活过程,那么,学校就是社会生活的一种形式。学校应该把现实的社会生活简化起来,缩小到一种雏形的状态,使学校自身成为一种生动的社会生活的真正形式。杜威认为,“学校即社会”旨在使学校在一个小社会里引导和训练每个儿童成为社会的成员,用服务的精神熏陶他,并授予有效的自我指导的工具。这样,学校不再仅仅被当作一个传授某些知识、学习某些科目和养成某些习惯的场所。

当然,杜威所说的“学校即社会”,并不意味着社会生活在学校中的简单重现。杜威认为,学校作为一种特殊的环境,应该具有三个比较重要的功能,那就是“简化和整理所要发展的倾向的各种因素;把现存的社会风俗纯化和理想化;创造一个比青少年任其自然时可能接触的更广阔、更美好的平衡的环境”④。

从批判中国传统的旧教育出发,陶行知提出了“生活即教育”。在《谈

---

① 杜威:《杜威教育论著选》,赵祥麟、王承绪编译,华东师范大学出版社1981年版,第154页。

② 杜威:《杜威教育论著选》,赵祥麟、王承绪编译,华东师范大学出版社1981年版,第158页。

③ 杜威:《杜威教育论著选》,赵祥麟、王承绪编译,华东师范大学出版社1981年版,第21页。

④ 杜威:《杜威教育论著选》,赵祥麟、王承绪编译,华东师范大学出版社1981年版,第154页。

生活教育》一文中，他强调说："从字义上说，生活教育是给生活以教育，用生活来教育，为生活向前向上的需要而教育。从效力上说：教育要通过生活才能发出力量而成为真正的教育。"[①]在陶行知看来，对于一个人来说，"生活教育"与生俱来，与生同去，过怎么样的生活就接受怎么样的教育。

在《生活教育之特质》一文中，陶行知详细地分析了"生活教育"的特点：一是生活的。要从生活的斗争中获得真理。二是行动的。行动产生理论，发展理论；理论为的是要指导行动，引导整个生活进入更高的境界。三是大众的。大众可以在生活里找教育，为生活而教育。四是前进的。要用前进的生活来引导落后的生活，要大家一起来过前进的生活，受前进的教育。五是世界的。整个世界所有的地方都是生活的场所，凡是生活的场所，都是我们教育自己的场所。六是有历史联系的。要把历史的教训和个人或集团的生活联系起来，而不能停留在自我或少数同伴的生活上，跌在狭义的经验论的泥沟里。

尽管陶行知提出"生活即教育"，但是，他并没有否定读书。他曾这样强调说："教育可以是书本的，与生活隔绝的，其力量极小。拿全部生活去做教育的对象，然后教育的力量才能伟大，方不致褊狭。"[②]在学校与社会的关系上，陶行知强调指出："'以社会为学校'，'学校和社会打成一片。'……社会含有学校的意味，学校含有社会的意味。"[③]学校要与社会血脉相通，要与社会生活实践和生产实践密切结合，因此，陶行知提出了"社会即学校"，旨在把学校从鸟笼里解放出来。他明确说："'社会即学校'，教育的材料，教育的方法，教育的工具，教育的环境，都可以大大地增加。"[④]在陶行知看来，"社会即学校"，意味着学校教育要伸向大自然、大社会，与社会生活实践相结合，打破封闭式的学校教育。

应该指出，对于杜威提出的"学校即社会"，陶行知是持批判态度的。

---

① 陶行知：《谈生活教育》，中央教育科学研究所编：《陶行知教育文选》，教育科学出版社 1981 年版，第 267 页。

② 陶行知：《生活即教育——再答操震球之问》，华中师范大学教育科学研究所主编：《陶行知全集》第 2 卷，湖南教育出版社 1985 年版，第 199 页。

③ 陶行知：《创造的教育》，华中师范大学教育科学研究所主编：《陶行知全集》第 2 卷，湖南教育出版社 1985 年版，第 617 页。

④ 陶行知：《生活即教育》，中央教育科学研究所编：《陶行知教育文选》，教育科学出版社 1981 年版，第 116 页。

他认为，“学校即社会”只是把社会生活中的东西搬一点到学校里作点缀，就如在鸟笼里放上一两根树枝一样。这种提供“假社会”的学校教育，实际上是鸟笼式的学校教育。因此，陶行知强调指出：与“学校即社会”不同，“社会即学校”的目的是要把笼中的小鸟放到天空中使它任意翱翔，要把学校的一切伸张到大自然里去。“要先能做到‘社会即学校’，然后才能讲‘学校即社会’；要先能做到‘生活即教育’，然后才能讲到‘教育即生活’。要这样的学校才是学校，要这样的教育才是教育。”①

当然，杜威提出“教育即生活”、“学校即社会”，无疑是试图去克服传统学校教育存在着的弊病，加强教育同生活的联系以及学校与社会的联系。对此，陶行知既在一定程度上肯定了杜威的观点，又从中国的国情和教育实际出发批判了杜威的观点，并在此基础上形成了自己的“生活教育”理论，提出了“生活即教育”、“社会即学校”。显然，陶行知在形成自己的教育理论过程中，强调和探索了“教育即生活”、“学校即社会”的中国化。

应该看到，陶行知提倡的识字班、晓庄师范、山海工学团、育才学校、社会大学等，都是他的“生活即教育”、“社会即学校”思想的具体化。因此，陶行知的“生活即教育”、“社会即学校”与杜威的“教育即生活”、“学校即社会”，不仅仅是字面上的改换，而是本质上的区别。

四

在课程与教学方面，陶行知与杜威都以批判传统学校教育为前提，进行各自的分析和论述。杜威提出了以儿童现在的生活经验为核心的课程观以及在世界上广为流传的“从做中学”理论。对于杜威的观点，陶行知是持赞同态度的。

在学校课程上，杜威重视课程与儿童现在的生活经验的联系。他强调说：“一个课程计划必须考虑课程能适应现在社会生活的需要。”②在杜威看来，儿童之所以对完全抽象的课程教材感到厌倦，就因为给他们提供的

---

① 陶行知：《生活即教育》，华中师范大学教育科学研究所主编：《陶行知全集》第2卷，湖南教育出版社1985年版，第182页。

② 杜威：《杜威教育论著选》，赵祥麟、王承绪编译，华东师大出版社1981年版，第200页。

东西是同他们现在的生活经验相脱离的。与此同时，杜威还指出，必须站在儿童的立场上并以儿童为出发点来考虑课程。他明确说："儿童和课程仅仅是构成一个单一的过程的两极。正如两点构成一条直线一样。"[①]因此，在儿童的经验和课程之间不存在着某种鸿沟，课程也不应该是在儿童的经验之外的东西。

在教学上，杜威认为，儿童应该从自身的活动中进行学习。他曾这样明确说："人们最初的知识，最牢固保持的知识，是关于怎样做的知识；……应该认识到，自然的发展进程总是从包含着从做中学的那些情境开始。"[②]杜威所说的"从做中学"，实际上也就是"从活动中学"、"从经验中学"。在他看来，这不仅可以使得在学校里获得知识与在共同生活的环境中所进行的活动或作业联系起来，促使儿童的自然生长和发展，而且，这也符合儿童要做事和要工作的欲望。

杜威强调指出，学校的教学活动应该唤起儿童的思维，培养其思维习惯和能力。他明确说："在理论上，没有人怀疑学校中培养优良思维习惯的重要性。"[③]由此出发，杜威提出了感觉疑难所在、观察各方面情况、提出假设、推断、验证的"思维五步"以及相应的"教学五步"。

在课程教材上，陶行知认为，应该让儿童学习"活的"、"真的"、"用的"书，而不要去读"死的"、"假的"、"读的"书。他强调说："我们用书，有时要读，有时要讲，有时要听，有时要看，但读、讲、听、看都有一贯的目的，这目的便是它对'用'的贡献。"[④]在《教学做合一的教科书》一文中，陶行知就提出了70种有关"生活"的例子，并据此编写"教学做指导"教材。

在教学上，陶行知明确提出"教学做合一"。1927年，他在《教学做合一》一文中系统阐述了这一教学理论。他认为，"教"与"学"都必须以"做"为中心，实行"教学做合一"。"教学做合一"有两种含义：一是方法，二是生活的说明。因为在实际生活中处处都有"教学做合一"，所以，陶行知强调

---

① 杜威：《杜威教育论著选》，赵祥麟、王承绪编译，华东师大出版社1981年版，第81页。

② 杜威：《民主主义与教育》，1966年英文版，第184页。

③ 杜威：《杜威教育论著选》，赵祥麟、王承绪编译，华东师大出版社1981年版，第180页。

④ 郭笙：《为中国教育寻觅曙光——陶行知教育思想研究》，辽宁教育出版社1991年版，第123页。

说:“教学做是一件事,不是三件事,我们要在做上教,在做上学。在做上教的是先生,在做上学的是学生。从先生对学生的关系说,做便是教;从学生对先生的关系说,做便是学。先生拿做来教,乃是真教;学生拿做来学,方是实学。不在做上用功夫,教固不成教,学也不成学。……所以,做是学的中心,也是教的中心。”①总之,教学做三者结合为统一的整体,三者紧密相连,并以“做”为核心。

陶行知所说的“做”,指“在劳力上劳心”。他曾这样强调说:“单纯的劳力,只是蛮干,不能算做,单纯的劳心,只是空想,也不能算做,真正的做只是在劳力上劳心。”②因此,“教学做合一”促进了儿童的手脑并用,有利于儿童的发展。

传统学校教育作为一种“静坐”、“静听”的被动式教育,往往集中表现在学校的课程与教学上。杜威针对传统学校教育弊病而提出的“从做中学”,一般被认为是他的课程与教学理论的具体化。尤其应该指出的是,杜威强调学校课程应该注意现在社会生活的需要以及教学活动应该唤起儿童的思维并培养其思维习惯和能方,显然是颇有启迪的。然而,由于杜威的课程与教学理论是以实用主义经验论为理论基础的,因此,他提出的“从做中学”实际上是建立在尝试错误之上的盲目的和个人的摸索活动,儿童获得的主要是个人直接经验的重新组合。这表明杜威的课程和教学理论自身存在着不足之处。

作为杜威的学生,陶行知提出了“教学做合一”。应该看到,陶行知的观点与杜威的“从做中学”理论是存在着密切联系的,都强调“做”。但是,陶行知批判地吸取了杜威教育观点中的合理因素,并在教育实践中逐步形成了真知灼见的“教学做合一”的观点,强调手脑并用的“做”,主张对教学内容和教学方法以及教学组织形式的彻底改革。因此,斋藤秋男先生指出:陶行知“在 1922 年到 1927 年间创立的‘教学合一’到‘教学做合一’的理论,是对杜威‘从做中学’理论的批判性运用”③。应该说,陶行知的“教

---

① 陶行知:《教学做合一》,中央教育科学研究所编:《陶行知教育文选》,教育科学出版社 1981 年版,第 77—78 页。

② 陶行知:《答朱端琰之问》,中央教育科学研究所编:《陶行知教育文选》,教育科学出版社 1981 年版,第 95 页。

③ 斋藤秋男:《“生活教育”理论的形成过程》,周洪宇:《陶行知研究在海外》,人民教育出版社 1991 年版,第 280 页。

学做合一”既不是外国洋教育的抄袭,也不是杜威“从做中学”的花样翻新,而是批判传统的旧教育和改革传统教学方法的杰出创造。

五

在学校教育中,不可避免地会遇到儿童与教师这一关系。尽管杜威并不是“儿童中心论”的创立者,但他强调“儿童是中心”以及一切教育措施应该围绕儿童而组织起来。在儿童与教师问题上,陶行知也提出了自己的观点。

在学校生活组织方面,杜威认为,应该以儿童为中心,一切必要的措施应该为了促进儿童的生长。杜威曾这样强调说:“我们教育中将引起的改变是重心的转移。这是一种变革,这是一种革命,这是和哥白尼把天文学的中心从地球转到太阳一样的那种革命。这里,儿童变成了太阳,而教育的一切措施则围绕着他们转动,儿童是中心,教育的措施便围绕他们而组织起来。”[①]在他看来,学校的一切教育活动都要服从儿童的兴趣和经验的需要,以儿童为出发点。

但是,杜威又认为,教师对儿童的生长和发展要给以指导,而不应该放弃他们的指导责任。由于教师具有更成熟的和更丰富的经验,因此,教师应该选择对儿童起着作用的影响,并帮助儿童对这些影响作出适当的反应。

杜威还指出,教育过程实际上是儿童和教师共同参与的过程,也是儿童和教师真正合作的相互作用的过程。由于儿童和教师双方都是作为平等者和学习者来参与这个过程的,因此,儿童和教师之间的接触更加亲密,儿童受到教师的指导也更加多。总之,在杜威看来,在组织学校生活时,无论从外面强加于儿童,还是让儿童放任自流,实际上都是错误的。

对于儿童与教师的关系,陶行知认为,在学校生活中了解儿童和理解儿童是教育的前提条件。由于儿童有自己的特点,也有自己的需要,因此,教师不能像大人一样去对待儿童。在《儿童年献歌》中,陶行知写道:“不要

① 杜威:《杜威教育论著选》,赵祥麟、王承绪编译,华东师大出版社 1981 年版,第 32 页。

你哄，不要你捧，只要你懂——懂得我们还是小儿童，不要教成小老翁。”①在他看来，教师的最主要责任是去了解和理解儿童。

陶行知还认为，要相信儿童的力量，解放儿童的创造力。他强调指出：“我们发现了儿童有创造力，认识了儿童有创造力，就须进一步把儿童的创造力解放出来。”②由此出发，陶行知提出了“六大解放”，即解放儿童的眼睛、解放儿童的头脑、解放儿童的双手、解放儿童的嘴、解放儿童的空间、解放儿童的时间。

但是在强调儿童为主体的同时，陶行知并没有否定教师的作用。他认为，教师的任务就是根据儿童的生理和心理特点，引导儿童的发展。陶行知强调说：“我们教育儿童，就是要根据儿童的需要和力量为转移。”③

陶行知还提倡教师“跟学生学”，以便更好地了解和理解儿童的需要、能力。因此，他强调说：“如果你不肯向你的学生虚心请教，你便不知道他的环境，不知道他的能力，不知道他的需要；那么，你有天大的本事也不能教导他。”④在陶行知看来，先生创造学生，学生也创造先生。

针对传统学校教育的一切主要是为教师的弊病，杜威提出学校教育不能忽略儿童这个教育对象，这对人们无疑有启示作用。但是，他过分强调了儿童在学校教育中的地位，提出学校生活以儿童为中心。正如美国心理学家、教育家布鲁纳(J. S. Bruner)所指出的：“为了儿童去牺牲成人或为了成人去牺牲儿童，其错误是相同的。”⑤当然，应该看到，杜威并没有完全否定教师的作用，尤其是他主张教育过程应该是儿童与教师共同参与以及真正合作的过程，这显然是具有一定合理性的。

陶行知则主要是从“生活教育”的角度去论述儿童与教师关系的。他提出的“先生创造学生，学生也创造先生”的观点比杜威的观点更为辩证。

---

① 陶行知：《谈谈儿童节》，华中师范大学教育科学研究所编：《陶行知全集》第 3 卷，湖南教育出版社 1985 年版，第 33 页。

② 陶行知：《创造的儿童教育》，中央教育科学研究所编：《陶行知教育文选》，教育科学出版社 1981 年版，第 306 页。

③ 陶行知：《活的教育》，华中师范学院教育科学研究所主编：《陶行知全集》第 1 卷，湖南教育出版社 1984 年版，第 176 页。

④ 陶行知：《创造的儿童教育》，华中师范大学教育科学研究所主编：《陶行知全集》第 3 卷，湖南教育出版社 1985 年版，第 522 页。

⑤ 布鲁纳：《杜威教育哲学之我见》，《外国教育研究》，1985 年第 4 期。

陶行知还强调指出，教师在教育过程中要了解和理解儿童，要相信儿童的力量和解放儿童的创造力。这对于学校教育工作来说无疑是十分重要的。还应该指出，陶行知对教师提出的要求，不仅总结了他自己的教育实践经验，而且反映了一种新的教师观。

（作者撰写此文时系华东师范大学教育系教授）

陶行知与泰戈尔

司少周

罗宾德拉纳特·泰戈尔(Robindranath Tagore, 1861—1941)不仅是印度乃至世界著名的诗人,而且是印度现代史上杰出的教育家①。早在20世纪初,泰戈尔就在喜马拉雅山下创办学校,开展新教育的实验和探索。1921年泰戈尔的实验小学发展成为一所国际大学。1924年他访问中国,陶行知先生与他第一次见面。1937年泰戈尔的国际大学成立了中国学院(现已改为中国语言文学系),这是印度第一个专门研究中国文化的机构。泰戈尔亲自主持中国学院的开幕典礼,并热情洋溢地发表《中国和印度》的友好讲话。1938年8月陶行知怀着"学习新印度"并向印度人民宣传中国人民的抗日斗争之目的,应邀前往印度,访问了泰戈尔,参观了他的学校(陶称为"泰戈尔学校")。两位东方的文化巨人,坦诚相见,互相学习。他们在20世纪上半期,同时在世界著名的文明古国,开展教育实验,共同寻觅如何使文明古国获得新生走向繁荣的道路;同时探索如何把东西方文明结合,在各自的民族土壤中播种、发芽、开花、结果。

泰戈尔比陶行知整整年长30岁,但他们两人都是在步入中年之后创办学校的。陶行知在晓庄办学时35周岁;泰戈尔从40岁开始(1901年),"毅然地走出文学的象牙之塔",带领妻室和10名儿童,来到"桑蒂尼克坦"(梵文 Shantini katan 的音译,地名,距加尔各答约90英里),建立自己的实验小学。经过10年努力,泰戈尔把实验小学发展成为一所力图将东西方文化与印度的古今文化熔为一炉的国际大学。他给这所大学取名为"毕希伐婆罗提"(梵文 Visva Bharati,"Visva"意为"天地万物";"Bharati"含有知识、智慧、文化等意义,即指这里是天地万物所有人研究

① 参见维希瓦纳特·S.纳拉万:《泰戈尔评传》,刘文哲、何文安译,重庆出版社1985年版,第238页。

学习智慧的地方)。印度民族独立运动的领袖甘地(M. K. Gandhi,1869—1948)十分支持泰戈尔的教育实验,曾派遣许多弟子到这所学校学习和研究诗人的教育学说,从社会、经济各方面资助学校,并亲自担任这所国际大学的校长。

泰戈尔为了办好这所学校,曾邀请世界各国的著名学者来校工作,共同研究艺术、哲学、科学和宗教等等。我国著名作家徐志摩、著名画家徐悲鸿等都曾在这所学校从事过卓有成效的学术活动。泰戈尔把满腔热情倾注于工作之中,他不仅参加学校管理,而且常常亲自执教,编写教材,创作儿童喜闻乐见的诗歌、故事和戏剧,并与儿童一起吟诵和表演。泰戈尔团结全校师生为共同的理想而奋斗。他的一位得力助手——英国历史学家安德鲁斯(C. F. Andrews)指出:“他具有完美、友好、睿智和同情的一切必需而又全面的品质。他的存在本身就是一种激励。与他一起生活,在创造性的工作里与他合作,这是一种难以言状的幸运。”①

为什么已进入不惑之年的泰戈尔还这样热心教育,无私办学?从宏观上看,20世纪的上半期是帝国主义和无产阶级革命时期,全世界的殖民地人民日益觉醒,不断地掀起民族民主革命。印度人民遭受英国殖民主义的残酷统治,加上长期封建种姓制度和多种愚昧落后的陋习,正处在水深火热之中。各地不断爆发农民起义,还有印度国大党领导的争取民族独立运动,以及新印度觉醒过程中的宗教改革运动、社会改革运动和文艺复兴运动,这使得从小就受资产阶级自由思想熏陶的泰戈尔,十分关心自己国家的命运与前途。他不但采用诗歌,而且还要通过兴教办学,去唤起民众。他说:“我的真正需要是透过一些无私的工作,在大我的生活经验中,寻求精神的自我实现,这种觉醒是我在孟加拉省办一所教育机构以后发现到的。”②他深信:“只有通过人格的媒介才能把真理传授给人类。”他始终以此作为“桑蒂尼克坦”必须实行的最基本原则。

从诗人成长的道路来看,泰戈尔从小受到英国殖民主义的教育和旧学校的压抑与折磨,他尖锐地指出旧学校“那座磨机——实在和一切生命与

① 转引自克里希那·克里巴拉尼:《泰戈尔传》,倪培耕译,漓江出版社1984年版,第307—308页。

② 转引自赵祥麟:《外国教育家评传》第3卷,上海教育出版社1992年版,第10、21页。

美丽相离异——似乎是病院和牢狱可怕而残忍的一种结合”,“真把少年人的心都榨干了”①。他很早就萌发改造殖民主义教育,运用民族语言教育儿童的愿望。他一生追求仁爱、欢乐、自由与和谐的伟大理想。这不仅要用美妙的诗文来赞颂之,还必须在教育实践中努力实现之,所以他把自己的学校比作“我的一篇用手摸得着的诗”。

同样,陶行知先生把自己35周岁时开始实施的“晓庄实验”,称为“阳光下的诗意生活”,把晓庄学校称为“诗的学校”。他也像泰戈尔那样,高举“18信条”②,举家来到晓庄,将“小庄”命名为“晓庄”,把“老山”改为“劳山”,意为在劳力上劳心,日出而作。他在当地农友的支持下,和学校师生一起头顶蓝天,脚踩大地,自己动手,在山坡上盖起校舍,办起学校。陶先生并为这些校舍题写了特殊的名称,如“犁宫”(大礼堂)、“书呆子莫来馆”(图书馆),等等。他在这里与一批志士仁人、社会名流、能工巧匠以及许多热血青年们,团结奋斗,如火如荼,揭开了中国现代教育史上的新篇章——乡村教育运动。尽管晓庄学校后来被国民党反动派扼杀了,但陶先生依然坚韧不拔,苦干实干,为中国教育寻觅曙光。以后他又创办了山海工学团、重庆育才学校、社会大学等一系列教育机构,直到他55岁离开人世。陶行知为创建具有中国特色的教育理论与实践奋斗终生,为我们树立了一座伟大的历史丰碑。

陶行知十分重视和关注印度人民的斗争。1936年7月他读了《尼赫鲁自传》以后,一连写了五首诗。对于“印度是个大监狱”、“印度农人一身都是债”深表同情,愤怒指出“东方礼教爱吃人”!1938年8月他应邀访问印度时,受到了甘地的接见,并应邀在印度发表了《中国的大众教育运动》,甘地为发表此文亲自写了按语,指出“这篇文章对我们印度是很有用的”③。陶行知认为“印度民族解放运动,是一天一天在成长着,其力量之伟大,已经使人惊讶!而印度人民,对于中国的抗战,是表示极大的同情,而且在继续着实际援助我们(指1938年印度救护队来华)”。他称“印度是

---

① 转引自赵祥麟:《外国教育家评传》第3卷,上海教育出版社1992年版,第22页。

② 陶行知:《我们的信条》,方明主编:《陶行知全集》第1卷,四川教育出版社1991年版,第87—89页。

③ 陶行知:《中国的大众教育运动》,方明主编:《陶行知全集》第6卷,四川教育出版社1991年版,第385页。

中国的朋友”、“被压迫民族的友人”①。陶行知就是中印两国人民友好交往与文化交流的民间大使。

在学校为谁服务、如何办学的问题上，陶行知和泰戈尔几乎完全一致。因为中印两个大国都是古老的农业文明大国，农民是国家的主体，时至今日，国情依旧。泰戈尔这位被甘地誉为“守护着印度尊严的伟大哨兵”，从人道主义思想出发，和甘地一样认识到在印度农村普及教育的重要性，所以他的学校办在农村，向农民敞开大门，尽可能多地吸收贫苦农民子弟入学就读。学校中消除种族偏见，不管学生的出身如何，都一律平等相待，友好相处。并在校内开展农业劳动，做到生活自理。他还创建田园重建研究所，组织师生参加附近农村的社会、政治、经济生活，研究乡村的要求与问题，在为村民服务中接受多方面的训练，如普及农业科学技术，帮助农民建立图书馆、卫生所和工艺中心，让学生学习制造民间工艺美术品等等。泰戈尔还把儿子送往美国学习农业科学，以便为发展印度的农业服务。

同样，陶行知从美国留学回来，经过八年的摸索，深刻认识到中国以农业立国和广大农民的悲惨现状，决心“筹集一百万元基金，征集一百万位同志，提倡一百万所学校，改造一百万个乡村”，“一心一德的为中国乡村开创一个新生命”②。他怀着为农民“烧心香”的虔诚，脱下西装，走进乡村，与农民同吃同住，与师生劳动建校，正如有人评论的那样：“作为一名留学生，作为一位知名人士，陶行知如此毅然决然地‘抛闪’了荣华富贵，一头扎到乡下办学，显然不是那种出于冲动性的感情行为或‘体验生活’式的功利目的，而是一种人生有所悟彻之后的选择，一种情感升华之后的超越。”③的确，“晓庄实验”是陶行知一生的转折点和里程碑。

最后，从两位大师的教育主张与思想理论来看，也有以下的同一性。

第一，两人都主张和追求人的和谐发展的自然教育。本来，和谐发展的教育主张是中外教育史中一个古老命题，两位大师都接过历史的火炬，立足现实的需要，主张和要求和谐发展的教育。泰戈尔接受印度古代的唯

---

① 陶行知：《海外的故事》，方明主编：《陶行知全集》第 4 卷，四川教育出版社 1991 年版，第 235—236 页。

② 陶行知：《中国乡村教育之根本改造》，方明主编：《陶行知全集》第 1 卷，四川教育出版社 1991 年版，第 102 页。

③ 章开沅、唐文权：《平凡的神圣——陶行知》，湖北教育出版社 1992 年版，第235 页。

心主义哲学，追求“梵我同一”的和谐，把和谐发展当作最高教育原则。他要求学校不仅不要把儿童的学习、智力发展与情感、身体的发展对立起来，还要让学生与社会和自然之间形成一种和谐的联系。他认为对儿童的身心健康发展来说，大自然的养育远比板凳、黑板、书本以及考试重要得多。因为自然不仅能丰富智慧、刺激儿童进一步观察、探索和推理，而且能给人以美的陶冶和纯真的欢乐，是人的精神教育的最好导师。在他看来，每天清晨的阳光闪耀在露珠上的美景要比乞丐手中的金子宝贵得多。因此，他特地把国际大学设在和平、宁静和优美的自然怀抱之中。

同样，陶行知不仅要求和主张德、智、体、真、善、美的统一与和谐，还指出“劳心与劳力”的和谐统一，实施“在劳力上劳心”的教育。其实，这旨在消除人类进入阶级社会以后几千年的历史鸿沟，这才是最伟大的和谐。

第二，他们都讴歌并尊重儿童的天性，均被誉为“儿童的天使”。泰戈尔说：“我完全依据儿童心理的经验，去试行我的教育理论。”[①]他认为良好的教育就是要使儿童充分自由地生长，必须从理解和探察儿童的天性开始。现代教育中的所有弊端，都源于忽视儿童的天性。为此，他专门写过一部叙述儿童心理和儿童生活的《新月集》，讴歌儿童纯真的欢乐与天性，因而被誉为“孩子的天使”。

同样，陶行知认为：“在我的世界里，小孩和青年是最大，比什么伟人还大。”“小孩具有不可思议的力量”，“小孩子是普及成人与儿童教育的生力军……我们要创造新民族，必须对小孩子与没有腐化的青年总动员”，所以他提出“跟人民学，跟小孩学”的口号，事实上陶先生对晓庄的儿童自动学校，新安儿童旅行团，工学团里的小先生，儿童科学通讯学校以及他家六岁小桃教祖母，等等，都予以热情讴歌，鼎力相助。相反，他对诸如体罚扼杀儿童天性的行为予以批评教育，说“教鞭底下有个爱迪生。”他提出要对儿童“六大解放”，并在中国教育史上第一个为农民创办了幼儿园。

第三，两位大师都高举生活教育的旗帜，都主张并实行艺术教育，创造教育。泰戈尔认为“只有当教育指向于丰富的生活和不断生长的知识时，它才是自然和健康的”[②]。他要求教育不能与它的母体——人民的生活之

① 转引自赵祥麟：《外国教育家评传》第3卷，上海教育出版社1992年版，第23页。

② 转引自赵祥麟：《外国教育家评传》第3卷，上海教育出版社1992年版，第31、28页。

流相脱离，必须从社会生活中吸取营养。他形象指出“我们都知道儿童喜欢尘土。他们的整个身心像花朵一样渴求阳光”。儿童完整的人格，必须通过诗、音乐及艺术的媒介，才能得到丰富的表现。他反对那种把儿童训练成“畸性智者”的学校生活，鼓励学生信奉印度文化传统中的女神婆罗室伐底，不光作知识的传播者，还要作美的源泉。

陶行知在世界教育史上最先将生活教育思想系统化、理论化、中国化，形成了独具特色的“生活教育”论，创建了生活教育社及其刊物，并领导在中国大地开展生活教育运动20年。人类的艺术和创造活动，始终为陶先生所重视和关注。他把艺术的兴趣列为生活教育的目标之一，他认为“教育者所要创造的是真善美的活人”[①]。他为“育才”创作的校歌中提出：“真即善，真即美，真善美，真善美合一。让我们歌颂真善美的祖国，真善美的世界，真善美的人生，真善美的创造。”陶先生这样说，他也这样做，他在短短三年多的“晓庄实验”中，以身作则，开展丰富多彩的艺术教育活动。他创作了“锄头舞歌”和“镰刀舞歌”，组织师生和农民载歌载舞；他在田汉的南国剧社启发下，也办晓庄剧社，自任社长。他不仅创作剧目，而且与师生同台演出，并率团赴镇江、苏州、上海、杭州等地巡回演出，产生很大的轰动效应。实际上，陶行知和泰戈尔一样，能诗善文，喜爱音乐、戏剧、书法等艺术，重视在艺术实践中的创造教育。他亲笔书写的“行动是老子，知识是儿子，创造是孙子”，这一著名格言就充分说明了这一点。

第四，两位大师都倡导和具有“爱满天下”的人道主义精神。泰戈尔是一位反对战争、维护世界和平的战士。第一次世界大战时期，他为保卫和平与自由而大声疾呼。1919年他应罗曼·罗兰(Roman Rolland，1866—1944)的邀请，在《人类精神独立宣言》上签名，号召世界各国的艺术家和知识分子团结起来，反对各种偏见。他认为人类应该比以往在更广阔的范围中，在更深刻的思想情操上，在更强大的力量里实现一种统一。东方和西方文明代表着真理的不同方面：东方为人类开拓了精神理想的国土，而西方给予人类最珍贵的礼物是科学。他谋求通过办国际大学，使东西方文明和新旧印度文明有机地熔于一炉。他赞美人性，热爱人生，追求人生中美

① 陶行知：《创造宣言》，方明主编：《陶行知全集》第4卷，四川教育出版社1991年版，第3页。

与爱的大海和山巅，认为“完善的知识，只有通过爱与行动的媒介才能获得”，“要给予机会，让儿童通过热爱，在自然中发现他们的自由”①。他身体力行，在自己学校中，与师生亲如一家，共同追求真、善、美。

陶先生与泰戈尔一样，具有博大胸怀和人道主义精神。他亲笔书写“爱满天下”的格言，他终身实践自己的格言，“从爱儿童、爱青年、爱朋友、爱劳苦大众，推广到爱民主、爱科学、爱自由、爱和平、爱创造、爱真、爱善、爱美、爱诗、爱一切值得爱的有生和无生之物……。于是，泛爱众生的陶行知践行了他‘爱满天下’的宏愿，得到了‘伟大的爱的大师’的称号，也得到了难能可贵的天下爱陶的回报”②。

两位大师都在 20 世纪 40 年代离开人世（泰戈尔于 1941 年，陶行知于 1946 年），但他们所处的环境，面临的斗争，各自的经历都不一样，因此二者的差异性也是十分显著的。

第一，社会角色不同。泰戈尔从少年时代就开始写诗，直到去世前的一周，均在源源不断地创作。他共写了 50 多部诗集，20 多部戏剧，近百篇短篇小说，12 部中长篇小说，还创作了 2000 多首歌曲，其中《人民的意志》成为印度的国歌。他的诗文流传世界，脍炙人口，其中著名诗篇《吉檀迦利》1910 年获诺贝尔文学奖。总之，他以印度的杰出诗人享誉世界。

陶行知也爱诗、写诗。他一生出版了五本诗集，创作了近千首诗篇。（川版《陶行知全集》第 7 卷，总计为 653 首，但不包括在文章、书信、演讲中作为组成部分的诗），还创作了大量的条幅、对联、格言等（收集在川版《陶行知全集》第 7 卷中有 34 副），他被誉为“人民诗人”、“大众诗人”、“平凡而高远的诗人”，有人说“陶行知的大众诗是（中国）30 年代文艺大众化运动中的一朵奇葩”。但是，陶先生的诗是服务于其事业的战斗武器，是号召人民求知、求真理、求解放的工具，他一生的主要事业还是为人民办教育，是“伟大的人民教育家”。他与人民——特别是劳苦大众息息相通，休戚与共，他由同情、声援到支持、参与人民大众的革命斗争。面对着反动派的屠刀，他呐喊“我等着第三枪”，成为反内战、反饥饿、反独裁的民主运动的领袖和斗士。他从学习《共产党宣言》到三次赴马克思墓前拜谒，完全是经过

① 转引自赵祥麟：《外国教育家评传》第 3 卷，上海教育出版社 1992 年版，第 29—30 页。

② 章开沅、唐文权：《平凡的神圣——陶行知》，湖北教育出版社 1992 年版，第 526 页。

自己深思熟虑地、自觉地接受马克思主义。正是这样，育才学校被誉为“小延安”。正是这样，周总理称他“一直跟着毛泽东同志为代表的党的正确路线走，是一个无保留追随党的党外布尔什维克”。

第二，世界观不同。泰戈尔是人道主义教育家，其哲学思想是接受印度古代的唯心主义，追求“梵我同一”的理想，主张非暴力，因此他不理解印度人民独立运动中必要的暴力斗争。他憎恨法西斯，但对意大利墨索里尼集团最初的活动认识不清，持肯定态度。他笃信宗教，要求艺术教育与宗教教育结合，在“桑蒂尼克坦”，实行一种“精神和谐的宗教”：不在课堂里，以学科形式进行宗教教学活动，但要求学生每天早晚静坐默想 50 分钟。这点类似西方的自由主义神学、自然神学。其世界观必然是唯心主义的。

而陶行知由自由主义世界观转向了共产主义世界观。正如江泽民同志指出的：“陶行知的一生，是由卓越的民主主义战士进而成为伟大共产主义战士的典型，是中国进步知识分子的典型。”这是他和泰戈尔的根本区别。

第三，教育实验的出发点不同。泰戈尔办学把教育和生产劳动（主要是农业、手工业劳动）相结合，主要着眼于提高受教育者的个人价值，忽视让他们参加当时印度的独立运动，而且理想主义成分很多，与现实存在一定的差距。另外，泰戈尔在理论上重视科学教育，但在办学实践中却偏重人文学科，相对地忽视了现代科学技术教育。这不符合人类社会发展的历史趋势。

相反，陶行知办学，是扎根在广大人民群众之中，坚韧不拔实实在在地办学，他一生开展的六大教育运动，都是中国现代教育史中波澜壮阔的篇章。陶先生不仅在理论上重视科学教育，而且身体力行，从晓庄科学社到“科学下嫁”运动，从首创儿童科学通讯学校到“育才”自然组培养科学幼苗，他探索出一条科学大众化、科学艺术化的新道路，成为中国科学教育的先驱。

（作者撰写此文时系哈尔滨师范大学教育系教授）

陶行知与日本

［日本］王子瑞征　钟清汉

前　言

陶行知先生，安徽歙县人，生于1891年，卒于1946年，享年55岁。他是中国现代教育史上伟大的人民教育家、教育思想家，毕生尽瘁于教育事业、致力于民主革命运动。其生活教育思想和革命精神，是中国人民宝贵的精神财富。

陶行知的教育思想和理论，是随着他的教育实践而不断发展和不断变化的。他所倡导的“生活教育论”是其基本教育理论，主要由三部分构成，就是“生活即教育”、“社会即学校”、“教学做合一”。他的生平事业和思想遗产，不仅获得中国国内学术界的重视和研究，而且也吸引了不少外国学者的注目。正如日本研究陶行知第一人东京专修大学名誉教授、中国研究所原理事长斋藤秋男所说的：“陶行知不仅是属于中国的，而且是属于世界的。”

关于陶行知一生的整个情况，大部分已被判明。但是，仍有不明之处，特别是在国外时期，例如1914年—1917年留学美国、1930年—1931年流亡日本及1936年—1938年历访世界二十八个国家和地区时期，都有许多不明之点。其中尤以遭国民党政府通缉而流亡日本期间的行动，几乎都未被判明。因此，为了更明确了解陶行知一生的真情实况以及他居留日本的经历，对其思想行动有些什么影响？有必要对他在流亡日本期间的活动进行探索。

不过，陶行知的教育思想，是在中国酝酿抗日战争、以争取民族解放、大众解放为主体目标的情况下形成的，而且他又是所谓第三势力中国民主同盟的领导人之一，对于结成抗日民族统一战线及展开相关运动起了很大的作用，因而成为日本军方的注意人物。在这种意义上讲，中日十五年战争期间,日本方面对于陶行知的活动及思想的研究分析等,受到了限制。

一、关于陶行知流亡日本

关于陶行知流亡日本,如上所述,仍有不明之处。流亡的时间,根据以往的研究,已经知道是从 1930 年秋至 1931 年春。但是,包括具体的时间及其在日本的住所和行动,详细情况则不得而知。

陶行知于 1927 年创办南京晓庄师范学校,其目的是以此作为生活教育运动的起点,深入农民的现实生活。通过同农民现实生活的结合,而培养乡村教师,进而协助农民自立于乡村的改造,其教育方法受到中国教育界的注目。一方面,陶采取反对蒋介石的态度(因而获得同蒋介石对立的冯玉祥将军的支持)。同时,又以第三期学生为中心,在校内成立中国共产党支部,进行地下活动。由于这些原因,晓庄师范渐渐受到国民党政府的压制。1930 年 4 月,南京和记洋行的工人举行反帝示威游行。晓庄师范的学生、指导员等,展开支援活动。于是国民党政府借着这个机会,下令封闭学校、通缉陶行知。4 月 12 日,晓庄师范遭国民党政府武力封闭。此时,陶行知幸免于难。后秘密离开南京,逃往上海。

陶行知在晓庄师范被封闭后,最迟于 1930 年 4 月底业已抵达上海隐居。关于其证据,先可以举出晓庄师范学生孙铭勋的回忆:“数天后,晓庄事件发生了。我们的生活不安定了,幼稚园的生活当然不能按照计划进行。到了 4 月中旬,张先生从上海回来了。陶先生对他说,你回去让同志们安心。”①

张先生系指张宗麟。他在晓庄师范陈鹤琴的下面担任儿童教育的助理。由此可知陶在 1930 年 4 月中旬,也就是晓庄师范被查封之后,就立即逃到上海。

其次是晓庄师范学生操震球的回忆:“晓庄封闭不久之后,具体的日期不清楚了,但是时间不久,我同陶先生一同逃亡上海。”②

此外,据戴伯韬的回忆,6 月曾同陶接触,当时隐居在上海法租界。戴

① 孙铭勋、戴自俺:《晓庄幼稚教育》,儿童书局 1934 年版,第 206 页。

② 牧野笃访问操震球,1987 年 3 月 18 日于南京。

说:“六月的南风刮的很厉害。南京农村的杏子呈现黄色显得成熟的时候,我在离开城内大约四五十华里的一个小公共汽车站,搭乘夜车逃亡上海。抵达上海不久,找到了陶先生。当时我们十几个人,住在法租界的一个小旅馆里。”①

从上述看来,可以说陶行知是在晓庄师范被封闭不久后,最迟于 4 月底之前,就逃到上海,6 月间隐蔽在法租界。陶行知潜伏在法租界,接受方与严的建议,整理诗稿。该诗稿后来取名《行知诗歌集》,由上海儿童书局出版②。

陶由上海逃往日本的具体日期不明。1930 年夏,陶在上海的孟渊旅馆,召集晓庄师范的学生、指导员,举行座谈会。就晓庄师范三年多的教育实践,作了总结。讨论的内容,从“乡村教育”、“乡村运动”到中国的革命问题。中华职业教育社的黄齐生,也从贵州赶来参加座谈会。在座谈会上确认了晓庄师范从教育的立场上,实践反帝反封建。陶在座谈会上基于晓庄师范被国民党政府武力封闭的背景,作了相当强烈的政治立场性的反政府发言③。

戴伯韬说:“座谈会之后不到几天,反动派的特务就在上海各处加强活动。陶先生的一个学生叛变,投向特务,而离开南京晓庄的伙伴,转移到上海,经常监视我们。外面谣传陶先生已经被捕。”④

传说“陶受特务追踪,身感危险,便移居虹口的内山书店”⑤,其后在内山书店老板内山完造等协助下东渡日本。但是关于陶行知移居到内山书店以及在内山完造的协助下流亡日本的论据,付诸阙如,而且触及此事的文件也没有。内山完造的著作,也没有提到这件事。由此点看来,关于陶移居内山书店、在内山完造等协助下东渡日本之事,尚不能立即决断。不

---

① 戴伯韬:《回忆陶行知先生——其生平及其学说》,光华书店 1948 年版,第 52—53 页。

② 中央教育科学所教育理论研究室《陶行知年谱稿》编写组编著:《陶行知年谱稿》,教育科学出版社 1982 年版,第 44 页。

③ 戴伯韬:《回忆陶行知先生——其生平及其学说》,光华书店 1948 年版,第 58—59 页。

④ 中央教育科学所教育理论研究室《陶行知年谱稿》编写组编著:《陶行知年谱稿》,教育科学出版社 1982 年版,第 60 页。

⑤ 朱泽甫:《陶行知年谱》,安徽教育出版社 1985 年版,第 187 页。

过，从另一个方面来说，当时内山书店的所在地是日本租界，内山书店是政治上遭受国民党政府迫害的中国人的避难之所，内山也在掩护这些中国人。由于考虑到这些人的安全等，所以在文章里面是不宜具体写出姓名的①。

又据当时住在内山书店附近的一个日本人的回忆说："当时自称是陶行知学生的人物，经常出入内山书店。"②由此看来，陶在东渡日本的时候，内山完造予以某种援助的可能性很大。

那么，陶行知究竟在什么时候离开上海到日本去的呢？晓庄师范学生戴自俺在给一个孩子的信中说："我有一个先生，他是世界上最爱孩子的人。我去上海的时候，先生正好由上海动身到日本去。"③戴自俺自己记述这个先生就是陶行知。

戴自俺在晓庄师范封闭后，在安徽省北部的涡阳从事乡村教育的实践，1930 年 10 月前往上海。他说："6 日我由涡阳动身，9 日抵达南京，停留一宵，第二天抵达上海。在上海会见几位友人，有许多事拜托他们，正好花了八天时间，就离开上海。"④

从上述来看，戴自俺是在 1930 年 10 月 10 日到上海。在他要到达的时候，陶行知已经离开上海。因此，陶行知是在 1930 年 10 月上旬由上海前往日本的。

陶行知是什么时候由日本返回上海的呢？几乎所有的年谱类都载明是在 1931 年春秘密回到上海，隐居在四川北路的。例如，戴伯韬说："1931 年春，陶先生由东瀛回国，隐居在四川北路。我们事前协商，晚间在一家小饭店见面。"⑤

陶行知于 1931 年 1 月中旬以后最迟于 3 月间回到上海。其论据有下列三点。第一，陶在回国后，1931 年 9 月起在《申报》开始连载的专栏"不除庭草斋夫谈荟"的一文中说："今年一月十六日我上桃山谒明治陵。"⑥

---

① 斋藤秋男：《续〈陶行知年谱〉考》，专修商学论集，1986 年 9 月第 42 号。

② 一见真理子谈话（1986 年 10 月・上海），根据其祖父的回忆。

③ 戴自俺：《从儿童的队伍里来》，儿童书局 1935 年第 3 版，第 112 页。

④ 戴自俺：《从儿童的队伍里来》，儿童书局 1935 年第 3 版，第 63 页。

⑤ 戴自俺：《从儿童的队伍里来》，儿童书局 1935 年第 3 版，第 62 页。

⑥ 不除庭草斋夫（陶行知）：《如是我见》，《斋夫自由谈》，申报馆 1932 年，第 19 页。

这显示他在1931年1月16日确实滞留在日本。第二，陶自1931年4月至7月，集中发表文章。例如在杂志《儿童生活》(创刊号，1931年4月1日)发表《一只鸽子》、《百花生日前一夜的梅香》(第3期，1931年5月1日)、《乌鸦歌》(第3期，1931年7月1日)。《儿童生活》杂志是小朋友书店出版的。小朋友书店是因为陶由日本回国而设立的书店，也是陶行知在上海的秘密联络所。由方与严任代表，出版杂志等物。第三，是陶行知次子晓光的回忆："晓庄师范封闭后，家人分散。1931年时，我同祖母、弟弟三人住在晓庄，当时我在南京城内的安徽中学读书。春初的一天，收到父亲来信。他用的名字是范梧影。他勉励我们兄弟，称我们是'问真''探真'两位小朋友。那时父亲刚从日本回国，开始提倡'儿童科学'。"①

月日没有特别指明，但是可以看出陶行知是在1931年春天的较早时候回国的。综观上述，可以判明自1930年10月上旬至1931年1月下旬最迟到3月底之间，是陶行知流亡日本的期间。

二、陶行知在日本的生活

陶行知在日本期间，正是日本无产阶级运动兴盛时期，无产阶级教育运动也在展开。例如，新兴教育研究所于1930年8月创设，9月杂志《新兴教育》创刊。另一方面，教育劳工工会的组织化工作也在秘密进行。不过到目前为止，新兴教育研究所及教育劳工工会的有关人员同陶行知进行接触的事实，尚未发现。

陶行知对当时日本的社会状况非常敏感，对日本的政治、经济似乎抱有很大的关心。他说："我在东京的大桥图书馆里看见一本书，书名为《天皇与普罗列塔里亚特》，觉得非常奇怪。细看书的内容，知道著书人的宗旨在谋天皇与劳动民众之结合，以推翻立在中间之资产阶级。这是一种异想天开之策略。"②

陶行知又说："今年一月十六日我上桃山谒明治陵。我在山上的时候，日本人陆续来谒陵的也有十五人，内中有农人、老太太、小孩子、在乡军人

---

① 牧野笃访问陶晓光(1986年12月11日于北京市铁道科学院陶晓光宅)。

② 陶行知：《如是我见》，华中师范大学教育科学研究所编：《陶行知全集》第2卷，湖南教育出版社1985年版，第314页。

和一个工人。我站在那儿留心看他们的举止，个个人来的时候都恭恭敬敬的跪在陵前祈祷，小孩子也跟着父母们照样的干。惟独那位工人站在那儿不拜，望了一忽儿，就一个子下山了。”①

陶行知在大桥图书馆看到的《天皇与无产阶级》，著者为里见岸雄，1929年11月由艺术出版社出版。内容是对原来国体论的非社会性、非现代性加以批判，而主张通过天皇与无产阶级的结合，推动社会改革。

上述一文，与陶回国后向戴伯韬等所谈的日本印象的内容相一致。从这篇短文，可知陶认为日本并不像中国以前所传说的，是以天皇为中心、国民团结的国家，而是内部有很大的阶级矛盾。而且他亲眼看见并确认自觉的工人在支持推进无产阶级运动，并对这些工人寄予同情。陶行知根据以上的见闻，回国后曾经这样说：“我认为日本工人是绝不崇拜天皇的。日本之所以强盛，是由于科学的发达。”

陶行知对帝国主义的侵略性，也加深了认识。他说：“适之（胡适的字）近撰时论，多不中肯要。去年他在《新月》发表一文《我们走哪条路》，里面陈说中国五个鬼即贫穷、疾病、愚昧、贪污、扰乱。而对于帝国主义之侵略，竟武断地将它一笔勾销。梁漱溟曾写了一封信驳他。东京的几位朋友对于他这种见解，也深致不满。”

陶行知回国不久之后，对操震球说：“从日本政府的大陆政策来看，日本在不久的将来，将开始进攻我们。”②

陶行知似乎相当冷静地在观察帝国主义的本质与日本的政治动向。

除了大桥图书馆之外，陶行知对于东京的图书馆，也看了一些。他对于帝国图书馆作了如下的评价。他说：“东京上野的帝国图书馆，是公开开放的。不论任何人只要花五毛钱都可以入内。如有专门的问题，花五分钱购买研究券，进研究室阅览书籍。这就是说馆内所藏的六十七万册图书，你可以任意阅览，而且馆外的书，也可以代为借阅。这种方法在学术研究上是非常方便的。”

陶行知又叙述：东京帝国大学图书馆是由美国洛克菲勒基金会的基金设立的，校外的人不能入馆。因此，他拿着该基金会“蓝安生”的介绍信进

① 陶行知：《如是我见》，华中师范大学教育科学研究所编：《陶行知全集》第2卷，湖南教育出版社1985年版，第314页。

② 牧野笃访问操震球。

入馆内。

“蓝安生”是美国人 Grant 的中国名。他生于 1890 年，是研究公共卫生学的人物，自 1918 年至 1960 年，隶属于洛克菲勒基金会。1923 年至 1933 年在该基金会于北京设立的协和医院担任教授。陶在中华教育改进社里设立乡村教育委员会时，蓝安生曾予以援助。后来陶行知经营晓庄师范时，蓝安生又派其学生到陶的身旁，协助乡村的卫生事业[①]。陶流亡日本时，蓝安生似乎也予以协助。

如上所述，陶行知通过在日本的流亡生活，对于帝国主义的性质与日本社会的阶级矛盾，有了深刻的认识，同时痛感发展科学技术的必要性。基于这种经验和认识，他在回国后，创办“自然学园”，展开“科学下嫁”运动，进而产生了武力抵抗帝国主义侵略的思想及消除阶级矛盾、建立平等富裕社会的志向。这些思想对后来的工学团运动，起了一定的作用。

三、陶行知与日本大正自由教育

陶行知从日本流亡回国后，他与日本教育界之间进行的交流，是自 1934 年 4 月起的大约一年间，在作为工学团运动之据点的山海工学团与东京池袋儿童之村小学之间进行的。双方的交流虽然很短，而且又是间接的，但是却给当时的有关人士留下深刻的印象。

大正期是日本军国主义的形成、发展期。特别是随着第一次世界大战以后工业化的发展，日本产业结构有巨大的变化，没有特权的产业资产阶级与劳动阶级亦广泛成长。反映着这种社会结构的变化，无产阶级运动的高涨，也在这个时期。

大正自由教育是在这种社会状况下，一方面注视天皇制绝对主义的统制体制，另一方面凝视工人农民阶级的觉醒及其自我教育运动，以资本家阶级作为母胎而形成发展的。大正自由教育运动最初以世界性的新教育潮流作为其历史背景，对赫尔巴特派的划一形式主义加以批判；以杜威等的实用主义教育思想为基础，其对象主要为资本家阶级、中产阶级的子弟。

---

① 龚思雪、陶晓光、蜀冰：《访原晓庄卫生指导员陈志潜教授》，安徽省陶行知教育思想研究会编：《行知研究》1987 年第 2 期。

其后这项运动引进道尔顿实验教学法等，积极推进实验。但到1920年代后期，陷于模仿化、形式化的倾向。面临这种状况，以克服大正自由主义缺点为主角而登场的是教育世纪社。教育世纪社的运动，将工人阶级的子弟，列入视野，通过教育的社会改革对资产阶级自由主义教育加以批判。

池袋儿童之村小学以教育世纪社为母胎，于1924年4月创设。儿童之村小学的实践，初期没有规定教室、课程、教师、时间表，而是彻底的自由教育。后来加以反省，而重视课程计划、教师的指导以及尊重学生的自主性和能动性，成为当时日本自由主义运动的中心。1935年，以教师户塚廉等为中心，该校机关刊物《生活学校》创刊。

几位自称是陶行知学生的中国留学生访问池袋儿童之村小学是1934年4月10日的事。关于当时的情形，户塚回忆说："4月10日大约三个中国学生访问儿童之村。他们是有名的抗日统一战线教育方面领导人，有中国教育民主之父之称的陶行知学生叶维奏等一行。他们介绍了陶行知的小先生运动等有关情况，使我们深受感动。"①

将陶行知"小先生"运动，积极向日本介绍的，是户塚的同事牧泽伊平。牧泽在1935年1月的《生活学校》创刊号上，撰写了《中华民国的新教育——世界新教育的动向》一文，介绍陶行知的"小先生"运动。文中说："陶行知经营的晓庄师范学校，遭到当时政府的严重迫害，最后终于封闭。晓庄师范学校究竟是什么样的学校呢？当时它是拥有学校教育场所，这是事实，也就是一个学校。因此不论其教育经营的组织如何？那么作为其中心之一的校舍既然失去，于是经营的中心也就动摇了。后来陶行知发现了不需要校舍，而且可以自由获得教师的学校。这便是叫做工学团的教育团体的活动，现在以上海为中心而显著发展。在国家教育经费很少，国民没有时间和经费去上学的中国，陶行知发现的这种工学团教育团体组织，是最适合于中国国情的。"②"小先生就是年幼老师的意思。孩子们在工学团的协助下，在田野的隅角、寺院的屋檐下、路旁的游玩处，从事学习。学会了一个字，就成为那个字的老师。为什么呢？因为他可以把那个字去教不识该字的小朋友。这样，小孩子就成了小先生。所以小先生是应该培养

① 户塚廉：《生活学校》，《教育运动》（三），《教育》，1963年7月号。

② 岸本辰三（牧泽伊平）：《中华民国的新教育——世界新教育运动的动向》，《生活学校》创刊号，1935年1月。

的。今天是一个字的小先生，明天就会进步为识数个字的更好的小先生。”①

牧泽又于1935年6月在《教育》杂志载文介绍“小先生”运动。该文题为《中华民国的“小先生”运动》、署名“陶行知述、牧泽伊平译”。据牧泽在后记中说，该文是把陶行知在新加坡《星州日报》和厦门《华侨日报》上发表的文章，在叶维奏等协助下，翻译成日文的。

牧泽如此积极介绍陶行知的“小先生”运动，引起日本教育界有关人士的高度重视。著名教育家留冈清男（当时为教育科学研究会干事长）在牧泽上述文章发表的杂志的编后记中说：“我国教育界或者吃腻了德国和美国的教育理论，或者追随着时髦而鲁莽地宣传不知所以然的日本精神。与其如此，倒不如以同等的关心来注视邻国中国的动向，不惜在教育运动方面相互协力。”②

四、陶行知与“生活学校小朋友”的交流

杂志《生活学校》1935年3月号的“谈话室”栏，有如下的记载：“本刊创刊号寄给中华民国的新教育团体之后，收到工学团团长陶行知赠送其所著新童话童谣书籍及《中国教育改造》，扉页写着‘送给生活学校小朋友’——这是送给孩子们的，其他则‘送给生活学校诸同志’。有插图的童谣、童话，显示出中国新教育运动的声势，令人欣喜。例如‘以前世界属大人，现在世界属儿童’。”③

此时，陶行知赠送的数册童话、童谣中，有一册在三十七年后在户塚的家里发现，这是叫做《乌鸦》的一本童话书。扉页有陶行知的题字：

送给

生活学校小朋友

陶行知

---

① 岸本辰三（牧泽伊平）：《中华民国的新教育——世界新教育运动的动向》，《生活学校》创刊号，1935年1月。

② 《教育》，1935年3月编后记。

③ 《谈话室》，《生活学校》，1935年3月。

二四、一、二一、

“二四”为民国二十四年，也就是1935年。而且饶有兴趣的，这本童话《乌鸦》的封面，却印着“著者陶知行”，而陶的亲笔签名是“陶行知”。也就是说陶在由“知行”改名为“行知”之前，这本童话已经出版。该书送给儿童之村时陶业已改名。陶由“知行”正式改名“行知”，是1934年7月。这显示了在陶的教育思想有新的飞跃发展时，陶行知的山海工学团和儿童之村小学，实现了交流。

此外，生活教育社的机关刊物《生活教育》，也有刊载关于池袋儿童之村小学的记录。

儿童社会第二次筹备会

时间　1935年1月31日

主席　张健

1. 主席报告

2. 陶行知先生报告(略)

3. 讨论

A.(略)

B. 写一封信给日本生活学校小朋友

C.(略)

这个记录表明了陶行知于1935年1月21日将童谣、童话等书籍送给池袋儿童之村小学的10天之后，山海工学团的孩子们曾讨论给儿童之村的小朋友写信。

又《生活学校》1935年4月号的“来信集锦册”栏里有这样的记载：“来信谢谢。昨天收到牧泽伊平先生寄来的《生活学校》创刊号，内容丰富，理论新颖，深感这是贵国新教育杂志中最佳者，非常高兴。我站在生活教育的立场上，祈愿贵刊有新的发展。我如果遇到热心新教育的朋友，一定积极介绍贵刊。叶维奏。”①可以知道双方之间已经相互交换资料及池袋儿

① 《来信集锦册》，《生活学校》，1935年4月号。

童之村小学同陶行知学生叶维奏等留学生保持着关系。

池袋儿童之村小学于1936年7月关闭。其后，户塚继续出版《生活学校》，但于1938年8月号停刊。在此之前，1937年7月日本发动卢沟桥事变，中日两国进入全面战争。两国教育革新者之间的交流，由此而中断。

战后，户塚回到家乡静冈县掛川市。他对同陶行知的交流，留下深刻的印象，所以他在自己发行的《乡土报》和《父母子女报》上，继续介绍陶行知。例如《父母子女报》前身的《小笠的少男少女》第四号，曾刊载题为《世界的少男少女〈中国的小先生〉》一文，介绍陶行知的小先生运动对中国民族解放运动所起到的作用①。1960年1月的《父母子女报》介绍收到陶行知长子陶宏赠送中国儿童书籍十二册之事，并说明“陶先生与连茶先生在战前就有密切关系。陶先生是指陶行知先生，连茶先生是指户塚。”②

战后，在日本教育学术界，关于陶行知研究也正式开展起来，发表和出版不少研究成果，引起国际学术界的重视。其中研究时间最长、成果最多的，当推前已述及的东京专修大学名誉教授斋藤秋男。除了斋藤之外，著名的陶行知研究者还有牧野笃、市川博、新岛淳良和世良正浩等人。牧野是名古屋大学教育学部助教授，其博士论文即为关于陶行知“生活教育”思想的研究。

结　语

以上就陶行知同日本的关系作了概述。从总体上看，日本教育界和有关的专家学者，对于陶行知及其教育理论与实践，作了不少的研究和介绍。特别是在战后50年代由于斋藤秋男等的努力，陶行知的名字在日本教师之间逐渐被知晓。在大学教育课程讲课时，也经常介绍陶行知。不过，中国于1951年批判《武训传》，陶行知的教育思想也成为批判的对象。自此之后，经过反右派斗争、“文化大革命”，陶行知被全面否定。一方面，“文化大革命”结束后，日本社会对社会主义的失望感、不信任感等增大，由于这些原因，日本对陶行知关心的人明显减少。现在日本年轻教师之中，知道

---

① 《小笠的少男少女》，1935年4月25日，第4号。

② 《父母子女报》，1968年9月15日，第429号。

陶行知名字的人，可以说几乎没有。

但是进入 80 年代，尤其是 1982 年教科书问题之后，日本的侵略战争责任问题，重新被提起。在日本从事侵略战争教育所起的作用被严加追究的过程中，政府又在宣传倡导战后教育总决算，致使愈益混迷的日本教育界，重新提起战后教育的民主化究竟是什么？同时，为了追究日本的加害责任，检讨战后教育改革，在摸索成为其主体的过程中，日本教育界再度对陶行知开始注目。现在日本对陶行知寄予关心的学生、年轻研究者，渐渐增多。今后期待日本的教师、研究者与中国的教师、研究者之间，包括陶行知研究在内，为了发展两国的教育而相互合作。

（王子瑞征撰写此文时系日本亚洲文化综合研究所主任研究员，钟清汉撰写此文时系日本川村学园女子大学教授、日本亚洲文化综合研究所所长）

迈向陶行知整体形象的研究

——“人民教育家”和“大众诗人”的共存和内在冲突

［日本］ 斋藤秋男

1981年是陶行知诞辰90周年，以此为契机，中国的陶行知研究工作恢复了实事求是的学风。1986年，我在上海参加了“纪念陶行知诞辰95周年学术报告会”。我在会议上看到了除了生前与陶行知有着共同体验的人们以及受过陶行知熏陶的人们以外，所谓“解放后的一代”人当中研究陶行知的学者不断地成长起来，这一事实给我留下了深刻的印象。在积累了许多方面研究成果的基础上，今天召开了“陶行知研究国际学术研讨会”。我和这次学术研讨会的主办人、参会者共同感到甚为喜悦。

下面，我将叙述我个人对中国陶行知研究的心得体会，然后借此学术报告的机会，打算提出一个研究课题或陶行知研究的视角和框架。

回顾1981年以来的中国陶行知研究的状况，首先应该指出的是，关于全国各省市区的教育改革中如何灵活地运用了陶行知教育思想的经验等等的若干报告，其次应该指出的是，关于中国陶行知研究对中国教育改革所追求的有中国特色的社会主义教育的创造和建设如何做出贡献的研究报告。1995年在上海召开的陶行知研究学术研讨会上提出了“弘扬行知精神，深化教育改革”的口号。这一口号集中地表现出上述研究上的要求。但是，在本报告中，这样一些与当前教育改革实践直接相关的研究，暂且不论。

在本报告中，我想把研究的课题限定于历史研究，即与中国教育史上的陶行知的生平及其教育事业相关的研究范围内。关于陶行知生平的研究概括起来，我认为主要可分为两种类型：其一是“人民教育家陶行知”的研究，其二是“大众诗人陶行知”的研究。从这两种类型的研究中，我们可以看到不少宝贵见解。但是，按我个人的管见，坦率地说，这两种研究并行地进行展开下来，至今为止尚未交叉，并没有产生陶行知整体人格形象的研究。我认为研究陶行知的目标之一，就在于如何把握并如何描述在中国革命的激流中奋斗过来的陶行知的整体人格形象。

1946年，陶行知猝死之后，所发表的众多的悼文中，有茅盾所撰写的《我所见的陶行知先生》一文（收录于《读书与出版》，上海生活书店刊，1946年8月15日）。其中，茅盾指出："我总觉得他是一个'浪漫派'，彻头彻尾的'浪漫派'。他干的是教育，但是他底子里是一个'诗人'。"即在陶行知这一个人的人格内部，"教育家"和"诗人"共同存在一起。这就是茅盾一文的中心思想。自从我接触这一文以来，茅盾对陶行知人格整体形象的观察深深地留在我的心中。

在此我们可以看到陶行知这一个人的人格内部，"教育家"和"诗人"共存在一起，而且造成了人格内部的内在冲突。我认为"人民教育家陶行知"的研究和"大众诗人陶行知"的研究不能相孤立地并行地展开，而应该互相结合，有时候以教育家为主线，以诗人为伏线，有时候以诗人为主线，以教育家为伏线地描写出陶行知的人格形象。这样才能够把握陶行知的整体形象。这就是我所要提出的研究课题或研究视角和框架。

在此请让我进一步介绍两位诗人如何看待陶行知：其中一位是萧三。他列举了陶行知1936年所撰写的几首歌词，称之为"中华民族抗日救国联合战线的有力武器"，在此基础上又作了如下叙述：

> 谁都知道陶先生是热心的大众教育家，但是我们要同时指出，陶先生是政治抒情诗人！①

另一位是郭沫若。他在《行知诗歌集》校后记中写了如下评语：

> 校读了陶先生的诗，委实使我心悦诚服。他不仅量多，而且质好。一些看不起民歌体的自命诗人或许会藐视这里的大量的歌谣成分吧，但这正是陶先生之所以伟大。他的诗体的解放是在解放区作家之前，他真可以说是独开风气之先。主要的原因，就

---

① 《中国的大众诗人——陶行知》，《救国时报》，1936年12月12日；《救国时报》是中国共产党的机关报，印刷处设于莫斯科，其编辑部设于巴黎，萧三在巴黎撰写了这篇文章。

是他的人民意识觉醒得比任何人快而且彻底。……这一部“人民经”,它会教我们怎样做诗,并怎样做人。

郭沫若 一九四七年三月十日晨①

茅盾说:“他讴歌创造,拥护天才,颂扬劳动,他为我们唱未来的理想之歌:用脑与用手再不分家,人人能发挥天才,人人能创造。看呀,不是‘浪漫派’,敢说这样天马行空的话么,——尤其是教育家,尤其是并非徒托空言而实验的教育家。”

茅盾又进一步说道:“有人说:正因为行知先生本质是‘浪漫派的诗人’,所以他开创事业的气魄有余而发展事业的组织力不足。在一方面看来,容或可以成立,然而事业之不能尽如理想发展,尚有一最大原因,即环境之恶劣。”

在上述文章中,有人所指出的陶行知的“气魄”即表现于其“浪漫派”的热情,同一个人物的“组织力不足”则反映了现实教育事业经营的艰难,这两方面在他的人格内部共同存在着。这就揭示了“诗人”和“教育家”这两种心理驱动力之间的内在冲突和转变以及革新的一面。

陶行知确信通过适当的指导能够使儿童挖掘其潜力并发挥其能力,于是开创了“小先生制”,开展了“小先生运动”,从而使孩子们成为支持民族解放救国运动的一支力量。这种对孩子们能力发展的确信的根基,存在着陶对人性的信赖和乐观态度。在这种对人性的信赖和乐观态度中,我们必须透视到他人格本身中所共存的“教育家”和“诗人”之间的内在冲突和革新。

下面,请让我来叙述一下我自己的经历和心得体会,恳盼各位先生批评指正。1979 年 10 月 27 日,我首次访问了四川省重庆市,在那里逗留了六天五夜。一天,我溯嘉陵江而上,参观了曾作为育才学校校舍的古圣寺的遗址。在古圣寺的西侧,旱田和水田联成一片。至今仍能看出过去这里有花园,有莲池。我看着这个池,便想起了陶行知所撰写的诗歌《荷叶舞歌》(1941 年 9 月 26 日)。

“天上团团月,地上团团叶。”这首诗歌开头是这两句,全诗共九节。现

① 《行知诗歌集》,上海大孚出版公司 1947 年版。

在将其第五节写下来。

> 若问我来历，敦颐最先言。但开君子花，留芳千万年。仍旧是，出身污泥，污泥不能染。出身污泥，污泥不能染。

听说陶校长根据宋代哲学家周敦颐的《爱莲说》，将该池命名为“周子池”。校长所撰写的这首诗歌《荷叶舞歌》，由育才学校的音乐组和舞蹈组的师生们谱曲并创作舞蹈动作，1941 年中秋节之夜在校内广场作了演出。

茅盾写道：“行知先生自办晓庄以来，无日不受压迫，尤以抗战后他办育才，常忙于筹划经费，消耗了很多的精力。即如这次他的死，也和他的过分疲劳（为社会大学之经营奔走）有大部分的关系的。”

1941 年 1 月，皖南事变以后，参与育才学校经营和教学的共产党员均离开学校，其中有的奔赴解放区，有的前往游击战区。我在参观古圣寺时，听许多人说：“莲花出身污泥，污泥不能染”是陶行知的口头禅。陶校长把教员和学生送往解放区和前线，他自己没有离开蒋介石独裁政权统治下的重庆。对他来说，寄托于莲花的感想，不仅是对学生们的鼓励，而且无疑也是一种真实的自我认识。

在反动政权统治下，即茅盾所说的“环境之恶劣”之下，陶行知对自身内在的“教育家”和“诗人”即“现实事业的经营者”和“热情的浪漫派”之间的内在冲突进行斗争而革新了自身，并对现实社会展开了殊死斗争。

补记

1. 我在武汉会议上所做的报告中试图对中国的陶行知研究工作提出我个人的新的观点和研究视角以及研究框架。我所提出的观点，简单地说，有如下两个内容：其一，“人民教育家陶行知”和“大众诗人陶行知”不应该孤立而并列地存在，这两种性质必须互相结合而在陶行知本人的人格中共同存在。因此，陶行知研究工作应当迈向陶行知整体人格形象的研究而塑造他的整体形象。其二，为了描述陶行知的整体人格形象，我们必须透视到在陶行知的人格内部所共存的教育家和诗人这两种性质的内在冲突和革新，并创造新的人格的过程和机制。

我把"'人民教育家'和'大众诗人'的共存和内在冲突"作为我报告的副标题。但是,我目前在反省着当时在武汉会议上我围绕这两种性质的共存和内在冲突展开我个人的论述展开得不充分,因而引起了中国朋友的误会和批评。我所提出的不是在陶行知人格内部的作为教育家的实践(或现实)和作为诗人的理想的共存和矛盾,而是像本报告的最后一段已指出的那样,教育家即现实教育事业的组织者和经营者,与诗人即充满热情的理想家的共同存在和内在冲突以及革新。这是陶行知本身心里的沉着和热情之间的内在冲突(并不是现实和理想之间的矛盾)。陶行知在恶劣的环境之下,往往被迫面临解决问题和选择前进道路的歧路。陶行知克服他本身的沉着和热情所造成的冲突并把它改组为更高度的统一,革新自己,进了一步他本人的历史步伐。我认为斗争于沉着和热情这两者所造成的内在冲突,就是为了民族解放而斗争的陶的生平。这就是我要提出的研究课题。在此,如果能得到各位的原谅,我敢说这就是陶行知整体人格形象研究的我的假说。(也可以说我上面所提出的教育家和诗人的共存和内在冲突以及革新,是研究陶行知整体人格时的基本观点、视角或框架。)

2.关于我在武汉会议上的报告,我 1996 年 10 月 20 日在分组讨论会上听取了丁丁先生的宝贵批评和意见,10 月 21 日中午休息的时候,也听取了周洪宇先生的可贵感想。加上回国后,又收到了哈尔滨陶城先生的来函,并幸亏看到了他对我报告稿的感想。在此我恳盼这本"1996 年陶行知研究国际学术研究会论文集"的读者各位对我所提出的研究课题和观点提出感想和批评。

最后,我在武汉会议所提出的报告是由荫山雅博和肖朗两位年青学者协助翻译成汉语,回国后所撰写的本(补记)汉语版和本报告的再次研究是得到牧野笃君的协助而完成的。在此铭记以表示衷心的感谢。

1997 年 3 月 12 日

(作者撰写此文时系日本东京专修大学荣誉教授、中国研究所原理事长)

真善美的爱——陶行知一家[①]

陶　城

一、祖父陶位朝

慈祖父陶位朝，号槐卿，字笑山，于1867年生于安徽省歙县，1915年病殁于江苏省南京市。为人诚笃。他的古文（文言文）根底较深，曾在南京汇文女校任教。光绪二十六年（1900年）祖父曾任休宁县万安镇册书，掌管田赋契约。1902年解职归田，回歙县黄潭源村家中务农，在家种瓜种菜，砍柴卖柴，与祖母曹翠仂女士靠劳动谋生，生活清苦，但仍乐于学。他确是爸爸的一位严爱之师。爸爸启蒙时，他亲自教爸爸读书学习。祖父对新生事物敏感。爸爸在15岁时，祖父就送他到歙县由基督教会办的崇一学堂学习，并从师于英人堂长、牧师唐进贤先生，他很受唐进贤先生的赞扬。由于祖父是一位热爱劳动的知识分子，这对爸爸后来成为一位善于与工农大众相结合的先进知识分子来讲是起到了有益的作用。他们之间崇高而深厚的父子情洋溢于爸爸写的诗文"献诗"之中。

爸爸在美国攻读研究生时，得其父殁耗，悲痛万分，后特写一诗《追忆美国得父殁耗之生活》。诗文中洋溢着父子的深情，道及当时爸爸之悲痛："我欲忙，我欲忙。忙到忘时避断肠，几回心内伤，我欲忘，我欲忘。忘入梦中哭几场，醒来倍凄凉！"

爸爸在这首诗的后面写有以下一段文字："悲之极，不得已借事勉强忘之，下课后即到图书馆中看书，不敢回寓，每至深夜始返。但梦中不能作主，悲怀一动，凄凉甚矣。"这是多么真挚之父子深情啊！

祖父为了大力支持爸爸在美学习，他把吸大烟的恶习都彻底戒掉。对

---

① 陶城先生此文原有"深深缅怀慈父陶行知先生"一部分，鉴于已经出版了陶行知传记多本，收入本论文集时删去了该部分。陶城先生此文披露了很多鲜为人知的资料，兹收入论文集，以飨读者。

于一个吸鸦片者来说，没有良好的戒烟措施，自己来行戒毒，这是需要多么大的毅力，要忍受多么大的痛苦。但为了儿子能成才，能为国效力，他还是作出了那么大的牺牲把烟瘾坚决戒掉。慈祖父这种伟大的牺牲精神，为爸爸的前途和伟业着想，实值得缅怀发扬光大。

二、姑母陶宝珠、陶文渼

慈姑母陶宝珠女士诞生及逝世的年代不清楚。她是我国妇女中最深受压迫即最低层——童养媳。她在小时候就不幸去世了。我虽然从来没有和她见过面，对她的了解甚少，但我对她在悲惨的少年时代的遭遇是甚感悲痛而十分同情的。我是抱着极大的悲痛来写上几句深感悲痛之言以表示我作为一个晚辈对她无比的同情与缅怀。我深切地希望“童养媳”这几个字在世界上尽快地永远根绝掉，希望世界上个个儿童都能在真善美的大家庭中共度天伦之乐。在我小时候，祖母曹翠仂女士曾痛哭流涕地对我说：“你的姑母陶宝珠，由于我家贫苦，不得已被送往别家当童养媳。她在婆家甚苦，有一天她回家说她很想吃一碗蛋炒饭，但未吃到就赶紧回到婆家。她十分可怜，不久就去世了。现在想起来十分内疚。”当时家中困难，为了保证爸爸上学，祖母才不得已把自己的亲骨肉宝珠姑母送到别家当童养媳，这是宝珠姑母为了保证爸爸能成才，能为人民多作贡献而作出的巨大牺牲。写到此我实感到悲痛万分。

慈姑母陶文渼女士生于 1895 年，1929 年 6 月 6 日不幸病故于南京鼓楼医院，享年才 34 岁。文渼姑母虽与姑父张枝一先生结了婚，但姑母姑父因忙于事业一直未生活在一起。因姑父早年逝世，未生儿女，因此爸爸和妈妈把我和二哥陶晓光过房给她为儿子。姑父也是安徽歙县人，是爸爸在歙县崇一学堂和南京金陵大学的同学，与爸爸情谊深、交往密。文渼姑母虽生命短暂，但她的精神崇高而伟大。她对人民的教育事业，由平民教育运动到乡村教育运动的贡献很大。她不愧为一位乡村妇女解放运动的先锋战士与开拓者和一位乡村妇女的至亲与挚友。她那伟大的真善美的爱、真善美的战斗、真善美的创造、真善美的奉献以及她对爸爸为人民之成功所作出的贡献，深深地洋溢于爸爸在 1929 年 6 月 8 日即姑母逝世后的第三天写的《文渼指导之遗志》一文中。

文渼姑母是我的慈母。她很爱我，我很爱她。由于她去世时，我年纪小才四岁，又由于她几乎把她的一切都投入爸爸的伟大事业中，因此接触不多。但她的伟大的一生给我以深刻的印象，使我深受教益永不能忘。文渼姑母曾与母亲同在一女子学校学习求真。爸爸创办晓庄学校发动乡村教育运动后的第二年，她率领全家投奔南京晓庄与爸爸并肩战斗。她的目光时时刻刻地注视着这三万万五千万农民中之最不幸的妇女及村姑。文渼姑母抱着严重的病在我们的家五柳村的茅屋里办起了农暇妇女工学处。她要通过农暇妇女工学处唤醒农村妇女与村姑觉醒起来，联合起来学习求真生利，谋求自身的解放。村姑们十分热爱这所农暇妇女工学处，因为这是她们的真善美的家园与乐园。在我幼小的时候，每天当太阳快要落山时，姑母领着村姑们高唱农民解放也是农村妇女解放动人的歌声《镰刀舞歌》，以作为一天工学的结束。我记得我当时坐在桌子上，用双腿前后摆动来打着拍子，我与姑母及全体村姑们真是高兴得不得了。文渼姑母创立的以生利为中心的晓庄农暇妇女工学处确为她的一大发明。

据上所述，姑母不愧为中华妇女界中的壮士。爸爸的巨大成功中不知姑母流尽了多少的血和汗，她确为爸爸的人民伟业而奋斗了一生，最后献出了她的宝贵生命，这是十分可敬可佩的。但是如今世上人们只知道爸爸的伟大贡献而不知或很少知道文渼姑母在爸爸为人民献身的伟业中所作出的巨大贡献。文渼姑母于 1929 年 6 月 6 日病故后，安葬于她所热爱的晓庄劳山麓，即现南京中山门外晓庄劳山麓之行知园。她与祖父、祖母、爸爸和母亲同葬一大坟中。文渼姑母的伟大的真善美的爱、真善美的创造与奉献精神永远鼓舞着我为人民而奋进。中国需要众多的像文渼姑母这样的壮士，世界也需要像众多的文渼姑母这样的壮士。我深信如果我们人人都能像文渼姑母那样为人民鞠躬尽瘁死而后已，则必能为全人类创造一个伟大的真善美的生命。

三、祖母曹翠仂

曹翠仂女士是我的慈祖母。安徽省绩溪县人，生于 1866 年，1933 年 11 月 26 日因脑出血不幸病故于上海，享年 67 岁。她是一位勤劳、善良、朴实、忠厚、爽朗，富有好学求真精神的劳动妇女。她一生中的那种奉献精神及其对爸爸的极大支持实令人钦佩。可以说没有祖母的大力支持，爸爸不可能为中国人民与世界人民创立永益于世的伟业。无论是爸爸在国内或国外求学，或是走到人民中的最低层和贫苦层中去发动或推行平民教育运动，或是发动乡村教育运动，创立晓庄学校，创立谋求民族大众和人类解放的教育原理——“生活教育理论”，或是发动救国救民的普及教育运动，包括“科学下嫁”到劳苦大众和少年儿童，创办山海工学团，祖母不但承担了全部家务重担，还要承担保卫全家免于遭受国民党政府进行政治迫害的重担。祖母总是作为爸爸为人民解放而毫无后顾之忧的坚强保证与后盾。可以说祖母确是一位一直与爸爸共患难的英勇斗士。自 1930 年 4 月 12 日爸爸遭国民党政府下令通缉，晓庄学校惨遭国民党政府武装查封以来，她为全家承担了多么大的风险，为全家的安全付出了多么大的辛劳，忍受着多么大的痛苦。所以可以说没有祖母，就没有我们兄弟四人的一切，我们兄弟四人也不可能在后来为爸爸的人民伟业有所贡献，我也不可能活到今天。祖母十分爱爸爸，爸爸十分孝顺并爱祖母。他们的崇高而伟大的真善美的母子深情充分洋溢在祖母遗体入殓时爸爸的痛哭碎心之言：“母亲、文渼妹、纯宜妻，你们实在是三位最伟大的女性，实在是被我拖垮累垮的啊！”

祖母在热爱劳动勤俭持家方面为我们全家树立了榜样。爸爸十分称赞她的这种中华民族劳动妇女所具有的美德。爸爸特写了一首诗《吾母所遗剃刀》来盛赞祖母：“这把刀！曾剃三代头。细数省下钱，换得两担油。”

57 岁的祖母发愤读书。祖母做学生，6 岁孙儿做先生，祖母不但努力学习，还要鼓励别人学习，教别人学，这件事其意义实在伟大极了。正如爸爸在 1945 年 12 月 1 日发表的《把武训先生解放出来》一文中所写道：“……让武训先生从我们的圈子里飞出去，飞到四万万五千万人每一个人的头脑里去，使每一个都自动的去兴学，都自动的去好学，都自动的去帮助人好学，以造成一个好学的中华民族，保证整个中华民族向前进，向上进，进步到万万年。”正是祖母与二哥陶小桃这一伟大之创举，深刻地启示爸爸发明了“小先生制”，使得其在 10 年后，即 1933 年开展的普及教育运动中发挥了巨大的作用。“小先生制”对我们当前推行全民族的素质教育及希望工程来讲仍有强大的生命力。

我们家的祖孙情也是崇高的。慈祖母对我幼年时的爱育（尤其是慈母发病后，自我三四岁到八岁她老人家去世时），是极为精心并作出了巨大的牺牲。她老人家患有严重的高血压症，这种病有着随时发作致死之危。特别是自我三岁起母亲得了精神病，后来姑母文渼又病重住院，整个陶家的沉重担子都压在她老人家的肩上。是她老人家给予我慈母所不能给以我的爱。慈母生我时难产，我出生时受了伤，致使我自出生到两岁，时常吐黄水。由于慈祖母对我较长期的精心照料及服药治疗，吐了两年的黄水终于制止住了。1928 年我们兄弟四人随慈祖母、母亲及姑母由北京来到南京晓庄，以支持爸爸办晓庄学校并开展乡村教育运动。

1930 年 4 月 12 日国民党政府武装查封晓庄学校，捕杀晓庄革命师生的残暴情景我至今记忆犹新。当时我还未满五岁半，这天早晨，我立在五柳村的山头上，远看一支约有五六百人的黑压压的国民党特务军警队伍步步向晓庄学校逼近，他们气势汹汹，杀气腾腾。就在我那么小的年纪我已经看出他们是多么的可恶可恨可怕。他们手持上了刺刀的步枪，腰挂着手榴弹和捆人的麻绳，像青面獠牙的吃人野兽般地闯进了晓庄校园，占领了整个校园，大肆搜捕革命学生，连当地农民的家家户户都搜遍了，真是太穷凶极恶了。当时一个蒋军宪兵手拿着南京市警备司令部查封晓庄学校的布告，贴来贴去，连贴布告的地方都找不到。这是因为当时晓庄周围几十里无边无门，治安好到夜不闭户（此实因爸爸建立的乡村联村自卫团治安有方）。国民党政府穷凶极恶到如此的地步，真想斩草除根，灭绝九族。一个手持上有刺刀步枪杀气腾腾穷凶极恶的蒋兵在我家五柳村后门的左侧站着岗，对我们全家进行严密监视，由早晨一直站到太阳下山。吓得我一看到蒋兵来，就立即把我最爱听的国歌唱片也立即停放了。当时敌人放出恐吓之言，扬言道："如果抓不到陶行知，就拿他的家人包括儿子拿来做人质。"慈祖母与慈母吓得要命，她们最为担心的是敌人要对我们兄弟四人下毒手，斩草除根。慈祖母下定决心，一旦蒋兵下岗就立即带着患病的慈母与我们兄弟几人（当时陶宏大哥不在宁）逃出晓庄。在黑黢黢的夜里，慈祖母慌忙地带着慈母与三哥陶刚和我一道逃离五柳村，我们是多么提心吊胆的生怕遭到蒋军及特务之拦截。在由晓庄通往和平门的路上，忽然来了一辆马车，我们赶紧上了车，乘上这辆马车星夜进了南京城，赶到爸爸好友姚文采伯伯家里，食住都在他家里。

1933 年 11 月末一天晚上 5 时许，慈祖母在我们法华镇家在坐起马桶时，脑出血突发而跌倒在地，可把我们全家吓坏了，家人急把她老人家扶起，将她安放在床上。

第二天清晨，爸爸与大哥、二哥用救护车把祖母送到上海海格路红十字会医院住院抢救，但经大夫会诊并抢救均无效。我在慈祖母的病床旁守候着她老人家，我是多么急盼着她老人家能从昏迷中苏醒过来。在午后1时许，她老人家终于睁开了慈祥的眼睛，直瞅着我，从她老人家的目光中可以看出她是多么想说出她心中的话，她是多么舍不得离开我而去。从她那闪烁着慈爱的目光中可以看出，她是竭尽全力地想向我讲出几句爱语，但总是力不从心。最后，她终于用极微弱的口吻说出了她对我深爱与慈祥的徽州家乡话："MiTe(蜜桃)!"但还没有等我向她讲一句孝顺之言，她就紧闭上眼睛又昏迷过去。这是慈祖母在她一生中对我说的最后一句慈爱之言。

慈祖母病故后，她的棺木与慈祖父共葬一墓穴。1946年爸爸去世后，爸爸的棺木与慈母的棺木、慈祖父母的棺木及慈姑母的棺木共葬于晓庄劳山麓的一大墓穴中，即现晓庄行知园内的同一大墓穴中。

四、母亲汪纯宜

慈母汪纯宜女士生于安徽省休宁县，诞生年代不知，1936年4月23日下午5时45分病故于上海普慈疗养院。慈母病故之时正是爸爸离沪去两广的同一天，当天上午我随同二哥陶晓光到码头为爸爸送行。爸爸去广东广西两省的目的是劝说广东广西两省党政军领导胡汉民、陈济棠、李宗仁及白崇禧逼蒋介石停止内战和中国工农红军联合抗日。慈母为人忠厚纯朴，温和慈祥，沉默寡言。她年幼时极为悲惨，三岁时就丧父母。后来她根据长辈之意按旧式婚姻与爸爸结了婚。据我所知，爸爸与慈母相处尚和睦。在母亲发病前，爸爸曾鼓励慈母进女子学校学习求真。1927年12月3日爸爸在题为《幼稚园艺友》的一封信中写道："纯妻：皮袍已收到，质地甚佳，袍面亦特别可爱，新年穿此，在乡间可以大出风头了。一月一日系晓庄学校落成纪念日，将有大热闹。深望您与全家均在此同乐。幼稚园已开学，收了徒弟三人，跟幼稚园教师学做先生，此法非常有效。时局稍静，您是可以享优先权来此学习的。"

1928年，当我三四岁时，为了支持爸爸发动乡村教育运动创办晓庄学校，为争取中华及全世界贫苦农民的彻底解放，我的祖母、母亲及姑母带领着我们兄弟四人由北京来到了南京晓庄农村。全家由北京迁到南京乡村后，慈母由于对爸爸长年累月在外奔跑更为牵挂，又因误食了过量的安眠药损害了神经得了精神错乱症。慈母的病状日益严重，特别是1930年4月12日蒋介石亲自下令通缉爸爸，并派五六百军警武装查封了爸爸所办的晓庄学校，大肆逮捕屠杀晓庄革命师生时。1930年4月11日下午4时爸爸匆匆地由外边赶回到家，他对祖母、母亲及我们说："蒋介石亲自下密令通缉我了，并武装查封晓庄，明天早上就要执行。敌人这次决心很大，要对我下手了，你们大家可要特别小心啊！必要时也得躲一躲。"爸爸这一席话对我们全家来讲真是惊天动地，恐怖万分，尤其是慈母怎能承受如此巨大的刺激，她一方面要为爸爸的安危而牵肠挂肚，还要为全家即将到来的厄运与苦难而千焦万虑得日不进食，夜不入眠。当时谣言四起，一说爸爸已在某地被捕，一说爸爸已被敌人枪决了，这怎不引起慈母之千思万挂，千焦万虑呢。敌人放风说："若抓不到陶行知，那就拿他全家作人质。"当这威胁之言传到慈母耳中时，她更是受到了极大的刺激。她生怕爸爸惨遭敌人杀害，因此不想活了，便投入夫子庙的一条臭水河自尽，幸被一义士救起。

自祖母于1933年11月26日病故后，我们陶家已完全崩溃。当时我才8岁，我的二哥陶晓光才十四五岁。整个家庭的重担全落到一个十四五岁的孩子陶晓光的肩上。根据爸爸的建议，二哥陶晓光退掉了在法华镇的租房并带领病重的母亲和我迁到当时越界筑路(华界与外国租界地相邻的地界)安和寺路的儿童科学通讯学校内。学校设在观音寺内。慈母与二哥和我在这所学校里与该校全体教师过着集体生活，食住均在一起，尤其是对病重的母亲来讲实在太不方便和极其困难。为了使爸爸能毫无后虑地投入日益高涨的抗日救亡运动及国难教育运动，在爸爸的建议下，由二哥陶晓光进行联系将慈母送往上海郊外闵行的一所上海普慈疗养院住院并进行治疗。这所医院是由天主教会举办的。但二哥陶晓光十分担心怕慈母不愿去，因此要我动员并劝说慈母住院。最后慈母接受了住院治疗的建议，孰不知这次送慈母住院"治疗"实为将慈母送进火坑(爸爸与二哥事先均料想不到)，实际上是送慈母早日进了死亡之境。据后来了解，该院对住院的精神病患者根本没有什么合乎科学的治疗方法，他们对住院患者要了极其卑劣的花招，他们用宗教迷信，传播天主教和强迫患者向主作祈祷来治患者的病，真是荒唐至极又令人气愤万分。我并不反对宗教，但坚决反对这种极为恶劣的做法——强迫施教的假宗教和恶宗教。他们是否还搞一些不可告人的恶招则不得而知了。有一天我随表叔曹伯鸿去医院探望慈母，当我向慈母问及该院治疗的情况时，慈母神志清楚毫不犹豫地对我说："这个医院太坏了，我实在不能再待下去了。你快叫晓光赶紧把我接出医院，否则我一定会死在这里了。"我当时听了慈母这一段话心中十分难过，我实在不能失去慈母了。我回到了儿童科学通讯学校后，把慈母对我讲的一切全告诉了晓光哥，建议速将母亲接出医院。但晓光哥得悉后也没有什么办法。他是否把这意见转达给爸爸，爸爸有什么意见，我不知道。但对于我这样一个11岁的孩子来说也实无能力。当时国难当头，而国民党政府正疯狂地围攻红军打内战并在国民党统治区血腥地镇压爱国运动，爸爸正号召停止内战，号召各党派与全国人民组成抗日救国联合阵线共同抗战，而且爸爸又面临遭到国民党政府再次下令通缉之危险，他实无法顾及这些。家要破国将亡，当然应先救国为是。自慈母住院后，他连一次也未能到医院看望母亲，他真是做到"损己舍家为人民"。他这种以民族国家之患难重于家庭的苦难的伟大精神实在可贵。自我去医院探望慈母不久，有一天夜里，我与二哥晓光忽然接到医院通知说慈母病危。我与二哥接到这个极坏的消息后，真如天崩地裂，悲痛万分。我们赶紧租了一辆霞飞公司的出租小汽车直沿着通往闵行的公路疾驶而去。黑夜茫茫，我一路上为慈母祈祷平安。我是多么期望慈母能从死神那儿解脱出来转危为安。到了医院，我看到慈母被放在一个大屋里，她双目紧闭着不能言语，不能动弹，完全处于昏迷状态。我流着热泪高喊着"妈妈"。但她无丝毫反应，我心里想着："这个世界太不公平了，什么厄运都降到我们陶家，天理！天理！你躲到哪儿去了？"忽见一个身披着黑衣头上戴有白布的修女前来为慈母祈祷。我心中咒骂道："你们把人都快弄死了，还假仁假义地搞什么祈祷，简直是混蛋。"晓光哥向院方提问慈母是得了什么病，但他们支支吾吾地说慈母是得了四种病。我心里想本来慈母只得了一种病——精神错乱症，是不会死的，怎么进了一个堂堂皇皇的大医院竟得了不治之病，而且是四种病，现在把病人搞到了不省人事的地步还胡说八道。我真怀疑，院方与医生是否用了不可告人的卑劣手段把慈母害死，他们是否用一种实验用的有毒针液注入慈母的体内，以致慈母落到如此悲惨的地步，我一定要向他们算总账！我一定要向挂羊头卖狗肉的假天主教算总账！

1936年4月23日晚，我们突然接到了上海普慈疗养院送来的关于慈母死亡的通知书：

径启者顷据本院医师报告住在四等女病房的陶纯宜女士于四月二十三日下午五点四十五分病亡嘱为通知贵家属(或关系人)速即来院殓收等语兹特饬人前来报告即希查照是荷此致

陶纯宜家属或关系人台照

上海普慈疗养院事务处启

二十五年四月廿三日下午五点四十五分

慈母的一生是极为不幸的一生，我从幼年时就对慈母所遭不幸甚感心痛。在上海法华镇时，当时我年纪虽小，才八九岁，但我认为作为儿子的应对慈母尽一片孝心与孝行。虽然我是知道我的所作所为是弥补不了慈母的极大不幸，但我仍努力去做。慈母在入睡时我特给慈母打来了一盆热水好让她能洗个热水脚，然后用干手巾给她擦脚，再给她盖上被子，好叫她能睡个好觉，慈母终于含笑入睡，我才离去。还有一件事使我一生难忘，那就是我直到八九岁还不知道我的生日，有一天我特向慈母问到我的生日。她神志清楚地告诉我，我的生日是农历十一月十七日，即我是1924年农历十一月十七日生，从此我才知道自己的生日。慈母去世实在太早，她才40岁出头就离开了我们。正是慈母、慈父、慈祖母与慈姑母给予我的真善美的爱心与爱行，以及我亲自经历的苦难生涯，使我懂得了真善美的爱与行之崇高与无比珍贵，并为创造真善美的人生，真善美的祖国及真善美的世界奋斗到底。

五、大哥陶宏

大哥陶宏，安徽歙县人，幼名桃红。1915年4月生于南京，1975年5月因心肌梗死不幸病故于北京人民医院，享年60岁。30年代初，因爸爸被通缉、晓庄学校被武装查封，为避免遭国民党反动派之政治迫害，化名为吕峰。大哥是爸爸的好儿子及爸爸在人民解放斗争及人民教育战线的亲密战友。

1923年爸爸推行平民教育运动时，发现了一个推行平民教育运动的有效方法即连环教学法。这是爸爸受到大哥陶宏与二哥陶晓光的启发。爸爸在1923年10月8日给陶宏与陶晓光的信中写道："桃红、小桃：你两个人很有功劳。我看见你们两个人，哥哥教弟弟读《千字课》(当时桃红才八岁，小桃才六岁)，就发现了一个好法子，叫做连环教学法。这个法子是用家里识字的人教不识字的人：我教你，你教他，他又教他。每个人化不了多少工夫就可以使全家读书明理了。我在南京试验这个法子很有效验，特为写这封信来感谢你两个人。"从这件事，使我更认识到，为什么爸爸在后来，特别强调要向小孩子学习，拜小孩为老师。从小孩子那儿可以得到十分珍贵的启迪，十分有助于你更好地去创造、开拓和奉献。

1928年大哥陶宏随全家由北京迁来南京晓庄，并在晓庄学校学习。他积极投入爸爸发动的乡村教育运动。在陶宏大哥制定的"十九年度(1930年)陶宏的计划"中充分表露了他的真善美的爱与创造的激情。

30年代初，爸爸与朋友们在上海安和寺路办起了儿童科学通讯学校，大哥陶宏也在这所学校里搞儿童科普教育工作。在爸爸编写天文学活页指导和科学指导时，大哥特给爸爸画了不少星图。据大哥陶宏回忆，大家对天文学的兴趣完全是爸爸引起来的。每天晚上，当天空晴朗，爸爸总带着大家到马路旁的广场或屋顶的凉台上，指手画脚地教大家认星星。大哥陶宏在科学方面一向的学习与兴趣不能不归功于爸爸的种种开导与启诱。

大哥陶宏对自然科学有着极大的兴趣，并终身献身于中华科学宏业，是受到爸爸于1926年10月写的题为《攀智识塔》的这首诗勉励(当时陶宏才11岁)："一二三，三二一，一二三四五六七，看谁找到真智识。"

当时爸爸在上海，大哥陶宏在北京，爸爸在寄给大哥陶宏的一本电磁学的书上写上了这首诗，并在诗的后面附上一句话："与桃红作科学忘年竞赛。"爸爸对陶宏说他近来深感科学的重要，他要特别加强这方面的学习。过去学得太不够，但现在学还来得及，准备下20年的工夫。从此在爸爸的带动下，大哥一直向科学奋勇进军，并从而带动了我们。

1939年大哥陶宏在中国科学社生物研究所工作时，他十分支持爸爸在合川县草街子农村创办育才学校自然组。他几乎每周都要抽出时间来到离北碚 30 里路以外的育才学校去筹建自然组。自然组的科学仪器十分缺乏,甚至于一个烧杯、一个试管都要耗费他的不少心血。他还要与一位能工巧匠一同为自然组研究试做仪器。为了更好地支援自然组的筹建与教学,他把自己的家也从北碚搬到离育才学校里把路的农舍里,当时大嫂王醉霞女士及他们的小女儿陶鹤都住在那里,生活很是清苦。爸爸在 1942 年 1 月 19 日给晓光哥的信中充分肯定了陶宏大哥在育才学校自然组创办中的业绩及可贵贡献,爸爸在信中写道:"陶宏意在寒假后,到成都四川大学理学院跟周厚福先生(著名化学家)多学习一些。现在自然组全靠陶宏一个人力量维持,假使他走,对学校对小孩子都是一大损失,但不知小孩子的力量可否挽留住。"陶宏大哥离开育才学校赴成都四川大学理学院任教后,他经常在数百里外用通信来关心指导育才学校的孩子们学习,并得到爸爸的称赞。

大哥陶宏在为育才学校筹募办学经费上给予爸爸以极大的支持。当太平洋战争爆发,南洋以杨静桐先生为代表的华侨对育才学校在经济上的援助已告中断。陶宏哥为了帮助爸爸渡过办学难关,他在成都拿着募捐册到处为育才学校乞捐。有一次大哥陶宏把募来的 10000 元(邓)和 8000 元(熊)寄给了爸爸,爸爸十分高兴。

爸爸特别称赞大哥陶宏这种自助助人的真善美的爱的精神。爸爸在 1943 年 2 月 11 日给陶宏大哥的信中写道:"你的信集,我拟好了一书名叫做《从峨眉山到凤凰山》,不知可中意否?近来我们深刻的了解,人生最大的目的还是博爱,一切学术也都是要更有效的达到这个目的。一天谈及你,冯先生(冯玉祥将军)说你曾为要帮助一位苦学生,而节省吃鸡蛋的钱来完成这任务。这种行动是高贵的,所以冯先生至今还记得,以后我们仍当向这个方向努力。"

爸爸逝世后,大哥陶宏由成都四川大学来到北京大学理学院化学系任教,他任爸爸创建的生活教育社的理事,并对北京生活教育社分社的筹组工作作出了贡献。

我在十五岁前用的名字是陶蜜桃,1940 年春他为我报名到四川北碚中学高中一年级学习,他特按重庆为山城之意,把我改名为陶城。从此以后,我就用这个名字。由此可知,他对我是关切备至的。大哥去世后,大嫂王醉霞女士因患阑尾炎而耽误，1979 年 4 月 16 日 23 点 45 分不幸病逝于北京医科大学附属第三医院。大哥和大嫂逝世后他们的骨灰盒合葬一墓穴内，位于行知园爸爸墓之左前侧。大哥大嫂生有一女，名叫陶鹤，她长期从事于航天事业，现已退休在沪。

大哥陶宏的去世实为极大的不幸。1974 年他以中国感光材料工作代表团团长及中国感光材料委员会顾问名义率领中国感光材料代表团赴日本考察。他在日本便血，回国后在北京人民医院住院治疗，确诊为直肠癌，割除了肛门，造了假肛门。由于手术失误不慎将陶宏大哥的尿道割断，经著名泌尿专家吴阶平教授会诊，吴教授建议再行一个手术做个人工尿道，对一位严重冠心病与高血压的患者来讲连做两次大手术实有极大的危险。大哥对此毫无畏惧，他表示“科学实验允许失败”，以此对进行手术的大夫进行鼓励使，他们有信心进行手术，使我深受教育，并甚为感动。大哥饱受了两次大手术之苦又经受两个人工出口之不便，但他仍以顽强而坚定的精神，即爸爸所提倡的大丈夫精神：富贵不能淫，贫贱不能移，威武不能屈及病痛不能(衰)颓而勇于求真，勇于创造，使我深受感动。他整日躺在床上，阅看有关感光化学的文献报告及感光化学所的研究报告，他对祖国感光化学这一高新科技的发展到了如此关切与痴情的程度，实令人钦佩。他是我国感光化学学科科学研究的创始人之一，为我国的感光化学学科的发展作出了卓越的贡献。

六、二哥陶晓光

二哥陶晓光安徽歙县人，幼名小桃。1918 年 7 月 5 日生于南京，1993 年 7 月 6 日 18 时 45 分在北京空军总医院因患恶性淋巴癌逝世，享年 75 岁。30 年代初因爸爸遭通缉及晓庄学校被武装查封，为避免遭国民党政府之政治迫害，化名为吕潮。晓光哥一生是为人民的解放和人民的教育事业奋斗，鞠躬尽瘁死而后已的一生。1949 年 9 月至 1951 年 1 月晓光哥在清华大学物理系进修，并于 1951 年 1 月志愿参军。曾荣获三等军功一次，并被授予中国人民解放军二级红旗功勋荣誉章。他既是爸爸的好儿子、好学生，又是爸爸的亲密战友。他在 1923 年爸爸发动的平民教育运动时是中国第一个“小先生”，教祖母曹翠仂女士读《平民千字课》很成功，这使爸爸于30年代推行普及教育运动，实行“小先生制”增强了信心。30年代初，爸爸在上海发动普及教育运动时还提倡普及现代生活教育。在爸爸的倡导下，他与表叔曹子云先生一同自行装成了手携式直流多管无线电收音机数十台以大力推行农村的电化教育，并带着电影放映机与发电机到农村为农民放电影。他确是我国最早在农村为广大农民推行电化教育的先锋战士，当时才15岁。他首创在上海的无线电台对市民进行普及爱国教育、文化教育(包括科普教育)，颇有成效。抗战胜利前后，当爸爸创办育才学校在经济上最为困难时，他十分高兴地担任了育才学校驻印度的代表，到处为爸爸筹募办学经费，给爸爸及育才学校带来了及时雨。此外他专为育才学校绘画组的孩子们在加尔各答举办了绘画木刻展览会，以展览来募集办学经费。他还为育才学校音乐组购买了不少音乐器材，托人带回国，有力地支持了育才学校音乐组孩子们的正常学习及音乐会公演之举办。以上方面得到了爸爸的称赞。尤其是爸爸去世后，育才学校处于政治与经济上十分危难的情状，他挺身而出辞去了中国航空公司无线电工程较为优厚待遇的职务，完全投到爸爸留下的为祖国培养人才幼苗的育才学校的创办上来，实际上是承担了爸爸所留下的政治与经济上的重担。

二哥陶晓光从小热爱科学。他迷之于科学，悟之于科学和爱之于科学是深受爸爸的影响。1931年秋爸爸创办自然学园时，当时二哥晓光与三哥陶刚还在南京。爸爸特给他们两人写来一信，在信中说：“祝你们努力向科学树上攀，攀得高高的，把那肥大的果子摘下来给全世界人吃，不要只顾自己吃得一肚饱，忘了树底下的民众。”爸爸就是这样的教导我们要从小立科学救国兴世界的宏愿。后来我们全家由南京搬到上海，二哥陶晓光整日泡在自然学园，看《儿童科学丛书》，玩科学把戏，追求科学这一真理。他特别爱玩电磁学、力学的把戏，观察昆虫生活，看天象，真是新鲜好玩极了。此外他还自修一些基本课程，如英文、数学、物理、化学等，当时他才14岁。夜间他还在爸爸的带领下与大哥陶宏及自然学园的先生们到马路广场和屋顶的凉台上去观看天空的星星，有时还在爸爸的带领下到野外去捕捉昆虫，捉了多种螳螂来观察验证法国昆虫学家法布尔所述的螳螂交配后，雌螳螂要把雄螳螂活活吃掉的趣事。在自然学园的那一段科学学习与实践为晓光哥奠定了对科学发生兴趣的基础。

1937年全面抗战爆发，晓光哥特写了《大众军事知识》一书为抗战效力，该书是由知识社及生活书店 1937 年 10 月出版的《战时大众知识丛书》之一。1937 年，晓光哥放弃了求学机会，在广西桂林第五路军修械所从事无线电技术工作为抗战效力。广西当局曾在桂林数百里外的县里办起了为抗战培养人才的讲习班，晓光哥不辞辛劳十分认真的开出讲座。他除了在 1936 年参加了进步救亡组织国难教育社外，1938 年他在桂林参加了爸爸发起和领导的抗日救亡组织生活教育社，并任地方工作队队长，1948 年还在沪参加了上海教育协会。1940 年起曾在成都航空委员会无线电制造厂为抗战效力。抗战胜利前后曾在印度加尔各答中国航空公司从事无线电工作为中国航空事业作贡献。在此期间他对爸爸的育才学校予以大力支持，建立了功勋，深受爸爸与育才学校的朋友们的盛赞。

在我的三个哥哥中以晓光哥与我相处时间为最长。1933 年慈祖母病逝后，慈母病重，是他一直照料着我，即由 1933 年至 1939 年，我由 8 岁到 14 岁，是他承担了对我的养育与教育，他还要照料病重的母亲。“八一三”抗战后，上海租界变成了一座孤岛，是他带着我冲破日军海上封锁线，冒着日机轰炸的危险转经苏北、武汉来到了广西桂林。要不是他的保护，我将被留在上海当流浪儿，能否活到今天，很难说。因此他不但是我的抚育神而且是我的保护神。我所以能为人民做点有益的事是与他对我的爱护与教育分不开的。他的不幸逝世实为我陶家之巨大损失，也是我国陶研界的巨大损失，使我悲痛万分。从此我们陶家四兄弟中只留下我一个了。三位慈哥哥的伟大的真善美的爱的精神及他们损己舍家为人民的崇高精神，是他们留给我用之不尽之无价之宝。他们的相继逝世，对我这个尚留于世的陶行知先生的最后一个儿子来讲，为人民而奉献的任务是更重了。

七、三哥陶刚

三哥陶刚，幼名陶三桃，又名陶日新。1919 年 11 月 22 日生于南京。1983 年 1 月 19 日 12 时 33 分因积劳成疾患脑血栓症在上海市大场医院病故，享年 64 岁。陶刚哥虽出身于一个名人之家，但他并没有辜负先父的期望。他的一生是平凡而崇高的，他既不愿踏入酒肉臭的朱门，亦不愿踏人达官贵人之境，他视高官厚禄富贵荣华为粪土。在这一点上我们四个兄弟都是这样，不过陶刚哥更为突出。

陶刚哥早年曾在晓庄小学学习，后在南京晓庄佘儿岗儿童自动学校、上海山海工学团工作学习。全面抗战爆发后在安徽屯溪半工半读，在徽州日报馆当报童。后来在广西桂林临桂教养院农场工作。1942 年到 1947 年在四川省合川县草街子古圣寺育才学校农场工作。1947 年到 1979 年退休一直在上海育才学校及其中学部、上海行知中学（育才学校后身）工作。他在育才学校工作长达 37 年之久（我们兄弟四人陶宏、陶晓光、陶刚和我均在育才学校任教或工作，但以陶刚哥工作的时间为最长）。陶刚哥是铁心痴情地追随爸爸，为爸爸发动的人民教育运动，即生活教育运动、乡村教育运动、普及教育运动、国难教育运动、战时教育运动、全面教育运动及民主教育运动，做到贯彻始终，愿力无穷，鞠躬尽瘁，死而后已。

陶刚哥是我们兄弟四人中最受苦难的一个。他先天不足，身体瘦小而虚弱，晚年时又患严重的冠心病及肺气肿。正是他在生理上的不利因素使他不能从容上学求知。但他比一些受较多学校教育的人更具有崇高的精神与优秀品格。尤其使我十分钦佩的是，他有着伟大的宏愿：“我要做一个真善美的农人来为抗战效力。”1943 年他来到爸爸在四川省合川县农村草街子的凤凰山古圣寺创办的育才学校，以开荒种地来帮助爸爸渡过办学难关。

陶刚哥在一生中深受日本帝国主义迫害和国民党政府消极抵抗与贪污腐化之苦。1942 年日军进犯湘桂，陶刚哥冒着生命危险，饥寒交迫，拖着病体长途跋涉千余公里由桂林来到了陪都重庆，找到了爸爸。由于他深受长途跋涉之苦得了垂危之病。我见他全身包括四肢淋巴腺严重发炎、脓肿、溃烂，脓血都分不清，甚至于在双腿尤其是关节处的肌肉溃烂得连骨头几乎都要露了出来。我见到如此惨不忍睹之状以及他十分痛苦的情况时，我热泪满眶。幸而爸爸对他的病因作出了正确的判断，急送到一家好医院进行了有效的治疗，这样才挽救了陶刚哥的性命。

爸爸在 1941 年 10 月 14 日给育才学校马侣贤副校长的一封信中写道：“学校难关将渡过，大家尚须齐心努力，争取最后胜利，以跃入创造之境。我们正在急水滩头挣扎，撑篙的、拉纤的、掌舵的都要随处留神，在扼要处着力，自能安达彼岸。”陶刚哥他的大半生献身于育才学校，他不愧为爸爸如上所说的育才学校这艘真善美的大船上的一名真善美的船工，他与育才学校全体同志共同努力以安达真善美的彼岸。

1992 年 10 月 18 日爸爸 101 诞辰周年纪念日，合川市陶行知研究会刘贤奇会长等先生引导我和我的爱人陈树新女士重新来到爱国主义及国际主义的圣地古圣寺育才学校参观学习，在我们的内心深处燃起了爱国主义与国际主义相结合的熊熊烈火。在 1992 年 10 月 20 日告别时，刘贤奇先生给我们题了勉励之词："像陶行知那样爱满天下，像观世音那样普度众生。"陶刚哥的一生正是以这句勉词不断地向前进，向上进。

八、真善美的爱鼓舞着我前进

我是爸爸最小的儿子，如今已是七十多岁的老叟了。1924 年农历十月十七日我生于北京。

回顾自己走过的道路，爸爸的"真善美的爱"及其伟大教育思想给了我极大影响。记得在我小时爸爸就教导我说："现在做一个小孩子，要知道三件事：第一，民族解放的大道理要彻底的明白；第二，遇患难要帮助别人，肚子饿让人先吃。没饭吃时，要想法子找出饭来大家吃；第三，要勇敢。勇敢的活才是美的活，勇敢的死才算是美的死。"

我从小就这样做了。我把劳苦大众与小孩的苦与难看成自己的苦与难，并竭尽一切力量来解脱他们的苦与难。记得在 1931 年"九一八"事变后，我们全家迁到上海，当时我才六七岁。我把祖母与爸爸给我的零用钱铜板，舍不得花，积起来到休假日，或节日上街时送给那些在马路旁跪在地上行乞的乞丐和他们的苦难的孩子们。最使我深恶痛绝的是那些洋鬼子的走狗巡捕（警察）用警棍驱赶着他们，真不让人活了。这哪里有天理啊！这就是在我幼小的心灵里闪着的真善美爱之光和燃烧着救劳苦大众及其孩儿的苦与难之火。虽然我这样做无济于事，但也体现了我在幼小时就开始领悟做人的大道理。

"九一八"事变及"一·二八"战事的爆发激起了我的爱国热情和对日本帝国主义及其豢养的汉奸走狗的无比痛恨。由于身居上海公共租界，亲眼看到英、法、日、美帝国主义者是如何欺凌着我国人民，尤其是劳苦大众，更激起我对帝国主义及其走狗的无比愤怒。我在少年时代，非常热爱和平，十分痛恨德、意法西斯和他们发动的侵略战争，十分同情国外人民的反法西斯斗争。

“八一三”抗战爆发，当时我才12岁。为了壮大抗日民族统一战线力量，向上海市民宣传抗日，我与一位18岁的青年在上海街头合办起“抗日每日战报”向市民报道我军捷报。我还报名参加上海市商会童子军，请求上前线救护伤员，因年龄小未被批准。

1938年日本飞机每天轮番轰炸桂林，我亲自剪贴了日寇在南京进行大屠杀的图片，将之挂在桂林市七星岩的山洞里向数以千计的市民揭露敌人的暴行。

1939年我14岁时，亲自组成《储材学校少年抗日宣传队》，自己编画壁报，带领全体队员到桂林农村将军桥张贴并进行抗日宣传。

1939年，我在广西桂林临桂大村小学教小孩们画抗日画。每天晚上我和新安旅行团(抗日少年宣传队)女团员徐沙白一同到附近农村，给村童讲抗日大道理，讲抗日故事，教唱抗日歌曲。有时还一个人在夜里走好几里的黑路去向村童作抗日宣传。在农忙时，我特地帮助抗日军属放牛和收割稻子。

1938年12月，我参加了爸爸创立的革命教育社团生活教育社，并参加了该社组织的抗日宣传活动。

抗战胜利后，我是多么期望国内能实现民主与和平。我在重庆九龙坡交通大学及上海交通大学学习。自1946年至1947年夏，我一直积极参加国民党政府统治区内的民主和平运动及进步学生运动，因而受到国民党当局的嫉恨，他们以交通大学整理委员会名义勒令我退学。

1949年上海、南京解放不久，为了在南京举办陶行知生平图片展览，我携带一整箱爸爸的相片与有关珍贵资料由上海乘火车去南京，车到丹阳站，恰逢国民党飞机空袭，我冒着敌机低空扫射的危险，将这一箱珍物抢运出离车站百余米处，我才趴下。只见那敌机猛烈扫射，机枪射得我周围尘土飞扬，敌机飞得那么低，连敌机飞行员头部都能清楚看见。我保护这箱宝贵材料安全无损地运到南京，并在宁展出。

真善美的爱力巨大无比。这种伟大的爱力是我为人民而创造和奉献的源泉和动力。12年来，我做了以下几件事：(1)努力学习研究陶行知；(2)大力宣传真善美的爱，宣传爱国主义与国际主义及陶行知思想与其伟大精神；(3)支持在一些省、市、地区，大、中、小学，企业及青少年中成立陶行知研究会及学陶组织，担任一些少先队包括行知中队的辅导员及行知实验班的顾问；(4)发挥真善美的爱力，发挥爱国统一战线的巨大威力，运用爸爸的爱国主义教育、民主教育、现代生活教育、科学教育、创造及创业教育和终身教育等思想大搞高新科技培训；(5)以伟大的真善美的爱来动员并组织社会上一切力量与青少年朋友们一道为“一代关心一代，一代胜似一代”而努力奋斗、努力创造和努力奉献；(6)挥谱高唱真善美的爱歌、爱国主义与国际主义歌曲、陶行知歌曲和少儿科学歌曲，唱出真善美的人生、真善美的祖国，唱出真善美的世界；(7)以真善美的爱心，怀有爱国与爱人类的壮志向科学研究的高峰攀登，为中华科学巨树增添一片绿叶；(8)做一个名副其实的省人民政协委员，不辜负人民的重托；(9)十多年来，我为增进中国人民与日、美、韩、苏、南、意、比、奥、德、法及澳等国人民的友谊与科学文化交流做了一些工作。我利用一些国际学术会议，接待外宾、外国学者访华讲学以及通信或互赠书刊来开展国民外交活动。

十多年来，我在以上诸方面所以能获得成功，是由于我在财力、物力、智力和创造力上得到了一些热心单位与朋友们的大力支持，是由于我学习并厉行了爸爸所提倡的新武训精神，我常常以“新义丐陶城”为自豪，我将继续发扬此伟大精神来“为众谋”、“造众福”。

（作者系陶行知四子、哈尔滨工业大学教授）

青年陶行知人生抉择的内在动力

喻本伐

每个人在成长的过程中，总会遇到某些机遇。而每当面临机遇时，个人的独立抉择往往会影响人生路向或事业成败。青年陶行知也曾面临过这类机遇并进行了独立抉择，从而走上矢志教育的道路。研讨这种抉择的过程及原因，大体可从两方面入手：一为外在环境的刺激，二为内在心理的回应。严格说来，这两方面是相辅相成、不宜分割的；但是，若侧重对内在的心理动力进行分析，也并非毫不足取。

一

青年陶行知的志向或择业观，大体经历了如下的阶段性变化。

医药救国。与孙中山、鲁迅、郭沫若等近代名人一样，少年陶行知较为明晰的人生理想便是悬壶行医，治病救人。他 17 岁毕业于徽州崇一学堂后，即于 1908 年春考入杭州广济医学堂。该校系基督教教会学校，所学为西医西药。如此年纪便背井离乡外出求学，可见志向之坚，决心之大。

文学救国。陶行知在广济医学堂就读时间极短，据称仅 3 天，即因受到歧视而愤然退学[①]。1909 年入南京汇文书院文科后，兴趣即定向于文学。次年升入金陵大学文学系后，尤其通过学报《金陵光》的办理及作品的陆续发表，日益坚定了他以文学刷新国民精神风貌的信念。

政治救国。这种思想初步萌生于辛亥革命期间。当时他回到家乡徽州，参加了屯溪阳湖余家庄起义。夺取地方政权后，短期担任徽州议会秘书。半年后，"南北和议"成功，中华民国政权易主，陶行知通过政治革命救

---

① 参见陶行知：《我的简历及志向——致罗素》，华中师范大学教育科学研究所主编：《陶行知全集》第 8 卷，湖南教育出版社 1992 年版，第 727 页。

国的理想也随之幻灭。他回到金陵大学继续学业，仍旧去圆他的文学梦。政治救国理想的再次强化，是在他 1914 年毕业留美前后。较为明显的表征，一为他的毕业论文《共和精义》，二为他选择攻读美国伊利诺伊大学政治学硕士学位。

教育救国。陶行知留学美国后，目睹了美国的繁盛，并对其繁盛的原因进行了思考；更由于他身受美国当时方兴未艾的进步教育运动熏陶，深切认识到教育改造社会的作用。因此，他于 1915 年获得伊利诺伊大学政治学硕士学位后，毅然选择哥伦比亚大学师范院作为获取“更高级学位”的处所。这不仅缘于该校系世界著名学府，更因为进步教育运动的先驱人物及理论导师杜威在该校执教。在进入哥伦比亚大学师范院后，陶行知曾明确表述了这种教育救国的信念：“我的毕生志愿是，通过教育而非武力来创建一个民主国家。在目睹了我们突然诞生的共和国的种种严重弊端之后，我坚信，没有真正的公共教育就不可能有真正的共和国。”①因此，他留美归国时的宏愿便是：“我要使全中国人都受到教育。”②

二

在已经得到较深入开展的陶行知研究中，多着眼于家庭及社会变迁等外部影响，来对上述阶段性变化的缘由进行分析。如发愿学医，是由于其姐宝珠的幼殇以及家乡缺医少药的现状。又如矢志文学，是由于当时的社会民智壅塞，因循成习，伪君子充斥，而“心疾不治，大丧随之”，故取文学即“人学”之义而以笔疗之。次如热衷政治，既缘于对中国专制政治的愤懑，又缘于对西方共和政治的向往。再如献身教育，除深切体认到教育改造社会的作用外，更对中国传统教育的痼疾深恶痛绝。这类探讨，既有见地，也令人信服。

但是，我认为，除却这些外在原因，更可从内在的崇名心理进行分析。这种名人崇拜心理，是一种较为普遍的社会心理现象，在以儒学为文化主

① 陶行知：《我的简历及志向——致罗素》，华中师范大学教育科学研究所主编：《陶行知全集》第 8 卷，湖南教育出版社 1992 年版，第 728 页。

② 《陶行知年表》，华中师范学院教育科学研究所主编：《陶行知全集》第 1 卷，湖南教育出版社 1984 年版，第 674 页。

干的中国尤其如此。就个体人生而言，在青年期则表现得更为典型。

陶行知医药救国志向的确立，实受崇一学堂堂长唐进贤的影响较大。唐进贤系英国新教传教士，本名吉布斯(Gibbs)。少年陶行知的西学知识及其对外部世界的了解，多得益于这位先生。依照霍尔(Hall)在《青年期的心理与教育》一书中的研究结果——“女子在十四岁，男子在十六岁，为感到从教师方面受得最善影响之时”[①]——可知，这种教师崇拜心理，肯定影响到陶行知的立志。陶行知就读于崇一学堂时的年龄，正值15～17岁；而他对唐进贤的尊崇铭感之情，也终生未曾淡漠。另外，当时在教堂和学校任“通事”(翻译)的章觉甫，亦兼任学校教职；他擅长医道，陶行知又曾免费在他家搭伙。这种耳提面命、耳濡目染的影响也自当不小。至于历史名人的影响，从陶行知后来所撰《医德》一文以反观，则可知范仲淹“不为良相，则为良医”的志向，也可能影响到少年陶行知的立志[②]。

事实上，陶行知文学梦的开场，亦得唐进贤之助。若他在流落苏州后无缘邂逅唐进贤，若唐进贤不介绍他去投考南京汇文书院，陶行知的人生路向则肯定大为不同。在金陵大学求学期间，美籍校长包文(Bowen)对陶行知的影响，显然没有唐进贤那样深刻。此期陶行知的崇名心理，实际聚焦于中国历史文化名人。翻阅陶行知此期的文论可知，孔子、孟子、荀子、墨子、曹植、李白、杜甫、韩愈、范仲淹、苏轼、朱熹、王守仁等屡屡出现于笔端。其中以墨子和王守仁的影响为最，以至于受王守仁“知行合一，知行并进”学说的影响，改名“知行”。客观地说，中国历史文化名人不一定都是文学家，实际对青年陶行知影响较大的，在墨子实为名学及实践观，在王守仁则为反传统的意识及其哲学观念。但是，若就总体而论，或联系少年陶行知对于唐诗的痴迷，或联系青年陶行知对于文学创作的沉醉，可知他之所以选择就读文学专业及萌生文学救国的意向，是因为景慕中国历史文化名人能以文章名世并以此影响后人。诚如陶行知在《〈金陵光〉出版之宣言》中所言：“‘李杜文章在，光焰万丈长。’此光，《金陵光》之目的也。”[③]此光，

---

① 转引自《杨贤江全集》第6卷，河南教育出版社1995年版，第458页。

② 参见陶行知：《医德》，华中师范学院教育科学研究所主编：《陶行知全集》第1卷，湖南教育出版社1984年版，第40页。

③ 陶行知：《〈金陵光〉出版之宣言》，华中师范学院教育科学研究所主编：《陶行知全集》第1卷，湖南教育出版社1984年版，第3页。

实为流芳百世之文名。

民国初年国内的政治名人首推孙中山，次为袁世凯。陶行知在1914年的文论中以“袁孙”相称，并誉之为“两贤”①。他在分析民初社会动荡的原因时说：“非共和之不足救国，发动太过之咎耳！”因而主张：“吾国当发动太过之后，不得不利用开明专制。”因此，在当时陶行知心目中的国内政治名人，实首推袁世凯。这种思想，既因缘于自己参加革命起义后所产生的失落感，又因缘于对法国大革命中不人道行为的憎恶：“多数横暴之最凶险者，是为乌合之众。伪领袖攘臂一呼，和者万人，其结合以脑感而不本于公理。征之历史，则法国恐怖时代，杀人如麻，流血成川，其彰明较著者也。”②亲历“二次革命”的动乱之后，思想稚嫩的陶行知寄望于袁世凯实不足为怪。但是，若认真分析他有关共和理想的论述和在《民国三年之希望》中所表露的失望，则可知他对袁世凯只是一种无奈的推崇，而不是倾心的尊崇。他所尊崇的政治名人，首推美国总统林肯。在《共和精义》中，他分列专节阐释了林肯“民有、民治、民享”的政治信条，并评价说：“政府者，人民之政府，人民自治以谋人民之福利，此林肯氏之概念，实共和政治之圭臬焉。”③他所尊崇的另一政治名人，为1901年就任美国总统的西奥多·罗斯福。1913—1914年，他节译了《罗斯福传》在《金陵光》上分五期发表。他承袭了严复的意译风格，并不时予以点评，因而有可能通过译文流露尊崇之情。由此实可推断他留美选择攻读政治学的动机所在，即以林肯、罗斯福为楷模，以“良领袖”自期，并怀有“君子不出，小人斯出矣”的忧患意识漂洋赴美④。

陶行知来到美国后，在一年时间内修完了12门硕士课程，其中大部分属政治学范畴。若就这种孜孜求学的精神而言，很难理解他转攻教育的选择。在章开沅、唐文权先生的研究中，注意到了这样两位人物对陶行知的

---

① 参见陶行知：《民国三年之希望》，华中师范学院教育科学研究所主编：《陶行知全集》第1卷，湖南教育出版社1984年版，第33页。

② 陶行知：《共和精义》，华中师范学院教育科学研究所主编：《陶行知全集》第1卷，湖南教育出版社1984年版，第53页。

③ 陶行知：《共和精义》，华中师范学院教育科学研究所主编：《陶行知全集》第1卷，湖南教育出版社1984年版，第51页。

④ 参见陶行知：《共和精义》，华中师范学院教育科学研究所主编：《陶行知全集》第1卷，湖南教育出版社1984年版，第49页。

深刻影响：一为时任美国总统威尔逊，二为哥伦比亚大学教授杜威①。这是很有见地的。分析威尔逊对陶行知的影响，重要的不在于头面政治人物的虚衔，而在于他属“学者型政治家”的实质。威尔逊就任总统前，任普林斯顿大学校长，具备良好的学术形象，被誉为“民主政治斗士”。他所倡导的“新自由政策”，实具深厚的理论底蕴。因此，攻读“更高级学位”（博士），以学术道路为首选，或多或少地受到威尔逊的影响。或可这样说，是受到威尔逊时代美国精神或文化氛围的影响。对陶行知选择教育发挥了决定性影响的人物当然是杜威。这是须得专门研讨的问题。

三

在陶行知留美以前他所留存的文字中，尚未发现提及杜威之处。但据1916年2月16日陶行知写给哥伦比亚大学师范院院长罗素的信中所称：“三年前，我就选择哥伦比亚大学作为自己在美国的最终目标。”②又鉴于自清华学校开办后，留美进入哥伦比亚大学求学者日渐增多，国内学子均趋之若鹜，陶行知对该校由耳闻而心仪亦完全可能。这种耳闻、心仪或可包括杜威。这是因为，杜威与该校此期声誉的隆盛实有密不可分的关系。

若论杜威对陶行知选择教育的决定性影响，则显然发生在陶行知留学美国之后。是时，以杜威为理论导师的进步教育运动方兴未艾。这种批判意识极强的、富有哲学底蕴的革新运动，震荡着美国社会，更吸引了在美求学的极富批判精神的陶行知的深切注意。杜威的教育代表作《明日之学校》恰于1915年出版发行，一时洛阳纸贵，争相传阅。该书的理想主义气息，无疑使具有乌托邦思想的陶行知拍案叫绝。陶行知选择哥伦比亚大学，选择教育行政，显然与尊崇杜威有关。

历史研究须以史料为基础。以上研讨，多属推断。现据陶行知师从杜威后的若干资料来说明他们的亲密关系。似可依此反溯：亲密→亲近→慕名。从而对陶行知当初的选择作出某种有关个性心理的解释。

---

① 参见章开沅、唐文权：《平凡的神圣：陶行知》，湖北教育出版社1992年版，第94—96页。

② 陶行知：《我的简历及志向——致罗素》，华中师范大学教育科学研究所主编：《陶行知全集》第8卷，湖南教育出版社1992年版，第728页。

据胡适1916年6月16日日记所载，杜威系“今日美洲第一哲学家”，而“胡、陶二君及余皆受学焉”。其中，“胡”为胡天浚，“陶”为陶行知。日记中还附有杜威与胡天浚的合影一帧，并特为注明：此影为陶“所摄”①。至于“受业”的确证，还有陶行知晚年致杜威函中所言：“我曾聆听过你的教诲。”②由此管窥，陶行知与杜威的关系，不仅在于课内问学，而且延伸到课外的亲密交往。

陶行知留美归国后所发表的第一篇教育论著为《试验主义之教育方法》。该文论及：“杜威之集成教育哲学，也以试验。”③在其后所发表的多篇论文中，又对赫尔巴特“五段教授法”进行针砭，“总嫌他过于偏重形式”，主张“最好是把杜威的思想分析拿来运用”④。陶行知后来曾对自己“为外国教育制度拉东洋车”进行深刻反省。事实上，当初所拉来贩卖的，多为“杜家店”的货物。若就实质而论，陶行知“教学合一”乃至“教学做合一”主张的提出，亦为杜威思想的承袭或翻新。

杜威1919至1921年的来华讲学，是中国学术界的大事。中国的“新教育运动”实由此发端。陶行知不仅参与促成了杜威的来华，还专门撰写了《介绍杜威先生的教育学说》以助声威。杜威来华后，又与胡适、郭秉文、刘伯明等轮流陪同杜威赴各地讲学并任翻译。这段亲密的交往，不仅基于前缘，亦为日后甚至是终身的联系作了更为厚实的铺垫。

1936年陶行知作为“国民外交使节”访美时，甫抵纽约，便与杜威约定了晤面的时间和地点⑤。同年底，“七君子事件”发生，陶行知在美国促成杜威领衔通电南京国民政府，吁请维护人权，释放“七君子”。1937年12月，陶行知代杜威拟定抗议日本侵略中国的声明，经杜威首肯后，又联络罗兰、罗素、爱因斯坦以《四学者之正义电》为题发表，获较大反响。1945

① 参见《胡适留学日记》，商务印书馆1947年版，第935页。

② 陶行知：《希望你伸出友谊的手来——致杜威》，华中师范大学教育科学研究所主编：《陶行知全集》第8卷，湖南教育出版社1992年版，第961页。

③ 陶行知：《试验主义之教育方法》，华中师范学院教育科学研究所主编：《陶行知全集》第1卷，湖南教育出版社1984年版，第60页。

④ 参见陶行知：《试验教育的实施》，华中师范学院教育科学研究所主编：《陶行知全集》第1卷，湖南教育出版社1984年版，第111页。

⑤ 参见陶行知1936年11月9日日记，华中师范大学教育科学研究所主编：《陶行知全集》第7卷，湖南教育出版社1992年版，第23页。

年12月，全力投入民主运动的陶行知又致电杜威，希望“通过你的国际威望和影响，伸出友谊的手来”，声讨国民党的倒行逆施①。

尽管陶行知在30年代对杜威的“思想五步”发表过尖锐批判的文字，对杜威教育学说的改良基调也多有不满，并进行了革命性的翻新。但若就两者的总体关系而论，依旧宜以良师挚友视之。对于上述的不和谐或背离，一方面可从“吾爱吾师，但更爱真理”获得解释；另一方面，也是更为重要的因素，即是成名前的陶行知与成名后的陶行知在心理方面所发生的微妙变化。若将前者归之为崇名或尚名的话，后者则可归为扬名或惜名。对杜威教育学说的批判，或可视为标新立异，这显然与“扬名”有关，不一定是教育理念的反叛或情感的疏离。其后二人的亲密交往实际说明了这一点。

另外尚须注意的是，在此讨论的是青年陶行知的人生抉择问题，不宜将他后来的变化与这个问题混为一谈。陶行知留美归国时，将满26周岁，生理、心理及学业均告成熟。如将此前归为“青年陶行知”，而将此后归为“壮年陶行知”，当无争议。因此，说青年陶行知因尊崇、信从杜威而选择了教育，并不意味壮年陶行知须初衷不改；反过来看，壮年陶行知对杜威有意或无意的贬损，也并不能抹去青年陶行知崇敬杜威的印记。

四

杜威学说是以实用主义哲学为基础的，“有效”和“有利”为其基本价值尺度。事实上，它集中反映了西方重物质及功利的文化品格。如果说陶行知在1915年选择攻读教育时，是因为崇尚杜威的名气，那么在1917年留学归国时，则显然已信从了杜威的学说。这从他对试验主义、工具主义的竭力提倡中可以明显看出。现在的问题是，当陶行知选择南京高师教职、就任中华教育改进社主任干事、创办晓庄师范等教育设施时，是否一改此前的“重名”心理为“求实”心理？尽管这个问题已逸出了“青年”的范畴，但若从脉承或一致性而论，却不失为前述论点的有力支撑。

相对于西方文化重物质、功利的特征而言，中国文化的特征则为重精

---

① 参见陶行知：《希望您伸出友谊的手来——致杜威》，华中师范大学教育科学研究所主编：《陶行知全集》第8卷，湖南教育出版社1992年版，第961页。

神、道义。就中国文化主干儒学而论,这种特征实由内在的“仁”和外在的“礼”所合构。所谓重名,实由重礼所派生。至于西方资本主义文化,则赫然表现出重利的色彩。若就名、利二要素而论,不仅青年陶行知在进行人生抉择时是重名轻利的,而且壮年和晚年的陶行知也本色未改。

前面论及:青年陶行知崇名、尚名的心理炽盛;壮年之后的陶行知则扬名、惜名的心理强烈。一般说来,崇名、尚名心理,可视为中国传统文化所孕育的心理特征之一,它集中反映了趋同性,折射出社会本位的价值取向,是自我意识相对弱化的表现。至于扬名、惜名心理,则更多地反映了求异性,是个人本位价值观的表现,是自我意识相对强化的产物。若据此分析,则可得出如后结论:青年陶行知的人生抉择,主要受中国传统文化的影响;而留学归国后陶行知的人生抉择,则更多受西方近代文化的影响。

如此立论固然有其合理的方面,然而联系前述的名、利对立的文化品格来看,却有商榷和深思的必要。应该说,崇名、尚名是为了金榜题名或名垂千古的扬名;而喜誉忌谤、为亲者隐、为尊者讳的惜名,则更与崇名、尚名相关。无论是崇名、尚名,还是扬名、惜名,均可归为重名或好名,它理应视为中国传统文化的心理积淀。若进行更深层次的探讨,似可从中国文化儒道互补的特质入手。事实上,在中国从未根绝个人主义或自由主义精神。由于这个问题并非本文讨论的重心,因而可置此不论。

在此所要重点讨论的问题是陶行知的“中国性”。即是说,是陶行知的中国性影响了他青年时期的人生抉择。

首先应考察的是陶行知有无中国性的问题。1923 年陶行知在给妹妹的信中有言:“我本来是一个中国的平民,无奈十几年的学校生活,渐渐的把我向外国的贵族的方向转移。学校生活对于我的修养固有不可磨灭的益处;但是这种外国的贵族的风尚,却是很大的缺点。好在我的中国性、平民性是很丰富的,我的同事都说我是一个‘最中国的’留学生。经过一番觉悟,我就像黄河决了堤,向那中国的平民的路上奔流回来了。”[①]这里所言的中国性、平民性,实为国民性、民族性的别名。在中华民族形成和延续中,它是不可或缺的凝聚力。就社会心理而言,主要表现为重亲念旧、思乡

---

① 陶行知:《创造一个四通八达的社会——致陶文渼》,华中师范大学教育科学研究所主编:《陶行知全集》第 5 卷,湖南教育出版社 1985 年版,第 55 页。

怀古、安分守己、求均持平等等。陶行知的故乡徽州，素有重宗族乡邦、崇古代先贤的传统。从陶行知毕生对朱熹、江永、戴震等故乡先哲的推崇来看，他的中国性确实“是很丰富的”。

其次要探讨的是中国性与陶行知的重名问题。中国性固然有诸多优长，然而也存在诸多弊病。事实上，求安求均心理极易派生出盲从帝王、崇尚权威、仿效名人等依附心理。此即鲁迅所谓“国民劣根性”。1913 年陶行知在《伪君子篇》有一段非常坦诚的剖白：“我之大病根，在喜誉恶毁。名之所在，心即怦然动，伪言行即不时因之而起。”[①]陶行知当时曾痛下决心，誓言破除这种好名心理。然而就陶行知终身以观，这“病根”实未彻底铲除。若认真考察他与胡适、蒋梦麟、晏阳初的交往，或冷静分析他与尚仲衣、陈子展、张耀祥的论战，或全面阐释他“欢喜翻新花样”的做法……均能从重名、好名的分析中获取某种答案。这正是中国士阶层的通病。

据此而论，师从杜威的陶行知，尽管充盈着现代意识，然而就其人格特征而言，却依旧未脱中国传统的旧轨。他的平民性，使他选择了归国服务；他的名士气，使他选择了教育，并不断地予以翻新。

五

客观地说，崇名、尚名、扬名、惜名、重名、好名等等，固然有着虚矫的一面；然而相较于逐利、揽权而言，却又更易为人们所认同或赞许。陶行知人格的辉光正是由此显现。

陶行知留美归国时，怀揣着“都市教育局长资格凭”，进入教育行政部门理当为他的首选。然而，他却选择了教职。当他升任南京高师教务主任后，又兼任教育科主任，并一度“代理校务”；若依此发展，坐稳校长的交椅并非没有可能。然而，他却改任中华教育改进社主任干事。当中华教育改进社行将解体时，北京政府教育部拟委任他为武昌高师校长。然而，他却婉辞是职而投身于乡村教育。当他在海外宣传抗战归国后，既有蒋介石邀他出任三青团总干事，又有李宗仁邀他出任安徽省教育厅厅长。然而，他

① 陶行知：《伪君子篇》，华中师范学院教育科学研究所主编：《陶行知全集》第 1 卷，湖南教育出版社 1984 年版，第 28 页。

却选择了艰难困苦的办学之路。应该说,他不仅有机会接近权力,而且有条件掌权;然而他却长期以无党派人士自安,矢志不渝地投身于中国的教育改造。这种对传统入仕思想的背离,或可视为惜名观念的作用。

若言及利,在陶行知任职南京高师时,每月便有140块大洋的进账。后又不断有所增长。陶行知在1933年说过:“我本来无产阶级出身,后来出洋回来渐渐变成了中产阶级中人。……我在中产阶级登峰造极的时候,就是当中华文化教育基金委员会的干事,每月有四百元薪水、一百元公费。”[①]可是,为了开展乡村教育,“我决心把五百元一月的干事职位不要了,去当一百元一月的校长”。乃至当时在上海推行“科学下嫁”时,只能以撰稿、卖字为生,又“由中产阶级渐渐地流落到无产阶级了”[②]。尽管陶行知要求教育应将“生利”列为要务之一,然而他所选定的教育道路却经常拥伴着贫困。他平生未置私产,恪守勤俭节约的家风,凡事“义则居先,利则居后”[③],乃至以“新武训”自况。这种轻利倾向固然不可作为重名的确证,但却可由此推断他在名、利之间所作出的取舍。

按照个体心理学派阿德勒所创立的“生活风格说”,在每个人的成长过程中,由于不同生活的磨炼,他应付困难的办法逐渐概括和固定下来,形成一套特殊的行为方式;这种方式一经形成,便很难改变;而生活风格的形成,则大多在人生的青年期。以上分列了陶行知淡漠权、利的“生活风格”,由此反观青年陶行知的人生抉择,可知这种“生活风格”已开始发生决定性影响。换言之,重名重义“陶行知风格”的形成,可为他最终选择教育作出较为合理的诠释——当时人们对教育的观照,确乎为神圣、清高、中正及清贫。

在阿德勒的生活风格说中,还提出了一个“创造性自我”或“向上意志”的概念。它代表了风格中的可变因素,受优越感、成就、满足和自我实现的驱动,为达成一定的目标而不断挑战“原始的自卑”。陶行知毕生以“为一

---

① 陶行知:《手脑相长》,华中师范大学教育科学研究所主编:《陶行知全集》第2卷,湖南教育出版社1985年版,第604页。

② 陶行知:《手脑相长》,华中师范大学教育科学研究所主编:《陶行知全集》第2卷,湖南教育出版社1985年版,第605页。

③ 参见华中师范大学教育科学研究所主编:《陶行知全集》第4卷,湖南教育出版社1985年版,第752页。

大事来，做一大事去”为座右铭，他在教育实践中的“摸黑路”、“翻斤头”均可视为实现自我价值的努力，而成就感更是萦回心头。若就“向上意志”的实现过程而论，它可能表显风格的可变性；但若就内在人格总体以观，这种“变”又实为一种不变的秉性。陶行知对于成就的不变追求，也是定型于他的青年期。既然做官赚钱并非他志之所在，那么“做大事”而成名成家则显然是他内心的人生目标。所以说，若就内在动力而言，是重名心理使青年陶行知选择了教育。

（作者撰写此文时系华中师范大学教育科学学院副教授）

哥伦比亚大学留学时代的陶行知

［日］阿部洋　著　冬景　晓玲　译

一、前　　言

大概是去年秋天，大学研究生院的荫山雅博君曾说，由于专修大学的教育课程要以斋藤先生为中心，决定出版斋藤秋男先生的古稀纪念论文集，希望协作；为了报答长年从事中国教育史研究的先行者、经常给予我们指教的斋藤先生，让我写一篇论文。考虑各种题目的结果，作为对把陶行知的研究当作毕生事业的斋藤先生的敬意，我把自己关于对陶的调查、研究工作的经过作一介绍，我想是适当的。

然而，笔者本来并不是专门研究陶行知教育思想和实践的，但在研究中国近代教育史的过程中，自然而然会经常接触到陶行知。在这种情况下，与往常一样会常常从斋藤先生的研究成果中学到许多东西。十年前开始，决定对中国近代教育史从日中或日美两国之间的交流关系的观点重新认识，从文部省得到了科研经费，与十几个专家一起进行了一系列共同研究。斋藤先生经常参加这项研究，并对年轻学者给予指导。先生把有关陶行知、彭湃、晏阳初等教育家的优秀论稿给我们汇集在作为这个时期成果的论文集《亚洲教育交流——亚洲人日本留学的历史和现状》(1978 年《国立教育研究所纪要》第 94 集)、《亚洲现在产生的教育思想》(1981 年行政)和《美中教育交流的轨迹——国际文化合作的历史教训》(1985 年霞山会)之中，对研究做出了重要贡献。

在这些研究中，中国人的美国留学问题经常与日本留学问题一起被采纳。在以美国留学的现状及它的历史背景的解释说明为中心的研究题目里，正式登载的是在 1983—1985 年进行的综合研究《美中两国间的教育文化交流——它的历史和现状》一文。而且，以此作为“解放前”的一个问题，决定考察陶行知、胡适、陈鹤琴、蒋梦麟等在美国留学的归国者的社会活动和作用。特别是想通过了解他们为改造中国教育而进行的各种活动，来调查美国的教育文化，特别是实用主义的教育理论是如何在中国社会浸透、扎根的。这些研究工作是以斋藤先生为首，小林文男、荫山雅博、一见真理子等也参加了研究。

笔者也参加了这个中国人亚洲留学史的研究，与他们一起，展开了多方面的活动。特别是致力于有关资料的调查和收集，日本国内不用说了，在访问中国、美国之际，也留心调查收集有关的资料。特别是 1984 年 7—8 月在丰田财团的资助下进行的美国调查中，在议会图书馆和加利福尼亚大学、哥伦比亚大学、斯坦福大学、哈佛大学、哈佛燕京学社等学校的图书馆和公文档案馆里进行系统地资料收集。其中，最集中调查的是哥伦比亚大学的师范学院。以下，以在哥伦比亚大学的资料调查为中心，就陶行知和与解放前的中国留学生有关的事情加以叙述。

在这里，特别提到哥伦比亚大学师范学院，是因为解放前的中国教育受来自美国的影响很大，起到中心作用的约翰·杜威(John Dewey)、保罗·孟禄(Paul Monroe)和威廉·克伯屈(William Kilpatrick)等著名教育家们，都是以此为据点进行活动，该学院成为当时实用主义教育研究的中心。因此，来自外国的许多研究教育的人都聚集在这里，其中中国留学生在各国学生中人数最多，陶行知等多数解放前有代表性的中国教育家都在该学院学习过。哥伦比亚大学师范学院在中国现代教育史上占有很重要的地位。

二、有关哥伦比亚大学师范学院中国留学生的资料

在 1984 年夏的哥伦比亚大学的调查中，曾在巴德拉图书馆和凯德哈鲁亚洲图书馆等从事收集中国近代教育史的有关资料。特别是有关师范学院在籍中国留学生的资料，我们利用了该学院教务部的学籍档案室(Registrar's Office)和米尔巴科纪念图书馆的特别资料室(Special Collection, Milbank Memorial Library)里所藏资料和文件。

如前所述，战前许多中国留学生都曾在师范学院学习。据统计，从 1909 年度第一批留学生毕业以来到 1949 年度为止，在这里取得 BA(文学士)、MA(文科硕士)、MS(理科硕士)、Ph. D.(哲学博士)等各种学位资格

的毕业生有373名。在这期间,在该学院里学习的人数达1810名。在旅行调查中,笔者首先想收集的是与这些中国留学生的学业成绩有关的记录。到纽约后不久便开始经常不断地与教务部长林斯兰德博士(Dr. Roland D. Linsland)交涉,依靠他给我们的调查合作。但是,未经本人或他们的近亲的许可,资料就难以提供。理由是保护个人情报。调查受阻,要想接触那些资料相当困难。对20名程度不同的学生的学业成绩进行详细调查是不可能的了,我们决定只对在校期间取得学位、专业、修业科目、指导教师等进行概要调查。

回国后,笔者迅速利用各种资料,抽出陶行知等从师范学院毕业的有代表性的20名留学生的姓名,于12月11日发出调查委托信。收到调查结果《二次世界大战前中国留学生在师范学院》(Chinese Students at Teachers Collоge Preworld War Ⅱ)已经是翌年,即1985年10月14日的事了。几位著名教育家被理想地列在该材料的第一表中。林斯兰德部长在信中说,由于学籍簿的记载方法中途变更,要作成完全的调查表是有困难的。但是,不管怎样,调查报告的确是关于中国近代教育领导者的留学时代的珍贵的第一手资料,这的确要深深感谢林斯兰德部长及其属下的教务部有关人员的大力协助了。

第一表　哥伦比亚大学师范学院有代表性的中国留学生的修学状态(部分)

姓名	在籍时间	取得学位	专业	指导教授	修业领域
张伯苓	1917—1918年			孟禄(P. Monroe)	教育史、教育哲学、课程问题
陈鹤琴	1917—1918	文科硕士1918年	教育社会学 教育哲学	克伯屈(W. H. Kilpatrick) 斯纳顿(D. Snedden) 布瑞格(T. H. Briggs) 斯垂伊尔(G. D. Strayer) 罗素(W. F. Russel)	教育哲学 教育心理 宗教心理 学校的组织和行政
蒋梦麟	1912—1917	文科硕士1913年	教育哲学	杜威(J. Dewey)	教学问题的社会学、公法教育政策学、教育哲学
郭秉文	1911—1914	哲学博士1914年	教育行政		教育哲学、教育社会学

续表

姓名	在籍时间	取得学位	专业	指导教授	修业领域
陶文濬	1915—1917		教育行政	斯纳顿(D. Snedden) 康德尔(I. L. Kandel)	教育行政、比较教育 教育哲学、进步主义教育的进化

资料来源:林斯兰德:《二次世界大战前中国留学生在师范学院》。

三、有关陶行知在师范学院的资料

前节所列调查师范学院中国人留学生的学习状况的报告,作为中国近代教育史和留学史的资料是相当有价值的。但是,作为个案研究资料还不能说是充分的。因此,笔者决定把调查对象缩小到仅陶行知和陈鹤琴二人,并与他们的后代联络,委托他们收集资料,依赖他们的合作。这是由于考虑到如前所说的林斯兰德部长所提出的条件。关于陶行知,通过斋藤秋男先生与陶的次子晓光联系;关于陈鹤琴,通过一见真理子与陈的长女秀霞女士联系。他们都愉快地答应了我的请求。为了尽快地从师范学院得到他们的父亲留学时代的学业成绩的调查材料,希望他们给我写来委托书信。

师范学院送来给陶晓光先生和陈秀霞女士的回信的复印件已经是1985年末到1986年1月初的事情了。根据复印件,陶行知在哥伦比亚大学师范学院在籍期间为1915年到1917年,履修了研究生院的哲学、历史、心理学、财政学、进步主义教育的进化、教育社会学初级教程、社会学高级研究教程等科目。然而,送来的那个学籍簿是微缩胶片化了的,由于原来的记录距现在的时间太久,胶片模糊不清,甚至眼看就要消失。因此,上述内容的判断阅读已不可能了。上面还有陶受到当时师范学院的出色教授的指导,其中可以识别的仅仅有康德尔教授(Prof. I. L. Kandel)的名字。

附带说明,关于陈鹤琴的回信也大体相同,原记录已微缩胶片化,极不清楚了。记述了陈在师范学院1917—1918年在籍,1918年6月5日取得了教育社会学的文科硕士学位及"教育学教师"证书(the Diploma in Education "Teacher of Education)。指导他的是布瑞格(T. H. Briggs)、罗素(W. H. Russel)、斯纳顿(D. Snedden)、阿格(Rugg)、斯垂伊尔(G. D. Strayer)、塞拉尔(T. H. P. Sailer)、巴格莱(W. C. Bagley)和卡内(M. Carney)等教授。他专修了教育心理学、教育哲学、中等教育的组织、比较学校制度论、宗教心理学、思考心理学、社会组织、特殊儿童的心理和指导等科目。

从以上所说的经过可想而知,追求陶行知在师范学院留学时代的学习和生活的资料是多么困难啊! 因此,毋庸置疑,学院的米尔巴科纪念图书馆的特别资料室所藏的各种资料和文件所给予的帮助是非常巨大的。

下面列举的两篇中国留学生的学位论文就是佐证。

(1)朱登承(音译)[①]:《陶行知和中国教育》,哥伦比亚大学师范学院学位论文集,1953 年版。(Chu, Don-chean; Tao Hsing-chih and Chinese Education, Ed. D. Dissertation of Teachers College, Columbia University, 1953.)

(2)林英稿(音译)[②]:《哥伦比亚大学师范学院中国留学生的学术和专业成就(1909—1950)》,哥伦比亚大学师范学院学位论文集,1951 年版。(Lin Ying Kao; Academic and Professional Attainments of Native Chinese Students Graduating from Teachers College, Columbia University(1909—1950), Ed. D. Dissertation of Teachers College, Columbia University, 1951.)

这都是师范学院提供的论文。朱(Chu)的论文是少数用英文写的关于陶行知的研究,林(Lin)的论文是对在师范学院学习的中国留学生的修业状况和他们在毕业后的活动进行考察的研究。对笔者来说,朱的论文尤为珍贵。之所以这样说,是因为朱的论文利用了上面所揭示的教务部的文件,因为是微缩胶片以前的东西,相当正确地记载了现在的记录中判读不出来的陶在师范学院的修业科目等。而且还把陶转学到哥伦比亚大学以前在伊利诺伊大学时期的科目履修表也转载了。

还有,朱的论文里所记载的修业科目表,没有记载导师的名字是不完整的,对此欠缺部分本文作了必要的补充。同样,根据特别资料室的《师范学院通告》("Teachers College Announcement") 1915—1916 年版及 1916—1917 年版,我们能够知道当时的师范学院的导师阵容及他们所担

---

① 译者此处有误,应为朱若潜(Chu, Don-chean)。

② 译者此处有误,应为高林英(Kao, Lin-ying),参见孙越生、陈书梅主编:《美国中国学手册》(增订本),中国社会科学出版社 1993 年版,第 720 页。

任的科目名称及其内容的概要。

以这些资料为基础，我们可以相当程度地推测出陶行知在哥伦比亚大学师范学院时代的学习状况。根据第二表中所列的资料我们知道陶行知在孟禄（Monroe）、斯垂伊尔（Strayer）、克伯屈（Kilpatrick）、斯纳顿（Snedden）、康德尔（Kandel）等教授的指导下，攻读了教育史、教育行政、教育哲学、教育社会学等科目。但是，使陶行知受影响最大的是杜威教授的讲义和教程。

四、陶行知给罗素院长的书信

第二表　陶行知在哥伦比亚大学师范学院的学习活动

学期		修业科目	指导教授
1915—1916	第一学期	美国的公共教育行政 学校和社会 教育史 教育哲学 财政学	斯垂伊尔教授(Prof. Strayer) 孟禄教授(Prof. Monroe) 克伯屈教授(Prof. Kilpatrick)
	第二学期	美国的公共教育行政 教育史 教育哲学 财政学 进步的社会教育 中学原理	斯垂伊尔教授 孟禄教授 克伯屈教授
1916—1917	第一学期	教育史 教育社会学初级教程 外国教育制度的行政和社会基础	孟禄教授 斯纳顿教授(Prof. Snedden) 康德尔博士(Dr. Kandel)
	第二学期	教育社会学初级教程 教育史 教育社会学教程 外国教育制度的行政和社会基础	斯纳顿教授 孟禄教授 斯纳顿教授 康德尔教授

资料来源：①朱登承：《陶行知和中国教育》。

②哥伦比亚大学《师范学院通告》(1915/16，1916/17)。

米尔巴科图书馆特别资料室里的资料、文件中最有价值的实际上是1916年2月16日陶行知寄给师范学院院长罗素(J. E. Rurssel)的书信。为供参考,我将译文转载于后。这是陶行知自己亲笔写的英文书信,因为是从资料室的罗素文件(James Earl Russel Papers, Folder・756A)中发现的,在调查中得到资料室大卫・门特博士(Dr. David Ment)的协助。

这封信是陶行知转学到师范学院半年后,由于导师孟禄教授的关照,决定领受利温哥斯顿奖学金(Livingston Scholarships)时写的。在这封信里,他向与选拔有决定关系的罗素院长谈了从前自己的经历和今后的研究抱负,对于不曾用自传形式讲自己的陶行知来说,可以说这是极珍贵的资料。事实上,从这封信可以了解到陶在美国留学时代和他在以前的一些情况。其中有一部分是和以前的定论不相符合的,对这些就有修正之必要,还有的定论需再作研究。此外,陶行知在书信中把自己当时的年龄写成22岁(实际上是25岁)等一类的错误之处也是有的。

[译文]

哥伦比亚大学
哈特利会馆1010房间
1916年2月16日

师范学院
迪安J. E. 罗素

敬爱的迪安・罗素院长:

我很高兴收到了您2月11日的来信。信中您要我把自己的经历及将来的抱负作一简单说明,因为这是利温哥斯顿奖学金发放者所关注的。我很高兴按您的要求去做。

我现在22岁。生于徽州——一个几乎与外界隔绝的地方。我的早期教育是从我父亲和别的先生那里得到的,一直到14岁。以后我进入中国内地教会学校,在格贝思先生(Mr. Gibbs)的指导下学习,在当时他是唯一教授西洋课程的人。两年后,由于格贝思先生回英国,学校关闭了。我决定转到杭州学习医学。然而,由于这所学校对非基督教徒和基督教徒在课程方面存在着严重差别，所以仅三天时间我便撤回注册。我失望地返回徽州，专心自修了一年英语。尔后进入南京金陵大学学习。在那里非基督教徒和教徒都受欢迎。进入金陵大学三年后辛亥革命爆发，我重返徽州，被选为州议会秘书，在那里服务了半年。以后又继续到南京学习。由于其他学生的支持和大学当局的信赖，我开始编辑出版大学学报的中文版。在保温博士(Dr. Bowen)和亨克博士(Dr. Henke)的指导下，又受到詹克教授(Prof. Jenk)的“基督教的社会意义”的影响，1913 年我成了基督教徒。在金陵大学第五学年末，即 1914 年 6 月，我取得了初级学位。在双亲和朋友们的援助下，我动身去伊利诺伊大学。在那里度过了一年，不仅受到了重要的教育，而且还获得了劳动的副产品，即政治硕士学位。在伊利诺伊的后半年，我担任了学生会的秘书。

作为在美国学习的最终目标，我三年前就选择了哥伦比亚大学，然而，由于资金不足，到这里来学习被推迟了。我生活的唯一目的，不是通过军事革命，而是依靠教育来进行民主主义建设。当看到共和国突然诞生所引起的各种弊端之后，我深信如果没有真正的公共教育，真正的共和制就不能存在。作为我终生的事业——从事教育行政的想法是去年夏天在日内瓦湖举行的 Y. M. C. A. 的夏季大会上才明朗起来的。当我遍访所有的大学之后，我发现对我来说，只有师范学院才是最好的大学。然而，选择大学和具有进入该大学的充分资金是两回事。由于 1915 年 1 月父亲去世，整个家庭的经济负担全落在我的肩上。我的经济状况几乎到了致命的程度。然而，幸运的是，在我决定来师范学院后不久，我国政府授予了我部分奖学金。奖学金和其他各种援助至少给了我开始学习的勇气。然而，纽约的生活费远比我想象的高，半年后我发现如果没有充足的资金想要完成学业是非常困难的。因此，经孟禄博士介绍，我开始申请利温哥斯顿奖学金，您就慷慨地授予了我。除了衷心地感谢外，我想向您和利温哥斯顿奖学金寄赠者说明，在斯垂伊尔教授和其他先生的指导下，再经过两年多的准备之后，我将回国同其他教育者合作建立我国有效的国民公共教育制度，以便仿效美国人的足迹，也能保持和发展真正的唯一能实现正义与自由理想境界的民主。

如果您能告诉我住在该市附近的捐赠者的名字的话,我有机会将去拜见他们。请给予关照。谨致问候。

非常尊敬您的

陶文濬

五、关于陶行知书信的若干感想

读了上面的书信,把想到的几个问题写出来。

首先,就美国留学以前的时期可以看出:

(1)14 岁的时候曾入英系宣教团体内地会所经营的教会学校(崇一学堂),向格贝思先生(Mr. Gibbs)学习。在日本被弄错当做格贝思恩先生。

(2)二年后的 1908 年,他转学到杭州广济医学堂,这是由于格贝思先生回英国,学校关闭了的缘故。但是,因为所转到的广济医学堂对非基督教徒与基督教徒的差别非常厉害,陶行知在校仅三天就退学了。关于这一点,在《陶行知全集》第一卷的附录年表中可以看出,入该校是 1908 年春,退学在同年秋,约半年在籍。

(3)据陶行知说,医学堂退学后曾回到故乡自修一年时间的英语,然而这段故乡的生活从来就不知道。以后,入金陵大学,好像在这里非教徒也受欢迎。大学三年级的时候,辛亥革命爆发,回故乡一段时间,做了半年时间徽州议会的秘书工作,这件事,这一回才初次弄明白了。

(4)自那以后,重回大学学习,受到校长保温博士(Dr. Bowen)和亨克博士(Dr. Henke)等许多教师的教导。而影响特别大的是詹克教授(Prof. Jenk),他的讲义《基督教的社会意义》(Social Significance of the Teaching for Christ)使陶行知深深铭感,陶行知自己说 1913 年成为基督教徒。在这之前,据陶行知的长子陶宏说,陶行知并不是基督教信仰者,大概对这一点有必要再作研究吧。

其次,让我们来看看美国留学时代的陶行知在伊利诺伊大学时期的情况吧:

(5)1914 年 8 月,陶行知得到双亲和友人们的援助,到美国留学,在伊利诺伊大学生活了一年，这期间取得了硕士学位(M. A. Degree)。在以后的半年时间里，他担任了中国留美学生会(The Chinese Students' Alliance in the United States of America)的干事职务。顺便提到的是他在伊利诺伊大学时期修业的科目，根据朱(Chu)的论文，制成第三表。

(6)关于陶行知何时把哥伦比亚大学师范学院选作最理想的求学场所的问题，据他自己说是在写这封信的前三年，即在1914年入伊利诺伊大学前后，当时只是由于经费不足而未能转校。据他说，为了在中国实现真正的共和政治、民主主义，除了向民众普及教育外，别无他法。他确信学习教育行政，师范学院是最理想的场所。年轻的陶行知的教育救国的热情，此刻好像烈火一般开始燃烧了起来。

(7)陶再次决心转学到师范学院，据他说是由于1915年夏天在威斯康星州日内瓦湖举行的Y. M. C. A. 的夏季大会上得到启示的缘故。他所指的这次会议大概就是这年6月18日—27日中华北美基督教学生会(Chinese Christian Students Association in the North America)与全美学生会议(American Students Conference)共同在日内瓦湖举行的夏季大会。

第三表　陶行知在伊利诺伊大学的学习活动

<table>
<tr><th colspan="2">学期</th><th>修业科目</th></tr>
<tr><td rowspan="2">1914—1915</td><td>第一学期</td><td>政治学及公法
都市行政
国家论
教育行政</td></tr>
<tr><td>第二学期</td><td>政治学及公共
欧洲大陆政治
美国外交
合众国对外国・殖民地贸易</td></tr>
<tr><td>1915</td><td>夏学期</td><td>单元和评价基准
教育研究方法
中学课程
教育心理学</td></tr>
</table>

以这次会议为契机，陶从都市行政和政治学的学习转变为对教育学，特别是对教育行政的研究和关心。这一点从前面列举的第三表里所显示

的伊利诺伊大学学期修业科目的变化，特别是1915年夏学期他所专攻的科目，可以清楚地了解到。

(8)1915年1月陶行知的父亲去世，尽管陶行知的经济状况恶化了，那年秋天之所以能转到哥伦比亚大学师范学院，主要是由于他被录取为由义和团事件赔偿金支持的留学生派遣制度的“半费生”，保证了最低限度的留学经费。众所周知，美国把1910年以来义和团赔偿金的一部分偿还中国，清政府以此为基金，开始实行官费留学生派遣制度。这个制度规定，除了在留学预备校——清华学校毕业的享受向美国各地大学派遣全部经费无偿的“全费生”之外，还规定在经费有剩余的时候，可以对已在美国留学的自费生也支持部分奖学金，享受“半费生”待遇。对在大学学习二年以上课程，成绩优秀而生活困难的学生供给奖学金，金额每年500～100美元，这由驻美公使和驻美学生监督选定。陶行知所写的“中国政府授予半费奖学金”就是指的这件事。

(9)在师范学院学习期间，陶行知在何处居住，以前是不明白的。根据这封书信知道陶转到师范学院后半年，当时是1916年2月，在哥伦比亚大学巴德拉图书馆旁边的哈特利会馆(Hartley Hall)的10层10号宿舍居住。

(10)在大都市纽约的生活比陶行知所想象的还要苦，陶认为这样下去继续求学是不可能的。他与指导教师孟禄教授商谈，由于教授的推荐而能够取得利温哥斯顿奖学金。这个奖学金被认为是为在师范学院学习的外国人留学生特别设置的。

(11)根据这封信我们明白了，陶在师范学院学习过程中受到了孟禄教授、克伯屈教授、斯垂伊尔教授、康德尔博士等许多教授的指导。特别是弄明白了他在斯垂伊尔教授的指导下研究美国公共教育行政的问题，并要把普及国民教育的思想应用到中国教育的发展中。

(12)另外，在师范学院学习期间，使陶行知得到公私两个方面最好照顾的是孟禄教授。他当时担任教育系主任(Director，School of Education)的要职，1913年开始访问中国以来，对中国的教育表现出强烈的关心。以后受教育界人士的邀请，经常不断地访问中国，接受关于教育改革的咨询，还精力充沛地利用美国对义和团事件的赔偿金促进美国对中国的文化事业，等等，加深了与中国的关系。他热心于对中国留学生的指导。据说，他对陶行知的学识和人品给予了高度的评价。根据朱(Chu)的论文,在师范学院教务部的文件中,关于陶行知的博士学位的审查,孟禄教授给学位审查委员会委员长、政治哲学专业科学部长伍德布瑞资博士(Dr. Frederick J. E. Woodbridge)的推荐信(1917 年 7 月 26 日)还保留着。译文如下。

> 在推荐授予博士学位之前,我建议为陶文濬先生指定考试日期。这是一个特殊情况。陶先生已满足在籍期间的必须事项,论文题目也得到认可,现在正在致力于论文的完成。但是,这篇论文只有当他回国以后,进行有关资料的收集和选择方能完成。然而,他觉得他不可能从中国再回来了。他今后要从事与政府有关的教育事业。因此,我建议特别委员会马上举行考试,论文一经完成,即可委托特别委员会评审。
>
> 建议考试日期最好定为 8 月 2 日。

根据这封信,孟禄教授认为陶已完全具备了取得博士学位的前提条件,连论文的题目也决定了,就那样不取得学位回国甚感惋惜。所以他建议伍德布瑞资学位审查委员长把陶作为特例,把本来应该在论文提交后再进行的考试提前举行。归国后完成论文,只要一提交论文,就可授予陶博士学位。从这一点也可以看出孟禄教授对陶的高度评价。陶归国后两者之间的信赖关系好像一直保持着,这清楚地表现在中华教育改进社和中华教育文化董事会两者之间的合作关系上。

结 束 语

上文主要引用了哥伦比亚大学师范学院教务部和米尔巴科图书馆特别资料室所藏的资料和文件,由此可以了解以前未必清楚的中国近代有代表性的教育家陶行知的美国留学时代的学习、生活状况的一部分。这篇文章,如能对今后陶行知研究的进展多少起点作用的话,我将感到莫大的荣幸。

(作者撰写此文时系日本国立教育研究所教育史研究室主任、研究员)

认真学习发扬光大陶行知的人民教育思想

张 健

陶行知生活在国家多难民族危急的时代，他以“捧着一颗心来，不带半根草去”的无私献身精神，在中国共产党的影响和领导之下，和工农劳苦大众共命运、同呼吸，为中华民族的解放，为人民大众的自由幸福，为中国教育大众化，呕心沥血、开拓创新、艰苦奋斗了一生，做出了永远值得纪念的重大贡献。陶行知是中国现代教育史上的一位巨人，他遗留给我们的五百余万字的辉煌巨著，是中国教育史上极其宝贵的精神财富；他的生活教育理论和教改实践，可以作为当前我国教育改革的借鉴；他那永远忠于人民、热爱孩子、献身教育的崇高师德，堪称一代楷模。我国教育工作者要继承陶行知，我认为最重要的就是要认真学习和发扬光大陶行知的“人民第一”、“教育为公”的人民教育思想。

毛泽东同志称陶行知为伟大的人民教育家，这是对陶先生的教育思想和一生的教育改革实践最好的概括。陶行知怀着“人民第一”、“教育为公”、“甘当骆驼”的精神，从中国的国情出发，努力发展人民教育，既反对“沿袭旧法”的陈腐的传统“老八股”教育，又反对“仪型他国”的“洋八股”教育，提出了为人民大众求解放的“生活即教育”、“社会即学校”、“教学做合一”的主张，它是中国新民主主义人民教育思想一个重要的组成部分。

陶行知先生逝世后，在延安各界追悼陶行知大会上，当时中共中央宣传部部长陆定一同志，代表党中央在《悼人民教育家陶行知先生》讲话中指出：“我们追悼的陶行知先生，是人民的教育家。在人民中进行教育，可以有两种不同的目的。一种是蒙蔽人民，要人民甘心做反动派的奴隶，做帝国主义的顺民，服从命运或英雄的摆布。抱这样目的的教育，不管它叫什么名字，决不是为人民的教育，而只能是奴隶的教育。”“陶行知先生的教育理论与教育实践，是有另外一种目的，这个目的就是唤起人民自己解放自己。他把人民看作人，而不是看作奴隶与顺民。他主张人民的解放，他又相信人民的力量，人民的智慧……他主张人民为自己办的教育，才是理想的教育。他为了这个主张，孜孜不倦，干了一生。……陶先生的这种教育思想，正是新民主主义教育思想，正是为人民服务的教育思想。”（详见1946年8月12日延安《解放日报》）我认为，在人类社会历史发展过程中，奴隶主办的和封建主办的古代教育，都是为少数反动统治阶级服务的教育。近现代的资本主义的教育，资产阶级所倡导的普及教育的目的，就在于培养出既能创造利润又不干扰主人安宁的“工作奴隶”。到了19世纪40年代至90年代，由于马克思、恩格斯创立了科学社会主义学说，才从根本上发现了人民自己解放自己的革命道路。1917年11月，苏联人民在列宁为首的布尔什维克党的领导下，工农兵夺取了政权，建立了人民当家做主的社会主义制度。同时，依靠人民的力量和智慧，办了为人民服务的社会主义教育。从此以后，人类历史上就出现了两种根本不同目的的教育——为统治阶级培养奴隶、顺民的教育和人民依靠自己的智慧、力量办的人民教育。1919年五四运动前后，马克思主义和苏联十月社会主义革命影响传播到了中国，1921年建立了中国共产党，从此以后，中国革命就由资产阶级领导的旧民主主义革命，转入到由无产阶级（经过共产党）领导的新民主主义革命。在中国共产党的影响、领导下，陶行知开始在半殖民地半封建的旧中国探求以解放人民为目的的人民教育之路。陶行知于1939年3月15日为纪念生活教育运动12周年而写的《告生活教育社同志书》中指出：“我们在十二年中干了些什么事？三件事，还没有做完。一是反洋化教育，二是反传统教育，三是在半殖民地半封建的国家建立争取自由平等之教育理论与方法。”“在这十二年当中，应客观环境的需要，我们发动了四个教育运动，即乡村教育、普及教育、国难教育、战时教育。这四个运动只是一个运动的四个阶段，这个运动便是生活教育运动，也可以说是从半殖民地半封建过渡到自由平等国家的教育运动。”

这里要研究和说明三个问题：陶行知生活教育学说是否符合马克思主义唯物主义原理？生活教育的理论和方法对于改造旧中国教育起了哪些积极作用？生活教育理论与方法对于当今我国社会主义人民教育的改革有哪些借鉴作用？现根据我个人的粗浅的理解，对这三个问题作一些探讨。

第一，从社会历史发展的宏观角度来分析，生活教育的理论基本上符合马克思主义唯物史观的原理。恩格斯在《家庭、私有制和国家的起源》1884年第一版序言中指出:“依据唯物主义的见解,历史上的决定要素,归根到底是直接生活的生产和再生产。但生产本身又有两种。一方面是生活资料即食品、衣服、住所以及为此所必需的种种工具的生产;另一方面是人自身的生产,即种属繁衍。”陶行知所创立的“生活即教育”、“社会即学校”、“教学做合一”的理论与方法,不是指人们的日常生活的细枝末节,而是从影响整个社会的物质生产和人自身生产的广阔领域立论的,因而他基本上是符合唯物史观原理的。陶行知生活教育的服务对象是工农劳苦大众,而不是地主资产阶级的少爷、小姐。陶先生倡导“人民第一”、“教育为公”、处处办学校、人人受教育。陶行知早年在创办晓庄学校时,就立志要为整个民族利益培养有“健康的体魄,农人的身手,科学的头脑,艺术的兴趣,改造社会的精神”的人才。创办育才学校时,主张要教导学生团结起来,做追求真理的小学生;自觉觉人的小先生;手脑双挥的小工人;反抗侵略的小战士。陶行知一向主张:学校既不能培养“人上人”的剥削者,又不能培养“人下人”的奴隶,而只能培养“人中人”,使每个人受到教育后,都能实行“做工、求知、管政治”,作国家的主人。为了培养“人中人”,陶行知从1927年初创办晓庄学校,1932年创办山海工学团,1939年创办育才学校及1945年创办社会大学,在这些学校里,都以手脑并用、教育与生产劳动相结合为核心,实行教学做合一的方法,变死读书为活用书,加强理论与实际的联系,为工农服务、拜工农为师,实行青年学生和工农民众相结合;教育师生关心国家的前途和民族的命运,积极参加抗日救亡和反对国民党独裁统治,争取人民民主的革命运动,运用“革命的教育来配合政治上的革命斗争”,使教育为中国新民主主义革命斗争服务。

第二,陶行知创立的生活教育学说对于旧中国教育的改革起了哪些积极作用?我认为,首先就在于充分揭露了旧教育脱离生产劳动所产生的严重恶果。陶行知远在1926年12月写的《中国乡村教育之根本改造》一文中指出:中国乡村教育走错了路,他教人离开乡下向城里跑,他教人吃饭不种稻,穿衣不种棉,做房子不造林;他教人羡慕奢华,看不起务农;他教人分利不生利;他教农夫子弟变成书呆子;他教富的变穷,穷的变得格外穷;他教强的变弱,弱的变得格外弱。人们也许会认为,陶行知离开了封建地主阶级剥削农民这个造成农民变弱变穷的根本原因,光想用教育来改变这种状况，实在有点“教育万能”了。确实，早先陶先生并不理解半封建社会里地主阶级剥削农民造成变穷变弱的根本原因，后来陶先生学习了英文版马克思主义著作，接受了中国共产党党员（包括他的党员学生）的影响，特别是了解了以毛泽东等同志领导的农民运动和土地革命后，陶行知才全面理解了农民变穷变弱的根本原因，由“教育万能”转向科学社会主义。马克思1844年曾经指出：“并不需要多大的聪明就可以看出，关于人性本善和人们智力平等，关于经验、习惯、教育的万能；关于外部环境对人的影响，关于工业的重大意义，关于享乐的合理性等等的唯物主义学说，同共产主义和社会主义之间有着必然的联系。”①为什么旧中国许多抱有教育救国、工业救国的爱国知识分子，绝大多数人都或前或后走到中国共产党领导的革命队伍中来，这就是马克思所指出的“二者之间有着必然的联系”，因为双方都在追求国家的强盛和人民的幸福，而陶行知就是由教育万能走向革命道路的进步知识分子的典型。

这里也要指出：在中国共产党领导下，人民推翻了三座大山，消灭了封建地主阶级及土地私有制，它只是为农民变强变富创造了前提条件。但是，由前提条件变为现实的富和强，还需要靠科技和教育，这一点十一届三中全会以来党中央曾一再予以强调，这里就不多说了。

陶行知再三强调：办教育一定要从中国的国情出发，而旧教育最大弊端之一，就是搬用外国的一套做法。1926年陶行知在《创设乡村幼稚园宣言书》一文中指出：现在国内的幼稚园害了三种病：一是外国病；二是花钱病；三是富贵病。因此就提出要建设中国的幼稚园、平民的幼稚园。接着又指出，中国幼稚园的新天地，是到工厂区为女工办幼稚园，到农村为农夫办幼稚园，使工农子女受到健康的幼儿教育。1935年陶行知在《攻破普及教育之难关》一文中，列举了在中国这样的穷国家要想普及教育，必须攻破“城乡关”、“划一关”、“会考关”、“守旧关”、“娘子关”等不少道关。徐特立同志认为，革命老根据地之所以能够进行普及教育，就如陶行知所说的攻破了许多难关。

陶行知尖锐地批评国民党反动当局实施的“读书救国”和用“党化教

① 华东师范大学教育系编：《马克思恩格斯论教育》，人民教育出版社1979年版，第3页。

育”散布“一个党、一个主义、一个领袖”的法西斯主义思想，指出它和用“三寸金莲”来束缚女人的小脚一样，用“三寸金头”来束缚学生的思想。陶行知主张要针锋相对地对儿童实行六大解放：解放儿童的大脑，使他能想；解放儿童的双眼，使他能看；解放儿童的双手，使他能干；解放儿童的嘴巴，使他能讲；解放儿童的空间，使他接触大自然大社会；解放儿童的时间，使他能学自己想学的东西。陶行知认为教育的社会功能，就是“千教万教教人求真，千学万学学做真人”。陶行知教导学校师生在追求自然界和人类社会发展的客观规律即真理过程中，按着“行动是老子，知识是儿子，创造是孙子”的原则，力求做到“天天是创造之时，处处是创造之地，人人是创造之人”，把创造之神未做完的事接过来，继续进行创造。为此就要学习科学，运用科学来创造新中国和新世界。

第三，谈谈陶行知生活教育理论与方法，对于当前我国社会主义人民教育事业的改革，有哪些可资借鉴之处。由于所处时代和环境的不同，陶行知生活在灾难深重的旧中国，在国民党反动统治压迫之下，他的许多光辉的教育思想是在当时环境许可条件下，利用一些为人们所容易理解、教育当局默认的方式来表述的。它的基本精神虽然和今天的新中国社会主义人民教育有其共同的一面，但具体理解和做法却不能一样。例如，陶行知对于乡村教育改革，他主张以中心小学为中心，在一百万所中心小学的基础上来培养一百万个教师，来改造一百万乡村。当时乡村的政权不在农民的手里，因而陶先生就避开了乡村政权而以学校为中心，实行农科教相结合的生活教育。今天我国是一个人民当家做主的社会主义国家，乡村政权是人民政府或村民委员会。因此，今天我国农村实行农业、科学、教育相结合和基础教育、职业教育、成人教育三教统筹的“燎原计划”，一般都是由县里和乡里党政一把手挂帅，只有这样才能办好为当地农村经济社会发展服务的农村教育事业，使广大农民尽快变富变强起来，成为“做工，求知，管政治”的“西天活神仙”。这就是说，半个多世纪前陶行知改革乡村教育的理想是良好的，但实现这种良好愿望，就要因时制宜、因地制宜地来进行，才能收到实效。

陶行知从当南京高等师范学校、东南大学教授、安徽公学校长、中华教育改进社主任干事，到创办南京晓庄学校（内设幼稚园、中心小学、师范学校）、山海工学团（内设幼儿园、小学、艺友制的师范班等）、育才学校（中级、高级专业教育）、社会大学，可以说涉及高（研究生）、大（大学本科、专科）、中（中学、中师）、小、幼等各级教育；又由学校教育涉及平民教育、普及教育中的工人、农民、士兵的成人教育，因此，陶行知办理教育事业的实践具有三方面的特点，一是面广，二是层次多，三是进行各种形式的改革和创新。陶行知前后主编过《新教育》、《新教育评论》、《生活教育》、《民主教育》等对中国教育界影响较大的杂志，他还在国内外不少报刊上发表过许多对于教育改革有独到见解的文章，对国民党统治区的教育改革起了推动作用。

当前，我国基础教育遇到一个头疼问题，就是学生课业负担太重。我认为，要解决这个问题，主要不只是批判片面追求升学率和“题海战术”，更重要的是从正面指导教师改进教学方法，特别是要在改进学生的学习方法上下功夫。这里我要介绍一下我的老师、中国伟大的人民教育家陶行知先生所倡导的科学育人方法。这个方法就是要特别重视培养学生的自学能力和独立思考能力，要求学生凡事要八问：何事、何故、何人、何如、何时、何地、何去、几何。要弄清楚这是什么事，不仅要知其然，还要知其所以然。同时，陶先生提倡指导学生做学问的十大秘诀：一序，即循序渐进；二勤，业精于勤，荒于嬉；三恒，持之以恒，锲而不舍；四博，博览群书，精益求精；五问，不耻下问；六记，做笔记；七新，温故知新；八专，专心致志，刻苦钻研；九思，多加思考；十创，敢于创新。陶行知的六大解放、八问、十秘诀的指导思想，就是要运用科学方法，充分调动学生学习的主动性、积极性和创造性，也就是毛泽东所倡导的使受教育者能够生动、活泼、主动地得到发展。

陶行知是一位深入人民生活和热情歌颂人民的大众诗人。现在已搜集整理的诗歌有 653 首和对联 34 副。他的诗歌深入浅出，通俗易懂，饱含哲理，极受人民的欢迎而自成一体，是教育人民和孩子的好教材。

现在已由四川教育出版社出版 500 万字的十卷本《陶行知全集》，是中国教育工作者值得学习和研究的精神宝库，是当前进行教育改革可资借鉴的文献。

（作者撰写此文时系中国陶行知基金会常务副会长兼秘书长、中国教育学会顾问）

陶行知——人民教育的伟大先驱

邓宗琦　周洪宇

在中国历史上，有两位大教育家向为世人所推崇、所敬仰，被人们誉为“圣人”：一位是古代的孔夫子，另一位就是现代的陶行知。孔子与陶行知的教育思想和实践都极大地影响了中国文化教育的发展，他们的伟大人格也都深深地感染、熏陶着一代代青少年及教育工作者。但陶行知与孔子有一点却很不相同，那就是陶行知办教育完全是为了人民大众，而孔子则主要是为了统治阶级。进而言之，这一点也是陶行知与中国历史上绝大多数教育家的不同所在。陶行知是教育家，但他不是一般所谓教育家，而是人民的教育家。不了解这一点，就不能真正了解他的思想和事业，也就无法正确认识和评价陶行知在中国文化教育史上的作用和地位。

一、人民教育路线的伟大开辟者

教育掌握在哪些人手中，为哪个阶级服务，是一个根本的问题。长期以来，由于国家政权掌握在反动统治阶级手中，教育成了少数统治者及其子女的专用品，而与广大劳动人民无缘。统治阶级通过学校传播本阶级的思想，让自己的子弟学习统治阶级的意识形态、行为规范、伦理道德、射御戎战等“治人之术”，把他们培养成国家大大小小的统治者。广大劳动人民的子弟则被排斥在学校大门之外，只能在生产劳动和日常生活中，通过父传子、师带徒等形式，跟长辈学习一些为人之道和生产劳动的知识与技能。教育严重地脱离人民大众，脱离社会生活实际。

近代以降，在西方民主、科学思想的影响下，一些先进的中国人为改变这种状况曾进行了种种努力，探寻中国教育发展的方向。在五四新文化运动中走上历史舞台的陶行知，承继了前辈们的未竟之业，继续寻觅中国教育的曙光。他高举起反对传统教育、洋化教育的大旗，在教育领域发动了一场根本性的变革，为创建一种新型的人民教育，奋斗了一生，成为中国近现代知识分子在文化教育界的一个杰出代表。

陶行知出身于安徽歙县的一个贫寒家庭。自幼便饱经世故沧桑，深知农家疾苦。他的父母艰苦勤劳的优良品质给幼年的陶行知以深刻的影响，使他从小就养成了勤劳的习惯和艰苦朴素的生活作风。他生活在半殖民地半封建的旧中国，目睹了中国人民尤其是农民深受帝国主义、封建主义和官僚资本主义的残酷剥削和压迫。他同情劳动人民，热爱劳动人民，恨其所恨，爱其所爱，从小就形成了亲民、爱民、为民、救民的思想。这影响了他并决定了他一生努力的方向。

为了给中国人民谋解放、谋幸福，陶行知走上了一条为人民办教育的道路。他看见清末以来尽管废科举、兴学堂，但是新学办了几十年，依然换汤不换药，卖尽气力，不过把“老八股”变成“洋八股”罢了。“老八股”与人民大众的实际生活无关，“洋八股”依然与人民大众的实际生活无关①。他决心彻底改变这种状况，办一种为人民大众服务、与人民大众实际生活密切相关的新教育，“要使全中国人都受到教育”②。为了实现这个愿望，1917年他从美国留学回来后，就大力推行教育改革，先后开展了平民教育运动、乡村教育运动、普及教育运动、国难教育运动、战时教育运动、全面教育运动和民主教育运动，创办了安徽公学、晓庄试验乡村师范学校（简称“晓庄师范”或“晓庄学校”）、山海工学团、育才学校和社会大学等新式学校，提出了“生活即教育”、“社会即学校”、“教学做合一”、“在劳力上劳心”、“以教人者教己”等生活教育理论，并发明了“即知即传”、“小先生制”等普及教育的方法，积极推广大众教育，让广大的劳动人民都有受教育的权利和机会。

陶行知在国民党统治之下的中国办教育，环境异常险恶，条件十分艰难。政治上屡遭打击，经济上缺乏来源，没有远大的理想、坚定的意志以及超乎常人的毅力是不行的。他不像当时的某些教育家为了推行自己的教育主张，蜷伏在国民党的卵翼之下，依靠国民党政府来办教育，甚至为虎作伥，蒙蔽人民。他既主张人民的解放，又相信人民的力量，人民的智慧，认

---

① 陶行知：《生活工具主义之教育》，华中师范大学教育科学研究所主编：《陶行知全集》第2卷，湖南教育出版社1985年版，第76页。

② 陶晓光：《回忆父亲给我的教育》，《行知研究》总第3期。

为人民自己为自己办的教育，才是理想的教育。他尊重人民，相信人民，学习人民，依靠人民来办教育。

为了办人民的教育，他首先与人民打成一片，做到人民化。他曾任20年代初中国最有名的两所大学之一的南京高等师范(今南京大学前身)的教务主任、教育科主任兼教育系主任，做过名牌大学的教授，还一度当过全国性教育团体——中华教育改进社的总负责人(主任干事)和中华教育文化基金董事会执行秘书，有很高的社会地位，有优裕的生活环境，但他为了办人民的教育，毅然放弃了这一切。他脱下西装革履，穿上布衣草鞋，到贫穷落后的农村去办教育，与“牛大哥”同睡，自找苦吃。他当年在美国留学时的同窗孙科、胡适等人一个个在仕途上飞黄腾达，他却自觉地、心甘情愿地一步步“向下走”。尽管学校越办越低，职衔越来越小，生活越来越差，但他始终不以为然，矢志不渝地走为人民办教育的道路。他没有自己，只有他人；没有家庭，只有社会；没有索取，只有奉献。他是人民的仁者、智者、勇者、圣者。正因如此，所以他“富贵不能淫，贫贱不能移，威武不能屈，美人不能动”。

陶行知为人民的教育事业服务，在政治上坚决站在人民的一边，与帝国主义、封建主义和官僚资本主义作坚决的斗争。辛亥时期，他就参加过故乡人民推翻当地封建政权的武装起义。五四时期，他积极支持学生反帝爱国运动。北伐期间，他发动晓庄师范学生积极支援北伐军。“四一二”反革命政变后，他支持学生声援下关和记工厂工人反对英商剥削和反对日本军舰停泊南京的反帝大游行。为此，他所办的晓庄师范被国民党当局查封，他本人也遭通缉，被迫逃亡日本。“九一八”后，他的政治立场更为鲜明，抨击国民党反动派的卖国投降政策，与沈钧儒、章乃器、邹韬奋等人联名发表团结御侮宣言，响应中国共产党“团结抗日、一致对外”的主张，并受全国各界救国联合会的委托，出访28个国家和地区，为宣传抗日救国主张，开展人民外交。他到伦敦，先后三次拜谒马克思墓。抗战胜利后，他投身到民主革命运动的前列，成为中国共产党的亲密战友。他从自己多年的实际经验中，深切了解到中国共产党是中国人民的代表，是为中国人民利益奋斗的中坚，是中华民族的未来希望之所在，所以他不怕一切诬蔑打击，与中国共产党携手奋斗。

陶行知对大众教育的提倡和实践，开辟了一条人民教育的新路线。他把教育的对象由过去的少数统治者及其子弟转到广大的劳动人民尤其是农民及其子弟，把教育的目的由过去的培养剥削者和统治者转到培养具有生活力和创造力，为民族、为人类谋利益的新人，把教育的重心由少数的大城市转到广袤的乡村，把教育的内容、方法等改造得适合人民大众实际生活的需要，把办教育的依靠者由反动统治阶级转到人民大众自身。这就改变了旧教育的性质与格局，给中国数千年的教育带来了一场根本性的变革。这不仅在中国教育史上，就是在世界教育史上，也是有重要意义的。

陶行知为中国教育开辟的新路线，是人民的路线，是教人民做主人的路线，是教人民自己起来为自己创造幸福而自己办教育的路线。这条路线仍然是我们今天办教育的路线。近年来，党中央明确提出要“依靠人民办教育，办好教育为人民”，这一主张与陶行知的思想是完全一致的。陶行知早在半个世纪以前就指出，人民教育是“人民的教育，人民办的教育，为人民自己的幸福而办的教育”[①]。毫无疑问，我们今天办教育的路线正是陶行知路线的继承和发展。可以相信，沿着陶行知当年开辟的这条路线走下去，我国的社会主义教育事业一定会发展得更快更好。

二、人民教育事业的伟大探索者

陶行知从坚定的人民立场出发，在长期的教育实践中，从不同角度对发展人民教育事业作了艰辛的探索，积累了许多宝贵的经验教训，为我们今天建设具有中国特色的社会主义教育体系提供了有益的历史借鉴。

（一）教育本土化的探索

陶行知早年曾留学美国，师从杜威，是杜威门下几位有数的中国高足之一。1917 年回国后，他满怀改造中国旧教育的热望，积极地宣传和引进杜威的实用主义教育理论，试图用杜威的一套观点和方法来反对封建传统教育，解决中国教育的根本问题。经过八年的试验，他逐渐意识到杜威的那一套并不适合中国的国情，在中国行不通。于是，他幡然醒悟，从此走上

---

① 陶行知：《民主教育》，华中师范大学教育科学研究所主编：《陶行知全集》第 3 卷，湖南教育出版社 1985 年版，第 569 页。

了探索中国教育本土化的道路。

中国人口众多，农村人口占85%以上。当时的文盲有三亿三千多万人，且主要分散在广袤的乡村。根据这种国情，陶行知确定以基础教育作为我国教育现代化的重点，并以农村教育作为重点中的重点。20年代中期以后，陶行知主要从事基础教育工作，认为基础教育不发达，民族振兴就没有希望。在基础教育中，农村教育尤为重要，它是解决中国教育问题的关键。为此，陶行知联合一批有志于中国教育改造的进步教育工作者，大力推行乡村教育运动，为数亿农民“烧心香”，以提高广大农民的思想觉悟和文化水平。

陶行知又结合中国的具体实际，确定了办教育的原则和方法。他认为，中国是一个大国，又是一个穷国，人口众多，底子很薄，各地经济发展又极不平衡。这些与西方发达国家的情况都迥然有异。要发展教育事业，如果“拿富国的办法，引到中国来，无异是乡下人吃大菜”①。因此，“我们必须发现穷办法，着重穷办法”②。根据这种认识，他运用穷办法，积极开设各种比较简陋的教育机构，让尽可能多的人民大众得到受教育的机会。

陶行知这种从国情出发，确定教育改革与发展的重点、突破口，以及办教育的原则和方法的思想，值得我们认真地学习和研究。今天，我们要立足于当前我国仍处于社会主义初级阶段这一基本点，坚持一切从中国的国情出发，重点发展基础教育(尤其是农村教育)，提倡勤俭办教育的精神，并努力扩大教育经费的来源，走政府、社会团体和个人多方集资办学的路子，实行多种层次、多种规格、多种形式、多种途径办学，各地区应因地制宜地采取适合各自需要的方式方法，来发展各级各类教育事业，以提高中华民族的科学文化水平。

(二)教育民主化的探索

陶行知有着强烈的人民意识和民主精神，他坚持反对教育脱离人民大

---

① 陶行知:《普及教育》，华中师范大学教育科学研究所主编:《陶行知全集》第2卷，湖南教育出版社1985年版，第757页。

② 陶行知:《民主教育》，华中师范大学教育科学研究所主编:《陶行知全集》第3卷，湖南教育出版社1985年版，第570页。

众，反对教育为少数统治者服务，主张“教育为公”、“文化为公”①，坚持教育为人民大众服务的方向。他沿着五四新文化运动的“民主与科学”这一方向继续迈进，回国后即从事平民教育、乡村教育和普及教育等运动，努力使广大人民群众（尤其是占中国人口85%的农民）获得受教育的机会。他反对封建礼教和理学教育，采取多种形式和途径（如推广大众语和新文字等），对民众进行思想启蒙，还大力提倡女子教育，争取妇女受教育的权利。

抗日战争胜利后，他对教育民主化作了进一步探索。他积极提倡民主教育，以实现“人民大众作主，为人民大众服务”的宗旨，并将民主教育的要点和方法归纳为：教育为公以达到天下为公，教育机会必须均等；教人民肃清法西斯细菌；启发觉悟性；培养创造力，以实现创造的民主和民主的创造；各尽所能，各学所需，各教所知，各得其所；在民主的生活中学习民主；尽量采用简笔汉字拉丁字母；充分运用无线电及其他近代交通工具，使边远地方的人民，可以享受教育；民主教育应该是整个生活的教育；承认中国是从农业文明开始渡到工业文明，经济是极端贫穷，我们必须发现穷办法，着重穷办法，运用穷办法，以办成丰富的教育；等等。

在学校中，陶行知的办学充满了民主精神。他认为“师生共生活，共甘苦，为最好的教育”②。“民主的教师，必须要有：(一)虚心；(二)宽容；(三)与学生共甘苦；(四)跟民众学习；(五)跟小孩子学习；……肃清形式、先生架子、师生的严格界限”③。主张师生平等，重视学生在教学过程中的主体地位，强调儿童个性的发展和创造力的培养，因材施教，教学相长。在学校管理上，注意发挥教师与学生的作用，提倡“集体自治”，健全集体生活，培养学生参与未来民主政治的基础。在学制系统上，他主张从“单轨出发”，再到“多轨同归”，以后还要“换轨便利”。

陶行知对教育民主化的探索，给我们留下了许多宝贵的经验。他在教育的对象、师生关系、教学过程及学校管理上的不少见解和做法，都含有合

---

① 陶行知：《实施民主教育的提纲》，华中师范大学教育科学研究所主编：《陶行知全集》第3卷，湖南教育出版社1985年版，第540页。

② 陶行知：《我们的信条》，华中师范学院教育科学研究所主编：《陶行知全集》第1卷，湖南教育出版社1984年版，第652页。

③ 陶行知：《实施民主教育的提纲》，华中师范大学教育科学研究所主编：《陶行知全集》第3卷，湖南教育出版社1985年版，第543页。

理因素，应该很好地加以总结和借鉴。目前，我国正在进一步加快教育改革的步伐。教育民主化是教育改革的一项重要内容。在这方面，我们应该也完全可以从陶行知对教育民主化的探索中，获得有益的启迪。

（三）教育科学化的探索

陶行知高度重视教育科学化问题，认为教育科学化是与教育民主化相辅相成的，两者相互依存，缺一不可。教育科学化包括教育的科学化和科学的教育化两个方面。陶行知很早就对这两个方面有明确的认识，并给予了极大重视。

在教育的科学化方面，他从美国回来后，即积极从事教育实验，提倡用科学的精神来办教育，反对“沿袭陈法”的传统教育和“仪型他国”的洋化教育。他一方面身体力行，把教育统计学、教育行政学的科学原理和方法运用于日常的教育工作之中，加强教育的科学化管理；另一方面又以中华教育改进社主任干事的身份，发起组织邀请外国专家来华讲学，推行科学教育与测验。在他和胡适、蒋梦麟等人的努力下，美国著名教育家孟禄（哥伦比亚大学教授）、推士（俄亥俄州立大学教授）、麦柯尔（哥伦比亚大学教授）、柏克赫斯特（马萨诸塞州道尔顿中学教师）、克伯屈（哥伦比亚大学教授）等人先后赴华讲学，宣传各自的教育理论与方法。陶行知还于 1924 年倡议并主编了《中华教育改进社丛书》，出版了推士的《中国之科学教育》（英文）、《中国教育一瞥录》（随孟禄调查报告）、《中国全国小学概况》（英文）、《中国教育统计概览》、《中国最近教育状况》（英文）等书。从此，西方的教育测验与统计（特别是智力测验）被引进中国。教育的科学化逐步开展起来。

在科学的教育化方面，他更是作了大量的具体工作。1925 年，他提出“科学教育应从儿童时代入手”①。1932 年又指出：“科学要从小教起。我们要造成一个科学的民族”②。30 年代初，他创办“自然学园”和儿童科学通讯学校，编写儿童科学丛书，把科学知识送给儿童和工农群众，以后又改为“空中学校”，每周播送科学知识，并与高士其、董纯才、吕镜楼等人一起

① 陶行知：《小学理科——致吕镜楼》，华中师范大学教育科学研究所主编：《陶行知全集》第 5 卷，湖南教育出版社 1985 年版，第 114 页。

② 陶行知：《关于科学教育——致庄泽宣》，华中师范大学教育科学研究所主编：《陶行知全集》第 5 卷，湖南教育出版社 1985 年版，第 247 页。

推广科学普及事业，从事“科学下嫁”运动。他在当时就已明确认识到“从农业文明渡到工业文明，最重要的知识技能，无过于自然科学”①。因此，不论形势多么严峻，条件多么困难，他都坚持科学教育。从晓庄学校到山海工学团再到育才学校，他始终把科学列为教育内容之一，置于重要的位置。1946 年，他在为生活教育制订方针时，特地将“科学的”列为四大方针之一。

陶行知早在六七十年前就清楚地看到科学和科学教育在现代社会生活中的作用，并积极开展教育试验和科学教育，推广科学普及事业，把科学知识送给广大人民群众尤其是青少年儿童，这些都是非常难得的。近年来，党中央十分重视科学技术和科学教育，邓小平多次指出“科学技术是第一生产力”，强调计算机要从娃娃教起，这些都与陶行知的教育科学化思想有相通或相同之处。我们在发展社会主义教育事业时，不仅要以毛泽东、邓小平等党的领导人的教育思想为指针，也应以陶行知的教育理论和实践作为重要借鉴。

(四)教育社会化的探索

陶行知针对传统教育和洋化教育严重脱离社会生活实际的弊端，提出了“社会即学校”的思想，主张在积极改造现有学校的同时，努力把社会办成一所全民的大学校。用他的话说，就是要做到“‘以社会为学校’，‘学校和社会打成一片’，彼此之间，很难识别的。社会含有学校的意味，学校含有社会的意味”②。

1932 年在上海郊区创办的山海工学团是陶行知教育社会化探索的一个集中体现。什么叫做“工学团”？用陶行知的话说“工是工作，学是科学，团是团体。说得清楚些是，工以养生，学以明生，团以保生。说得更清楚些是，以大众的工作，养活大众的生命；以大众的科学，明了大众的生命；以大众的团体的力量，保护大众的生命”。“工学团是一个小工场，一个小学校，一个小社会。在这里面是包含着生产的意义，长进的意义，平等互助、自卫

---

① 陶行知：《教学做合一下之教科书》，华中师范大学教育科学研究所主编：《陶行知全集》第 2 卷，湖南教育出版社 1985 年版，第 292 页。

② 陶行知：《创造的教育》，华中师范大学教育科学研究所主编：《陶行知全集》第 2 卷，湖南教育出版社 1985 年版，第 617 页。

卫人的意义。”“是将工场、学校、社会打成一片，产生一个富有生命力的新细胞。”①根据陶行知的上述思想，山海工学团创办之后，即做了许多有利于生产发展，有利于提高人民觉悟，有利于抗日救亡的事情。它把教育与生产劳动、教育与改造社会等方面紧密结合起来成为一种工学结合的新型的人民教育团体。在普及教育方面，它推广小先生制，把科学文化知识普及到人民大众中去，不仅受到国内进步人士的好评，也引起国外教育界(如日本等)的密切关注。它还造就了一批优秀人才，许多人(如张劲夫、张健、马侣贤等人)后来都奔上各自不同的战斗岗位，成为革命事业的骨干。山海工学团实行教育与生产劳动相结合，与改造社会相联系，把教育社会化，这在中国教育史上是一个伟大的创举，在世界教育史上也是一个伟大的创举。

陶行知对传统的学校教育进行了彻底的改造。他把改造社会作为学校的教育目的，把造就具有健康的体魄、农夫的身手、科学的头脑、艺术的兴趣和改造社会的精神，踊跃投入反帝反封建斗争的小工人、小农人、小战士，作为学校的培养目标，把社会生活作为学校的重要课程，把教学做合一作为学校的教学方法，把社会的广阔天地作为学校的最大最好的课堂，带领学生走出校门，积极参加各种社会实践，使学校教育与社会生活紧密地联系起来，更好地为民族解放和祖国富强服务。

在改造旧的学校教育的同时，陶行知又力图把社会办成一所全民的大学校。他从推广大众教育、使广大劳动人民都有机会受教育的愿望出发，提出把马路、弄堂、乡村、工厂、店铺、监牢和战场等场所，都作为教育的场所，并在社会上办各种方便人民大众及其子弟学习的机构，如民众茶园、自然学园、通讯学校、空中学校、工学团、业余学校、旅行团等，使之发挥教育的作用。让社会文化的每一个细胞都包含教育的因素，承担教育的责任。社会通过各种形式的教育来影响社会成员，社会成为一所全民的大学校。

陶行知对教育社会化的探索，为我们今天深化教育改革，提供了一条新思路。从“社会即学校”的观点出发，我们应根据社会发展的需要，开展大规模的教育活动，不仅要使现有各级各类学校与社会息息相通，而且要促进社会成员受教育。从工人、农民、解放军战士到机关干部、待业青年等

---

① 陶行知:《普及什么教育》，华中师范大学教育科学研究所主编:《陶行知全集》第2卷，湖南教育出版社1985年版，第636页。

都要受教育。我们还应根据各自的具体情况，采取多种教育形式。各行各业不仅可以办从幼儿园到大学的全日制学校，也可以办各种各样的半日制学校，可以办脱产学习的正规学校，也可以办不脱产的业余学校，还可以办各类短训班，等等。通过这些教育活动和办学形式，形成一个既包括家庭教育、学前教育，又包括初、中、高等的普通学校教育和职业技术教育，还包括电大、函大、夜大、刊大、自修大学等多种形式的职后成人教育和老年教育的现代大教育体系。

(五)教育终生化的探索

陶行知从“生活教育”的观点出发，认为“生活即教育”，生活与教育是同一过程，人生有多久，教育也应有多久，教育“差不多从出世到老，与人生为始终”①。他反对传统教育将人生划分为彼此分离毫不相关的三个阶段，即学龄前、学龄中和学龄后，认为这必然会导致只重视学龄教育，而忽略学前教育和成人教育。在他看来，教育不是在学校教育结束后就算完事的，它应贯穿于人生的全过程，包括学前、小学、中学、大学以及大学后教育，应是一种“整个寿命的教育”②。他主张不同阶段的教育应从纵的方面相互连接，构成一个完整系列，使人们永远“与时代俱进”，做一个“长久的现代人”③。

陶行知在中国乃至世界上最早明确提出和阐述了“终生教育”的概念和思想④。20 年代，他在批判地继承古今中外教育思想的精华(尤其是杜威的“教育是一个连续性的过程”观点)的基础上，开始形成了终生教育的思想。1934 年 2 月，他指出“生活教育与生俱来，与生同去。出世便是破蒙，进棺材才算毕业”⑤。同年 12 月，他批评现有的小学六年、中学六年、大学四年的教育制度实质上是一种“短命教育”，公开表明“我们所要干的

① 陶行知:《新教育》，华中师范学院教育科学研究所主编:《陶行知全集》第 1 卷，湖南教育出版社 1984 年版，第 126 页。

② 陶行知:《普及教育》，华中师范大学教育科学研究所主编:《陶行知全集》第 2 卷，湖南教育出版社 1985 年版，第 762 页。

③ 陶行知:《攻破普及教育之难关》，华中师范大学教育科学研究所主编:《陶行知全集》第 2 卷，湖南教育出版社 1985 年版，第 782 页。

④ 参见周洪宇:《试论陶行知的终生教育思想》，《中国教育学刊》1991 年第 5 期。

⑤ 陶行知:《生活教育》，华中师范大学教育科学研究所主编:《陶行知全集》第 2 卷，湖南教育出版社 1985 年版，第 634 页。

是整个寿命的教育,不是短命的教育"[①]。次年3月,他进一步提出了"整个寿命现代化"的主张,他说:"整个寿命现代化,不仅是四个月、一年、四年之义务教育。教育最重要的成就在使众人养成一种继续不断的共同求进的决心。我们要对众人养成的态度是:活到老;做到老;学到老"[②]。上述言论,已初步揭示出"终生教育"的本质含义,即教育必须贯穿人生的始终。40年代,陶行知的终生教育思想得到了丰富发展。1945年9月,他在《全民教育》一文中首次明确使用了"终生教育"这个概念,并将之界定为:"培养求知欲。学习为生活;生活为学习。只要活着就要学习。一旦养成学习习惯,个人就能终生进步不断。"[③]这表明陶行知的终生教育思想已日趋成熟。从现有的资料来看,陶行知的终生教育思想比现在人们公认的"终生教育之父"——法国教育家P.郎格朗的终生教育思想的提出至少要早三四十年。可以认为,陶行知是现代终生教育的先驱之一。

陶行知不仅在理论上明确提出和阐述了终生教育的概念和思想,而且在实践上也对终生教育作了初步尝试。他和同仁们所办的教育机构中,各级各类的都有,如学前的有乡村幼稚园,学校的有安徽公学、晓庄师范、山海工学团、育才学校和社会大学,学校后的有暑期进修学校,等等。这些学校在时段上相互衔接,连成一体。陶行知还设想今后的社会大学将更为丰富多样,除了无形的社会大学外,还应有夜大学、早晨大学、函授大学、新闻大学、旅行大学、电播大学等。

陶行知的终生教育思想尽管产生在大半个世纪以前,尚欠完善,但却具有某种历史的超前性。他的若干设想,已为当今社会发展所证实。在今天,教育不再局限于就业前的一次性教育,不再局限于在正规学校中进行的基础教育、职业技术教育、大学本科的专业教育和研究生阶段的学科教育,而是扩展到胎教、学龄前儿童教育、幼儿园教育以及正规学校后的在职

---

① 陶行知:《普及教育》,华中师范大学教育科学研究所主编:《陶行知全集》第2卷,湖南教育出版社1985年版,第762页。

② 陶行知:《中国普及教育方案商讨》,华中师范大学教育科学研究所主编:《陶行知全集》第2卷,湖南教育出版社1985年版,第804页。

③ 陶行知:《全民教育》,华中师范大学教育科学研究所主编:《陶行知全集》第3卷,湖南教育出版社1985年版,第554页。

继续教育，扩展到受过中等教育的工作人员的大学继续教育、受过高等教育的工作人员的大学后、硕士、博士后继续教育，扩展到在职人员的知识更新、技术和能力培训教育、转变行业教育以及老年人教育，受教育的时间更长，形式更为多样。可以断言，随着时间的推移，陶行知的终生教育思想将闪耀着越来越耀眼的光辉。

三、人民教育理论的伟大创立者

陶行知在反传统教育和洋化教育的斗争中，在长期的教育实践的基础上，通过批判地继承古今中外各种教育思想的精华和总结自己教育实践的宝贵经验，创立了一套比较完整的人民教育理论——生活教育理论。这套教育理论是陶行知留给中华民族的一笔珍贵的文化遗产。

生活教育理论是一个比较完整的理论体系，它由基本原理和具体主张两大部分所构成。作为基本原理的构成因素，主要有“生活”、“教育”、“社会”、“学校”、“教”、“学”、“做”、“劳力”、“劳心”、“行”、“知”等，这些都是生活教育理论的基本概念和范畴。其中，“生活”范畴是生活教育理论体系中最普遍、最概括、最基本、最常见的抽象范畴，它是整个生活教育理论体系的起始范畴和始自对象(即人们常说的“逻辑起点”)。

生活教育理论的基本原理有三条“生活即教育”、“社会即学校”和“教学做合一”。“生活即教育”是生活教育理论的本体论，在整个生活教育理论体系中占有中心位置。陶行知认为，“生活无时不变即生活无时不含有教育的意义”；教育应以生活为中心，通过生活来进行；生活决定教育，教育改造生活。其实质是教育要为人民大众服务，要与社会生活相联系。“社会即学校”是生活教育理论的范围论(或曰领域论、场所论)，是“生活即教育”在理论上的自然延伸，指示着“生活即教育”的范围。陶行知指出：“社会含有学校的意味，学校也含有社会的意味”①；“到处是生活，即到处是教育；整个的社会是生活的场所，亦即教育之场所”②；“整个的社会活动，就

---

① 陶行知：《创造的教育》，华中师范大学教育科学研究所主编：《陶行知全集》第2卷，湖南教育出版社1985年版，第617页。

② 陶行知：《生活教育》，华中师范大学教育科学研究所主编：《陶行知全集》第2卷，湖南教育出版社1985年版，第634页。

是我们的教育范围”①;“运用社会的力量,使学校进步,动员学校的力量,帮助社会进步”②。其实质是加强学校与社会的联系,并把社会办成一所全民的大学校。“教学做合一”是生活教育理论的方法论。陶行知认为,教学做不是三件事,而是一件事。他以“做”为中心,把教与学统一起来,主张“教的方法根据学的方法;学的方法根据做的方法。事怎样做便怎样学,怎样学便怎样教。教与学都以做为中心。在做上教的是先生,在做上学的是学生”③。他还指出,这种“做”不同于狭义的“做”,而是“包涵广泛意味的生活实践的意思”④,是人类生活中一切有意义的活动。“做是发明,是创造,是实验,是建设,是生产,是破坏,是奋斗,是探寻出路”,还包括文艺等精神活动⑤。“教学做合一”的目的在于培养在劳力上劳心、手脑双挥的新型人才,它克服了传统教育重教而不重学、重知而不重行、重教师主导地位而忽视学生主体作用的不足,有助于加强教与学的结合,学与用的结合,教育与生产劳动的结合,理论与实际的结合,促进人的智力、体力和谐发展。

除了上述三大基本原理,陶行知还在乡村教育、师范教育、普及教育、职业教育、女子教育、幼儿教育、中等教育、高等教育、成人教育、民主教育、科学教育、创造教育等方面提出了许多具体主张。这些具体主张是对其基本原理的进一步发挥和展开,鲜明地体现出陶行知教育为人民大众服务、与社会生活相联系的基本思想,具有强烈的人民性、革命性和实践性,至今仍有重要的现实意义和参考价值。

例如,在乡村教育方面,陶行知曾提出过不少很好的思想。他是我国近现代最早重视农村问题和农村教育的先进中国人之一。20 世纪 20 年代中期,他就开始了对农村教育的调查和改革试验工作,成为中国改革农

---

① 陶行知:《生活即教育》,华中师范大学教育科学研究所主编:《陶行知全集》第 2 卷,湖南教育出版社 1985 年版,第 182 页。

② 陶行知:《实施民主教育的提纲》,华中师范大学教育科学研究所主编:《陶行知全集》第 3 卷,湖南教育出版社 1985 年版,第 545 页。

③ 陶行知:《教学做合一下之教科书》,华中师范大学教育科学研究所主编:《陶行知全集》第 2 卷,湖南教育出版社 1985 年版,第 289 页。

④ 陶行知:《教育生活漫忆》,华中师范大学教育科学研究所主编:《陶行知全集》第 3 卷,湖南教育出版社 1985 年版,第 623 页。

⑤ 陶行知:《教学做合一下之教科书》,华中师范大学教育科学研究所主编:《陶行知全集》第 2 卷,湖南教育出版社 1985 年版,第 290 页。

村教育的开拓者。陶行知生活在半殖民地半封建的旧中国，目睹了中国人民尤其是农民深受帝国主义、封建主义和官僚资本主义残酷的经济剥削和政治压迫，而且在文化教育上毫无地位的状况。他深刻地认识到，中国是以农立国的国家，农民占全国人口总数的85%，农民的地位与处境如何，决定着民族的兴衰。他在中国教育界最先觉悟到，农民是中国的主体，中国教育的重点在农村。据此，他明确主张，要改造中国社会，必先改造乡村社会；要改造乡村社会，就必须使教育下乡，“用教育的力量，来唤醒老农民，培养新农民”。

怎样搞好乡村教育？陶行知提出了著名的“大联合”的思想。他说：“我们要有一个大规模的联合，才能希望成功！那应当联合中之最应当联合的，就是教育与农业携手。中国乡村教育之所以没有实效，是因为教育与农业都是各干各的，不相闻问。教育没有农业，便成为空洞的教育，分利的教育，消耗的教育。农业没有教育，就失了促进的媒介。”不仅如此，“教育更须与别的伟大势力携手。教育与银行充分联络，就可推翻重利；教育与科学机关充分联络，就可破除迷信；教育与卫生机关充分联络，就可以预防疾病；教育与道路工程机关充分联络，就可改良路政。其他不胜枚举”[①]。他深信，只要实现了教育与有关各方的“大联合”，乡村教育就能沿着正确的方向得到迅速的发展。

陶行知的乡村教育思想对于我们目前深化农村教育改革颇有启示意义。我们要进一步提高对农村教育改革重要性和必要性的认识，努力解决农村教育同农村经济发展需要相脱节的问题，要把教育与农业、科学、卫生、交通、银行等部门密切联系起来，用科学技术等方面的伟大力量从根本上改变我国农村贫穷落后的面貌。

又如，在师范教育方面，陶行知也提出过许多正确的主张。他在中国教育界第一个把师范教育与民族的前途和国家的命运紧密联系起来，称“教育是立国的根本”，而师范教育乃“国家托命”之所在，“师范教育可以兴邦，也可以促国之亡”[②]。他比较全面地论述了师范教育的任务和作用，提

---

① 陶行知：《再论中国乡村教育之根本改造》，华中师范大学教育科学研究所主编：《陶行知全集》第2卷，湖南教育出版社1985年版，第2—3页。

② 陶行知：《师范教育之彻底改革——石民佣、费锡胤等》，华中师范大学教育科学研究所主编：《陶行知全集》第5卷，湖南教育出版社1985年版，第161、162页。

出“教育界要什么人才就该培养什么人才”，师范教育要为教育界培养教育行政人员、各种指导员、各种学校校长、职员和各种教员，并且从师范教育自身的特点出发，对培养什么样的人和怎样培养都发表了自己的看法，强调师范生要热爱师范教育、懂得教育规律、具有丰富的专业知识以及为人师表的高尚品德。值得注意的是，他还是我国乡村师范的最早提倡者和创建者。他曾明确主张以乡村师范作为改造乡村生活的中心，以乡村教师作为改造乡村生活的灵魂，以乡村自治作为改造乡村的组织保证。他的乡村师范的理论和实践，对我国 20 世纪 20 年代以来的乡村教育和师范教育产生了广泛而深远的影响。

陶行知的师范教育思想有很多内容值得我们参考和借鉴。我们要把师范教育的地位和作用提高到一个新的高度来认识，大力发展各级各类师范教育。根据社会主义现代化建设的需要，调整师范学校的教学内容和教学方法，更好地体现出师范学校的特点和优点，把中等师范教育的重点转向基层，面向广大农村，以培养更多适应农村教育需要的教师。采取有力的措施，加强对农村民办教师的培训，以提高农村教育的质量。在各级各类师范学校，都要特别注意培养师范生忠诚人民教育事业、懂得教育规律、掌握丰富的专业知识和技能、具有为人师表的高尚品德。此外，我们还应千方百计地提高人民教师的社会地位和经济待遇，使全社会形成一种尊师重教的良好风气。

再如，在普及教育方面，陶行知提出了有名的“小先生制”。“小先生制”是陶行知从中国国情出发，为了尽快把教育普及到广大劳动人民中去而独创的一种普及教育的方式。它是由小孩做教师，“负着普及教育之使命”。一个小先生教会两个人识字，这两个人又去教其他不识字的人。这样，像滚雪球一样，不断地“教人去教人”，普及教育的力量就越来越大①。“小先生制”在当年陶行知普及教育的过程中曾发挥了巨大的作用，在国内外都有广泛的影响。

我们认为，陶行知的“小先生制”在今天仍有强大的生命力。它特别适宜于目前我国的扫盲工作。由于我国人口太多，底子太薄，解放以后虽然

① 陶行知：《怎样指导小先生》，华中师范大学教育科学研究所主编：《陶行知全集》第 2 卷，湖南教育出版社 1985 年版，第 656、657 页。

大力发展基础教育，但直到近年，文盲、半文盲仍有两亿多人。而且新的文盲、半文盲还在继续产生（特别是农村妇女）。这种情况对民族生存竞争构成严重威胁，拖了社会主义现代化建设的后腿。在扫盲工作中，如果仍走传统路线，靠少数人去进行，那是绝难奏效的。只有从中国的国情和国力出发，运用“小先生制”，才有可能尽快地完成扫盲任务。应该看到，我们过去在解放区运用“小先生制”，曾经收到明显效果。历史已经证明这条路子是行得通的。现在我们的条件比当年要好得多，只要我们解放思想，发动群众，精心组织，加强领导，就一定可以取得比当年更好的成绩。

必须指出，陶行知教育思想值得借鉴和采纳的绝不止以上几点。事实上，陶行知的教育理论，在许多方面都反映了教育发展的客观规律，并且与马克思主义教育思想多有相吻合的地方。因此，它的基本原理和许多主张，具有普遍借鉴的价值。当然，这里也应指出，由于各种历史条件的制约，陶行知的教育思想和实践不能不受到一定的局限。因此，我们对待陶行知的教育理论，要从今天的实际情况出发，创造性地加以运用，而不能停留在简单模仿陶行知的想法和做法的水准上。只有这样，才符合陶行知教育思想本身的精神，才能使陶行知教育思想在当代中国教育改革与发展的伟大实践中发挥更大的作用。

（邓宗琦撰写此文时系华中师范大学副校长、教授，湖北省陶行知研究会常务副会长；周洪宇撰写此文时系华中师范大学教育科学学院教授、湖北省陶行知研究会秘书长）

从教育到政治:陶行知与大众思想

[美国]蔡崇平　著　涂怀京 张桂霞　译

受法国革命平等思想遗风的影响,现代民族主义者和革命者已经以人民共同意愿的观点来评判国家的合法性①。然而,"人民"一词的概念对现代政治学理论来说仍是一个未定的范畴。正像普拉生吉特·杜尔拉(Prasenjit Duara)敏锐指出的那样,"人民"在现代国家的结构中处于一个自相矛盾的位置:一方面,他们是君权制的基础;但是另一方面,他们需要被重塑成为民族国家的现代公民。杜尔拉关于共和中国与封闭社会存在复杂的相互作用的文章抓住了人民的地位在民族主义者与革命理论之间的矛盾的特性。起初,革命的理论家们认为封闭社会中的成员是初生的中华(汉)民族的基础,可是当社会各阶层的成员身着明朝服饰并准备庆祝即将到来的共和革命的时刻,共和国的领袖们却迅速平息了这种庆祝,因为这明显地不符革命民主主义者的现代眼光。

在一篇有创意的文章中,梁启超——也许是晚清最具影响力的民族主义理论家宣称国家的基础实际上是人民而非天国的命令②。下了这个勇敢的断言过后,梁又很快对此加以缓和。虽然人民是国家的主人,但在能够担当任何政治责任之前,他们必须被改造为城市的"新民"。尽管梁颂扬人民,同时他也特别呼唤一些改革家,他们应当是超拔于一般民众之上的历史"英雄"③。陈华宽(译音)论争道,在那些晚清改革者的意识中"总是有着中国民族结构中一种民众的没被引导成为唯意志论倾向的根深蒂固

① 荷巴斯巴姆(Hobsbawm):《1780 年以来的民族与民族主义》,剑桥大学出版社 1990 年版,第 18—20 页。

② 费正清和邓(Fairbank and Teng):《中国对西方的回应》,哈佛大学出版社 1979 年版,第 220—223 页。

③ 陈华宽:《现代中国的语言、文化和意识形态》,芝加哥大学 1989 年博士学位论文,第 113 页。

的怀疑”[1]。

改造国民的任务被知识分子,尤其是那些曾经在新式学校受过教育的知识分子满腔热情地执行着[2]。这些改革努力采取民众教育、风俗改造和戏剧改良的形式。一本新近的著作认为这些形式多样的活动汇聚成了一场声势浩大的对社会下层的启蒙运动,在城市尤其如此[3]。依据教育思想的观点,保罗·巴雷(Paul Bailey)指出晚清的教育者将他们的注意力转向民众教育。虽然这个广泛开展的运动“启发”了普通的民众,可是这些努力却被限制于城市。更为重要的是,这些晚清的改革家亦没有究问知识分子(受过教育者)和民众(未受教育者)之间的联系。依循这个程式,知识分子致力于把民众改造成为他们自身的复制品;直到 20 世纪 20 年代,未受教育者也可启发受过教育者这一信条才进入知识分子的思维前沿。

像他们晚清时的改革先驱一样,共和革命者同样注重重塑民众的工作。譬如梁启超、孙中山正是以其构建在人民,尤其是汉民族共同意愿之上的革命理论为基础的。孙还看到了理想化的民众与实际的民众之间的反差。作为调和这般紧张态势的一种努力,孙认定国家应该导引人民度过一个政治监护期,于此期间人民能够被转变成现代公民[4]。

梁和孙的政治观点——与大多数现代民族主义的看法趋同——都包含着一个介于平等主义和精英主义之间的中心冲突。当他们的政治主张得到贯彻时,杰出人物推动潮流的作用是卓绝的;大多数改革的缺陷在于没能联系群众,致使他们在建设一个新型国家中几乎难有作为。最初的现代化进程产生了在国外抑或在现代新式学校受过训练的一个较小的知识界。这些新型知识分子仅仅聚集在城市中心,因为大多数新式学校集中在那里。

---

① 陈华宽:《现代中国的语言、文化和意识形态》,芝加哥大学 1989 年博士学位论文,第 114 页。

② 引自汪一潮(1966 年)的观点,我用“知识分子”这个词简单地指受过中等学校教育以上的人们。

③ 李晓悌(译音):《清末的下层社会启蒙运动,1900—1911》,台北现代历史学会(1992 年)。

④ 领导者和被领导者之间的紧张态势当然是俄国历史的中心。一方面,俄罗斯的民粹派断言,革命的推动力天然地存在于人民之中,因而他们之中有许多人去乡村与人民结合起来。然而,列宁主义者对民众几乎不抱乐观的态度。这一分歧在列宁主义政党先锋队应该领导民众闹革命的观点指导下最终得到了解决。

更进一步说，新式学校的毕业生（或归国留学人员）由于随现代化而日益增长的城乡差异，常常不愿意去乡村工作①。与传统的贵族阶层相较，现代知识分子极少与他们的国内处境相联系。这一进展不久便在知识分子中间萌生出了一种日益强烈的感受：他们已被如此众多的乡村平民所疏远。

中国共产党的创始人李大钊指出了这个问题。为了鼓励受教育的城市青年，李于1919年写道："都市上有许多罪恶，乡村里有许多幸福；都市的生活黑暗一方面多，乡村的生活光明一方面多。"李以激励的言辞将文章煞尾："青年呵！速向农村去吧！"②在同一年，民俗研究会在北京成立，许多成员——包括顾颉刚和周作人——皆抽身前往农村收集乡间大众文化。1923年，彭湃在广东建立了第一个农村根据地；两年之后，毛泽东抱着建立革命政权的希望，放弃了城市，奔赴湖南农村。怀着相同的民粹派的冲动，陶行知——本文的中心人物——和梁漱溟、晏阳初及黄炎培等同仁一道，在20年代后期踏上了乡村改造的征途。

衰败的农村秩序，盗匪的侵袭骚扰，内战与贫穷，连同城市和乡村之间的不均衡发展，使得在重组乡村结构上有太多的事情要做。平等主义理想——这已在共和革命的革命性口号、理想化的五四运动中得到体现——同中国大部分地区现实情况之间的巨大裂缝，已然警促并推动社会活动家更去接近居住在乡间的"民众"。这许多运动的决定性要素是民粹派的信念：真正的变化必须来自人民，他们是国家最终的统治者。大众思想，正像它自身在20年代及30年代所证明的那样是有很浓重的理想主义色彩的，并且表明，普通人民在推进社会和政治秩序发生革命变化方面具有天生的能力。在这个意义上，大众思想家与对民众改造国家的能力深感疑虑的早期改革家（和革命家）是不相同的。对20年代及30年代的许多思想家和活动家来说，知识分子（或领袖）的作用在于释放民众的能量。为了做到这点，知识分子需要去结合民众并努力向他们学习。像俄国的民粹派一样，许多中国的活动家（包括陶行知）都想消除知识分子与农村民众之间存在的任何差别。就陶行知个人来说，他的大众思想驱使他去探询知识的本质及其延伸意义，去探询政治合法性的本质。本文的余论部分将涉及20年

---

① 汪一潮：《中国知识分子和西方》，北卡罗来纳大学出版社1966年版，第182—185页。

② 《李大钊选集》，人民出版社1967年版，第149页。

代陶行知乡村大众思想的外延和他对知识分子问题的特别注意。只要有可能,我将随时把陶的思想、实践与那个时期的其他活动家加以比较。

一、大众思想与知识分子问题

序言中已经提及,许多知识分子觉察到现代化增大了城市和乡村以及知识分子和民众之间的裂缝。在短篇小说《故乡》中,鲁迅生动地表述了与人民大众疏远的感觉。故事的讲述者,一个回家访亲的受过城市教育的知识分子,得出结论说:“我只觉得我四面有着看不见的高墙,将我隔成孤身,使我非常气闷。”①在 1919 年所写的标题为《青年与农村》的文章中,李大钊表达了相同的观点:他埋怨知识分子抛弃农村。关于中国农村危机的原因,李写道:“推究这个缘故,都是因为一般知识阶级的青年,跑在都市上,求得一知半解,就专想在都市上活动,却不愿回到田园。”②李继续论证民主的前途在农村,因为选民的生活所据,大多数都在农村,这个革命民主主义的理想方面是显而易见的③。可是,李并非单纯鼓动知识分子回到他们的村庄去领导民众走向文明,他还建议知识分子放弃他们的城市权利,并通过与农夫一道劳动来联合民众。莫里斯·迈斯纳(Mauricel Meisner)指出,李大钊的思想有强烈的强调人民参与政治进程能力的民粹派的因素④。故而,我们看到了 20 年代出现的一个转换,像李大钊和陶行知式的知识分子的大众思想已摒弃了先前知识界的矛盾心理而倾向了民众。

在更大的范围内,那些在五四运动时期紧密结合的民俗学者的目标,呼应着李大钊的这些观点。在顾颉刚和周作人的带领下,一批民俗学者深入乡村去寻觅一种普遍可行的中国文化,所以他们搜集传奇、民歌和广为流行的故事。处于这个运动中心的是知识分子与普通人民所起作用的比较问题⑤。针对中国知识分子的传统,顾颉刚指出,传统中国的知识界是

---

① 鲁迅:《故事选集》,诺顿出版社 1977 年版,第 63 页。

② 《李大钊选集》,人民出版社 1967 年版,第 148 页。

③ 《李大钊选集》,人民出版社 1967 年版,第 147—148 页。

④ 莫里斯·迈斯纳:《李大钊和中国共产主义的起源》,哈佛大学出版社 1967 年版,第 71—89 页。

⑤ 温昌泰(译音):《走向人民:中国知识分子和民俗文化,1918—1937》,哈佛大学出版社 1985 年版,第 177—178 页。

支配普通群众的统治阶级的一部分[①]。另一方面，民俗学者争辩道，新型知识分子是人民的一部分。顾颉刚宣称："我们不是官僚学者，我们都是普通的人民。"[②]取代知识分子与民众之间严格的等级关系，从民俗学者的作品中透露出来的意思是：新型知识分子应该向人民学习，同时引导人民[③]。虽然在城市知识分子中间民俗运动始终是一种较小的运动，但它所传递的民众能够教育杰出人物的信息却是陶行知和其他民粹派20年代及30年代期间思想中的卓异之处[④]。

用什么来说明对待普通人民潜力的态度的转变呢？虽然断定确切的原因尚有困难，我仍要提出一些可能的答案。正像我所提及的，现代民族主义和革命思想体系停留在大众思想与精英思想之间的非和谐状态。虽然精英潮流在晚清和早期共和演说中占上风，民粹派的观点（和平等主义）也一直保持着重要的地位。共和革命承诺要改变社会生存秩序，然而行动的结果证实这与其说是一种现实不如说是一场梦幻。从政治的角度来说，革命将一个国家分裂成许多派系，为军阀们所控制。从社会的角度来说，正像鲁迅的著名小说《阿Q正传》中所描述的，革命根本没有产生任何变化。我认为，共和革命企图根本地改造中国社会的失败，导致日益增长的知识分子的激进主义，并且在五四运动中达到顶点，这可以看作是此前十年革命热情的延伸。但是，五四运动最终未能实现革命的主张，因为它主要是城市的景象。中国人民中的大多数，又一次置身于这一革命历程之外[⑤]。

除了20年代的革命论争之外，城市范围内不断出现的社会问题（劳动、贫穷等）促使知识分子去寻求工业现代化的合理模式。在欧洲，由于第

① 劳伦斯·斯奇德：《顾颉刚和中国的新历史》，加利福尼亚大学出版社1971年版，第5页。

② 温昌泰（译音）：《走向人民：中国知识分子和民俗文化，1918—1937》，哈佛大学出版社1985年版，第177—178页。

③ 温昌泰（译音）：《走向人民：中国知识分子和民俗文化，1918—1937》，哈佛大学出版社1985年版，第177—178页。

④ 虽然陶行知和民俗学者都持有一些共同的假设，但他们的观点却非常不同。一个主要的差异是民俗学者过分关注中国的文化本体，而这点并没有引起陶行知太大的兴趣。

⑤ 我关于革命理论体系内部动力的分析，受到福勒特（Furet）1990年对法国革命译介的影响。

一次世界大战和继起的社会激变凸显了欧洲文明与现代化的阴暗面。尽管美国的愿望因第一次世界大战而黯然无光，劳工的暴力反抗和20年代财富分配中迅疾撕大的裂口向“飞速的二十世纪”的未来投下了一片乌云。但是，中国知识分子发现，在中国的理性传统中也没有避难所，因为它在此前十年间的信诺早已荡然无存。基于前后相承的关系，20年代许多知识分子转向民众开赴乡村，以求探索一条摆脱现代化困境的出路。

二、陶行知关于知识和知识分子的观点

（一）“伪知识”阶级

陶行知在1928年所写的一篇重要文章中，对流行于20年代的“知识阶级”一词的含义提出了质疑。陶行知认为知识之间是没有多大差别的，事实上不存在一个与大众明显区别的知识阶级。不过他认为确实存在一个“伪知识”阶级。在封建时代的中国，“伪知识”阶级是一些学者，他们与大众脱离而形成一个阶级；并且，他们利用空疏的知识成为政府的一员，从而统治广大民众。他们并非从实际经验而是从空洞的书本学习中获得知识，所以他们的知识没有任何价值。这种知识是由书蠹充塞的教育制度造成的，书蠹们不会运用知识①。同顾颉刚的观点相似，陶行知也认为这些传统的知识分子是政府进行统治的工具。

陶行知对传统知识分子以及他们的知识系统的批评不仅仅限于封建时代的中国学者。他认为教育改革（例如近代型学校）带来的新知识是中国八股文的替代品，同样空疏无用。在1926年所写的另一篇文章中，陶行知认为中国教育走错了路：“他教人离开乡下向城里跑；他教人吃饭不种稻……他教人分利不生利；他教农夫子弟变成书呆子。”②陶行知再次把批评集中于教育缺乏实用性以及它所造成的消费者与生产者之间的寄生关系。陶行知指出了他密切关注的城乡差别问题，认为乡村教育必须要有提

---

① 江苏省陶行知教育思想研究会编：《陶行知文集》，江苏人民出版社1981年版，第191—201页。

② 陶行知：《中国乡村教育之根本改造》，华中师范学院教育科学研究所主编：《陶行知全集》第1卷，湖南教育出版社1984年版，第653页。

高人民社会经济生活水平的实际目的。

(二)大众与语言

简而言之,陶行知仅把知识的价值归于对大众实际有用。出于这种认识,他批评了许多像胡适(安徽人,毕业于哥伦比亚大学师范学院)一样的五四城市改革者。在这方面有一篇有趣的文章批评了胡适等人的文学改革。陶行知指出本国语(白话)不是普通民众的语言(大众语)而是“小众们”的发明创造:

> 昨天在商务印书馆里把《胡适论学近著》翻了一翻,内面有一篇文章引起了我的注意。这篇文章的题目是:《大众语在哪儿?》。这个我可以简单的说一句:大众语在大众的嘴巴土。胡先生或者要驳我说:白话不也是嘴巴讲的吗?这个我又可以简单的说一句:白话在小众的嘴巴上。①

接着对白话的批评,陶行知奉劝胡适以及与他有共识者,如果他们真正关心大众语,就应到农村去,和大众生活在一起。陶行知认为大众没有时间学习这些新国语,因为这些语言仅是适用于知识分子而非大众的新的文学语言②。他指出白话里的许多词(包括“结婚”和“恋爱”)与其所说的“大众语”完全不同。他还坚持认为大众的耳朵是中国新兴语言成功与否的最终裁判。

与白话相反,陶行知提倡汉字的拉丁化,不过他反对以国语为基础的罗马化。他认为国语的推进实际上是北京精英分子们凌驾于民众之上做法的延伸,陶行知所提倡的是一套基于本土方言的拉丁字母系统。新文字研究会(陶行知是其中一员)确实制订出了适用于上海、广东和福建方言的字母系统。

---

① 陶行知:《白话文与大众文》,华中师范大学教育科学研究所主编:《陶行知全集》第 3 卷,湖南教育出版社 1985 年版,第 6 页。

② 陶行知的观点呼应了也反对白话的瞿秋白的观点。瞿和陶都反对五四运动中的精英主义。

(三)与晚明哲学的对比

陶行知的理论与民粹派相呼应,因为他把知识从传统知识分子手里解放出来,所以一名工人可以拥有等同于一位大学教授的知识。实际上陶行知的思想与王阳明新儒学的分支——泰州学派的思想有极其相似之处。泰州学派的思想家们,由神秘的王艮(1483—1540)领导,认为道与人们的日常行为是不可分的,这样就把为贤之道从书本学习中解放了出来①。像王阳明一样,陶行知认为真正的知识来源于日常经验。在他看来,知识分子必须向普通民众学习实际技术。他的一条校训为:教师必须具有"农夫的身手"。

陶行知关于"行"的理论,是他思想的核心方面,也是他和王阳明弟子们的另一相似之处。他在南京上大学时,深受王阳明知行合一原则的影响,把自己的名字改成了"知行"。他解释之所以改名是因为知识事实上来自行动,而不是其他。不足为奇,陶行知在 1927 年改了名字,在那年他提出了强调积极试验的新型乡村教育设想。

除了王阳明之外,另一位对陶行知有重要影响的学者是杜威。许多中国评论家指出杜威的实用主义与王阳明,尤其是其弟子王艮的哲学很相似②。不过陶行知并未一味地模仿杜威,因为他觉得杜威思想把他带进了一个死胡同。陶行知和杜威不同的关键在于对学校与社会的关系看法不一。

(四)生活教育

在 20 年代后期,陶行知开始发展了他的"生活教育"思想。把杜威的"教育即生活"论作一改动,陶行知认为"是生活就是教育"。与此相关的另一原则"社会即学校"也是把杜威的术语颠倒了过来。他批评杜威在视野上太狭窄,在实践上太抽象。杜威试图使学校成为社会的微型体并把它视为社会改革的主战场。陶行知从另一方面论道:"若社会就是学校,还有什么必要使学校更社会化呢?"用一个自然的比方,他写道:

---

① 迄今为止我还没有陶行知受王艮影响的直接证据,我推测他很有可能通晓王艮的哲学观。希望进一步的研究将会把这种联系理得更清楚。

② 艾恺(Alitto,Guys):《最后一位儒家——梁漱溟与现代中国的困境》,加利福尼亚大学出版社 1986 年版,第 111 页。

> 学校即社会,就好像把一只活泼的小鸟从天空里捉来关在笼里一样。他要以一个小的学校去把社会上所有的一切东西都吸收进来,所以容易弄假。社会即学校则不然,他是要把笼中的小鸟放到天空中去,使他能任意翱翔,是要把学校的一切伸张到大自然界里去。①

为了进一步阐述这一观点,陶行知用了一个生活实例。他的一所乡村学校为村民们打了一口井来用,但是工程一结束,问题就来了——村民们为这有限的水源彼此争斗,并且许多家庭吃不上水。陶行知接着讲,如果采取"学校即生活"的原则方法,学校就会不询问群众的意见而自行制订一个解决办法。但是陶行知召开了一个村民大会,让村民们自己设法解决。通过别开生面的讨论——令陶行知惊讶的是讨论中一位老太婆最活跃——终于达成一个解决办法,并且因为方案由大部分人同意定夺,每个人都遵从它②。

陶行知的大众思想的意义在于他坚持主张行动必须来自民众本身。他不否认知识分子起带头作用;他承认若没有学校领导的指导,水的问题就不会得以解决,但他也坚持认为若没有民众的参与,校方也不会解决好这个问题。他写道:"民众运动,不是要我们替民众干,而是要陪着民众干;训政工作要想训练中华国民,非此不可。"③梁漱溟认为农民必须学习集体组织形式,坚持"每一个成员都要积极地参加团体组织生活",只有这样的组织才会"自动、自愿并且为大多数人所管理",陶行知的思想与其正好呼应④。

与陶行知的偏重有意义的行动相一致,他的"生活教育"哲学理论发展

---

① 陶行知:《生活即教育》,华中师范大学教育科学研究所主编:《陶行知全集》第2卷,湖南教育出版社1985年版,第182页。

② 陶行知:《生活即教育》,华中师范大学教育科学研究所主编:《陶行知全集》第2卷,湖南教育出版社1985年版,第185—187页。

③ 陶行知:《生活即教育》,华中师范大学教育科学研究所主编:《陶行知全集》第2卷,湖南教育出版社1985年版,第187页。

④ 艾恺:《最后一位儒家——梁漱溟与现代中国的困境》,加利福尼亚大学出版社1986年版,第203页。

于他创建和组织管理晓庄乡村师范学校的经验。该校是他的许多工程之一,素以"生活教育"的实践而闻名,被有些人认为是陶行知影响最大的一所学校。一份有关晓庄教育训练的测验可以表明陶行知的教育哲学理论和他的乡村建设的基本倾向。他的创办晓庄学校也标志着他向国家政治政策的转变。

三、晓庄"生活教育"的实践

1927 年,陶行知与中华教育改进社于南京郊外的晓庄建立了一所乡村师范学校。建立晓庄乡村师范学校的目的是革新乡村师资培训。陶行知认为外国模式不适用于中国的乡村背景,必须通过试验找到一条新的办学途径。

晓庄与其他学校的不同之处在于它没有严格意义上的班级;所有的班级都是学生做中学的实践课堂,既然"生活即教育",学术活动和课外活动就没有明显的区别。陶行知认为他的教学法是"教学做合一"①。在第一天的第一堂课上,一位名叫姚文采的生物教师带着一堆课本出现在实践课堂。他刚想开始讲课,陶行知走到他面前,让他把所有的书放到一边去。姚老师非常惊奇地问:"我教生物已经十多年了,难道还不够胜任吗?"陶行知告诉他要用活的课本教学生,而不是取材于死的课本。姚老师采纳了陶行知的建议,第二天就带来一位农民,由他把学生领到田地里,向学生们演示怎么抓蛇②。

陶行知教学法的另一重要特点是师生之间的平等关系。根据他的"教学做合一"的理论,"先生与学生并没有严格的区别。实际上,如果破除成见,六十岁的老翁可以跟六岁的儿童学好些事情"③。深受杜威实用主义哲学的影响,陶行知认为真理是一直变化着的;因此即便是一位有教养的人,也须向时刻变化的环境学习。另外,陶行知实行民主治校,学生和老师

---

① 陶行知:《教学做合一》,华中师范大学教育科学研究所主编:《陶行知全集》第 2 卷,湖南教育出版社 1985 年版,第 42 页。

② 辛元、谢放:《陶行知与晓庄师范》,江苏教育出版社 1986 年版,第 27 页。

③ 陶行知:《教学做合一》,华中师范大学教育科学研究所主编:《陶行知全集》第 2 卷,湖南教育出版社 1985 年版,第 42 页。

共同组成校委会，集体推动校委会的发展（陶行知并非凌驾于这些原则之上）。校委会经常开会，会上学生有自决权[①]。陶行知坚信学生要自治，并且主张训练学生的最佳方式就是亲身实践。

与其有关知识的理论相一致，陶行知把教学实践置于学生训练的中心。他没有把教育理论直接运用于小学的学生，而是视小学（与晓庄有联系的）为晓庄师范的中心（他们称之为中心小学）。晓庄师范的学生们都被要求为中心小学的学生上课，作为师范生训练课的一部分[②]。理论和实践在学生间的相互作用下得以共同发展。

既然学校的最终目的在于改造社会，所以要求学生与当地民众要密切联系。学生们常到当地家庭去访问，有些甚至与农民们生活在一起。学生们还建立了健康俱乐部和农村信用合作社以提高人民的生活水平。既然乡村茶园是乡村生活的中心，学校成立了茶园（由村民经营）作为民众和学生们彼此联系的地方。每天下午 3 点钟和晚上 7 点钟，学生们从传统小说和戏剧中吸取素材，担当了传统说书人的角色。另外，这些茶园还以时事谈论和健康杂谈而颇具特色[③]。像当时中国许多村庄一样，晓庄也会受到土匪的威胁。陶行知在冯玉祥将军（陶行知的安徽朋友）的帮助下，成立了地方武装以自卫。很有趣的是，这些地方武装还开展了禁止吸食鸦片和赌博的运动。陶行知的社会改造方案与梁漱溟、晏阳初等人的乡村建设工程极其相似。根据陶行知的理论，乡村教育必须"教农民自立、自治和自卫"。巧合的是，这三大目标（或三自原则）与遍及当时中国的乡村改造方案几乎一致。不同方案一致性的原因在于，所有的乡村改革者所面对的乡村环境是很相似的，那就是贫穷、战争和盗匪盛极一时。陶行知和其他改革者也有所接触，如在 20 年代早期他就和晏阳初的中华平民教育促进会总会共同研究平民教育。此外，梁漱溟在 1928 年参观了晓庄学校，晓庄学校给他留下了很深的印象。

---

① 《梁漱溟教育论文集》，上海开明书局 1945 年版，第 130 页；《考察江浙乡村师范教育报告书》，广东省教育厅（1929 年），第 35—39 页。

② 辛元、谢放：《陶行知与晓庄师范》，江苏教育出版社 1986 年版，第 28—33 页；童富勇、胡国枢：《陶行知传》，教育科学出版社 1991 年版，第 105—115 页。

③ 童富勇、胡国枢：《陶行知传》，教育科学出版社 1991 年版，第 132 页；夏蒙文（译音）：《回忆晓庄》，《陶行知一生》，湖南教育出版社 1984 年版，第 133 页；《考察江浙乡村师范教育报告书》，广东省教育厅（1929 年）第 17—18 页，第 25—27 页。

因为陶行知认为知识分子应该与大众融为一体，所以手工劳动是晓庄学校课程的一个不可缺少的组成部分。据一位晓庄毕业的学生回忆，晓庄学校入学考试有一部分要求学生在田间劳动，目的在于测试学生对困难潜在的忍耐力①。陶行知和学生们一道建起了学校所有的教室和宿舍。在这些宿舍建起之前，陶行知和学生住在帐篷或农舍里。曾有一段时间，陶行知竟同一位农民的两头水牛住在一间棚子里②。为了节省学校开支，晓庄学校仅雇用了一名管理员，大部分管理工作和日常事务都由学生处理。晓庄学校还要求学生在当地农民或农业专家的帮助下，耕种好自己所经营的田地③。陶行知自己也承担部分劳动，轮流做饭（据资料所透露，陶行知虽然偶尔一次因为沉思加大炉温问题而烧煳了稀饭，但仍是一名出色的厨师）④。陶行知认为知识必须来自手脑并用。他的一首诗恰如其分地表达了这种观点：

人生两个宝，
双手与大脑，
用脑不用手，
快要被打倒。
用手不用脑，
饭也吃不饱，
手脑都会用，
才算是开天辟地的大好佬。

通过重视手工劳动，陶行知竭力消除知识分子和普通民众的差别。陶行知一直反对传统的中国信条（像儒家所说）“劳心者治人，劳力者治于人”。梁漱溟在1928年晓庄之行后，对他的广东朋友说，晓庄的目标之一是“让学生们经历农民们困苦的生活，由此来彻底理解普通农民所面对的问题”，所以，晓庄学生“像普通民众一样生活；他们常像农民一样赤足在田间行走”。晓庄学校

① 戴伯韬：《回忆陶行知先生》，光明书局1947年版，第3—4页。

② 戴伯韬：《回忆陶行知先生》，光明书局1947年版，第6页。

③ 《梁漱溟教育论文集》，开明书局1945年版，第127页；《考察江浙乡村师范教育报告书》，广东省教育厅（1929年），第17页。

④ 辛元、谢放：《陶行知与晓庄师范》，江苏教育出版社1986年版，第23—24页。

深深打动了梁漱溟，他一回到广东，就着手实施了许多类似于晓庄的措施。

四、晓庄及校外的政治活动

既然生活的一切都与教育有关，陶行知承认政治和教育也密切相连。在1927年北伐军的消息令人振奋之际，陶行知撰文认为20年代后期教育已成为国民革命的一部分。他说："中国现在正是国民革命的势力高涨之秋，惟既有国民政治上的革命，同时还须有教育上的革命。政治与教育原是不能分离的，二者能同时并进，同时革新，国民革命才有基础和成功的希望。"①毋庸置疑，陶行知最终积极地投身于30年代的民族抵抗和40年代的争取民主运动中去了。

毫不惊奇，陶行知的晓庄学校也吸引了许多政治积极分子学生，既包括共产党也包括国民党的成员。正如一位学生所回忆，陶行知容纳各种不同政见，并且经常鼓励政治参与②。1930年4月，晓庄学生（许多属于地下共产党）参加了南京的反帝抗议活动。学生的参与政治活动惹怒了南京政府，南京政府命令陶行知开除参加的学生。陶行知不仅没有听从南京政府的命令，而且为学生的行动辩护③。几天后，蒋介石关闭了晓庄学校，南京政府通缉陶行知，陶行知及时逃往日本。陶行知是救国会的积极领导者，该团体呼吁中国共产党和国民党为了抗日而联合起来④。1936年，陶行知为了筹集资金和唤起民众抗日的意识而奔走于26个国家之间。抗战期间，陶行知继续施行其大众教育计划，强调民族解放和大众解放要同时并进。陶行知的抗日方案与他战前的大众思想相一致："民族解放与大众解放是一个不可分开的大革命。"抗日战争胜利后，陶行知又成为一名在共产党和国民党之间倡导民主与和平的领导者。他是独立的民主同盟的一员，

---

① 陶行知：《晓庄试验乡村师范学校创校概况》，华中师范大学教育科学研究所主编：《陶行知全集》第2卷，湖南教育出版社1985年版，第17页。

② 童富勇、胡国枢：《陶行知传》，教育科学出版社1991年版，第135—136页，第137页。

③ 陶行知先前在蒋介石来晓庄视察时就触怒过他。陶因为忙而没有出来迎接蒋，只是派了一个学生接待蒋的巡视。可以想象，蒋因受了陶的怠慢而心中不快。陶与冯玉祥的关系密切，这也在蒋的心中种下了怀疑的种子。

④ 同一年，"全国各界救国联合会"的七个著名领导人被拘捕，幸运的是，逮捕事件发生时他正在国外。

民盟有许多像陶行知一样的积极分子。

由于陶行知不断地批评国民党,他同许多民主人士一起被列入国民党的黑名单。1946 年,两位民盟领导者——闻一多和李公朴被暗杀后,上海传闻陶行知是下一个将要被暗杀者。国民党还没来得及用事实来验证传闻,陶行知便猝然中风而死。1946 年陶行知逝世不久,周恩来追悼他为“党外布尔什维克”。事实表明,陶行知或许知晓他的很多学生是地下共产党员,但他从未加入中国共产党,并且也不希望加入①。陶行知与中国共产党接触的实质我至今不甚清楚。我希望通过研究陶行知与中国共产党的关系,可以使我们了解 1949 年以前中国共产党是怎样对待独立的左翼知识分子的。

五、结　　论

陶行知教育上的大众思想是在中国的社会发展和知识分子队伍壮大的背景下提出的。一方面在城乡之间,另一方面在知识分子和普通大众之间日益增大的差距,使许多知识分子发起了“到民众中去”的运动。我认为这种激情主要是因五四运动和国民革命所推动的革命变化形势所产生的。毫无疑问,理想和现实之间的矛盾更加激化了知识分子的紧迫感。

陶行知以一位杜威主义者和教育改革者开始其事业,然而,他逐渐对渐进主义者的观点不耐烦起来,所以就踏上了以晓庄乡村师范学校为模式的教育改革之路,在晓庄学校知识本身的等级性被根本变革了。像很多其他的民粹派改革者一样,陶行知试图改变知识分子和普通大众的关系。同时,他又积极地转向了国家政治活动中去。陶行知的知识平等理论促使他向政府的合法性进行挑战,他的有关行动的理论又直接把他引向了政治活动。总之,他把一生都献给了争取民主和社会公正的斗争。

(作者蔡崇平撰写此文时为美国芝加哥大学历史系博士生,译者涂怀京、张桂霞翻译此文时均为华中师大教育科学研究所硕士研究生)

① 戴伯韬:《回忆陶行知先生》,光明书局 1947 年版,第 55—57 页。

陶行知早期“教育救国”思想论略

熊贤君

陶行知是中国近代著名教育家，他毕生为探索符合中国国情的教育理论，寻觅中国教育的曙光，在教育园地辛勤耕耘，孜孜不倦地实验，形成了中国近代独树一帜的教育理论，极大程度地丰富了中国近代教育理论宝库。陶行知在教育实践及教育理论方面所取得的成就，与他早期“教育救国”思想是密不可分的。他的“教育救国”主张对其思想言行起着较大的支配作用。

一、陶行知早期“教育救国”思想的形成

青年陶行知是一位“教育救国”论者。他早期“教育救国”思想的形成，经过了一较为复杂的过程，是他在“十字路口”作出艰难抉择逐步接近教育，逐渐形成了对教育的信仰。

1907 年春，17 岁的陶行知在家乡教会学校浅学初尝到一些新知新学后，赴杭州投考广济医学堂，他希冀学成后救治成千上万像自己的姐姐那样不幸幼殇者，使无以数计的体弱多病的中国人民摆脱病苦的困扰。然而这种教会学校“对非基督徒学生有明显歧视”①。这样，将预储的操持手术刀的国手，改换成为医治人民心灵疾病的“良医”。这时的陶行知，同鲁迅、郭沫若等一样，还是一位“医学救国”论者，这时的他，是将自己的满腔报国之志按拯救世人肉体苦痛的良医来设计自己的职业、理想和未来的。

1911 年秋季，陶行知升入南京金陵大学。这所教会大学在袁政府缇骑四出，侦探密布，到处缉捕革命党人，多方钳制舆论，使多灾多难的中国

① 陶行知：《我的简历及志向——致罗素》，华中师范大学教育科学研究所主编：《陶行知全集》第 8 卷，湖南教育出版社 1992 年版，第 727 页。

又一次蒙上了一层厚厚的肃杀恐怖之气氛。但校内并未噤若寒蝉，师生与西方文化及西方社会有较直接而密切的接触，思想比较活跃，受到自由、民主学术空气的熏陶。1913 年，友好人士艾迪到金大作了《中华民国之将来》的演讲，陶行知任翻译。艾迪阐述了中华民国面临的问题及青年应担的责任、猛烈抨击政府的腐败，祈祷中华振兴；又出示孙中山照片及五色国旗，获得雷鸣般的掌声。该年学生举行了“中国能否建立民国”的辩论，陶参赛并获胜。

金大的学习，陶行知不仅增长了知识才干，而且养成了民主共和信念，皈依自由、平等、博爱，“完成人生观的奠基工作”①。人生观奠基工作的完成，使陶行知进入思想政治和人生价值新境。其标志之一，是毕业论文《共和精义》对民主共和的热情宣传，对自由、平等、博爱的放言歌颂。无疑这是他求学时期思想政治认识与思考的结晶体。其标志之二，是《共和精义》明确地提出良好的国民素质是形成健康社会的必备条件，确定了人的价值观，强调“民本”和个性，痛斥愚昧惰怯的国民劣根性。大声疾呼：第一要“重视个人之价值”；第二要“唤醒个人之责任”；第三要“予个人以平等机会”。同时，探得实现民主与更新人们的价值观念的路径，即政治上的改良主义②和哲学上的“知行合一”。这些，为陶行知“教育救国”思想的形成，奠定了哲学基础。

金陵大学毕业后，陶行知负笈游美，走向一个崭新的世界。他初入伊利诺伊大学，该校校长詹姆斯极为赞赏罗斯福总统借助庚子赔款办学培养中国学生留美之举，曾向总统递交过一本备忘录，在结语中指出：“哪一个国家能做到教育这一代年轻的中国人，哪一个国家就将由于在这方面所付出的努力，而在精神的和商业的影响上取回最大可能的收获。”该校以市政著称于世，受重视教育传统的影响，市政专业请哥伦比亚大学哲学博士考

① 章开沅、唐文权：《平凡的神圣——陶行知》第二章，湖北教育出版社 1992 年版。章、唐二教授认为，金陵大学求学期是陶行知人生观奠基时期。这是极有见地的，有充分的证据。

② 所谓政治上的改良主义，一般指社会发展要通过局部改革，而不是全部变革或暴力革命的思想主张，也指采用缓进和秩序的方法，否定激烈破坏的手段。陶行知明确地指出，实现民主有一个过程，并不是一蹴而就之举。“欲速则不达”，躐等而成，不经中介，不经过渡，必致失败。辛亥以降，民主共和之所以弊窦丛生，重要原因是辛亥革命这一方式过于激烈，“发动太过”。他认为这一场运动的发动者行躁进而非渐进，完全背离了国情。

夫曼教授开出的教育行政课，陶行知对詹姆斯校长的"备忘录"内容，深以为是；又见美国教育发达，人民文化素质提高，社会各业发达，因而兴味颇浓地选修了这一门课。自此开始，他便对教育情有独钟，一往情深地乐此不疲，对其未来的终身职业有了内心的选择，由从政转向从教。1917 年秋，他登上了归国轮船的甲板。在与一起归国的留学生畅谈归国志愿时，他踌躇满志地说："我要使全中国人都受到教育。"所以，三年的留学教育，使这位忧国忧民的学生，感时报国的热血青年完成了向一位"教育救国"论者的转变。

从美归来到他创办的晓庄学校被封，尤其是"九一八"事变和"一二·九"运动以后一段时间，这是陶行知"教育救国"思想的实验推行时期。这一时期的教育实践活动，占他发动的"六大教育运动"①的一半左右，对"教育救国"的途径作了多方面可贵的探索，产生了引人注目的影响。1930 年 4 月 7 日，南京卫戍司令部令晓庄学校停办；4 月 12 日通缉陶行知。他隐居上海，邀集在沪的晓庄校友在孟渊旅馆开了一次座谈会。一位校友问："我们不再办学校用教育来救国了？""也不再做实验新教育的美梦了！你是说，我们得组织农民党来领导农民革命？"陶行知作出了如下回答："我的意思，真是这样，教育不过是达到农民解放的一个工具，这个工具是主要的，但最重要的还是武器。你知道么，列宁革命之所以成功，就靠他有一支劲旅，可以打败敌人。"②据此，似乎完全有理由断定，晓庄被封，陶行知本人被通缉，促使他完成了由"教育救国"向"革命救国"的转变，使他彻底丢弃了"教育救国"主张。无可否认，晓庄被封，使他对教育的功用产生了怀疑，但完全放弃多年形成根深蒂固的"教育救国"主张，还要一个过程。戴氏所记的那么一段话，也许记得不是很准确，也许是陶行知余怒未消，所言尚带有严重的情绪。事实上，之后他并没有竭尽全力去组建什么"绿色党"，也没有去拿起什么"武器"，建立什么"劲旅"，而是推行普及教育运动、国难教育运

---

① 所谓"六大教育运动"，按陶行知自己的归纳，是指乡村教育运动、普及教育运动、国难教育运动、战时教育运动、全面教育运动和民主教育运动。前二者是受"教育救国"思想支配的教育实践运动，国难教育运动、战时教育运动和全面教育运动是向"革命教育"过渡形态，而民主教育运动则基本不属于"教育救国"的范畴。此外，陶行知还是平民教育运动的实际发动和领导者之一，这是他教育生涯中最早的一场受"教育救国"思想指导的教育实践活动。

② 戴伯韬：《陶行知的生平及其学说》，香港新中国书局 1949 年版。戴氏所记陶行知的这一段话，大约讲于 1930 年夏。

动等。因此，自陶行知归国到抗日战争全面爆发，是他“教育救国”思想的实验期。这样说并不否认晓庄被封后，尤其是“九一八”事变和“一二·九”运动后“革命教育”新质因子在不断产生。

二、陶行知早期“教育救国”思想面面观

陶行知的“教育救国”思想极为丰富，涉及其时教育问题的许多方面。这表征着他对教育根本问题的审视和关怀，凝结着他对教育功能和作用的思考。这主要表现在以下几个方面。

(1)“教育是立国的根本。”陶行知在《师范教育之新趋势》一文中提出了这一著名观点。民主之国的根本在人民的素质，而提高人民素质的根本举措，在于发展教育。陶行知在《教育研究法》中指出：“苟无多数健全之公民，利害洞彻，时势明了，取鉴先觉，各尽其职，则有倡无和，事卒不举。”他还深刻地认识到，国家应“以普通教育为根本，以造成健全之公民”，“公民也，实共和之长城也”。为什么国家操于公民之手呢？这是因为“社会日进，庶业蓁繁，国事良窳，断非少数之国民领袖所克左右”。即使有杰出的领袖，如果人民处在愚昧状态，也是无能为力的。而且先有多数健全之公民，才能产生杰出的国民领袖。

提高国民的素质，根本途径在发展基础教育。小学校虽“小”，小学教师虽“小”，小学生虽“小”，所关系的事体则是很大的。譬如，“小”而言之，“一个小学生之好坏，关系全村之兴衰”。一个地方如果能办好一所小学，那么这所小学简直可以成为改造这个地方的中心。全国共有 100 万个乡村，如果每一个乡村都能办好一所小学，天下国家，将受益无穷。所以，陶行知发表宣言书，向社会宣告：“我们的新使命，是要征集一百万个同志，创设一百万所学校，改造一百万个乡村。”通过这些小学校“来为中国一百万个乡村创造一个新生命，叫中国一个个的乡村都有充分的新生命，合起来造成中华民国的伟大的新生命”①。陶行知以一副对联生动地说明了这一道理，他说：记得有这样一副对联，“庙小乾坤大，天高日月长”。他认为小

① 陶行知：《中国乡村教育之根本改造》，华中师范学院教育科学研究所主编：《陶行知全集》第 1 卷，湖南教育出版社 1984 年版，第 654—655 页。

学校应有如此气魄——说到底，基础教育是救国的基础。

(2)师范教育为救国之要途。陶行知不止一次以小学教员为例阐述了这样的一个道理，小学教师小可以兴家，大可以兴村、兴国。他说，在一个小学校里当一个教员，初看起来是何等一件小事，有许多人简直当它为不得已而为之的职业。殊不知老百姓送子弟入学，“便是不知不觉地把整个家运交付给小学教员。小学教员教得好，则一二十、一二百家的小孩子可以成家立业。否则，变成败家子，永远没有希望了”。再大一点说，教师“关系全村之兴衰”。关于教师关系到国家兴亡，救国之根本，他曾多次列举了如下的例子：“国家设立小学，是要造就国民以谋全民幸福，因此，全民族的民运都操在小学教员手里。德国战胜法兰西，归功于小学教师，这是人所知道的。中国之所以受不平等条约的束缚和帝国主义之宰割，追到根源，也要算教书先生为罪魁。这也是我们所不能否认的。所以小学教师之好坏，简直可以影响到国家的存亡和世运之治乱。”①

教师素质如何，直接关系到国家的兴衰。好的教员足以救国，这似乎是颠扑不破的真理；劣质教员足以误国，葬送国家前途，也是顺理成章的。教师来自师范，因而说到底是师范教育的问题。好的师范培养好的教师，使国家得救，人民受益无穷；坏的师范以洋八股教师范生，“制造书呆子。这些大书呆子分布到小学里去，又以几何的加速率制造小书呆子。倘使再括〔刮〕一阵义务教育的大风，可以把书呆子的种子布满全国，叫全国的国民都变成书呆子！中华民国简直可以变成中华书呆国”②，中国岂堪设想！陶行知极为深刻地看到，“师范学校负培养改造国民的大责任，国家前途的盛衰，都在他手掌之中”③，正因为“师范教育可以兴邦，也可以促国之亡”。陶行知宣布说：“我从前曾经为师范教育努力，现在正是为师范教育努力，以后仍是继续为师范教育努力。”④在他看来，要使师范教育发挥救国的效

---

① 陶行知：《介绍一件大事——致大学生》，华中师范大学教育科学研究所主编：《陶行知全集》第5卷，湖南教育出版社1985年版，第219页。

② 陶行知：《师范教育之彻底改革——致石民佣、费锡胤等》，华中师范大学教育科学研究所主编：《陶行知全集》第5卷，湖南教育出版社1985年版，第162页。

③ 陶行知：《师范教育之新趋势》，华中师范学院教育科学研究所主编：《陶行知全集》第1卷，湖南教育出版社1984年版，第166页。

④ 陶行知：《师范教育之彻底改革——致石民佣、费锡胤等》，华中师范大学教育科学研究所主编：《陶行知全集》第5卷，湖南教育出版社1985年版，第161—162页。

用,就必须办好小学,如何办好小学?他在《介绍一件大事》中指出:"要想小学办得好,先要造就好教师;要想造就好教师,先要造就办师范学校,造就教师的教师。"因而,说到底是师范教育救国。

(3)平民教育救国。在五四科学民主思潮的冲击下,陶行知逐渐放弃了"英才教育"思想,认为中国的出路在于使80%以上的平民接受教育,唯其如此,中国才有崛起之望。在他看来,国之盛衰,完全可以根据平民受教育多寡而定。1924年,他给安徽省教育厅长卢绍刘去信,要求他推行平民教育。他说,世界上发达国家"国内读书人都在百分之九十以上,中国读书人数百人中只有二三十人。相形之下,很伤国家体面。如果我国家家读书,人人明理,外国也要恭敬我们了"。平民受教育人数少,国民程度低,国家必定虚弱,怎么能不伤"体面"呢?因为"欲国家之强大,必全国国民能同心努力方有济。今百人中不识字者约七八十人,是何以言精神之团结"[①]。如果平民有做国民的知识,当然就可以尽做国民肩负起救国的责任来。

怎样使平民担负起救国的责任呢?必须开展平民教育,要教他们做公民的常识,"教平民读书",在较短的时间内,"给一把得常识的钥匙","教他们做人做国民的精神",这样才能"培植其作国民的能力",补救"固有的缺点"。一言以蔽之,中国85%以上的国民都有了"做人做国民的精神"[②],才有振兴之望。因而他风餐露宿,足迹踏遍全国十几个省市,宣传教育机会均等,创造条件使平民能读书识字。这些是他在广阔的层面上推行"教育救国"思想的实践活动。

(4)乡村教育救国。平民教育的对象本来指城乡民众,早期平民教育家施教的对象主要是指城市平民。到1925年以后,逐渐转向乡村,掀起了一场波及全国的乡村教育运动。陶行知是最早完成这一战略转移的教育家。他深邃的目光转向乡村,是受乡村教育救国思想驱动有感而发的。他深刻地认识到,中国是著名的农业国,"农民占全国人口总数之百分之八十五,这就是说,全国有三万万四千万人民住在乡村里,所以乡村教育是远东一种伟大之现象。凡关心世界问题的人们,决不至忽略这种的大问题——

① 陶行知:《中华教育改进社第二届年会社务报告》,华中师范学院教育科学研究所主编:《陶行知全集》第1卷,湖南教育出版社1984年版,第382—383页。

② 陶行知:《长江流域平民教育运动之性质组织及方法》,华中师范学院教育科学研究所主编:《陶行知全集》第1卷,湖南教育出版社1984年版,第411页。

无论办得好不好，中国的乡村教育关系全世界五分之一的人民”①。一个国家城市发达，是以乡村问题基本解决为前提的。乡村问题不能得到解决，城市也不可能真正繁荣，它会严重地拖住近代化的步伐，因而乡村成为中国经济腾飞的关键。

在陶行知看来，乡村教育既可救国，也可误国。教乡村儿童“跳农门”的教育，仅仅给儿童唯一的东西是书本知识的教育，教荒山不能变绿的教育，教土地一年一年变贫瘠的教育，“使农村社会减少生产量，使农人富的变穷，穷的变得格外穷”的教育，是坑煞乡村的教育，是误国害国的教育。办什么样的乡村教育才是救国的乡村教育呢？道理极为简单，办乡村生活需要的教育，办农民迫切需要的教育。办这样的教育决不是旧时的老学究、遗老遗少所能胜任的。他决心创办乡村师范，培养乡村所需要的教师。他制订了一个较为周密的计划：“住在乡村的人民占全人数百分之八十五，约计有三万万四千万。乡下学龄儿童以四年教育计算，约有三千四百万。每位教师教四十小学生，全国便要一百万小学教师，其中乡村教师就要占八十万人。用九年工夫训练这些乡村教师，便要八万五千位乡村师范指导员。”他向青年学生发出号召说：“我们很希望抱着兴味的大学生看清国家未来的需要，早日下乡来和我们共同挑起这个担子。”②在乡村教育救国思想驱动之下，他将毕生心血倾注在乡村教育上，谱写了乡村教育的辉煌篇章。

(5)科学教育救国。中国近代留学生目睹西方国家科学飞速发展，给社会各方面带来繁荣的事实，产生了浓厚的科学教育救国思想。他们认为，“科学为近世文明之特彩，西方富强之源泉”，科学在西方国家的学术思想、行为方面，都起着指导性的作用，是社会发展的原动力。他们看到，“欧美各国实力强大，都是应用科学发明的结果”③。反观中国，积弱积贫，“以无科学为重要原因之一”，以为“无科学则无以立国于今世”，将科学当作“救国之良策”④。陶行知受“科学救国”思想的影响颇深，认为“科学是开

① 陶行知：《中国乡村教育运动之一斑》，华中师范大学教育科学研究所主编：《陶行知全集》第2卷，湖南教育出版社1985年版，第26页。

② 陶行知：《介绍一件大事——致大学生》，华中师范大学教育科学研究所主编：《陶行知全集》第5卷，湖南教育出版社1985年版，第220页。

③ 任鸿隽：《中国科学社社史简述》，《文史资料选辑》第15辑。

④ 任鸿隽：《论中国无科学之原因》，《科学》第1卷第1期；杨铨：《科学与研究》，《科学》第2卷第7期。

向理想世界的特别快车”。他在1931年的《如何可以不做一个时代落伍者》的信中明确断言：“从农业文明渡到工业文明，自然科学是惟一的桥梁。”1932年，他在给教育家庄泽宣的信中指出：“我们觉得要救中华民族，必须民族具备科学的本领，成为科学的民族，才能适应现代生活，而生存于现代世界。”“九一八”后，陶行知越发感觉到科学教育救国的重要。他敏锐地洞察到，科学落后必然遭欺侮。他说：“我们在这次国难当中察出，愈觉科学教育之重要。”又说：“国难当头，愈益觉得立国根本之教育，更有从速举办的必要。”以为教育方针的重点应该瞄准科学教育，“向着这条路线上前进，为中华民族去找新生命”①。

进行科学教育，来不得半点虚伪。所以陶行知强调，科学教育必须从儿童抓起。他在给庄泽宣的信中说：“科学要从小教起。我们要造成一个科学的民族，必要在民族的嫩芽——儿童——上去加工夫培植。有了科学的儿童，自然会产生科学的中国和科学的中华民族。”他希望“富有研究儿童自然科学兴趣，而且有志救国大计”的青年教师共同努力，襄此盛举，“使一年之后，儿童自然科学的主张即可推行到全国，科学的儿童早日造成，科学的中国和科学的中华民族早日实现”。为了推行科学教育，不做时代的落伍者，他决心用“后半生之精力来专攻一门科学”，“从屠夫的手里把科学夺过来”②。

陶行知的“教育救国”思想极为丰富，是他教育思想的重要组成部分，也是他毕生从事教育不辍，不改其志的最早原动力。

三、陶行知早期“教育救国”思想的特征

陶行知“教育救国”思想萌芽、初步形成于在美国留学时期，归国后经过一段时间对中国教育的深入了解和熟悉的过程，使之与中国教育国情相结合，“教育救国”思想开始成熟，并且得到大力推行，形成了如下三点特色。

---

① 陶行知：《关于科学教育——致庄泽宣》，华中师范大学教育科学研究所主编：《陶行知全集》第5卷，湖南教育出版社1985年版，第247页。

② 陶行知：《如何可以不做一个时代落伍者——致一位青年小学教师》，华中师范大学教育科学研究所主编：《陶行知全集》第5卷，湖南教育出版社1985年版，第242页。

第一,陶行知早期"教育救国"思想具有强烈的爱国主义精神。陶行知满怀忧国忧民的赤子之心,走出国门,向西方寻求救国之方、富民之道,归国后便投入救国道路的寻觅之中。他曾给吴立邦小朋友写了一封信,说"国家是大家的,爱国是个个人的本分","凡是脚站中国土地,嘴吃中国五谷,身穿中国衣服的,无论男女老少,都应当爱国"。他有一句名言,这就是"为一大事来,做一大事去"。他所言的"大事"指什么呢?这在他给妹妹的信中说得十分清楚。他说:"我们生在此时,有一定的使命。这使命就是运用我们的全副精神,来挽回国家厄运,并创造一个可以安居乐业的社会交与后代,这是我们对于千万年来祖宗先烈的责任,也是我们对于亿万年后子子孙孙的责任。"①他的"大事"正是完成这一伟大使命。如果对国家没有一种强烈的、为之捐躯的感情,那么他是绝不会放弃优厚的大学教授的400块大洋的待遇的。正因为有强烈的爱国感情,他才愿意为国家肝脑涂地,万死不辞。

在陶行知看来,对不同的对象而言,爱国的内涵各不相同。他说:"各人所处地位不同,爱国的方法也不能尽同。小孩们用心读书,用力体操,学做好人,就是爱国。今天多做一分学问,多养一分元气,将来就能为国家多做一分事业,多尽一分责任。"国家兴亡,匹夫有责。各人在各自的地位上尽心尽责,就是爱国。作为一位教育家,应该如何爱国?他认为,他的职志就是为中国教育寻觅曙光,使中国教育走出困境,使中国人民都接受教育,都成为好国民,这样也就算尽了自己的一份爱国心。"九一八"以后,陶行知看出了日本帝国主义企图吞并中国的狼子野心,大力推行国难教育,主张中华民族开展军事、生产、科学、识字、民权"五大训练",并率先与丁柱中携手创办了儿童科学电讯学校,扎扎实实做救国的工作。他主张教师的爱国不仅要指导学生,"而且要与学生参加救国运动,同过救国生活,共受救国教育……与学生大众共休戚,决不可袖手旁观"②。他将"教育救国"理论与实践相结合,使他成为一位伟大的爱国主义者。

第二,陶行知早期"教育救国"思想具有重视实验的特征。陶行知不是

---

① 陶行知:《创造一个四通八达的社会》,华中师范大学教育科学研究所主编:《陶行知全集》第5卷,湖南教育出版社1985年版,第56页。

② 陶行知:《上海文化界救国会国难教育方案》,华中师范大学教育科学研究所主编:《陶行知全集》第3卷,湖南教育出版社1985年版,第11页。

简单照抄照搬，生吞活剥西方社会发展的成功经验，而是力求与中国教育的具体实际相结合。二者结合的中介就是教育实验。尽管业已证明，西方社会发展的经验是成功的，但是，在西方取得成功，并不意味着能够在中国取得成功。这是中西不同的社会文化背景、不同的国情决定的。西方的经验在中国能不能取得成功，要通过实验来说明。西方社会的飞速发展，教育助了一臂之力；而教育之所以能如此，应该说得益于教育实验。他说，“欧美之所以进步敏捷者，以有试验方法故”；“近二百年来，教育界之进步，皆由试验而来。是以配斯泰来齐（Pestalozzi）试验幼子，而官觉之用以明；赫耳巴忒（Herbart）设研究科，而统觉之理以阐；福禄倍（Froebel）创幼稚园，而游戏之效以著；杜威（J. Dewey）之集成教育哲学，也以试验；桑戴克（Thorndike）之集成教育心理也，亦以试验”。这些无不说明，“今日教育界所视为金科玉律者，皆非昔贤试验累积之成功。是故试验之消长，教育之盛衰系之”①。正因为教育对美国社会发展产生了很大效用，因此美国设有很多教育研究单位，充满着试验（实验）精神。他在《试验主义之教育方法》一文中指出：“至于今日，凡著名大学，莫不设教育科，其同时试验教育心理者以百计。其试验机关与从事实地试验教育之人，几无处无之；其试验精神之充塞，可谓盛矣。”所以美国社会飞速发展，“岂偶然哉”！

中国近代落后挨打，实属必然。中国有上千年相传不绝的“格物之学”，一物也未“格”成，一理也未明，以至中国人“迄今无所贡献”。追问中国落后之原因，陶行知认为，“中国之所以瞠乎人后者，以无试验方法故”。他言简意赅地说：“夫国之盛衰，视乎教育，而教育之新旧，视乎研究。”②他最后推导出这样的结论：与其说教育救国，不如说教育试验方法救国。因此，陶行知对教育试验十分重视，在《试验主义之教育方法》中还设计了极为周密而规范的教育试验方案。早期陶行知深信“教育救国”，并将其信念变为实践。他的每一教育改革活动，创办的每一所学校，都具有实验的性质。而他的每一教育改革和创办教育机构，都是其“教育救国”实践的重要组成部分。所以他的“教育救国”思想赋予了注重教育实验的特色。

---

① 陶行知：《试验主义之教育方法》，华中师范学院教育科学研究所主编：《陶行知全集》第 1 卷，湖南教育出版社 1984 年版，第 61 页。

② 陶行知：《教育之新旧视乎研究》，华中师范大学教育科学研究所主编：《陶行知全集》第 8 卷，湖南教育出版社 1992 年版，第 54 页。

第三，陶行知早期“教育救国”思想注重实践推行的特色。爱国和救国在陶行知那里，不是空洞的口号，而是有其实实在在的内容的。在中国近现代，主张“教育救国”者不乏其人，他们把中国实业和科技落后，甚至把政治上的专制主义都看成是教育落后的结果，所以他们谈实业发展、振兴科学和实现民主，都首重教育。仅就五四前后而言，江苏就有陶行知、黄炎培等，天津有严修、张伯苓等，上海有马相伯等，湖南有朱剑凡、徐特立等，福建有陈嘉庚等。他们大都认为民国成立后政治上仍然是一片黑暗，其主要原因是民智未开，因而无不热心提倡教育救国，但是品流很杂。一部分人高举“教育救国”的旗帜，同时做扎扎实实的“教育救国”的工作；一部分人连口号也不喊，埋头做“教育救国”的工作；一部分人口头“教育救国”的口号喊得震天价响，实际上是借以反对革命。无疑，陶行知属于前者。他不仅撰写文章宣传“教育救国”，宣传教育的功用，而且不满足于唇焦舌敝的叫喊，他是扎扎实实地去构筑“教育救国”的基础——做“教育救国”的实际工作——推行平民识字运动、开展乡村教育、推行普及教育运动，以及搞“科学下嫁”，等等。

陶行知的教育哲学，是教育实践哲学；陶行知的“教育救国”思想，也带有实践的特征。为使“教育救国”收到“救国”的实际效果，他注重实践、实验，不求表面上的影响，务求有助于救国。在平民教育运动时期，陶行知为了推进平民识字运动，“三过家门而不入”，足迹踏遍全国 11 个省，甚至推广到了南京、安庆、武昌、汉口等地的监狱。到 1924 年，他主编的《平民千字课》推行到了 20 个省区，据说有 40 万人接受了识字教育。平民教育运动后来转向乡村，他不是一般的口头上重视乡村教育，而是一头扎到乡村去推行。1926 年，他发表《中华教育改进社改造全国乡村教育宣言书》，提出了筹集 100 万元基金，征集 100 万位同志，创办 100 万所学校，改造 100 万个乡村的计划。他创办的晓庄学校、育才学校等，既说明他们足以体现了其“教育救国”思想，同时也充分说明他的“教育救国”思想注重实践推行的特征。

陶行知是中国近代著名教育家，由于他的经历以及在改造社会的门径和出发点，社会发展的动力等问题上，与当时其他的“教育救国”论者有较大的不同，因此他的“教育救国”主张及其“教育救国”实践，相比之下其特色迥然有别。

四、陶行知早期“教育救国”思想的评价

怎样评价陶行知的“教育救国”思想？1949 年以后，由于对“教育救国”长期持严厉批判态度，人们不敢理直气壮地为之辩解，或者是对“教育救国”稍稍有所宽容。其实，对陶行知“教育救国”思想的批判，早在 20 年代中期便开始了。共产党人萧楚女在《中国青年》第 18、40 期上发表了《陶朱公底“平民教育”》、《对于教育改进社年会的批评》等文章，批评陶行知推行的“教育救国”不注意人民“起码的生活”，丢弃了“人”的含义，真正的平民“并不希罕”这些“制造顺民的教育”，并且提出了与“教育救国”相对的革命教育的概念，认定“现制度若不经过一番彻底的‘翻砂’工夫”，“教育救国”“恐怕还不止像汉口今天这样，只留下几张纸招牌，做个聋子底耳朵，徒为装饰哩！即令有效，也不过是多使平民识得几个字……添得几分烦恼而已”①。新中国成立后的第一桩文化罪案，便是“新武训”、“老武训”一齐批，陶行知的“教育救国”思想也遭一批再批。由于当时批判陶行知“教育救国”思想的手段是极为简单粗暴的，因而不仅使一些教育理论是非问题未能弄清，反而被搅得更乱。

今天我们应该如何看待陶行知的“教育救国”思想呢？

首先，我们要充分肯定陶行知的献身教育的精神。陶行知极为重视教育的功用，对教育工作一往情深，使他毕生在教坛耕耘不辍，以致抛家不顾，在所不惜，为广大教育工作者树立了一个光辉榜样，激励着许多教育工作者兢兢业业，孜孜以求地为“教育救国”做扎扎实实的奠基性工作。陶行知辞去大学教授职务后，全力推行平民教育，四处设置平民读书处，凡足迹所到之处，平民识字的阻力立即冰消瓦解。他认为中国的出路在乡村，乡村的改造靠教育，立志创办乡村师范，以此作为乡村改造的中心和依托。他认准了这一条道路后，拿出了为母亲办后事积攒的钱，创办了第一所乡村师范。抗日战争时期，他在重庆创办了育才学校。在办学经费空前拮据的情况下，育才学校师生的生活难以为继，友人劝他不要背着石头过河。他毫不犹豫地说：“不，我不是背着石头过河，我是背着爱人过河！”对教育

① 楚女：《陶朱公底“平民教育”》，《中国青年》第 18 期，1924 年 2 月 16 日。

的献身精神，溢于言表。

对陶行知的献身教育精神，应予充分肯定；对陶行知私人办学不应产生误解。陶行知献身教育的精神，是一种无私奉献精神，是向人类献爱心的高尚行为，对中国千秋万代功德无量的事情，正是我们十分缺乏的，应该大力提倡，而不应横加非议，更不可动辄组织“笔杆子”批判。否则，会严重挫伤广大教育工作者、人民教师献身教育的积极性，导致无人愿执“教鞭”。对陶行知化缘办学不予提倡鼓励，反而当头棒喝，大加挞伐，一是严重挫伤民间办学的积极性，二是教育行政部门既不敢审批也不敢提倡民间办学。这直接导致长期以来办学体制单一，办学经费来源渠道单一的严重弊端，给中国教育发展人为设置了重重障碍，其后果是极为严重的。

其次，陶行知的“教育救国”思想具有很高的理论价值和实践价值。陶行知在“教育救国”思想的指导之下，结合中国的具体情况，大力开展教育实验，深入到办学的实际，研究教育理论，形成了具有中国特色的教育理论，是中国近代文化的宝贵遗产。他批判地吸收了中国古代教育理论精华，扬弃并借鉴了西方现代进步主义教育的合理因素，又通过教育实验的验证，提出了一套符合中国实际的教育理论。在南京高师、东南大学执教期间，对学校的教学、管理体制等进行了一系列卓有成效的改革，为中国近代高等教育的发展探索出了值得重视的经验；以后在历次的教育运动中，经过艰难的摸索，他提出了“生活即教育”、“社会即学校”、“教学做合一”等理论，是中国教育理论宝库中的璀璨夺目的珍珠。过去的事实已经证明，陶行知倡导的“小先生制”、“传递先生制”、连环教学法、工学团等是实行普及教育的有效办法。据统计，到1924年6月，他和朱经农合编的《平民千字课》推行到了20个省区，有40多万人接受了识字教育。在当时能取得这一不容低估的成绩，与其“教育救国”思想特有的理论价值和实践价值有关。中国近代社会发展的历史说明，从民主主义革命走向社会主义是历史的必由之路，也是使中国能够独立、富强和繁荣昌盛的前提条件，教育则是与革命相辅相伴的。在进行革命的同时，必不可少地要教育做启迪人们心智、化除国民愚昧、提高民众素质和振奋人民精神的工作。过去由于批判陶行知的“教育救国”理论，将其“生活教育”理论亦不问青红皂白一概否定，农村扫盲和普及教育不问现实条件许可与否追求正规化，导致扫盲工作迄今为止，仍为一项艰巨任务。这也说明陶行知的“教育救国”思想有助于落实“科教兴国”、“教育为本”的战略决策，是有现实意义的。

再次，我们必须正视陶行知在“教育救国”思想指导下所做的大量实际工作。陶行知不同于在高墙深院紧锁的研究机关深居简出的教育理论“发明”者，也不同于喋喋不休高喊“教育救国”借以抵制革命的人，而是做扎扎实实的“教育救国”的实际工作。陶行知抱定的信念是“看准一件具体的事，聚精会神的来干他一下。如果我们对于一件事肯得专心继续的努力去干，一定有解决的希望。一个人，一个时候，在一个地方，干一件事，是社会改造的不二法门”①。陶行知正是这样，认准了能够发挥救国功用的教育这一件事，一门心思地去干，为“教育救国”奠下了厚实的基础。1923 年，他与朱其慧、晏阳初等组织中华平民教育促进会，并在全国各地设立分会。他亲自和朱经农合编《平民千字课》，在南京、安徽等地推广，与此同时，在各地遍设平民学校，开办平民读书处，并深入各机关、店铺、住户推行识字教育，收到了显著成效。1926 年后，他先后创办了晓庄学校、无线电通讯学校、工学团、育才学校、社会大学等。这些作为“教育救国”的实绩展现在人们的面前，使人们对教育的功用不同程度地有所认识。正如章开沅教授所言：“我们应当批判那些用‘实业救国’、‘教育救国’之类美丽的空话来阻挡革命潮流的政客，但是不能因此一概否定那些可能迷失政治方向然而确实曾在中国的土地上为营造近代化大厦添砖加瓦的先辈。”②陶行知在那样的环境里能够取得如此实绩，实在是不容易的。可以说为中国教育发展奠下了一定的基础，探明了发展的方向。

事实证明，陶行知企图通过普及教育来改造社会，完全是不切实际的幻想，孤立无援的教育是难以救国或推动社会改革的。但是实践也说明，不注重教育的革命也是不可能成功的。因此，陶行知的“教育救国”思想应该给以科学合理的定位，予以实事求是的评价。

（作者撰写此文时系华中师范大学教育科学学院教授）

---

① 陶行知：《社会改造之出发点》，华中师范学院教育科学研究所主编：《陶行知全集》第 1 卷，湖南教育出版社 1984 年版，第 430 页。

② 章开沅：《开拓者的足迹——张謇传稿・自序》，中华书局 1986 年版。

人的个性发展与陶行知教育思想

［日本］ 牧野笃

一、从国际化时代与信息化社会谈起

今天，全世界已经跨入了国际化时代。国际化时代的主要指标不仅是物资和金钱的国际化，而且是人本身的国际化。在这一时代里，除了物资和金钱通过全世界的运输网络而流通外，人本身也通过全世界的交通网络流动。而且，这种新的人的流动既促进物资和金钱在全世界范围的流通，即经济的国际化，又促进全世界人民之间的交流，更新人本身的价值观念，创造新的价值，即文化的国际化。

信息化社会是与国际化时代互为表里并组成当前全世界的新的性质的。信息化社会有两大特点：第一，信息化硬件更新换代的速度日益加速。在这种情况下，全世界随着信息化社会的发展——通信网络的形成和信息化硬件的发展，越来越缩小着。社会的信息化开始促进全世界的紧密联系和统一。第二，信息化社会在这种越来越缩小着而且越来越加强其统一性质的世界里，不能不要求全世界的价值观念的多样化。在这里，信息化正是在给全世界所有的人创造享受统一信息的条件的同时，促进全世界每一个人的价值观念的多样化和个别化的概念。从以上两大特点来看，信息化社会为了创造它本身发展的条件，一方面必须建立全世界统一的通信网络，并给全世界所有的人保障享受同一信息的均等机会；另一方面又不得不促进全世界每一个人的价值观念的多样化。那么，推进信息化社会发展的关键在哪里？关键在于利用信息并创造经济价值的主体，即人本身。换言之，关键在于接受同一信息后，利用它并创造出新的而且富有特色的物质和精神的人才的培养。

从这种意义上来说，国际化时代的信息化社会是，要求全世界的每一个成员在立足于自己民族和国家的传统和现实情况的基础上，尊重其他民族和国家的传统和现实情况，并且建立全世界统一的信息网络，同时在平等的立场上进行相互的交流，创造新的价值观念，推进全世界经济发展的新的社会。

我之所以首先阐述国际化时代与信息化社会的问题，是因为我认为这种世界历史的新的潮流，尤其是其基本性质与陶行知教育思想的基础有共通的性质。换言之，我们在培养新的时代所需要的人才的时候，陶行知教育思想是富有参考价值的。因此，我不得不感到我们在历史的新潮流的立场上，重新认识陶行知教育思想的必要。

二、“民族”与“爱”

如上所述，在国际化时代与信息化社会里，我们每一个人都需要具有强烈的民族意识。与此同时，也需要具有既博且深的人类爱。否则，我们往往或者陷入民族虚无主义的错误，或者陷入狭窄的国家主义的错误。

这种强烈的民族意识与信息化社会所要求每一个人具有的多样的个别的价值观念相对应，博而深的人类爱与信息化社会所需要的全世界统一性质相对应。可以说，强烈的民族意识和博而深的人类爱是信息化社会的必然要求。在此，构成关键问题的是在人的观念中的“民族”和“爱”之间的关系。

我认为陶行知教育思想的基础是强烈的中华民族意识和对人类的博而深的爱。而且认为陶行知因为有了强烈的中华民族意识，所以能够产生出博而深的人类爱。

陶行知在中华民族的传统思想和民族意识的基础上，接受了 20 世纪初传播到全世界而且给了全世界的教育以深刻影响的思想，即美国进步主义教育思想中的实用主义教育思想，尤其是杜威的教育思想。然后，他在中国的实际情况下，把这二者逐渐酿成为既具有中华民族特色，又具有全世界普遍性质的教育思想。这就是陶行知“生活教育”的思想。

陶行知出生在清朝末年，当初在传统的私塾里受了传统文化教育。在这一教育的基础上，他接受了教会学校崇一学堂的教育。在这所学校里，陶行知并没有倾向于西欧的东西，反而一方面学习西欧的近代科学和语言、文化知识，另一方面却加强了他对中国传统文化，尤其是对唐诗的关心，加深了他对中国老百姓的感情。在这一时期，他亲眼看到了地主剥削农民的具体情况，意识到了中国老百姓的痛苦，并在宿舍的墙壁上写下了“我是一个中国人，要为中国做出一些贡献来”的决心。崇一学堂毕业后，他考入了广济医学堂。但是，当他知道广济医学堂对非基督教徒学生给予歧视待遇时，立即表示抗议，入学后第三天就主动退了学。这一事实表明他对中华民族及其文化的强烈的爱的意识。

陶行知经过一段流浪生活后，先考入南京汇文书院，后转入金陵大学。他在这所大学里，学了王阳明哲学思想，并学了西欧的近代思想，而且受了基督教教义尤其是《圣经》的影响。1911 年爆发的辛亥革命也给了他深刻的思想冲击。我们在陶行知的毕业论文《共和精义》中，能够看到他当时的思维方式和思想框架。陶行知把王阳明的思想尤其是《传习录》的理论框架作为自己思想的基本框架，并在这一基础上接受了《圣经》的博爱思想和西欧近代思想以及辛亥革命所带来的新的思想，尤其是“共和”思想。王阳明《传习录》的基本思想是以“知行合一”、“心即理”、“致良知”为核心的。陶行知在这一思想的影响下，认识到人本身的“善”性。而且，他在探索实现真正的“共和国”的过程中，认识到了开发每一个人的“善”性并使他们在与环境之间的关系中，发挥自己的“善”性，改造自己和环境，与他人有“共”而“和”的必要。从这时，他开始认识教育的重要性。可以说，陶行知在金陵大学的学习过程中，基本上形成了他本身的思想基础。

陶行知渡美后先学了都市政治学，然后在哥伦比亚大学师事斯特雷耶并学了教育行政学。另外，他又向杜威、孟禄以及克伯屈等美国进步主义教育学者学了进步主义教育思想。在这些进步主义教育学者中，给他的影响最大的是杜威。陶行知在他在金陵大学时所形成的基本思想的基础上，接受了杜威的实用主义思想。陶在这一学习的过程中，运用实用主义教育思想的“试验的方法”，把人的“善”性从天理的束缚中解放出来，并确定人本身的完善的而且独立的“本质”。而且，他把实用主义教育思想的适应主义机制改组为人在与环境之间所构成的关系中，认识到自己的“本质”并根据其“本质”去改造自己和环境的机制，即人的自我认识——改造的机制。

陶行知回国后，从中国的实际情况出发进行了教育实践和教育运动。在这一过程中，他逐渐形成了他本人的具有特色的教育思想。他在自己的教育实践和运动的过程中，一直重视中国老百姓的生活。他在老百姓的生活中看到了“动”，并把人本身视为不得不动的生活主体。陶行知认为人是首先不得不“动”并与环境之间构成主体——客体的关系，而且在这种关系中进一步认识到自己的本质的。这种关系因为是人与环境主动地构成的，所以不得不反映人本身的本质。而且，陶认识人是因为能够认识到自己的本质，所以能够有意识地改造主体——客体的关系，即改造包括自己本身在内的社会。陶所说的“生活”这个概念是把“做”作为基轴的“教学做合一”的过程，即人本身有意识地改造自己——环境的关系的过程。而且，这“做”是把“动”作为核心的“行知行”或“在劳力上劳心”的自我认识——改造的概念。我们在这种陶行知教育思想的认识论中，能够看到王阳明思想与杜威理论的影响并经过脱胎换骨而创造出新的思想的一个形态。

从以上的事实来看，可以说，陶行知立足于自己民族的基础上，吸收了其他民族或国家的文化价值，并且把自己民族的价值与其他民族的价值在自己民族的土壤上相结合而酿成为富有民族特色的而且带有人类普遍性质的新的文化价值。陶行知给人类的发展增添了新的一页。

陶行知爱的思想与他对中华民族的强烈意识是有关系的。陶行知本人说，他的爱的思想并不是一般的博爱，也不是男女谈恋爱的爱，是给的爱。这种给的爱是无穷地给别人的爱，而且是给别人后能够在他那里再生而发展的爱。可以说是再生的给的爱。这种爱是能够再生并发展到全人类、全宇宙的。

我认为这种给的爱与陶行知青少年时期的决心是有关系的。正如上面已经所述的那样，陶行知在崇一学堂读书时，不能控制自己对老百姓的感情而写出了“我是一个中国人，要为中国做出一些贡献来”的决心。他的给的爱与贡献的思想是相一致的。这里，陶行知把“中国人”放在“我”和“贡献”之间，并把这“中国人”作为使“我”去做出贡献的媒介。可以说，陶行知因为已经认识到了自己是中国人，也已经明确地掌握了自己的民族意识，所以能够产生出为中国做出贡献的思想。也可以说，陶行知因为掌握了自己的民族实体，所以能够产生出给的爱的思想。而且，这种给的爱的性质就决定了其给的方向，这就是受苦的人。陶行知曾经说过：因为中国人是世界上最受苦的民族，所以他爱中国人。因为农民是在中华民族中最受苦的人，所以他爱农民。这种强烈的民族意识和对受苦的人的爱的倾向与陶的人民解放的愿望相结合时，能够产生以下思想，即：如要解放中国的农民，则非解放中华民族不可；如要解放中华民族，则非解放世界上受苦的人们和被压迫的民族不可。

总之，陶行知因为掌握了他自己的民族实体，所以能够产生出给的爱的思想，而且这种给的爱的思想因为把陶行知对中华民族的强烈意识作为基础，所以能够成为既有民族特色的，又有人类普遍性质的爱。

三、“行是知之始”与“爱”

以爱的思想为根基，陶行知在中国的实际情况下，逐渐形成他的“生活教育”思想。“生活教育”思想在认识论上的基础是“做”，是“行是知之始”或“行知行”的螺旋形的思维循环。那么，也可以说，这种“行是知之始”与给的爱的思想是有密切的关系的。

譬如，陶行知在他提出“行是知之始”的认识论时，曾以小孩子玩火，手指被烧，知火是热的并有如何避免的概念为例，说明这种过程不仅是小孩子知道“热”的概念的“行是知之始”的过程，而且是知道热后改变自己行为的而且改造自己与火之间的关系的“行知行”的过程。

因此，可以说，“行知行”中的“知”不仅是包括主体对客体的认识的概念，而且是包括主体的自我认识的概念，也是第一个“行”发展或改造为第二个“行”的媒介。“行知行”的过程就是自我认识而且自我改造的过程，也是产生觉悟的过程。这种觉悟与“给”的爱是有关系的。正如上面所述的那样，陶行知的给的爱与贡献的思想是相一致的。而且，陶行知把“中国人”这种他的自我认识放在“我”和“贡献”之间，并把它作为使“我”去做出贡献的媒介。如果某一个人没有自我认识，那么他就不能给别人任何爱。因为他没有什么自我认识，不能认识到自己的爱，所以也就无法有意识地把“爱”送给别人。在这种场合，给的爱是无法产生的。

在此，可以说，给的爱是有自我认识的爱，也是有觉悟的爱。“行是知之始”、“行知行”的认识论是产生有觉悟的爱的认识论。

陶行知说：某一个人把这种有觉悟的爱给别人的时候，那个别人也能够产生给的爱的思想。这就意味着这种有觉悟的爱能够使别人去通过“行是知之始”、“行知行”的认识过程，认识到自己的本质并能够产生觉悟。这种有觉悟的爱和“行是知之始”认识论与教学活动是有密切的关系的。也可以说,把有觉悟的爱送给别人的过程是,“教学做合一”的“生活与生活的摩擦”的生活过程,也是教育的过程。

不妨以老师给学生讲识字为例来说明这个问题。譬如讲“家”字。老师可以讲,“家”是人住的地方,资本家的家也是“家”,工人的家也是“家”,你们学生的家也是“家”,人所住的地方全都是“家”。这样,把“家”字完全地客观化;完全地相对化并给学生讲完全抽象的“家”的形象。学生也能够学会“家”字的写法和懂得其抽象的意思。这是一种讲识字的方法。但是,如果老师进一步向学生提问,说:你们已经学会了怎样写“家”字,也懂得了“家”字所意味着的意思。那么,请你们进一步想一下,为什么“家”有各种各样的,为什么资本家的家那么大,那么漂亮,为什么工人的家那么小,那么简陋。这么一问,情况会如何呢?

学生对“家”字的认识思路经老师一激发,就能够通过自己的生活经验来理解“家”字的意思。学生能够给“家”字附加更具体的而且更接近于自己日常生活的形象。譬如,学生能够把自己家庭的具体情况附加给“家”字,在此,“家”这个抽象的字变成为反映每一个学生的具体经验的具体形象的字,“家”字从与学生疏远的字变成为与学生很亲近的字。也可以说,那种客观的而且相对的“家”字变成为主观的而且绝对的字。

这种具有具体形象的“家”字能够激发学生对自己家庭的认识,也能够激发学生对别人家庭的认识。而且,学生通过“家”字的存在,能够形成“行是知之始”的认识思路,并能够加深自己本身的自我认识。学生因为有这种强烈的自我认识,所以能够通过“家”字,既能够认识资本家的家庭,又能够认识工人的家庭。在这一认识过程中,能够给“家”字附加上政治意义,也能够使“家”字变成为带有阶级性质的概念。可以说,“家”字能够使学生产生政治意识和阶级意识。

而且,这种政治意识和阶级意识以学生本身的自我认识为媒介而与其他学生的政治意识和阶级意识相结合,并使学生产生团结意识。在此,“家”字会变成为把多数学生每一个人的主观的而且绝对的自我认识组织为团结意识的工具。在哲学上,我们把这种被组织化了的主观的而且绝对的自我认识叫作“共同主观”。可以说,在此,“家”字已变成为使学生与其他学生形成共同主观的工具。学生在与环境和别人之间的关系中,形成“行是知之始”的认识思路,并产生强烈的自我认识而且产生对别人具体情况的认识。他根据这些主观认识能够产生对别人的“爱”，而且能够认识到其“爱”并把它改变为“给”的爱。加上，他在与别人之间的关系中，以这种“给”的爱为媒介，能够把自己的主观认识与别人的主观认识相沟通，并形成“共同主观”。然后，他能够根据共同主观，与那个别人共同去改造自己，改造别人，并改造环境。这就是以“行是知之始”为基础的“教学做合一”的过程。

而且，这种共同主观能够把其范围一个人一个人地扩大，会成为一个阶级的共同主观，也会成为一个民族的共同主观。它会把一个阶级团结起来，把一个民族团结起来，并去使他们改造自己，改造别人，创造新的自己和环境。

总之，有觉悟的爱与“行是知之始”的认识论相结合，既确保人的觉悟和强烈的自我意识，又一个人一个人地不断地再生并扩大，是能够把一个阶级、一个民族以至全人类团结起来的。

四、人的个性发展与“行是知之始”

再举个例子说，“行是知之始”或“行知行”的认识论与在学校里的差生转变工作是有关系的。很多老师都指出，学生当中不会没有差生；但是，所谓“差生”本身的素质是并不太差的。那么，为什么某一个学生会变成为差生呢？因为他在过去的生活和受教育的过程中，由于种种原因，家长和老师都认为他是“差”的孩子，并把他视为“差生”。这种围绕学生本身的环境对他的看法对学生起了潜移默化的作用，最后使他变成为真正的差生了。

差生转变工作中最要紧的是什么？那就是让差生本身认识到自己的长处，并把它不断地发展下去，最后在这种长处发展的基础上，让他主动地去克服自己的差的一面。如果老师经常指出某一个学生的差的一面并加以批评的话，那么这个学生很容易变成为真正的差生。老师不仅不应当只看学生的差的一面，而且应当多看好的一面。老师必须让学生认识到自己的那个好的一面，并鼓励他去发展那个好的一面。在这一过程中，那个学生会主动地去克服自己差的一面。在日本有这样一个例子：

有一位老师担任班主任，在她的班里一共有 40 个学生，其中有一个被认为“很差”的学生。的确，他在考试中所有的学科成绩比其他的学生的成绩差很远。但是，有一天，老师检查他的数学考试答案时，发现虽然他的数学考试的成绩不好，但他回答问题很认真，而且回答的思路与其他同学不一样，很有特色。老师觉得这不正是他的个性吗？老师及时与这个学生进行面谈，对他说："老师看了你的数学答案，虽然成绩不太好，但是你回答的思路很有意思，而且有的回答方法比教科书的示范回答还要好。可惜的是你的尝试还未成功。老师认为你有数学的天赋，而且你对数学有很高的兴趣。老师说的不对吗?"

当时，学生是非常吃惊的。听完老师的这段话，他的神情开始振奋了。学生回答说："我在小学低年级的时候，很喜欢数学。回答问题回答得对，就觉得非常痛快。有一次期末考试时，我回答问题的方法与教科书示范的方法不一样，但答案是对的。老师却没给我打分。那次考试的成绩很不好。我认为我回答得对，老师应该给我打分。但是，老师说不应该用别的方法来回答，应该用教科书所示范的方法来回答，因为你没有按照教科书所示范的方法来回答，所以老师没给你打分，虽然你回答的是对的。而且，那个老师还跟我父母讲，说因为我在上课时听课不认真，所以我的成绩不好。从那个时候开始，老师和父母都把我视为不好的学生。但是，我并不是听课不认真的，相反，我很认真地学习，对教科书的内容都能理解，不过是要进一步探索另外的一个回答方法。但是，我周围的人也都认为我是不好的学生。我无法抵抗，无法提出什么意见。就此我急剧地失去了对数学的兴趣，也急剧地失去了对老师和父母的信赖感，可以说是自暴自弃了。今天，我听了老师的话，知道您对我的数学能力的肯定并让我发现了我的长处，使我感到非常高兴。但是，已经来不及了。我连教科书的内容都看不懂了。"

老师讲："教科书的内容是最基本的东西，非学习不可。但是，你的数学能力本来是很高的。你学会了教科书的内容后，能够把它发展下去，进一步探索数学的奥秘。这是老师给你保证的。"

面谈完了以后，这个老师每天放学后给那个学生进行辅导，给他讲解从低年级到高年级的数学教科书的内容。这个学生基本上赶上了班级的学习水平后，老师又给他安排了一个工作，那就是检查同班同学的数学作业并给他们更多地讲数学知识和回答方法。可以说，老师让他做"小先生"了。这个学生因为有了这个工作，所以非认真地学习并复习不可，而且在把数学知识和他本人所发现的新的回答方法给同学讲解工作过程中进一步开发了他对数学的兴趣。他的数学成绩明显地提高了。而且，他因为对数学有了自信心，所以恢复了对学习的积极性。结果，他对其他学科的学习兴趣也渐渐地增强，他的所有的学科成绩都逐渐改善了。最后，他变成为同学所公认的优秀生。

这一例子说明，老师的肯定和帮助让学生认识到了自己的本质并产生了觉悟，然后有觉悟地改造了自己。而且，学生能够认识到自己的改造和提高，就产生了自信心，开始勇于开发自己的潜力并勇于创造新的自己。这种差生转变工作的过程尤其是学生本身改造自己的过程与陶行知的“行是知之始”或者“行知行”的认识论是相一致的。而且，在这一过程中学生所担任的“小先生”的活动与“教学做合一”是相一致的。

从上述例子来看，关键是人的自我认识。人本身能够认识到自己的好的一面，就产生自信心和觉悟，勇于去改造自己并创造出新的自己。关于这一点，陶行知很早就有了一定的认识。譬如，他在金陵大学读书时所学过的王阳明思想中有一句话，叫“破心中贼”。这句“破心中贼”与“知行合一”、“心即理”、“致良知”是有关系的。人本身因为在与环境之间的关系中，能够认识到自己的“善”性（即“理”或“良知”），所以有意识地而且有觉悟地“破心中贼”并“致良知”，去改造自己与环境之间的关系。这一过程就是“知行合一”。陶行知在金陵大学读书时基本上接受这种思想并把它作为自己思想的基础，然后在这一思想基础上接受并解释杜威理论，并且把二者在中国社会的实际情况下结合起来加以改组而酿成为“生活教育”思想，其基础是“行是知之始”、“行知行”的认识论。

而且，在此我们应当注意的是，在这种差生转变工作的过程中，老师的认识思路也是“行知行”的。可以说，老师与差生已经建立了互相改造、互相发展的“师生共生”的关系。老师也不知不觉地向差生学习，激发自己本身的发展。这种师生共生的关系就是“教学做合一”。

五、结　束　语

目前，世界教育界的人士都开始提倡重视学生的个性发展。中国的教育界也是不例外的。那么，每一个人的个性究竟是什么东西呢？

我认为，人的个性是在某一个人的身上集中地表现出民族和人类的文化价值以及民族和人类对将来的可能性。可以说，整个人类的过去、现在和未来，以及各个民族的传统文化、现状和对未来的希望都集中在人的个性中。人的个性是既有民族特色、又有人类普遍性的个人的特征。

从以上的意义上来说，培养每一个人的个性就意味着在自己民族的特殊情况下，创造新的人类文化的事业。那么，差生转变工作既然是个培养学生个性的重要工作，就是创造人类文化的重要环节。

而且，人的个性发展不仅是国际化时代的信息化社会的必然要求，而且是整个人类发展的必然要求。加上人的个性发展的基本规律是按照在与别人之间的关系中，把给的爱作为媒介，进行以“行知行”为基础的“教学做合一”的自己改造和互相影响的螺旋形过程中发展的。

那么，可以说，陶行知“生活教育”思想在我们从事创造人类文化事业的时候，能够给我们提供在国际化时代的信息化社会所需要的应有的人的形象。它能够确定每一个人所固有的而且应有的文化价值和强烈的民族意识，而且能够团结起全人类来。也可以说，是有利于国际化时代的信息化社会今后的发展的。我们在陶行知教育思想中能够得到一定的启发。

但是，我们不可能把陶行知教育思想教条化，不能把它变成为死的思想。我们只能与陶行知建立“师生共生”的关系，并与陶行知之间进行以“行知行”为基础的“教学做合一”的发展，互相改造，永远把陶行知教育思想发展下去。

（作者撰写此文时系日本名古屋大学教育系副教授）

现代教育主体理论与陶行知的乡村教育思想

郭齐家　何光峰

陶行知是我国现代伟大的人民教育家。本文尝试从现代教育主体理论的角度，来研究陶行知的乡村教育思想，窥探它的深层意义，以寻求对于我们今天深化农村教育改革的有益思路。

教育主体思想是近年来在教育理论界讨论的一个热点问题。纵观各种观点，可以看出，教育主体思想有两个方面的含义：一种指的是教育的主体性，即教育作为一个独立的系统、独立的活动在社会大系统及整个社会发展中的相对独立性和主动性，表现为教育对于社会各子系统的影响和作用。另一种指主体性的教育，即以承认受教育者的主体地位、尊重受教育者主体尊严为前提的受教育者主体意识和主体能力的培养。这两方面含义，在陶行知乡村教育理论和乡村教育实践中都有一定的体现。

首先，关于教育的主体性。陶行知早在他的大学毕业论文《共和精义》中就指出，教育在拯救国家和民族发展中起着举足轻重的作用。他说："人民贫，非教育莫与富之；人民愚，非教育莫与智之；党见，非教育不除；精忠，非教育不出。……同心同德，必养成于教育；真义微言，必昌大于教育。……可见，教育实建设共和最要之手续，舍教育则共和之险不可避，共和之国不可建，即建亦必归于劣败。"①他把教育当作是建设民主共和国的必要手段。尽管教育隶属于社会的政治、经济，但教育又有它的独立性。对于政治，陶行知说："政治与教育原是不能分离的，二者能同时并进，同时革新。"②教育是建设民主政治的重要手段，政治又可为教育提供支持和帮助，二者互相依赖，互相促进。对于经济，陶行知说教育的使命是"（一）是

---

① 陶行知：《共和精义》，华中师范学院教育科学研究所主编：《陶行知全集》第1卷，湖南教育出版社1984年版，第51页。

② 陶行知：《改革乡村教育案》，华中师范大学教育科学研究所主编：《陶行知全集》第2卷，湖南教育出版社1985年版，第117页。

教民造富;(二)是教民均富;(三)是教民用富;(四)是教民知富;(五)是教民拿民权以遂民生而保民族"①。教育是教人生利的工具,是提高人民生活水平的工具。它有积极主动的一面,在打破旧世界、建设新世界的过程中始终是一个积极主动的因素。关于乡村教育,他说:"我们要想建设新中国,必须用教育的力量来唤醒老农民,培养新农民,共同担负这个伟大的责任。"②为此,他发出了伟大的宏愿:"要筹建一百万元基金,征集一百万位同志,提倡一百万所学校,改造一百万个乡村。""一心一德的为中国乡村开创一个新生命。"③正是基于对教育作用及地位的这种主体认识,他才舍弃了优裕的生活,穿上布衣草鞋,投入乡村教育中去。以乡村教育改造乡村社会,以实现他改造 100 万个乡村的宏愿。可以说,陶行知看到了教育在改造社会中的伟大作用及其主动性、独立性,这一点应该给予肯定。他作为一名教育家,只是从教育的角度透析了传统旧教育的弊病,没有认识到在当时的特殊环境下,帝国主义、封建主义的势力是阻碍社会发展的主要因素,所以不免带有"教育救国"论的倾向,这是他早期的局限。但若仅以此而否定了他对教育主动作用的认识,不仅歪曲了他的思想,同时也违背了教育的规律,将会给教育带来危害。

陶行知看到了教育在改造乡村社会中的伟大作用,但同时他也没有把教育的作用无限扩大。他指出,教育要发挥它自己的力量,还必须联合其他势力。他说:"乡村学校是今日中国改造乡村生活之唯一可能的中心!他对于改造乡村生活的力量大小,要看他对于别方面势力联络的范围多少而定。"④学校只是一个中心,而不是唯一机关,教育必须联合其他伟大势力,才能完成它改造乡村社会的伟大使命。现代教育主体理论认为,教育要想发挥它在社会中的主体作用,是有条件的,它要求社会其他部门给予支持和协助,教育只靠孤单的势力是很难得以达到好的效果的。所以,社

---

① 陶行知:《晓庄三岁敬告同志书》,华中师范大学教育科学研究所主编:《陶行知全集》第 2 卷,湖南教育出版社 1985 年版,第 212 页。

② 陶行知:《改革乡村教育案》,华中师范大学教育科学研究所主编:《陶行知全集》第 2 卷,湖南教育出版社 1985 年版,第 117 页。

③ 陶行知:《中华教育改进社改造全国乡村教育宣言书》,华中师范学院教育科学研究所主编:《陶行知全集》第 1 卷,湖南教育出版社 1984 年版,第 646 页。

④ 陶行知:《再论中国乡村教育之根本改造——在上海青年会的演讲》,华中师范大学教育科学研究所主编:《陶行知全集》第 2 卷,湖南教育出版社 1985 年版,第 3 页。

会在要求教育给予社会服务的同时，教育也要求社会给教育以服务，只有认识到这一点，才能有意识地去联合，才能共同发展、进步。过去我们只看到了社会其他系统如政治、经济对教育的决定作用，只要求教育给社会服务，把教育置于一个附属地位而不关注它的需要，从而导致教育的落后，政治、经济也发展缓慢。陶行知看到了这些系统之间的内在关系，大声呼吁联合，他甚至提出要培养县长，以获得各方面的支持。这种教育思想，今天在许多农村教育实验点得以实施，使当地的经济、文化都获得了空前的发展。关于主体性的教育。教育的主体性要想充分表现出来，必须通过主体性的教育，培养具有主体性的人。所以在教育的培养目标上，必须以主体性的人作为主体性教育的出发点和归宿。在这一点上，陶行知首先提出，乡村教育要培养改造乡村社会的活的灵魂。这种人才具有五大特征：健康的体魄、农夫的身手、科学的头脑、艺术的兴趣及改造社会的精神。其中，改造社会的精神是乡村教育培养目标的最重要的特征，也是主体性教育的一个重要特征。因为教育要面向未来社会，不仅为我们现存社会培养人才，同时也要为未来的社会培养人才，所以，仅仅培养适应现存社会的人才已不是教育的全部，还应该培养主动地改造现存社会、创造新社会的人才。这是教育发展的趋势，也是社会发展对教育的要求。陶行知看到了教育这一发展的特质，明确提出培养具有改造社会精神的洁的灵魂。至于普通学校的培养目标，陶行知提出了培养新农民的口号。他说："要叫学生在征服自然、改造社会上去运用环境的活势力，以培养他自己的活本领。"把自己造就成能叫中国乡村得到彻底改造的"最有活力的农民"①。他还说："活的乡村教育要教人生利，他要叫荒山成林，叫瘠地长五谷。他教人人都能自立，自治，自卫。他要教乡村变为西天乐园，村民都变为快乐的活神仙。"②教育的作用在于培养自主、自立、自动的国民。可以看出，陶行知同样把能够彻底改造乡村社会看作是新农民的特点，把改造乡村社会的能力及精神放到核心地位。当代教育主体理论所倡导的培养人的自主性、能动性和创造性，其含义与陶行知的这一思想是一致的，只不过陶行知的这一

① 陶行知：《再论中国乡村教育之根本改造——在上海青年会的演讲》，华中师范大学教育科学研究所主编：《陶行知全集》第2卷，湖南教育出版社1985年版，第2页。

② 陶行知：《再论中国乡村教育之根本改造——在上海青年会的演讲》，华中师范大学教育科学研究所主编：《陶行知全集》第2卷，湖南教育出版社1985年版，第2页。

思想表现在乡村教育之中，体现得更为具体、实际。因此可以说，培养人的主体性是陶行知教育目标的一大特征。

教育目的决定了教育的内容、方法。陶行知把培养具有主体性的人改造乡村社会看作是教育的根本目的，这种教育目的观决定了他的教育场所、内容和方法都具有不同于传统教育的特质。

首先，在教育的场所上，陶行知提出了"社会即学校"的命题。教育目的是培养学生的生活力，这种生活力不仅仅只会读书，还能够改造社会，它是一种活的能力，必须在广阔的环境中来培养。他用诗一般的语言，描述了学校的特征："他头上顶着青天，脚下踏着大地，东南西北是他的围墙，大千世界是他的课室，万物变化是他的教科书，太阳月亮照耀他工作，一切人，老的、壮的、少的、幼的、男的、女的都是他的先生，也都是他的学生。"① 这种大气磅礴的教育观，体现了他教育场所的开放性。在晓庄，学生不仅在学校受教育，而且走上社会，参加农业生产，进行科学种田，组织农民自卫队，支援城里的反帝斗争。在工学团，更是把学校、工场、社会打成一片，建成一个改造乡村的富有生活力的新细胞。所以，他所主张的教育场所，已不局限在学校中，而是走上社会，渗透在社会的每一个角落。这种开放的教育场所，也是我们今天现代教育的一大特征。今天教育社会化及社会化教育已随处可见，陶行知提出的社会即学校，是教育发展的大趋势。他的目的绝不是取消学校，而是要求教育要走上社会，拆除学校与社会之间的围墙。这种开放的场所观，同样也适应了培养主体性人的要求。今天农村学校的弊端表明，学生的主动性、能动性、改造社会的能力及精神，在封闭的学校中是难以实现的，而学校数量的有限性又限制了学生的数量，这也不利于教育发挥它的主体功能。因此，扩大受教育的对象，扩大教育的场所，是教育发展的必然趋势，是陶行知乡村教育思想的精华。

在教育的内容上，陶行知提出了"生活即教育"的命题。其目的是使教育与农民生活相联系。他曾经说，过什么样的生活就是受什么样的教育。在晓庄，陶行知反对不适应农村生活的"洋八股"和"老八股"，开设了许多与农民生产、生活相联系的课程，如征服自然环境教学做、改造社会环境教学做等，这些

① 陶行知：《晓庄三岁敬告同志书》，华中师范大学教育科学研究所主编：《陶行知全集》第 2 卷，湖南教育出版社 1985 年版，第 206 页。

课程又包括了许多科目。正如他本人所说,全部的课程包括了全部的生活,一切课程都是生活,一切生活都是课程,不分课内和课外。在山海工学团,他对学生进行职业教育,而养鸡工学团、棉花工学团等则更体现了农村职业教育的特点。所有这些都表明,陶行知想用与农村生产、生活相联系的内容来培养学生改造乡村的活的能力。他把乡村环境当作教育内容的重要源泉,并明确提出了教育与农业携手的口号。这一点至今对我们有很大启发。农村的支柱是农业,农民的主要工作是农业生产,只有农业有更大发展,乡村社会的快速发展才有了基本保证。因此,要想改变乡村,就必须培养推动农业发展的人才。而现在的情况是,有点文化知识的青年都不愿从事农业而进城谋职,从事农业的农民却因文化素质低而无法接受新知识、新技术,从而制约着农业的进步,制约着乡村社会的发展。所以乡村教育的内容应该是与乡村生活相关的东西,学生在这种生活教育中所得到的知识技能可以充分发挥,从而能够激发他们改造乡村社会的精神,培养热爱农村的感情。这一点是最为可贵的,因为任何精神性的东西都是在活动中养成的,所以乡村教育,绝不是让学生记住一些与他们的生产、生活无关的死知识;而是让他们在熟悉的环境中学习认识乡村、改造乡村的能力,培养热爱农村的感情。只有这样,农民的主体性才能彻底表现出来,乡村教育的主体作用才得以发挥。陶行知一直都主张用乡村的环境培养学生,用与生产生活相联系的内容培养学生,这一点是我们今天的乡村教育也没有做到的。

另一点值得注意的是,在教育的内容上,陶行知还一直提倡科学教育。改造乡村教育的能力固然需要由与乡村生活相联系的内容来培养,但是这种内容必须是科学的,对学生进行科学教育,是陶行知乡村教育的一项重要内容。在晓庄,他组织学生成立了科学社,特别注重与农业密切相关的生物科学;在山海工学团,科学训练被列为六大训练之一。现代教育理论认为,要培养学生的主体能力,必须要培养学生的理智性,这是主体性的基础。没有理智性,主体性就容易成为一种盲目冲动,主体能力将无法发挥,而这种理智性必须通过科学训练。陶行知提倡科学教育,基于用科学来培养人们的头脑,以科学的头脑来改造乡村社会这样一种考虑。他认为中国有两种病,一种是“软手软脚病”,一种是“笨头笨脑病”,一般的工人农民都害的是笨头笨脑病,所以都是粗手粗脚,因此要用科学来培养农民的科学头脑,使他们拿着现代文明的钥匙,继续不断地去开发现代文明的宝库。

只有有了科学的头脑，人的能力才能发挥，主体性才能表现出来。

乡村教育的方法。陶行知在他的生活教育理论体系中提出了"教学做合一"的命题。"教学做合一"中"做"是核心，教与学都要以"做"为中心。他说："教的法子根据学的法子，学的法子根据做的法子。事怎样做就怎样学，怎样学就怎样教。比如种田这件事要在田里做，就要在田里学，也就要在田里教。教学做有一个共同的中心，这个中心就是'事'，就是实际生活；教学做都要在'必有事焉'上用功。"①他还说，"教学做"既是教学法，也是生活法，教学就像生活一样，强调的是个体的参与。在晓庄，他主张自治，学校的一切活动都由学生来承担，教师只起指导作用；在工学团，其主体也是真农人，指导员只处于推动和帮助的地位。他说："推动之宗旨在求本村之自动；赞助之宗旨在求本村之自助；辅导之宗旨在求本村之自导。"②这种教育方法旨在培养学生、农民的主体能力，发扬他们的独立自主的精神。他一贯强调："做民众运动，是要陪着民众一起干，不要替民众干。"③可以看出，陶行知极力主张让学生自己去做，去实践。现代主体教育理论认为，主体意识和主体能力只有在现实的实践中才能得以提高，学生也只有在认识世界改造世界的过程中，才逐步地认识自己，提高自己。因此必须让学生独立地去感知、观察、思考和探索，必须让学生有独立"做"的机会，只有在这个能动的过程中，他们才能够逐步认识自己，提高自己的主体性。陶行知主张"教学做合一"，主张让学生亲自去做，和农民一起做，其目的是让他们在做的过程中得以锻炼，以养成他们独立地改造农村的能力。

关于师生关系。在这一点上，他一贯突出他的民主特色，指出师生之间是一种平等互助的关系。这也体现了主体性教育的特点。学生是主体，教师起指导作用。在晓庄，所有的教师都称指导员，借以提高学生的主体地位。在工学团时期，为了解决普及教育的师资问题，陶行知提出了他的"小先生制"和"艺友制"，把学生称作先生，把先生称作朋友，师生互教互

---

① 陶行知：《试验乡村师范学校答客问》，华中师范学院教育科学研究所主编：《陶行知全集》第1卷，湖南教育出版社1984年版，第666页。

② 陶行知：《乡村工学团试验初步计划说明书》，华中师范大学教育科学研究所主编：《陶行知全集》第2卷，湖南教育出版社1985年版，第595页。

③ 陶行知：《大众的力量伟大》，华中师范大学教育科学研究所主编：《陶行知全集》第2卷，湖南教育出版社1985年版，第717页。

学，以朋友之道相处，充分体现了他的平等民主思想。

总之，陶行知的乡村教育理论所体现的主体性教育思想，表现为他对教育改造乡村社会作用的认识。教育为了实现这一使命，必须具有以上叙述的几个特征，即教育场所的开放性、教育内容的科学性和生活化、教育方法的实践性及教育过程中师生关系的民主平等等特征。这些特征，是陶行知从事乡村教育实践的科学结论，也是现代教育发展的大趋势，对于我们今天的农村改革，有着重要的启示。

首先，学习陶行知的教育理论，重视农村教育的作用。农村教育是改造农村社会的重要工具，今天的农村已与陶行知时代的农村有很大区别，摆脱了封建势力、帝国主义势力的影响，走上了生机勃勃的发展道路，正如徐特立所说："伟大的计划只有在伟大的政权下才能贯彻。"[①]在我们社会主义国家，教育更易于发挥它的作用，陶行知所主张的联合各种伟大势力的计划更易于实现。所以重视农村教育，重视教育与其他势力的联合，以此来发展农业、发展农村，已是时代发展的趋势。从中国的国情来看，我国80％的人口住在农村，而我国农村人口的平均受教育水平只相当于小学文化水平，所以农村仍存在着丰富的智力宝库需要教育来采掘。因此，加快普及农村教育，促进社会的整体发展，是教育的当务之急。

其次，学习陶行知的教育理论，培养农民的主体意识。农村的发展离不开农业，农业的发展离不开农民，因此必须重视培养农民的主体意识和主体能力。许多社会学家认为，我国农村的贫困，不仅仅是一种经济贫困，而是一种社会综合病，因此解决贫困问题不应该只是一味地发展经济，还要重视人的精神和文化素质的培养。农民的保守、愚昧、依赖和满足于现状的恶习制约着农村经济的发展，教育必须把这些东西根除掉，才能使经济腾飞。另外要变传统农业的经验型为科学型、体力型为脑力型，更需要农民有自主意识，先入为主，主动去改造落后的劳动对象。目前，农村教育的弊端是升学教育，升学教育说白了其实就是"跳农门"的教育，农村的人才经过这种教育，都纷纷留守城市，而农村所需要的人才却迟迟得不到满足，这大大不利于农村的发展。所以，农村教育的培养目标，第一个特征就是具有主体意识。陶行知曾写过一首《自立

---

① 中央教育科学研究所编：《徐特立教育文集》，人民教育出版社1986年版，第152页。

歌》,其中"滴自己的汗,吃自己的饭。自己的事,自己干。靠人,靠天,靠祖先,都不算好汉"①的思想,充分体现了他激发农民自主精神的主张。但改造农村社会的主体毕竟是农民,我们只有培养他们的责任感、使命感、积极进取的精神,才能为农村的改造奠定人才基础。

第三,学习陶行知教育理论,重视科学教育、生活教育,培养农民改造农村社会的活的能力。升学教育的模式注定了少数人跳出农门的同时,也造就了一批不能升学又不能从事农业生产的愚人。要培养学生的活的能力,就必须改变这种教育模式,加强教育与农村生产、生活的联系。在基础教育方面,增加与农业生产、生活相关的内容,不局限于课堂、书本、教师这样单一的模式,而是把农村教育办得生动活泼。同时增办各级职业学校,尤其是与农业相关的职业学校,以培养学生从事农业生产的技能。当前,农业的原始操作所造成的高投入、低收效的局面,使农业对农民的吸引力日趋降低,产生了许许多多的进城民工,而留在土地上的则是些老弱病残,这种劳动群体难以使得农业迅速发展,因此,必须加强科学教育,培养农民的科学头脑,以促进农业生产技术的改进和生产工具的现代化,实现农业的现代化。

总之,陶行知先生所创造的乡村教育理论,内容非常丰富。从教育主体这一角度分析,可以看出他教育理论和实践中的现代教育的特征,尤其对我们今天的农村教育改革有重要启示。农村教育不能走升学教育之路,而是培养富有主体意识、主体能力的新型农民,这是农村教育深化改革的一个方向。目前,许多主体性教育实验在城市中进行,取得了显著的成果,在相对封闭、发展相对缓慢的农村,主体性教育更应该提倡。因为单单传授一些致富的知识技术给心灵麻木的农民,而不调动他们的积极性、主动性,总是会产生事倍功半的效果。所以,我们认为农村教育的第一要点,是培养农民的主体意识,培养农民改造农村的责任心和能力。这是陶行知乡村教育思想的现代价值。

(郭齐家撰写此文时系北京师范大学教育系教授、博士生导师,何光峰撰写此文时系北京师范大学教育系硕士研究生)

① 陶行知:《学做一个人》,华中师范学院教育科学研究所主编:《陶行知全集》第1卷,湖南教育出版社1984年版,第595页。

论陶行知对中国现代师范教育的杰出贡献

曲铁华

陶行知先生毕生致力于劳苦大众的教育事业，创造了一套具有鲜明时代色彩的教育理论体系。其中的师范教育思想及实践更具有中国特色，不仅在当时产生了极大的影响，而且至今仍不失其夺目的光彩，具有重大的现实意义。

一、对师范教育价值认识的高屋建瓴

陶行知确认："师范教育可以兴邦，也可以促国之亡。"①

19世纪末20世纪初，我国开始对师范教育加以重视。1896年，资产阶级维新派教育家梁启超发表《论师范》，提出师范教育为"群学之基"的观点。1897年，盛宣怀在他创办的南洋公学内附设师范院，这是我国最早的现代师范教育。之后，实业家张謇创立了江苏通州师范学校，洋务派领袖张之洞创建三江师范学堂。自是师范教育开始在我国起步。虽然这些人所代表的阶级各不相同，但在重视师范教育上却有一致的观点，就是新式教育必须培养新式师资，而要有新师资，必须兴办师范学校。

陶行知师范教育思想大致形成于20世纪30年代，他对师范教育的认识，无论在深度还是广度上，都高出前人一筹。他不仅仅注意到师范教育对发展教育事业本身的作用，而且从中国的实际情况出发，把师范教育放到挽救贫穷落后的民族、改造旧的社会、创立新的国家的高度上去认识，把师范教育同国家命运和民族前途紧密联系起来。

"师范教育可以兴邦"，来自陶行知对教师作用的认识。他对这一论断

---

① 陶行知：《师范教育之彻底改革——致石民佣、费锡胤等》，华中师范大学教育科学研究所主编：《陶行知全集》第5卷，湖南教育出版社1985年版，第161—162页。

的阐述着重反映在《我们的信条》和《介绍一件大事》两文中。

1925年，他在为乡村教师草拟的《我们的信条》中指出："我们从事乡村教育的同志，要把我们整个的心献给我们三万万四千万的农民。我们要向着农民'烧心香'。我们心里要充满那农民的甘苦。我们要常常念着农民的痛苦，常常念着他们所想得的幸福，我们必须有一个'农民甘苦化的心'，才配为农民服务，才配担负改造乡村生活的新使命。"①把心献给民众，向着民众"烧心香"，解放劳苦大众，担负起改造旧社会的使命，创造一个独立、富强、民主的新国家，既是陶行知对教师作用的高度概括，也是他生活的信条。正是怀着这颗赤诚之心，他才舍弃名誉、地位、金钱、安逸，自动跑到农村办师范，希望用自己的理想、行动唤起千万个教师的心，点燃千万个改造社会的火种，让他们和自己一起实践人生的信条，成为"改造乡村生活的灵魂"。

陶行知在《介绍一件大事》一文中又从小学教师的角度进一步阐述了教师的作用。他认为，"小而言之"，小学教员教出的学生之好坏，关系到"全村之兴衰"；"大而言之"，关系到"国运"、"民运"。即小学教师之好坏，可以影响到国家的存亡和世运之治乱，而教师要靠师范教育加以培养。由此可见，师范教育在国家发展、民族振兴方面确实起着十分重要的作用，必须予以高度重视。

陶行知不仅从正面论述了师范教育的重要意义，而且从反面做了说明，师范教育"也可以促国之亡"，这是陶行知针对当时中国师范教育脱离实际等弊端发出的疾呼。当时我国在师范教育上存在两个不良倾向：一是"仪型他国"的洋化，一是"沿袭旧制"的传统化。这与陶行知倡导的"活的师范教育"的主旨精神完全相违。因此，陶行知在《师范教育之彻底改革》一文中大声疾呼："好些师范学校只是在那儿教洋八股，制造书呆子。这些大书呆子分布到小学里去，又以几何的加速率制造小书呆子。……中华民国简直可以变成中华书呆国。……想到这里，真要令人毛骨悚然。"②这种师范教育如不彻底改造，"直接可以造成不死不活的教师，间接可以造成不

① 陶行知：《我们的信条》，华中师范学院教育科学研究所主编：《陶行知全集》第1卷，湖南教育出版社1984年版，第651页。

② 陶行知：《师范教育之彻底改革——致石民佣、费锡胤等》，华中师范大学教育科学研究所主编：《陶行知全集》第5卷，湖南教育出版社1985年版，第162页。

死不活的国民。有生活力的国民，是要靠着有生活力的教师培养的；有生活力的教师，又是要靠着有生活力的师范学校训练的”①。所以，陶行知认为：“中国今日教育最急切的问题，是旧师范教育之如何改造，新师范教育之如何建设。”②陶行知怀着一种为民造福，为国造福的责任感、使命感，一生都在为“改造旧的师范教育而艰苦探索，辛勤耕耘着”。正如他自己所说的，他“从前曾经为师范教育努力，现在正是为师范教育努力，以后仍是继续为师范教育努力”。

陶行知坚决摒弃“教洋八股，制造书呆子”的师范教育，一生孜孜不倦地探求师范教育的改革，他是我国现代教育史上彻底改革师范教育的先导。他在当时的历史条件下，能把师范教育同国家、民族的前途命运联系在一起，反映了他对师范教育价值认识的高屋建瓴，是十分可贵的，是他对我国教育理论的一大贡献。在21世纪即将来临的今天，面对世纪之交这一重要转折，我们也更应高度重视师范教育，提高全民认识，大力发展师范教育，以培养更多跨世纪的优秀人才，使中华民族在跨世纪的竞争中立于世界民族之林。

二、对师范教育体制改革的锐意创新

在教育制度上，陶行知主张，师范教育的体制，要从实际出发，适合中国的国情。

陶行知认为当时中国的师范教育脱离实际，阻碍教育的发展，必须改革。而改革的标准和出发点，就是从中国的国情出发，按照教育界的需要培养人才，建立我国特有的师范教育体制。他积多年之经验，认为：“教育界所需要的人才可分四种：一是教育行政人员，二是各种指导员，三是各种学校校长和职员，四是各种教员。”③并进一步指出：“吾国自办师范教育以

① 陶行知：《中国师范教育建设论》，华中师范学院教育科学研究所主编：《陶行知全集》第1卷，湖南教育出版社1984年版，第644页。

② 陶行知：《中国师范教育建设论》，华中师范学院教育科学研究所主编：《陶行知全集》第1卷，湖南教育出版社1984年版，第645页。

③ 陶行知：《新学制与师范教育》，华中师范学院教育科学研究所主编：《陶行知全集》第1卷。湖南教育出版社1984年版，第215页。

来……对于教育行政人员、指导员、校长和职员的训练都没有相当的注意。……大家都以为这种种职务可以不学而能，人人会干，无须特别的训练，更无须科学的研究。结果只好把他们交付给土绅士和小政客去办理。”[①]正是因为“教育行政办学指导人员之不得相当的培养”，才造成了“中国学务不发达”。为了解决这个问题，陶行知提出了“广义师范教育”的主张。

“广义师范教育”的基本内容是：“凡是教育界需要的人才都应受相当的培养”。实际上，陶行知是在强调教育行政人员和办学指导人员的专业化和知识化的问题。1922 年他在《新学制与师范教育》一文中，又提出师范教育的三原则，可作为“广义师范教育”的注脚：(一)教育界要什么人才就该培养什么人才；(二)教育界的人才要什么，就该教他什么；要多少时候教得了，就教他多少时候；(三)谁在那里就教谁。这三条原则紧紧围绕着一个中心：师范教育的实际需要、师范教育的功效，且层次分明，由宏观到微观，从一般到具体，显示出逻辑的严密性。陶行知根据中国国情提出的“广义师范教育”思想及三原则，可称得上是师范教育的纲领，是改造师范教育的蓝图，切中我国师范教育的时弊，至今仍有重要的现实意义。

目前，我国大量在任教师需进一步提高，师范教育仍然要承担“谁在那里教就教谁”的任务。据统计，到 1994 年底，我国中小学教师中学历不合格者仍占很大比例：小学为 13.41%、初中为 36.16%、高中为 46.62%[②]。提高这部分教师的业务水平，是师范教育面临的硬任务。况且，随着科学技术的飞速发展，已经达到学历要求的教师仍有知识更新与补充的任务。“谁在那里教就教谁”，这应该是普遍的正常的制度。

陶行知还根据教育界的需要，明确提出了我国师范教育的体制。从纵的方面讲，包括了从初级—中级—高级—研究院的各级师范学校；从横向内容看，包括了幼儿教育、普通教育、职业教育、在职补习教育等师资的培养。从实际出发制定出来的这个学制是很全面很客观的。它一方面考虑了社会的实际需要，一方面又考虑了师范教育的自身特点。

在师范教育制度的建立上，陶行知尤其注重乡村师范教育的建设与改

---

① 陶行知：《新学制与师范教育》，华中师范学院教育科学研究所主编：《陶行知全集》第 1 卷，湖南教育出版社 1984 年版，第 215—216 页。

② 《关于 1994 年教育事业发展的统计公报》，《中国教育报》1995 年 3 月 29 日。

造。他认为乡村师范是发展我国师范教育的重点。这是因为当时的中国是以农立国,广大民众是农民,而农民教育水平最低,师资最缺,办乡村师范,是"关系到三万万四千万人民之幸福"的事业,是立国的根本大计所在。因此,他提出要用最少的钱,办最好的学校,培植最有生活力的农民。他估计中国有100万个乡村,需要办100万所学校,最少要有100万名教师。但他认为当时的师范教育脱离农村的实际,远不能适应改造乡村教育的需要。因此,他提倡大办乡村师范教育,号召开展"师范教育下乡运动"。经过认真的调查和深思熟虑,陶行知理想的"真正的乡村学校"有两重任务,一是培养乡村教师,一是改造乡村。为了完成这两重任务,必须"充分运用乡村环境",使师范生身临其境地在乡村受教育、受锻炼,从中造就好的乡村教师,然后去办理好的乡村学校。

为了从改革乡村师范教育入手改革乡村教育,陶行知不仅提出了一系列精辟的论点和主张,而且亲自跑到农村去,满腔热情地进行改革试验。他亲手创办的闻名全国的晓庄师范,从我国农村的实际情况出发,使教育与生产劳动相结合,普通教育与职业技术教育相结合,努力造就具有"健康的体魄、农夫的身手、科学的头脑、艺术的兴味、改造社会的精神"的新人,成为中国教育史上的创举。

陶行知关于建立适合我国国情的师范教育制度的思想和实践,对于我们今天实现教育普及和中等教育结构的改革,对于研究探讨在新形势下农村各类学校的办学规律,仍有现实意义。特别是从中国国情出发,从农民需要出发,热情关心和研究农村教育的精神,更值得我们认真学习。

三、对师范教育培养目标的破旧立新

陶行知对旧师范学校在培养目标上的弊端作了无情的揭露,他指出其中主要有两种不良倾向:一是地主买办资产阶级要求培养为剥削阶级服务的、四体不勤、五谷不分、脱离生活实际的书呆子;二是忽视师范性质,在培养目标上盲目向普通大学看齐。他认为,上述两种不良倾向都是脱离师范教育实际、脱离社会生活、无视师范特点、抹杀师范学校本质特征的。他强调指出,师范大学学生与普通大学或综合大学学生在要求德智体全面发展、培养生活能力上是相同的,这是共性、普遍性;但在突出师范性方面又与普通大学或综合大学不同,这是师范学校在培养目标上的个性、特殊性。

因此,陶行知指出,在师范学校培养目标上,首先要全面发展。乡村师范学校应该培养五个方面都得到发展的一代新人:(1)健康的体魄;(2)农夫的身手;(3)科学的头脑;(4)艺术的兴味;(5)改造社会的精神①。从以上可以看出,陶行知要求培养的师范生,不仅要会劳动,而且要有科学的头脑,善于在劳力上劳心,用心思去指挥力量,用科学去指导生产,只有这样的人才能担负起改造乡村面貌的重任。他的这一主张是完全符合马列主义关于人的德、智、体、美、劳全面发展学说的。其次,陶行知要求师范学校在培养目标上要突出师范性。他曾提出师范生必备的四个要项:"(一)信仰国家教育事业为主要生活。(二)愿为中学教员者对于中学生之能力需要应有彻底之了解……(三)对于将来担任之功课须有充分的准备……(四)各人一举一动,一言一行,都要修养到不愧为人师的地步。"②在这里,陶行知抓住了师范生的本质特点,把握住了师范性的真谛,精当而完整,准确而全面,揭示了师范学校培养目标的特殊要求。

陶行知针对传统师范教育培养手脑分离,脱离实际的人所造成的弊端,明确提出了全面发展的培养目标,强调师范教育要突出师范性,这不仅适用于20世纪20年代,而且适用于我们今天的师范教育改革,具有重要的现实意义。

四、对师范教育内容和方法的革新与建构

陶行知在《师范教育建设论》中指出:"教什么?怎样教?教谁?谁教?这是师范学校的几个基本问题,要想把师范办好,必须把这些问题弄明白。"这里他提出了一个师范教育内容与方法的问题。

首先,对于师范教育的内容,陶行知主张教什么,就拿什么来训练教师。即"有什么,学什么","要什么,学什么",以大社会、大自然作为教材和课堂。他的这种思想的认识基础是批判旧式师范教育的教育内容以读死

---

① 陶行知:《在湘湖师范教学做讨论会上的答问》,华中师范大学教育科学研究所主编:《陶行知全集》第2卷,湖南教育出版社1985年版,第163页。

② 陶行知:《女师大与女大问题之讨论》,华中师范学院教育科学研究所主编:《陶行知全集》第1卷,湖南教育出版社1984年版,第576页。

书为中心。他认为以文字为中心的教育，培养出来的学生是没有生命力和创造力的书呆子。“那种文字之外无教育”和以“讲书、听书、读书”为正统的教育程序必须打破，只有这样才能使师范教育适应社会需要，创造出富于“生活力”的社会改革者。为此，他主张把教材与生活实际联系起来，实际生活需要什么，就要培养学生有什么样的“生活力”，就要有与之相应的教科书做指导。他把实际生活本领的训练和书本有机地结合起来。按照上面的主张，上课、实习、参加改造自然、社会的活动和校务等，都是正规的教育内容。在他创办的学校里（如驰名中外的晓庄师范学校），学生的一切活动都是计划之内的，没有课内课外之分。他的这种主张，既体现了师范教育的师范性，也纠正了多年来在师范教育中教师“教死书，死教书，教书死”，学生“死读书，读死书，读书死”的脱离生活实际的弊端。

其次，陶行知提出的师范教育的方法是“一条鞭的方法，就是教学做合一”。这一方法源于陶行知“生活教育”理论，源于对旧教育中教师讲、学生听的传统方法的批判。

那么什么是“教学做合一”呢？陶行知认为：“教学做合一有两种涵义：一是方法；二是生活的说明。”在方法方面，他主张“教的法子是根据学的法子；学的法子根据做的法子”，“事怎样做就怎样学，怎样学就怎样教”，“不然便学非所用，用非所学了”。在生活的说明方面，他要求“在做上教的是先生，在做上学的是学生。从先生对学生的关系说，做便是教；从学生对先生的关系说，做便是学。先生拿做来教，乃是真教；学生拿做来学，乃是实学，不在做上用上下功夫，教不成教，学也不成学”。那种把教学做说成是三件事的讲法是没有道理的，完全错误的。在这里，陶行知特别强调了“做”，把“做”摆在比“教”、“学”更为重要的位置，正如他自己所说的，“做是学的中心，也就是教的中心”，它是联结人与生活的纽带。

既然教与学都以“做”为中心，那教师的作用如何呢？教师处于什么地位呢？陶行知指出：“本校各科教师都为指导员，不称为教员。他们指导学生教学做，他们与学生共教、共学、共做、共生活。”这样教师便会在教育实践中运用教育理论知识，提高教学效果。

运用“教学做合一”的方法办师范教育，是为了培养富有生活力、开创力的人才，让他们去创造新的社会。这个思想对改革传统的师范教育是十分宝贵的。当前，我国的师范教育有了很大的发展，但仍不能适应整个基础教育事业发展的需要，主要问题是师范学校不同程度地存在理论与实践脱离、师范性不突出、实践性不强等问题。这种不良倾向早为陶行知所批判，他在教育实践探索中提出的“教学做合一”的方法就是为了改变这种弊端。他在教育实践中所取得的经验很值得我们今天学习。

总之，陶行知是我国师范教育改革的先驱，他创造了比较完整、比较系统的师范教育体系，树立了师范教育的典型和样板，在师范教育改革的理论上和实践上都有重大建树，在中国现代教育史上作出了杰出的贡献，闪射着灿烂的光芒。他的师范教育改革理论和实践，不仅在当时有重要的历史意义，而且对我们今天更好地进行师范教育改革，促进教育事业发展，培养跨世纪人才，仍有重要的现实意义。

（作者撰写此文时系东北师范大学教育科学学院副教授）

略论陶行知教学思想的几个问题

杨克贵

陶行知的教学思想是“教学做合一”。“教学做合一”是陶行知生活教育的方法论，也是其教学论。本文就其中几个问题作些探讨，以就教于读者。

一、关于教与学的关系

教与学是师生的共同活动，是教学论的起点。离开了教师的教与学生的学，就谈不上有教学，这是教学理论的基本问题。陶行知的教学思想，开始在《教学合一》一文中作了较为系统的论述。他说：“一、先生的责任在教学生学；二、先生教的法子必须根据学的法子；三、先生须一面教一面学。”①主张教学合一，反对教学分离。

陶行知认为，在教学过程中，先生的责任不在教，不在教学，而在教学生学。先生如果只“教”或只“教学”，这是把学生当作容器，让学生被动地接受知识，调动不起学生学的积极性，也不能启发学生的独立思考；先生只有“教学生学”，交给学生的学习方法和钥匙，启发他们的思维，培养他们的自学能力，才能“探知识的本源，求知识的归宿”。教师在教学过程中也不能主观地“拿学生来凑他的教法，配他的教材”，而应该主动地去了解学生，了解他们的兴趣和爱好，改进教学方法，因材施教。因为学生的禀赋不同，接受能力各异，教学方法也不能强求一律，“教的法子必须根据学的法子”。同时教师要“一面教，一面学”，不断提高自己；只有自己水平提高了，才能教好学生。这是他主张“教学合一”的理由。

---

① 陶行知：《教学合一》，华中师范学院教育科学研究所主编：《陶行知全集》第1卷，湖南教育出版社1984年版，第89页。

陶行知的这一思想是在他回国后不久，看到国内“先生只管教，学生只管受教”的情况下提出来的，有较强的针对性；同时也阐明了他的教学主张。这一主张比较集中地反映了教与学，师与生之间的关系，尤其是教师主导和学生主体之间的辩证关系。在教学过程中，学生是获取知识的主体，是学习的主人。如果不调动学生的积极性、主动性，让他们自觉地学习，主动地探求，教师只管“教”或“教学”，也不能收到应有的效果。外因要通过内因起作用。再则，世界上“新知无穷”，学生不掌握科学的学习方法，没有探索新知的本领，也不能适应未来的生活；教师不能永远跟着学生走。“教学生学”，就是教学生自己会学。这就体现了学生主体的思想。同时在教学过程中，教师是领导者、组织者，也是知识的传播者，处于主导地位，理应发挥主导作用。但这种主导作用必须以学生的主体作用为前提，否则教师的主导作用也不能发挥。“教学生学”也体现了这一思想。这就将教学过程中，教师的教与学生的学这一对矛盾，在教师主导和学生主体作用下得到统一，正确地反映了教与学的关系。在教学过程中，还有教学内容和教学手段诸因素，这也要在教师主导和学生主体作用下统一，所以教师必须了解学生，改进教学方法，“一面教，一面学”，深入掌握教材内容，以促进知识的转化。

随后，陶行知将“做”引入教学领域，提出“教学做合一”，以“事”为中心，主张事怎样做便怎样学，怎样学便怎样教。这时他又提出教育“不是教人，不是教人学，乃是教人学做事”，进一步把教学活动和实际生活联系起来，把教师的教和学生的学统一在“做”上，认为“在做上教的是先生；在做上学的是学生”，“不在做上用功夫，教固不成为教，学也不成为学”。这是他教学思想的发展。

这里值得一提的是，陶行知的教学思想，不仅运用现代教学理论分析教学问题，同时也合理地运用了我国古代的教学思想，使其成为其教学思想的一个组成部分。我国古代教学思想丰富，其中有不少有价值的东西，反映了教学的客观规律。如学思结合、因材施教、循序渐进、启发诱导等，陶行知都予以灵活运用，批判吸收。在《教学合一》一文中，他就引用了孟子的“自得”思想和《学记》中“教学相长”的原则，借以表达他所要说的道理。孟子提出学习要“深造自得”，即要求学习的人要深入钻研，对所学的东西要有深透的理解，并能形成稳固的知识，这样，以后遇事才能从容不迫，挥洒自如。这是一条重要的学习理论。朱熹同样主张学习应该“自学自得”，教师“只做个引路的人”。陶行知在此基础上提出学生学习要“自得自动”。“自动”就是在教师的引导下要自觉地行动，而非自发地行动。“教学相长”的原意是指教师在教学过程中的自我提高，以教为学。陶行知要求教师要“一面教，一面学”，正是此意。他说：“这就是教学相长的精神。”以后他又将这一思想概括为“以教人者教己”，举了许多事例加以论证。

“教学相长”还有一义，就是后人将其引申为教学过程是师生的相互促进、共同提高的过程。陶行知则将这一思想作为他“教学做合一”的重要原则之一，贯穿在他整个教育教学活动之中。他说：“师生本无一定的高下，教学也无十分的界限。人只知教师教授，学生学习；不晓得有的时候，教师倒从学生那里得好多的教训。”①从广义的角度看，“六十岁的老翁可以跟六岁的儿童学好些事情。会的教人，不会的跟人学，是我们不知自觉中天天有的现象”②。他经常将自己的诗交给小朋友改；他办安徽公学、晓庄师范、育才学校都是贯彻这一原则，主张师生“共学，共事，共修养”的方法③。从一定意义上说，他的“小先生制”、“即知即传”等思想，无不与“教学相长”有渊源关系。“因材施教”则是他常常运用的原则。他说：“人不同则教的东西、教的方法、教的分量、教的次序都跟着不同了。我们要晓得受教的人在生长历程中之能力需要，然后才晓得要教他什么和怎样教他。”④他并以松树和牡丹所需要的肥料不同作比喻，说明不同的人要采取不同的教法。

二、关于知和行的关系

知和行的关系是哲学上的一个命题，也是教学论的一个重要问题，属于认识论的范畴。教学过程是认识过程，虽有其特殊性，但受人类一般认

---

① 陶行知：《学生自治问题之研究》，华中师范学院教育科学研究所主编：《陶行知全集》第 1 卷，湖南教育出版社 1984 年版，第 139 页。

② 陶行知：《教学做合一》，华中师范大学教育科学研究所主编：《陶行知全集》第 2 卷，湖南教育出版社 1985 年版，第 42 页。

③ 陶行知：《南京安徽公学创始旨趣》，华中师范学院教育科学研究所主编：《陶行知全集》第 1 卷，湖南教育出版社 1984 年版，第 500 页。

④ 陶行知：《中国师范教育建设论》，华中师范学院教育科学研究所主编：《陶行知全集》第 1 卷，湖南教育出版社 1984 年版，第 638 页。

识规律所制约。如何认识和运用这些规律，是教学论中不可缺少的问题。

陶行知的认识论是经过由知到行和由行到知的转变过程。他早年接受王阳明的“知行合一”学说，信仰“知是行之始，行是知之成”；自从他在改造中国教育的实践中，发现王阳明的学说不对，将其“翻了半个筋头”，就信奉“行是知之始，知是行之成”①，坚持实践第一的观点。这就为其教学论打下了认识论的基础，“教学做合一”就是建立在这种认识论基础之上。

“教学做合一”是要求教与学都以“做”为中心，在做上教，在做上学，就是强调“行”，强调实践；把教学和实践，教育与生活联系起来，在实践中求知，在实际生活中探求真理和检验真理，在知识源头上做学问。这样就克服了中国长期以来教学以书本为中心，教学分离、学用分家等弊端，把教与学都统一于做，统一于实践。

陶行知的这一思想主要来源于他的教育实践，但也总结了中外哲学思想和教学理论，择善而取，批判继承，不是无源之水。中国古代在知行关系上曾有过较深入的探讨，甚至引起了一场不小的争论。宋明理学家是重知轻行，朱熹主张“知先行后”；王阳明不同意他的看法，提出“知行合一”；而明末清初的启蒙思想家王夫之则主张“行先知后”，认为“行可兼知，而知不可兼行”。王夫之说：“知也者，固以行为功者也；行也者，不以知为功者也。行焉可以得知之效也，知焉未可以得行之效也。”其意思是说行有可以得知和检验知的功效，知决不可以代行。他既不同意朱熹的“知先行后”，也不同意王阳明的“知行合一”。他批评前者是“汲汲于先知以废行”；后者是“销行以归知，终始于知”，是“以知为行”②。王夫之在中国教育史上第一次摆正了知和行的关系。这对陶行知不能不产生影响。在西方，自 19 世纪中叶以后，就有不少教育家提出用实证方法、实验方法来研究教育，主张从教育事实出发，进行客观的分析和比较，探讨教育规律，不再仅仅根据一定的理想和规范去考察教育。教学也不例外。随后，杜威提出实用主义教育学说，主张“从做中学”，让学生在实际生活中学习，反对以学科教材为中心和教学脱离实际生活等。陶行知是吸收了其中的合理因素，如教学注重实际，注重实验等。这可以说是陶行知重行的理论来源之一。

---

① 陶行知：《行是知之始》，华中师范大学教育科学研究所主编：《陶行知全集》第 2 卷，湖南教育出版社 1985 年版，第 152 页。

② 王夫之：《尚书引义・说命中二》。

但是，陶行知并不是照搬照抄上述思想，而是对其进行了批判和改造，两者有很大的不同。我国古代讲知行关系，并不是一般意义上的认识和实践的关系，而主要是指道德认识和道德践履的关系，包括王夫之也未脱离这个范围，当然他也讲到对“真知”的探求。陶行知讲的知行关系，主要是指对客观世界的认识，是探求征服自然、改造社会的知识，其中也包括道德认识和道德践履，范围要广得多。杜威是主观唯心主义经验论者，他把世界一切都看成包括在他的主观经验之中，否认不依赖经验而独立存在的客观外界。他的“从做中学”是从其主观唯心论的经验论中引发出来的教学方法论，而且主要限在学校以内，是学生单方面的活动。陶行知讲的“教学做合一”，不仅在目的、内容和世界观上与杜威不同，而且方法论也不同。它是师生的共同活动，是广泛的社会实践，反映了人类认识的共同规律。杜威提出的从“感觉”到“再下断语”的五步思维法，陶行知批评它是“一个单极的电路，通不出电流。他没有提及那思想的母亲。这位母亲便是行动”。于是他把五步改成六步，即“行动生困难；困难生疑问；疑问生假设；假设生试验；试验生断语；断语又生了行动。如此演进于无穷”①。这也说明他们之间的不同。

以后，陶行知在教育实践中又提出“行知行”的思想，认为“行动产生理论、发展理论。行动所产生发展的理论，还是为的要指导行动，引着整个生活冲入更高的境界”②。这是他在接受了马克思主义以后，在认识论上的一个飞跃。以此思想指导教学，正体现了“从生动的直观到抽象的思维，并从抽象的思维到实践”的辩证唯物主义认识路线。同时他又将“创造”引入认识过程，认为“行动是老子，知识是儿子，创造是孙子”③；“有行动才能得到知识，有知识才能创造”④，提出培养具有创造精神的人。这是陶行知教学思想的升华。这在认识论、方法论和价值观上都是中国古代教育家所不

① 陶行知：《思想的母亲》，华中师范大学教育科学研究所主编：《陶行知全集》第2卷，湖南教育出版社1985年版，第404页。

② 陶行知：《生活教育之特质》，华中师范大学教育科学研究所主编：《陶行知全集》第3卷，湖南教育出版社1985年版，第26页。

③ 陶行知：《三代》，华中师范大学教育科学研究所主编：《陶行知全集》第4卷，湖南教育出版社1985年版，第160页。

④ 陶行知：《创造的教育》，华中师范大学教育科学研究所主编：《陶行知全集》第2卷，湖南教育出版社1985年版，第615页。

及的，也是杜威所不及的。

这里应该说明一下，陶行知所说的“做”或“行”，是不是轻视知或否认知？不是的。他在解释“做”时曾经说到“‘做’字在晓庄有个特别的定义。这定义便是在劳力上劳心。单纯的劳力，只是蛮干，不能算做；单纯的劳心，只是空想，也不能算做，真正的做只是在劳力上劳心”①。是“用心以制力”。以后他在《教学做合一之教科书》中，对“做”又作了“特别说明”。他说“‘做’含有下列三种特征：（一）行动；（二）思想；（三）新价值之产生”②，说明“做”是包含由行动到思想到新价值产生的过程。在育才，他又明确地提出：“集体创造的目的，在运用有思考的行动来产生新价值。”这就是他的行知观。这正如他在诗中所表达的“行以求知知更行，不知直认为不知”。他不是轻视知或不要知，他只是反对知行分离，知行颠倒和体脑分家。他主张在“劳力上劳心”，是培养体脑结合、手脑双挥的全面发展的人。这是他的教育目的观。他批评孟子的“劳心者治人，劳力者治于人”是二元论，是把劳心与劳力分成两个阶级，以致一切发明都没有可能。他认为“在劳力上劳心，是一切发明之母”。如果“事事在劳力上劳心，便可得事物之真理；人人在劳力上劳心，便可无废人，便可无阶级”③。这话未免夸大了点，但主张“在劳力上劳心”则是对的。他要求“这个担子是要教师挑的。惟独贯彻在劳力上劳心的教育，才能造就在劳力上劳心的人类，也惟独在劳力上劳心的人类，才能征服自然势力，创造大同社会”④。教学的根本任务，就是实现教育目的。教师是教学的主要承担者，应该贯彻教育的总目标。

三、关于理论和实践的关系

教学过程是学生在教师的指引下，主要学习书本知识，间接认识世界

---

① 陶行知：《谈教学做合一——致朱端琰》，华中师范大学教育科学研究所主编：《陶行知全集》第 5 卷，湖南教育出版社 1985 年版，第 204 页。

② 陶行知：《教学做合一之教科书》，华中师范大学教育科学研究所主编：《陶行知全集》第 2 卷，湖南教育出版社 1985 年版，第 289 页。

③ 陶行知：《在劳力上劳心》，华中师范大学教育科学研究所主编：《陶行知全集》第 2 卷，湖南教育出版社 1985 年版，第 45 页

④ 陶行知：《“伪知识”阶级》，华中师范大学教育科学研究所主编：《陶行知全集》第 2 卷，湖南教育出版社 1985 年版，第 86—87 页

的过程，它和人类一般的认识过程又有区别。“教学做合一”，以“事”为中心，是否否认教学过程的这些特点，忽视间接经验？这是探讨陶行知教学思想又一个要明确的问题，即理论和实践的关系问题。

要阐明这个问题，首先要明确陶行知所说的知识。陶行知一直认为知识有两种：一种是真知识，一种是伪知识。“思想与行为结合而产生的知识是真知识，真知识的根是安在经验里的，从经验里发芽抽条开花结果的是真知灼见”，伪知识“不是从经验里发生出来的知识”①。为了说明这个问题，他举了一个例子。冰是冷的，小孩子用于摸着冰而觉得“冰是冷的”的知识是真知识；单是耳听见妈妈说“冰是冷的”的知识是伪知识。同样，书本知识也有真有伪。他认为，凡是没有经验做基础而发表的文字、写成的书是伪知识。伪知识是没有准备金而发的钞票，不值钱。

陶行知在这里说明了知识和经验的关系，书本知识和前人经验的关系。他没有说不要书本知识和前人的经验；“只说真知识的根要安在经验里，没有说样样知识都要从自己的经验上得来。”他还说：“假使我们抹煞别人经验里所发生的知识而不去运用，那真可算是世界上第一个大呆子。”②他又说“教育上之所谓的经验，原有两种意思：一种是个人的；一种是人类全体的”，“经验又有直接间接的区分”③。他明确说明要学习和运用别人的经验，学生要接受“人类全体的”和“间接”的知识。这就解答了一些人的疑问。

在学校，学生一般要学习两方面的知识：通过自己的实践活动，获取直接的知识；通过书本学习，间接地接受人类的认识成果。如何使这两方面的知识有机的结合，这是教学过程必须要认真处理的问题。因为学生主要学习书本知识，而作为教材的书本知识是经过人类长期的选择，已经使之简约化，往往以概念、原理、公式等形式出现，一般偏于理性，学生不容易理解。要使学生接受和理解这些知识，除了教师的讲解外，还必须和学生已

---

① 陶行知：《“伪知识”阶级》，华中师范大学教育科学研究所主编：《陶行知全集》第2卷，湖南教育出版社1985年版，第87页。

② 陶行知：《“伪知识”阶级》，华中师范大学教育科学研究所主编：《陶行知全集》第2卷，湖南教育出版社1985年版，第87页。

③ 陶行知：《谈教学做合一——致朱端琰》，华中师范大学教育科学研究所主编：《陶行知全集》第5卷，湖南教育出版社1985年版，第206页。

有的知识相联系，以个人的感性经验为基础。陶行知强调教学以“做”为中心，就是重视感性经验的作用，以便更好地接受“人类全体的经验”和书本知识。他说：“我们必须以个人的经验来吸收人类全体的经验。孔子说：‘举一隅，不以三隅反，则不复也。’荀子说：‘以一知万。’无论他是一隅三反，或是以一知万，那个‘一’必定是安根在自己的经验里。自己经验里的‘一’是一切知识的起点。有了这个‘一’才能收‘三反’‘知万’之效。”[①]他称这是“接知如接枝”，即以自己的经验做根，别人的经验做枝，把别人经验里所发生的知识接到自己经验里所发生的知识上去，这样才能“发荣滋长”。为了说明这种知识的嫁接，他又举了《墨辩》中的“三知”说，认为“亲知是一切知识的基础。没有亲知做基础，闻知和说知皆为不可能”[②]。这样就把理性认识和感性认识结合，理论如何联系实际，说得比较清楚了。在教学中，教师可以运用多种手段，如直观教具、电化教学、实验、参观等，增加学生的感性认识，但都没有学生亲自动手做来得真切。同时通过实践，也可以检验知识的真伪。

再则，“做”是“在劳力上劳心”，那么怎样才算是“在劳力上劳心”？陶行知说：“我们做一件事便要想如何可以把这件事做好，如何运用书本，如何运用别人的经验，如何改造用得着的一切工具，使这件事做得最好。我们还要想到这事和别事的关系，想到这事和别事的相互影响。我们要从具体想到原理，从我相想到共相，从片断想到系统。这都是在劳力上劳心的工夫。不如此，便不是在劳力上劳心，便不是有意义的做。”[③]这就阐明了下述几层意思：

第一，“做”不是单凭个人的经验，它还要运用人类已有的知识以及这些知识经验物化了的“一切工具”。他认为耳、目、口、鼻、四肢百体等器官是工具；望远镜、显微镜、锄头、斧头、笔杆、书本都是工具。只是做什么事，用什么工具；做什么事，读什么书。这说明在教学过程中，需要运用包括书

① 陶行知：《谈教学做合一——致朱端琰》，华中师范大学教育科学研究所主编：《陶行知全集》第5卷，湖南教育出版社1985年版，第207页。

② 陶行知：《谈教学做合一——致朱端琰》，华中师范大学教育科学研究所主编：《陶行知全集》第5卷，湖南教育出版社1985年版，第207页。

③ 陶行知：《谈教学做合一——致朱端琰》，华中师范大学教育科学研究所主编：《陶行知全集》第5卷，湖南教育出版社1985年版，第204页。

本在内的一切工具。

第二，在“做”的过程中不能就事论事，孤立地进行，还必须由“这事”想到“别事”，以及它们的关系和影响，“以明对象变化的道理”。这就不能死读书，读死书。

第三，在“做”的过程中，在取得了直接经验之后，还要经过“从具体到抽象”、“从我相到共相”（从个别到一般）、“从片断到系统”的思维加工、逻辑推理的过程，使感性认识逐步上升到理性认识，以把握事物的本质和发展的规律。这就是要发展学生的智力。把掌握知识与发展学生的智力结合起来，这是当代教学论上的一个重要问题，陶行知的这些话对我们有很大的启发。

综上所述，陶行知在教学上强调“做”，强调实践，并不是轻视读书，不要接受前人的经验，而是要求“手到心到”，“以期理论和实践之统一”①。他在育才学校就是按照这个原则，规定“教育方法，注重教学做合一，在劳力上劳心，理论与实践并重”②。他所要消除的是教育上两个普遍的误解：一是以为“用嘴讲便是教；用耳听便是学；用手干便是做。这样不但是误解了做，也误解了学和教了”。他认为“教学做是一件事的三个方面：对事说是做；对自己之进退说是学；对别人的影响说是教”。二是“一提到教育就联想到笔杆和书本，以为教育便是读书、写字，除了读书、写字之外，便不是教育”。这是“中国的教员、学生实在太迷信书本了”。他指出：“我们不排斥书本，但决不许书本做狄克推多，更不允许他与‘做’脱离关系，而成为所谓‘教学’之神秘物。”③这是他主张理论必须和实践统一的道理。

四、关于教和训的关系

教和训的关系，就是传授知识和进行思想品德教育的关系。这也是

① 陶行知：《谈生活教育——致一位朋友》，华中师范大学教育科学研究所主编：《陶行知全集》第5卷，湖南教育出版社1985年版，第477页。

② 陶行知：《育才学校节略》，华中师范大学教育科学研究所主编：《陶行知全集》第3卷，湖南教育出版社1985年版，第507页。

③ 陶行知：《谈教学做合一——致朱端琰》，华中师范大学教育科学研究所主编：《陶行知全集》第5卷，湖南教育出版社1985年版，第204—205页。

教学领域内的一个重要问题，必须处理好。教、训是分开进行，还是合一，长期以来意见不一。陶行知针对当时学校教、训分离的情况曾经指出："智识与品行分不开；思想与行为分不开；课内与课外分不开；做人做事与读书分不开，即教育与训育分不开。"①因而他主张教、训合一，反对教、训分离。

为什么教、训必须合一，不能分开？陶行知作了分析："把教育看作知识范围以内的事，训育看作品行范围以内的事，以为学习知识与修养品行是受不同的原理支配的，甚至于一校之中管理教务与训育者不相接洽，或背道而驰。殊不知学习知识与修养品行是受同一学习心理定律之支配的。我们如果强为分家，必至自相矛盾，必至教知识的不管品行，管品行的不学无术。所以我们希望担任训育的人，要打破知识品行分家的二元论，而在知识品行合一上研究些办法出来。"②这阐明了教、训必须合一的道理。

首先从学理上看，教、训是在同一原理支配下进行的，是同一过程的两个方面，而且是不可分割的两个方面。知识具有教育性，教学具有思想性，这是规律。它反映了传授知识与进行思想品德教育之间的本质联系。这无论在课内或课外，教师在向学生传授知识的同时，也在向学生进行思想品德教育，没有教育性的教学是不存在的。就知识本身来说，真正的知识是对客观事物的正确反映，是人类认识世界的结晶。这是奠定科学世界观的基础；没有知识做基础，科学世界观和正确思想也难以形成。同样，没有正确思想作指导，没有科学的世界观，也难以揭示事物的本质和规律，也难以建立科学的知识体系。这是教、训必然联系的道理。教师如果只教书，单纯传授知识，忽视思想品德教育，必然导致学生思想品德不高，降低学生的学习积极性和目的性，影响知识的学习。同样，脱离传授知识的单纯道德说教，也会成为无源之水，无本之木。中外教育家无不重视这一学理。我国古代就有"博学于文"，还要"约之以礼"；"传道授业解惑"，"文以载道"之说，都是放在一起说的，都是教师的职责。他们所说的"文"，就是文化科

---

① 陶行知：《晓庄三岁敬告同志书》，华中师范大学教育科学研究所主编：《陶行知全集》第2卷，湖南教育出版社1985年版，第210页。

② 陶行知：《南京中等学校训育研究会》，华中师范学院教育科学研究所主编：《陶行知全集》第1卷，湖南教育出版社1984年版，第623页。

学知识;“礼”和“道”是指思想品德。当然这些“礼”和“道”是有其特定内容的,但都说明传授知识与思想品德教育是不可能分开的。

其次就学习心理来说,这两者也是不可能分开的。知情意合一,思与行合一,这也是规律。陶行知在育才学校施行的就是“知情意合一”的教育。他认为“知情意的教育是整个的,统一的。知的教育不是灌输儿童死的知识,而是同时引起儿童的社会兴趣与行动的意志。情育不是培养儿童脆弱的感情,而是调节并启发儿童应有感情,主要的是追求真理的感情;在感情之调节与启发中使儿童了解其意义与方法,便同时是知的教育;使养成追求真理的感情并能努力与奉行,便同时是意志教育”①。这种“知情意合一”的教育,就是把知识教育与思想品德教育结合起来的教育,“使其人格获得完备的发展”。他还主张“智仁勇合一”、“德智体合一”,也都是把知识教育与思想品德教育、体育结合起来。这也证明教训应该合一才能取得成效。

第三,就思想与行为来说,也应该合一,不能分开。陶行知主张“学行并重,不独讲究知识”。他说:“修身伦理一类的学问,最应注意的在乎实行”;如果“嘴里讲道德,耳朵听道德,而所行所为却不能合乎道德的标准,无形无影当中,把道德与行为分而为二。”②这是从另一个方面说明教与训应该合一。学生学了书本知识,懂得一些道德伦理观点和行为规范,而不能以此来调节自己的行为和指导自己的行动,这也无助于思想的提高和道德品质的形成,等于没有学。所以,陶行知认为:“真正的训育是品格修养之指导。我们要在‘事’上去指导学生修养他们的品格。事应当怎样做,学生就应当怎样修养,先生就应当怎样指导。”③他要求把品格修养与“事”直接联系起来,要在道德实践中指导学生明确道德的要素,判断“善恶、是非、曲直、公私、义利之分”④,养成对公共事情上的愿力、智力和才力。这些都

① 陶行知:《育才学校教育纲要草案》,华中师范大学教育科学研究所主编:《陶行知全集》第3卷,湖南教育出版社1985年版,第367—368页。

② 陶行知:《学生自治问题之研究》,华中师范学院教育科学研究所主编:《陶行知全集》第1卷,湖南教育出版社1984年版,第134页。

③ 陶行知:《南京中等学校训育研究会》,华中师范学院教育科学研究所主编:《陶行知全集》第1卷,湖南教育出版社1984年版,第622页。

④ 陶行知:《南京中等学校训育研究会》,华中师范学院教育科学研究所主编:《陶行知全集》第1卷,湖南教育出版社1984年版,第623页。

与教师的指导分不开。他说教师的天职是“自化化人”,“应该与学生共生活,共甘苦,做他们的朋友,帮助学生在积极活动上行走”[①]。这就是说,教师要以人教人,不仅仅是传授知识。他规定:“育才教师最大的责任便是引起儿童对于纪律自觉地需要,自觉地遵守;引起儿童对于学习自觉地需要,自觉地追求。”[②]他把知识学习与品德修养结合起来,也就是把教与训结合起来。他认为这些都应该在集体生活中进行。

陶行知还认为,从生活教育观点来说,整个的生活要有整个的教育,每个活动都要有目标,有计划,有方法,有工具,有指导,有考核。教与训都是整个生活的一个部分,应该在“教学做合一”的过程中实施。

正是出于上述理由,陶行知反对在一个学校内有人专管知识教育,有人专管思想品德教育。陶行知的这些思想对我们今天仍有现实意义,我们现在学校的知识教育和思想品德教育究竟是应该分开,还是应该合一?这是一个值得研究的问题,也应该“在知识品行合一上研究些办法出来”。

（作者撰写此文时系安徽师范大学教育系教授）

---

① 陶行知:《南京中等学校训育研究会》,华中师范学院教育科学研究所主编:《陶行知全集》第1卷,湖南教育出版社1984年版,第623页。

② 陶行知:《育才学校教育纲要草案》,华中师范大学教育科学研究所主编:《陶行知全集》第3卷,湖南教育出版社1985年版,第373页。

论陶行知的教育思想与素质教育

高　婉

陶行知先生一生积极进行教育实践，研究创造，构建成一套完整的、系统的教育思想。他的教育思想体现了马克思主义的教育理论，特别是与党在民主革命和现代社会主义建设时期的教育方针是一致的。陶行知先生的教育思想博大精深，而其中最具有浓厚时代气息的内容，主要表现在他所倡导的提高国民素质的教育上面。

一、素质教育的内涵

(一)素质的概念

素质——原出自《逸周书·克殷》："及期，百夫荷素质之旗于王前。"其中，"素质"意为"白色质地"。

《现代汉语词典》解释，"素质"是"指事物本来的性质"。

从科学概念来讲，素质这一概念在当今的许多学科，像生物学、心理学、教育学、人口学、人才学、社会学中都曾出现和使用，比较早地广泛用于心理学，所以它是心理学中一个专用概念。

《辞海》教育心理分册解释素质说，是人的先天的解剖生理特点，主要是感觉器官和神经系统方面的特点。素质只是人的心理发展的生理条件，不能决定人的心理内容和发展水平。人的心理来源于社会实践，素质也是在社会实践中逐渐发展和成熟起来的，某些素质上的缺陷可以通过实践和学习获得不同程度的补偿。这一界说，明显有别于生物学中关于素质的经典性定义。

生物学中关于素质的经典性定义是"指人的先天的解剖生理特点，主要是神经系统，脑的特性，以及感觉器官和运动器官的特点。其内涵是指人的先天性、遗传性的自然素质，外延则限定于人的个性素质”。这一界说，显然只就人的先天因素、自然本质而论。

从教育学角度来讲，人的本质，既有先天因素、自然本质，也有后天因素、社会本质，而且后者应是更为本质的东西。正如马克思所说，人的本质并不是单个人所固有的抽象物，在其现实上，它是一切社会关系的总和。因此，在教育上考虑人的素质时，就应当把人的自然本质和社会本质结合起来，甚至于要着重于人的社会本质。因此说，所谓人的素质是指以个体的天赋为基础，在后天环境与教育影响下，通过能动的社会实践所形成和发展起来的身心特点的总和。人的素质不仅标志着人的现有发展水平，而且提供人的未来发展的潜力。在形成过程中有诸多特点。

(1)人的素质是社会发展历史和个体发展历史的产物。一方面人的遗传素质具有巨大开发潜力；另一方面不同的时代，不同的社会，提供了人的素质发展的客观要求和可能。同一时代同一社会的不同教育阶段，同一教育阶段的不同的教育对象的个性也制约着人的素质发展。因此，人的素质水平是动态的，不是静止的。

(2)人的素质一经形成和发展到什么水平，就具有相对的稳定性。可以适应情况变化，是人学习和应用知识的基础，是形成和发展能力的基础，是养成性格的基础。

(3)从总体上看，人的素质包含身和心两个方面，而在身与心这两大系列中又包含着若干方面。素质反映一个人的综合发展水平，单一的素质不能满足社会的要求。因此说，人的素质水平是综合的，不是单项的。

(二)素质的结构

根据概念可知，人的素质具有综合性，那么，用系统的观点分析，人的素质也是一个系统，是由多个子因素构成的整体。系统的结构是系统保持整体性具有一定功能的内在根据。目前，由于人们从不同的角度，不同的认识出发，对人的素质应由哪些因素构成，以及人应具备哪些基本素质等各持己见，已了解的大致有二分法、三分法、四分法、五分法、六分法、七分法等等。而从长远、全面的观点来看，我们认为，人的素质结构应包括：德、智、体、美、劳、心等六方面，即思想品德素质、科学文化素质、身体机能素质、劳动技术素质、审美趣味素质、个性心理素质。

这样的素质结构分析的依据是:第一,符合马克思主义关于人的全面发展学说的要求;第二,符合党的教育方针的规定;第三,符合我国社会主义初级阶段的国情;第四,弥补了长期以来我们在教育上忽视个性心理因素的缺陷。

(三)素质教育的内涵

什么是素质教育,理论工作者曾有过不同的表述。他们有的人认为,所谓素质教育,就是提高人们的自然素质和社会素质的教育;详言之,则是身体素质教育、政治素质教育、思想素质教育、道德素质教育、专业素质教育和心理素质教育的有机结合。

有的人认为,所谓素质教育,就是培养学生既有作为社会成员所必须具备的素质,又为他们未来各具特色的发展打下良好的基础教育。

还有的人认为,素质教育应该是一个特定的概念。在时间、空间上应该有所界定。它应该是指我国社会主义初级阶段,适应社会主义建设的要求而实施的提高全民族素质的教育。

还有的人认为,"基本素质教育"的内涵可以这样表述:按照明确的目的要求,采用科学的手段、方法,遵循教育规律,充分发挥受教育者的天赋,对受教育者的政治思想、道德品质、身体心理、文化专业和综合能力等方面进行培养和补偿的有计划的活动。

以上四种表述,其共同一点都阐述了素质教育是对人的整体素质的提高、培养和补偿,而培养也好,补偿也罢,归根结底都是为了提高。

教育,特别是学校教育,是按一定社会要求所进行的一种有目的、有计划、有组织的培养人的活动。培养就是促使其发生变化,改变其初始状况。就教育的目的或教育者的愿望说,促其变化的实质是在于"提高民族素质"。因此,《中共中央关于教育体制改革的决定》明确提出:"教育体制改革的根本目的是提高民族素质。"按照我们对教育的这种理解和我们对人的素质及其结构的看法,我们对素质教育的内涵作如下表述:所谓素质教育,就是遵循教育规律,有目的、有计划、有组织地全面提高学生的素质,使之适应社会主义现代化需要的教育。

二、陶行知教育思想中体现的素质教育

培养什么人的问题是教育的首要问题。在陶行知的生活教育理论中

也是个极为重要的内容。对此，陶行知曾通过书信、论文、诗歌等各种形式作过许多论述。1946年，他又进一步将这些论述明确地概括为一句话“教师的职务是‘千教万教，教人求真’，学生的职务是‘千学万学，学做真人’”。这充分体现出陶行知在培养什么人的问题上，有他自己的独特见解，其核心就是贯穿在他的整个教育思想中的重要目标——培养“真人”。

(一)教人做“真人”

陶行知先生把培养“真人”做为生活教育培养的最高目标。培养什么样的真人呢？陶行知认为是“追求真理做真人”。陶行知说：“学问不论新旧，只要是追求真理，便与革命之精神相符合。”他还说：“在学问上忠于真理的，则在政治上必忠于革命。”“一个人在学问上能追求真理，则在革命上能杀身成仁。”陶行知深恶痛绝口是心非和弄虚作假。在《假人》一文中他鞭笞说：“真小人易知，伪君子难防。看去是真的，又像有几分假；假又像真，把人弄得头昏眼黑，无从辨明。假社会中做人是多么难对付的一件事啊！”“真小人之为患，深之不过数世，浅则殃及自身而已；伪君子则直酿成伪家声、伪国风、伪世俗，灾及万世而不可穷。”他感慨：“天下非真小人之为患，伪君子为患耳。”可悲的是伪君子到处以次充好，以假乱真。陶行知目睹当时社会的种种腐败、民族的劣性，愤慨地喊出“真人不出，如苍生何”的感叹。所以，他说：“为人须为真人，毋为假人。”他要把“真人”作为培养的最高目标，从根本上育人、立人，改造社会，振奋民族精神。由此，我们可以看出，“真人”不仅仅是道德操行上的要求，而且是对人的完整人格的追求，是智、仁、勇兼备。正像他自己一生奉行的“富贵不能淫，贫贱不能移，威武不能屈，美人不能动”那样，是一个顶天立地的“真人”。在做学问上，他也要求真知，不求假知，做真君子，不做伪君子。他在给儿子陶晓光的信中曾说：“我们必须坚持‘宁为真白丁，不做假秀才’之主张。”对育才学校他讲：“不是培养他做人上人……我们的孩子们都从老百姓中来，他们还要回到老百姓中去，以他们所学得的东西贡献给老百姓，为老百姓造福利，他们都是受着国家、民族的教养，要以他们学得的东西贡献给整个国家民族，为整个国家民族谋幸福；他们是在世界中呼吸，要以他们学得的东西帮助改造世界，为整个人类谋利益。”这是陶行知的“人民第一，一切为人民；天下为公，文化为公”的思想的充分体现。与共产党一贯提倡的“全心全意为人民服务”的共产主义思想是完全一致的。

(二)培养德、智、体、美、劳全面发展的人

陶行知先生提出“做一个整个的人”,他还说有三种要素:一“要有健康的身体”;二“要有独立思想”,“有判断是非的能力”;三“要有独立的职业”。在陶行知为提高国民素质而倡导的生活教育理论中十分重视人的德、智、体、美、劳全面发展。最有代表性的是他在育才学校三周年纪念会上提出要“每天四问”。

第一问:我的身体有没有进步?
第二问:我的学问有没有进步?
第三问:我的工作有没有进步?
第四问:我的道德有没有进步?

对于第一问,他说:“最重要还是要用科学的卫生方法,好好地调节自己的身体,不使生病,科学能教我们好好的生活,生存!为国家民族而珍重着每一个人的身体健康,建立‘科学的健康堡垒’,共同来保证‘健康第一’的胜利。”陶行知从涉及教育之日起,即主张三育并重,提出“健康第一”是陶行知的体育思想,可概括为以下几点:

第一,陶行知把身体好看作是首要的问题。并把体育与卫生联系起来。这体现在他亲自制订出《育才卫生教育二十九事》,全校师生共同遵守。他还用生活教育的理论来阐明健康教育的深远意义。他说:“我们深信生活是教育的中心。我们深信健康是生活的出发点,也就是教育的出发点。”在要求青年正确处理健康与卫生的关系上,他认为:“体健是人生的二个重要目的。学生是学习人生之道的人,学以厚生则可;学以伤身是断断不可的。”他积极提倡体育锻炼,反对加重学生的课业负担。他讲究检查校内师生及周围人民身体强健了多少,把教师和学生的健康、卫生放到了首位。

第二,陶行知还把个人的健康与民族的盛衰、国家的富强联系起来。他说:“为国家为民族而尊重着每一个身体的健康。”抗战时他呼吁人民:“这身体不属于自己,我们的生活是为整个民族乃至全人类所有,我们要以

卫生教育与环境卫生代替医生，造成健康的堡垒，使得一点一滴的生活力与创造力不致浪费。”

第三，陶行知还把体育与生产劳动，与军事训练联系起来。他倡导乡村教育运动，培养乡村教师。强调“好的乡村教师”“第一要有农夫的身手”，也就是既要有强壮的体力，又要有熟练的农作本领，是体育与生产劳动相结合。他带领师生开荒种地，创建校园，组织学生与农民进行像“挑粪比赛”、“耕牛比赛”等等，即体育与生产劳动的有机结合。他还重视军训，向冯玉祥将军“借一军事家，指导数月”“培养普遍的军事能力”，“使生产力和武力合而为一”，开展“防卫作战技术之操练”、“医药救护之实习”、“交通工具之实习”，使学生“学会了拆枪、擦枪、装枪、打靶，甚至民团与土匪野战，以及守卫进攻的方式”。

陶行知的这一教育思想完全符合提高学生素质，使学生全面发展的体育。

第二问，陶行知说：“我们每天应该问的是自己的学问有没有进步？有，进步了多少？为什么要这样问？因为，学问是一切前进的活力的源泉。学问怎样能够进步？重要在有方法研究，可以帮助我们学问易于进步的有五个字。”

(1)是“一”字，“一”是“专一”的“一”。荀子说：“好一则博。”这句话是很有精义的。治学必须“专一”的“一”，这是天经地义的了。我们对于一件事物能够专心一意地研究下去，必然能够有一旦豁然贯通之时。

(2)是“集”字，“集”是“搜集”的“集”。即上下古今，左右中外地搜集资料，细细研究。有了丰富的材料，便可以源源本本地，彻头彻尾地来研究它一个明明白白，才能够真正理解这个问题的症结所在，才能够迎刃而解，才能够收得水到渠成的效力。所以，我希望大家对于每一个问题都必须多多搜集材料，以便精深地精益求精地研究。

(3)是“钻”字，“钻”是“钻进去”的“钻”，就是深入的意思。钻是要费很大的力量才能够钻得进去，深入里面去，看得清清楚楚，取得了最宝贵的宝贝。我们做学问也是这样，如果我们能够在学术气氛中的大气压力下，发生动力去钻，一定能够深入里面去，探获学问的根源奥妙与诀窍，而必有很好的收获。我希望大家对于一个问题拿定了，更要尽力向里面钻，钻出一大套道理来，使我们学术气氛有飞跃的进步。

(4)是“剖”字,“剖”是“解剖”的“剖”,就是分析的意思。有些材料钻进去还不够,必须解剖出来看它的真伪,是有用的?还是有毒的?以便取舍,净化运用。我希望大家对于每一个问题搜集得来的材料,除了钻进深入之外,必须更加着意做一番解剖的工夫,分析入微,如同在解剖刀下,在显微镜下,看得明明白白,分析得清清楚楚,以便去伪存真,去粗取精。

(5)是“韧”字,“韧”是坚韧的“韧”。做学问是一种长期的战斗工作,所以,必须有韧性战斗的精神,才能够在长期战斗中,战胜许多困难,排除种种障碍,开辟出一条新的道路,走入新的境界。

陶行知所提出的这“一、集、钻、剖、韧”五字学习方法,对于我们当今开发学生智力,教学生会学习有很大的指导作用。正如他自己所说的那样:“这五个字做到了,在做学问上一定有豁然贯通之日,于己于人于社会都有贡献。”

第三问,陶行知说:“我们每天要问,自己担任的工作有没有进步?有,进步了多少?因为工作的好坏影响我们的生活学习都是很大的。”

(1)要讲究站好岗位,各负其责。人人应该有“站岗位”的教育,站牢在自己的工作岗位上,教育自己知责任,明责任,负责任——教自己进步。

(2)要“敏捷正确”。做事要“敏捷”,但只做到敏捷还不够,敏捷之下必须加上“正确”二字,工作敏捷而正确才有效力。别人工作起来需要 4 小时,你只要 2 小时或 3 小时就做好了,而且做得很正确,这才算是工作的效力。这就要靠熟练与精细。要像做算术的演算一样,要演得快,演得正确。

(3)要“做好为止”。做事不能有头无尾或丢东拉西,不是一事无成,就是半途而废。我们做事要按照计划,依限完成,就必须有毅力坚持,一直到做好为止。

陶行知在这一问里强调了能力的提高和发展,与我们现今对学生技能技巧的能力培养目标一致。

第四问,陶行知说:“我们每天要问自己的道德有没有进步?有,进步了多少?因为道德是做人的根本。根本一坏,纵然使你有一些学问和本领,也无甚用处。否则,没有道德的人,学问和本领愈大,就能为非作恶愈大。”他还从公德和私德两方面进行了论述。

从公德上看,一个集体能否稳固,是否可以兴盛起来?就要看每一个集体的组成分子能不能顾到公德,卫护公德,来衡量它。如果人人以公德为前提注意着每一个行动,这个集体必然日益稳固,日益兴盛。反之,如果多数人只顾个人私利,不顾集体利益,这个集体的基础必然动摇,并且一定衰败下去。所以,我们在每个行动上,都要问一问是否妨碍了公德,是否有助于公德。

从私德上看,私德不讲究的人,每每就是成为妨害公德的人。所以,一个人私德更是要紧,私德更是公德的根本,私德最重要的是廉洁,一切坏心术坏行为,都由不廉洁而起。像甘地的漏夜还金,华盛顿的勇敢承认错误,保定南街开包子店的小老板平老静除夕夜的还金镯的故事等等,都是我们大家私德上的好榜样。我们每个人都可以效法这些榜样,把自己的私德建立起来,建筑起"人格长城"。由私德的健全而扩大公德的效用,来为集体谋利益。

陶行知在这四问里包容了德、智、体、美、劳全面发展的所有内容。因此,我们说,陶行知所倡导的做一个整个的人,就是对学生全面发展的培养目标,与我们的教育方针是完全一致的。

(三)做个自治的人

陶行知说:"学生自治是学生结起团体来,大家学习自己管理自己的手续。"他还说:"学校要为学生预备种种机会,使学生能够大家组织起来,养成他们自己管理自己的能力。"在分析道理时,他说:"共和国所需的公民,是要他们有共同自治的能力。……当然要有能够自治的公民,想有能够自治的公民,必先有能够自治的学生。所以,我们的学校一定要养成学生共同自治的能力。"

他认为,学生自治,不是自由行动,乃是共同治理;不是打消规则,乃是大家立法守法;不是放任,不是和学校宣布独立,乃是练习自治的道理。

陶行知的学生自治正是我们今天仍然在大力提倡的教育学生学会自己管理自己,自己教育自己。同时,陶行知先生在谈学生自治问题时也充分地体现他的教育民主思想。

(四)做个创造的人

陶行知重视创造,他说:"处处是创造之地,天天是创造之时,人人是创造之人。"他还注重培养学生的创造力,他说:"培养创造力,把小孩子的头脑、双手、嘴、空间、时间都解放出来，我们就要对小孩子的创造力予以适当之培养。”在《创造宣言》里他认为，教育者不是造神，不是造石像，不是造爱人，他们所要创造的是真善美的活人。对此他说：“教师的成功是创造出值得自己崇拜的人，先生之最大的快乐，是创造出值得自己崇拜的学生。”

同时，陶行知自己也把做创造的人为做“真人”的出发点。他说：“学问之道无他，改造环境而已。不能把坏的环境变好，好的环境变得更好，即读了百万卷书又有何益处？”面对中国农村教育的落后现状，陶行知就竭力推行改造“乡村教育”的计划，以此来改造乡村生活。改造是为了创造。所以，陶行知把“创造”列入大德之中。他还说：“解放出来的力量要好好的用，用在创造上，创造新自己，创造新中国，创造新世界。用四通八达的教育，来创造一个四通八达的社会。”

三、陶行知的教育思想与素质教育

前面所谈到的陶行知的教育思想中有关素质教育的理论，是陶行知先生于19世纪初期到中叶，我国旧民主主义和新民主主义革命历史时期，毕尽一生精力实践、探索、开拓而创建的，对于社会主义现代素质教育仍具有重要的现实意义和指导价值。

当前，我们正面临科技高速发展的21世纪，我国建立社会主义市场经济体制的改革目标已经确立。在由计划经济向市场经济发展的过程中，生产方式和经营方式等都发生了变化。市场经济的特点主要有开放性、竞争性、信息性、创造性、信誉性、法制性等。

可以预言，21世纪将是市场经济和科学技术更快发展的时代；是人类历史上进一步摆脱贫困，走向富裕的时代；是通过科学技术的发展和管理能力的加强决定世界命运的时代。21世纪的经营环境和人才素质的要求将发生巨大的变化。陶行知的教育思想中有关素质教育理论的内容丰富，内涵深刻。我们一方面要学习和继承他们的有关素质教育理论，吸取思想精华，并不断注入现代化气息；另一方面，我们要充实和发展他的教育理论，借鉴、运用的同时还要善于科学地对待，掌握它的精神实质，勇于超越。

（一）从国情出发，探索具有中国特色的社会主义素质教育

杜威说“教育即生活”、“学校即社会”。陶行知把它“翻了半个筋斗”，

改为“生活即教育”、“社会即学校”，主张“过什么生活，便是受什么教育”。从中国现代社会主义建设时期的国情出发，就要探索具有中国特色的社会主义的素质教育。

根据《中共中央关于教育体制改革的决定》规定，各级各类学校培养的所有人才“都应该有理想，有道德，有文化，有纪律，热爱社会主义祖国和社会主义事业，具有为国家富强和人民富裕而艰苦奋斗的献身精神，都应该不断追求新知、具有实事求是、独立思考、勇于创造的科学精神”。根据这一指导方针和我国社会的实际需要，具有中国特色的社会主义人才素质教育的目标是培养以下几个素质。

进取发展的素质：包括进取心、敏锐感、效益观念、开拓意识、拼搏精神和竞争观念。

人格的素质：包括自尊心、自信心、责任感、正义感和美感。

适应群体的素质：包括交往、合作观念和气度。自我调节的素质：包括适应力、耐受力和控制力。要学会生存、学会合作。

(二)适应时代做真人，发挥教育的育德功能

苏霍姆林斯基在《怎样培养真正的人》一书中说过：“每一个受教育者都应当有登上高尚道德精神高峰的决心，应有自己的飞腾，自己的高度激情，应有一颗像丹柯那样火热的心。使每个人拥有这一切，便是教育的意义所在。”我们社会主义的教育理论也重在育人，强化教育的“育德”功能。

陶行知的“教人做真人”是“育德”的目标。我们社会主义教育要使学生学会关心，关心社会、关心国家、关心民族命运、关心人类前途。面对错综复杂的国际新形势，注重提高受教育者的政治、思想、道德素质。提高受教育者社会意识形态的识别能力，公民意识的实践能力，培养遵纪守法的行为习惯，培养跨世纪接班人的“四有”新人，达到做真人的完美和谐和高度统一。

(三)综合教育，培养全面发展的现代人

社会主义的教育目的是培养全面发展的现代人。陶行知先生认为，人是一个整体，德智体、知情意、智仁勇等各个要素都是互相渗透、互相制约、不可分割的，故应实施综合教育。随着现代社会生产高度社会化、科学化，

受教育者必须首先掌握现代科学知识，具有宽厚的综合知识基础。知识结构也必须是理论知识与应用知识相结合，尤其工具性知识，如必须掌握外语和计算机知识等。其次，在高科技社会里，跨世纪人才不仅要勤于学习，还必须学会学习，善于学习，具有学习能力。能及时地、高质量地吸取掌握一切人类文明的优秀成果，具有合作能力、竞争能力和动手操作能力等综合能力。第三，还要具有良好的心理素质和身体素质以适应激烈竞争、节奏紧张的现代生活。总之，社会主义需要全面发展的、具有较高的综合素质的现代型人才。

（四）学会创造，培养有创造思想的一代新人

越来越激烈的世界各国经济竞争，首先是智力的竞争，是教育与科技力量的竞争，是人们创造性劳动的竞争。因此，一个人、一个民族、一个国家的创造力如何与本民族的命运紧密联系着。陶行知致力于倡导创造教育，使人民大众和儿童学会创造是陶行知教育理论的出发点，教会创造也是他生活教育理论的核心。

对于中小学生而言，将要担负起 21 世纪科技经济竞争的重任，就必须具备创造性人才的良好素质，要使学生学会创造。因此，明确创造的方向，打好创造的基础，有利于开拓他们丰富的创造潜力。对于教师而言，肩负着培养跨世纪人才的重任。培养创造力就要靠创造的教育，创造的教育要依靠创造型的教育者。关键要构建一支创造的教师队伍。每一位教师都要当创造型的第一流的教育家。现代的教育呼唤教育者也要能创造出值得自己崇拜的具有创造素质的人才。那么，教育者就必须既要懂得创造理论，又要善于运用创造技术。

对于每一位国民而言，学习创造的最高目标是创造新的自我、新的国家和民族乃至新的世界。创造性教育不是对某一个阶段而言，是“与生俱来，与生同去”的一个从“启蒙”到“终结”的完整过程。因此，每个人都要培养创造意识，注重创造环境与环境的创造。总之，创造教育伴随时代和世界的教育趋势竞进。

（作者撰写此文时系辽宁教育研究院副研究员、辽宁省陶行知研究会秘书长）

试论陶行知的教育革新思想

阎广芬　阎国华

陶行知是我国近代伟大的人民教育家，他本着“为一大事来，做一大事去”的人生目标，和“捧着一颗心来，不带半根草去”的献身精神，积极开展教育研究和教育实践。他从我国国情出发，以中西文化相融合探索新教育，创造了生活教育理论。他洞察时势，奋发进取，针对社会需求不断革新教育观念，使教育紧紧地为社会变革服务。他深入探索教育革新道路，创建教育革新理论，取得重大成就，对我们今天的教育改革有极大的启迪。

一、革新的理论

打开陶行知的著作，就不难发现在许多文章中都提出教育革新问题，论文的字里行间洋溢着改革、创新、开拓、进取精神。他的教育革新理论可以概括为以下几点。

(一)学习融合

自西学东渐以来，中国就出现了本土文化与外域文化的冲撞。中国传统文化在“西学”冲击下面临新的选择，要么故步自封，停滞不前；要么积极吸收外来文化，改造自己，创造一代新文化。在近代如何正确对待西方文化和中国文化遗产，曾经走了不少弯路，有人认为“国粹至上”，中国的一切都好，西方的一切均属“微末之技”，因而产生盲目排外的错误；有的人又走到另一极端，高唱“全盘西化”，西方的一切都好，中国的传统一无是处，因而犯了民族虚无主义错误。这两种错误观点都给中国的社会改革带来了不幸和障碍。正确的态度应该是“损益古今，权衡中外”，以科学的态度，批判的精神对待古今中外的文化和思想。然而，19 世纪下半期，中国面临的形势是西方殖民主义叩关的隆隆炮声，中西方组成一个东风无力西风疾不平衡的文化场，中西文化表现为从西往东一边倒的扭曲的畸形交流。正因为如此，国人对"西学"产生了种种疑虑和戒心、矛盾和冲撞：既要学习西方的先进科学和技术，又要抵御外国侵略和奴役；既要接受西方的资本主义政治，又要摆脱列强的殖民统治；既要提倡西方的民主、自由、博爱新道德观、价值观，又要防止资产阶级腐朽意识的侵蚀；等等。这些错综复杂地交织在一起。怎样正确地学习外来文化，如何正确处理中西文化的冲突，不少有识之士进行过不懈的探索。

陶行知生活在社会大变革的时代，较早地接受了西方文化，他站在爱国主义立场上，主张学习西方的先进思想和文化、科学和技术，以拯救危难的中华民族。他说："生乎今之世，列强既具有进取之特性，其学术工商复高出吾人之上，以强佐强，进步一日千里，吾人欲与并驾齐驱，其进取当有列强什百倍之勇猛。即欲在世界求一生存，犹当夙兴夜寐，不容稍事蹉跎。苟仍萎靡不振，习于固循，则保守已无余地，大局何堪设想。"[①]可见，自青年时期起，陶行知对于外来知识就有明确的学习目的。

那么，怎样才能正确学习外来知识呢？陶行知认为正确的学习方法十分重要，他站在方法论的高度看待学习问题。他说："吾国办学十余年，形式上虽不无可观，而教育进化之根本方法，则无人过问。故拘于古法而徒仍旧贯者有之；慕于新奇而专事仪型者有之。"[②]陶行知已认识到：方法的得失关系到成果的优劣。他指出那些洋化教育者，不顾中国国情照搬资本主义国家的办法，脱离中国实际。他们办的幼稚园，用外国钢琴、唱外国歌、讲外国话、玩外国的玩具，甚至吃的都是外国点心。"中国的幼稚园几乎成了外国货的贩卖场，先生做了外国货的贩子，可怜的儿童居然做了外国货的主顾。"[③]对于学制改革，洋化教育者也是抄来抄去，时而模仿日本制度，时而模仿德国制度，时而模仿美国制度。他认为："这种从外国搬来

① 陶行知：《因循篇》，华中师范学院教育科学研究所主编：《陶行知全集》第1卷，湖南教育出版社1984年版，第12页。

② 陶行知：《试验主义之教育方法》，华中师范学院教育科学研究所主编：《陶行知全集》第1卷，湖南教育出版社1984年版，第62页。

③ 陶行知：《创设乡村幼稚园宣言书》，华中师范学院教育科学研究所主编：《陶行知全集》第1卷，湖南教育出版社1984年版，第619页。

的教育制度,不论它们在本国多么富有成效,经这样照搬过来,是不会结出成功之果的。”①他指出,盲目照搬外国,“醉心西化,动辄效颦,而不知宜于彼者,未必皆宜于我”②。他批评那些“辄以仪型外国制度为能事”的所谓新人物,这些人不了解“中外情形有同者,有不同者。同者借镜,他山之石,固可攻玉。不同者而效焉,则适于外者未必适于中”③。所以正确的态度是,对待外国的东西,首先是经过认真考察、实验、辨明优劣,再决定选择与否,他说:“对于一切新理论、新方法的反应不再是生搬硬套,而是先存疑、考察、实验,然后才加以选择。”④所以对于外国的经验,“应该明辨择善,决不可舍己从人,轻于吸收”。“外国的经验,如有适用的,采取他;如有不适用的,就回避他。……去与取,只问适不适,不问新与旧。”⑤他的生活教育理论就是源于杜威,但不同于杜威,而是把发达资本主义国家的教育思想,经过改造、创新,扎根于中国的土地上。

立足本国,吸收外域文化,融会贯通,再造创新是陶行知教育革新理论的第一个特点。

(二)革新创造

陶行知事业成功的重要原因就是既不“仪型他国”,也不“沿袭陈法”,主张革新创造。他建立的晓庄师范、山海工学团、育才学校、社会大学都是创造的结晶,都是力图摆脱旧教育的窠臼,是自己的新路。他的生活教育理论是理论上的创新,教育思想中的奇葩。“生活教育理论是半殖民地半封建的中国争取自由平等的教育理论。”⑥

陶行知要求尊重历史,正确对待传统和先人创造的经验和成就。但反对泥古守旧,无论做什么事,说什么话,都“必求先例”,甚至于达到“有例可援,虽害不问;无例可援,虽善不行”的地步。他认为跟在古人屁股后头,亦

① 陶行知:《民国十三年中国教育状况》,华中师范学院教育科学研究所主编:《陶行知全集》第1卷,湖南教育出版社1984年版,第510页。

② 董宝良主编:《陶行知教育论著选》,人民教育出版社1991年版,第22页。

③ 董宝良主编:《陶行知教育论著选》,人民教育出版社1991年版,第38页。

④ 陶行知:《民国十三年中国教育状况》,华中师范学院教育科学研究所主编:《陶行知全集》第1卷,湖南教育出版社1984年版,第511页。

⑤ 董宝良主编:《陶行知教育论著选》,人民教育出版社1991年版,第93—94页。

⑥ 董宝良主编:《陶行知教育论著选》,人民教育出版社1991年版,第549页。

步亦趋，难得进步。他告诫说："然今昔时势不同，问题亦异。问题即异，方法当殊。故适于昔者未必造于今。徒执古人之成规，以解决今之问题，则圆枘方凿，不能相容，何能求其进步也?"[①]在现实生活中，那种"圆枘方凿"的情况也是屡见不鲜的。

他认为，正确的态度既不"沿袭陈法"，也不忽视先人创造的经验和成果，对历史经验应该持选择的态度。他说："人类从几千年生活斗争中所得到，而留下来的宝贵的历史教训，我们必须用选择的态度来接受。"而且"我们必须把历史的教训，和个人或集团的生活联系起来。历史教训必须通过现生活，从现生活中滤下来，才有指导生活的作用。"[②]再明白不过，陶行知是主张古为今用，发掘先人创造的有益于今日的宝贵遗产，促进社会进步，改变现实生活。所以他说"反传统教育也不是反对固有的优点。我们对于中国固有之美德是竭诚的拥护"[③]。

但是，陶行知并不是到此为止，而是更进一步在接受历史经验教训的基础上创新改造。陶行知强调教育活动中的一个"新"字，他说："新有层出不已之义。"教育工作者应该"塞陈旧之源"、"开常新之道"。他在《第一流的教育家》一文中，号召教育工作者，不要乞灵古人，也不要仿效外国。而应该"不怕辛苦，不怕疲倦，不怕障碍，不怕失败"，"敢探未发明的新理"，"敢入未开化的边疆"。他解释说："敢探未发明的新理，即是创造精神，敢入未开化之边疆，即是开辟精神。"他认为，有了上述精神就是第一流的教育家。他有不少文章都论述了创造的教育思想。他积极参与开展的平民教育、乡村教育、普及教育、国难教育、战时教育、民主教育等各项教育运动，就是创造的典范。

"检讨过去，把握现在，创造将来。"[④]发古人所未发，明今人所未明，是陶行知教育革新理论又一大特点。

(三)因时适势

陶行知的教育思想有一明显特征，就是把教育紧紧地与时势变化结合

① 董宝良主编:《陶行知教育论著选》，人民教育出版社 1991 年版，第 37 页。
② 董宝良主编:《陶行知教育论著选》，人民教育出版社 1991 年版，第 464 页。
③ 董宝良主编:《陶行知教育论著选》，人民教育出版社 1991 年版，第 519 页。
④ 董宝良主编:《陶行知教育论著选》，人民教育出版社 1991 年版，第 506 页。

起来，随着形势的变化不断修订他的教育理论，调整他的教育活动。

陶行知生活在灾难深重的中国，面临列强侵略、内政腐败的严峻形势。他自青年时代起就有强烈的救国图强的意识，立志以教育为武器改变祖国贫困落后的面貌。早在金陵大学的毕业论文中就反映出他有通过教育改变中国地位的想法。他说："人民贫，非教育莫与富之；人民愚，非教育莫与智之；党见，非教育不除；精忠，非教育不出。"①他认为，教育的好坏关系到共和国的强弱。"同心同德，必养成于教育；真义微言，必昌大于教育。""可见教育实建设共和最要之手续，舍教育则共和之险不可避，共和之国不可建，即建亦必终归于败劣。"②在给罗素(J. E. Russell)的信中谈到以后的打算时说："我的毕生志愿是通过教育而非武力来创建一个民主国家。""我坚信没有真正的公共教育就不可能有真正的共和国。"③他认为教育是巩固共和国的基础，提出"教育造国"的观点。在他看来，教育是为改造社会而设。他在给妹妹文渼的信中说："我们生在此时，有一定的使命。这使命就是运用我们全副精神，来挽回国家厄运，并创造一个可以安居乐业的社会交与后代。"④实现的办法，就是开展教育活动。在《我们的信条》中，他列举 18 项奋斗的目标，第一条就是"我们坚信教育是国家万年根本大计"。

值得提出的是，陶行知比较正确地理解了教育与政治经济的关系。在一次演讲中说："惟既有国民政治上的革命，同时还须有教育上的革命。政治与教育原是不能分离的，二者能同时并进，同时革新，国民革命才有基础和成功的希望。"⑤只要我们认真研究他的教育理论就会发现，他的理论不是脱离社会的空论，而是根据国家的实际、社会的变化，并考虑与教育有关的方方面面而立论的。他主张发展教育一定要考虑到相关的机构、相关的学科、相关的思想等各方面的情况。明确指出，谋教育改进，"吾人不能专在教育上谋改进，即以为可以完全达到吾人之目的。吾人当改进教育之时，务须注意教育以外尚有许多别种事情须同时改进也"⑥。在《告生活教

① 董宝良主编：《陶行知教育论著选》，人民教育出版社 1991 年版，第 6 页。
② 董宝良主编：《陶行知教育论著选》，人民教育出版社 1991 年版，第 6 页。
③ 董宝良主编：《陶行知教育论著选》，人民教育出版社 1991 年版，第 9 页。
④ 董宝良主编：《陶行知教育论著选》，人民教育出版社 1991 年版，第 127 页。
⑤ 董宝良主编：《陶行知教育论著选》，人民教育出版社 1991 年版，第 207 页。
⑥ 董宝良主编：《陶行知教育论著选》，人民教育出版社 1991 年版，第 309 页。

育社同志书》中这种观点表现得较为明确。他说:“从一个半殖民地半封建的国家变成一个自由、平等的民有、民治、民享的国家,是要军事、政治、经济、教育几方面配合得好才能达到目的。教育方面必定要具备几种条件才能负起这样伟大的使命。”①这真是一矢中的!

陶行知在讨论教育与政治经济的关系时,他不强调某个决定某个,而是注意两者相互促进的关系。他说:“我承认大众文化的普及是要等到整个政治变成大众的政治。但是,大众的政治决不是凭空从天上掉下来的,它是要靠着大众继续不断的奋斗才能实现。这奋斗是要运用文化的武器以转变大众的思想才能保证胜利。”②陶行知开展的各项教育运动都与政治和社会革命紧紧地联系在一起,和人民的需要息息相关。例如,1935 年面对日本帝国主义的侵略,为抗敌救国开展了国难教育运动。到 1937 年“七七”事变后,面对全面抗战的新形势,他及时地将国难教育运动改为战时教育运动。1940 年抗日战争进入艰苦阶段,为配合全面抗战,他又组织了全面教育运动。这说明,陶行知的教育活动是服务于政治需要的,是和祖国人民的利益联系在一起的。

因时变革,从人民利益出发,为祖国富强服务,是陶行知教育革新理论的第三个特点。

二、革新的实践

陶行知面对积弱积贫的国家形势,从美国学成回国,立志改造中国教育,探寻一条新的教育道路。在探索教育改革过程中,适应时代要求,开展教育运动,不断发展生活教育理论。他的革新进取,奋斗不息的精神,为今天的教育改革,提供了有益借鉴。

平民教育运动(1917—1926)　为推广平民教育活动,他撰写《平民教育概论》一文,文中说:“中国现在所推行的平民教育,是一个平民读书运动。我们要用最短的时间,最少的银钱,去教一般人读好书,做好人。”并认为,这是“各种教育的基础”、“今日之平民教育就是将来普及教育的先

① 董宝良主编:《陶行知教育论著选》,人民教育出版社 1991 年版,第 519 页。
② 董宝良主编:《陶行知教育论著选》,人民教育出版社 1991 年版,第 487 页。

声”①。平民教育的宗旨就是使人人平民化,使贫富、贵贱、老爷、太太、丫头,以及三教九流七十行,男男女女各类人都相互沟通,打破阶级鸿沟,成为平等的人群。他表示“我要用四通八达的教育,来创造一个四通八达的社会”,并深信有平民教育,“这个四通八达的社会不久要降临了”。为开展平民教育运动,他组织平民学校、平民读书处、平民问字处、编写平民教材——《平民千字课》。为推广平民教育,他奔波于冀、察、浙、皖、赣、豫、鄂等省。他在一封信中说:“凡我脚迹所到的地方,就是平民教育到的地方。我们不久就要把平民教育输入军队里、善堂里、工厂里、监牢里、尼姑庵里、济良所里。我们要叫黑暗的地方大放光明。”②

乡村教育运动(1927—1930)　陶行知在推行平民教育的过程中,逐渐认识到,中国以农立国,人民十有八九住在乡下,仅靠城市开展平民教育,不可能实现普及教育的目的,平民教育必须下乡。他希望另寻一条出路,“就是建设适合乡村实际生活的教育”。

陶行知认为,要办好乡村学校,首要的条件是有一支好的教师队伍,这些教师“要有农夫的身手、科学的头脑、改造社会的精神”。他把乡村学校当作改造中国乡村的中心,认为乡村学校“办得好,能叫农民上天堂;办得不好,能叫农民下地狱”。为此,他决定先办一所实验乡村师范学校,以培养新型的乡村教师。他说:“乡村师范学校是依据乡村实际生活,造就乡村学校老师、校长、辅导员的地方。”他希望培养一批热心于乡村教育的教师,甘心为农民服务,立志改革农村:“一年使学校气象生动;二年使社会信仰教育;三年使科学农业著效;四年使村自治告成;五年使活的教育普及;十年能使荒山成林、废人生利。”他满怀信心地说:“这种教师就是改革乡村生活的灵魂。”

为了实现他的以教育改造乡村的愿望,他着手在南京郊区创办试验乡村师范学校。从1926年底开始筹备,1927年3月开学,定名为晓庄试验乡村师范学校,晓庄师范按照陶行知的“生活即教育”、“社会即学校”、“教学做合一”的生活教育理论组织教育和教学活动,他在晓庄的试验收到良好效果,引起世人的关注。

---

① 董宝良主编:《陶行知教育论著选》,人民教育出版社1991年版,第145页。

② 陶行知:《作十万新民　寿六旬王母——致程仲沂》,华中师范大学教育科学研究所主编:《陶行知全集》第5卷,湖南教育出版社1985年版,第42页。

普及教育运动(1931—1935) 陶行知分析日本之所以发达,根源在于重视科学技术。他为了普及科学知识,推行"科学下嫁"运动,创办自然园,编辑《儿童科学丛书》和《大众科学丛书》,还自编了三本科普读物《儿童度量衡》、《空气的把戏》和《肥皂的把戏》,并建立了科学实验室。1932 年 5 月又创办了儿童科学通讯学校,以后又创办空中学校,利用广播电台,开设科学讲座,普及科学知识。

为推进普及教育运动,他本着"工以养生,学以明生,团以保生"的宗旨创办了工学团。他希望"乡村工学团是一个小工场、一个小学校、一个小社会",对人民大众实施军事、生产、科学、识字、民权、生育六大训练。1932 年 10 月 1 日在上海宝山县孟家桥的山海工学团正式开学。山海工学团以招收农民子弟为主,学习内容既有文化科学知识,又参加生产劳动,创出一条教育与生产劳动相结合的路子。

在工学团活动中,陶行知的一个重要发明是"小先生制"——"即知即传"的原则,成为穷国普及教育的好办法。为此,他写了《小先生与民众教育》、《怎样做小先生》等专文,论述"小先生制"在普及教育中的重大意义。例如,"中国最难普及的是女子教育,乡下十七八岁的大姑娘,或是二十几岁的大嫂子,一位年青的男先生去教,乡下人是看不惯,不欢迎你去做的。即使较开通,肯受教了,不多时,谣言来了,女学生不敢上学了,甚至把学堂封掉了。……现在小先生来了,女子教育就如雪团见太阳,一见冰消,问题一笔解决"①。甚至"小先生连新娘房里都能钻进去上课"②。

国难教育运动(1935—1937) "一·二九"运动,推动了全国抗日救亡运动。陶行知面对民族危机的严峻形势,为保家卫国,决定把教育工作与抗日救亡的斗争结合起来。1936 年陶行知提出国难教育口号,拟定了国难教育方案,在《大众的国难教育方案》中指出,国难教育的目标:"甲、推进大众文化;乙、争取中华民族之自由平等;丙、保卫中华民国领土与主权之完整。"③1936 年 1 月 23 日陶行知发起成立了国难教育社,发表了《国难教育社成立宣言》,拟定了《国难教育社工作大纲》,提出 16 项工作要点,举办

---

① 董宝良主编:《陶行知教育论著选》,人民教育出版社 1991 年版,第 403～404 页。

② 董宝良主编:《陶行知教育论著选》,人民教育出版社 1991 年版,第 424 页。

③ 陶行知:《上海文化界救国公会国难教育方案》,华中师范大学教育科学研究所主编:《陶行知全集》第 3 卷,湖南教育出版社 1985 年版,第 9 页。

大众学校、时事研究会、国民教育讲习班，开展军事、防毒救护、运用交通工具等技术讲习班等活动。

战时教育运动(1937—1939)　“七七”事变后，开始了全面抗战，陶行知及时地将国难教育改为战时教育运动，将《生活教育》杂志改版为《战时教育》。“八一三”后，山海工学团组织了战时服务团，成立了孩子剧团，宣传抗日救国。1938 年 2 月 12 日成立了抗战教育研究会，陶行知指出，“有战时的生活便不得没有战时的教育”，战时的民众教育是“生活为抗战，抗战即生活”。他提出了战时民众教育的五项原则：(一)社会与学校应打成一片，以构成全民抗战之事实；(二)生活与教育联为一气，养成民众战时之生活；(三)节省时间以办战时民众教育；(四)节省经济，以最少之经费，办多数之学校；(五)即知即传，对于抗战一切问题，以其所知者，即时传给别人。并且要求“一切教法根据抗战建国之需要”①。在《游击区教育》一文中，他说：“游击教育要把教育变成生活，把生活变成教育，把生活与教育变成战斗，把战斗变成生活与教育。”②

全面教育运动(1940—1945)　1939 年抗日战争进入全面抗战阶段。陶行知在一次讲演中指出：“这阶段的战争特征是把战争的形势展开成全面，它已不是点线的战争，而是各方面的全面战争了。”因此，教育也必须适应情况的变化，需要进行全面教育，他在一次讲演中论述了“全面战争与全面教育”。他说：“所谓全面教育，就是‘教育战’，我们的抗战是全面抗战，我们的教育也跟着全面抗战而成为全面教育。”③他认为，“教育应该配合抗战”。他根据当时的具体情况和需要，提出实施全面教育的六点要求。

这一时期，陶行知为“办难童学校，收容教养在战争中流离失所的苦难儿童”，创办了育才学校④。他在《育才学校教育纲要草案》中，谈到育才学校的性质时说：“育才学校根据中华民国教育宗旨及抗战建国需要，用生活教育之原理与方法，培养难童中优秀儿童，使成为抗建之人才。”

---

① 陶行知：《在大转机中活跃的广西》，华中师范大学教育科学研究所主编：《陶行知全集》第 3 卷，湖南教育出版社 1985 年版，第 302 页。

② 董宝良主编：《陶行知教育论著选》，人民教育出版社 1991 年版，第 55 页。

③ 董宝良主编：《陶行知教育论著选》，人民教育出版社 1991 年版，第 511 页。

④ 戴伯韬：《陶行知的生平及其教育学说》，人民教育出版社 1982 年版，第 109 页。

民主教育运动（1945—1946） 抗日战争胜利后，国民党实行一党专政，反对独裁争取民主政治是当时社会的主要课题。为使教育服务于民主革命活动，陶行知提倡民主教育运动。他在《民主教育》一文中解释说："民主教育是人民的教育，人民办的教育，为人民自己的幸福而办的教育。"又说："民主教育是教人民做主人，做自己的主人，做国家主人，做世界的主人。"①他著文《实施民主教育的提纲》，全文分 12 个问题，论述民主教育的性质、对象、目的、内容和方法，以及民主教育的学制、行政管理和教师，并提出他办补习大学及夜大学的设想。1946 年 1 月 15 日重庆社会大学开学。社会大学"是夜大学，纯粹由职业青年自动创办的"，是为帮助青年业余进修、系统学习革命理论而设的，它是民主教育的产物，设有政治、文学、教育和新闻四个系，招收对象主要是社会青年。

三、学习陶行知的革新精神，加速教育改革

陶行知教育思想博大精深，包括教育理论和实际的方方面面，其优秀思想被升华为行知精神，主要有："民之所好好之，民之所恶恶之"的尊民爱国思想；"捧着一颗心来，不带半根草去"的献身精神；勤奋好学，开拓进取的拼搏精神；"为一大事来，做一大事去"的创造精神；尽心竭力不求所报的服务精神；诲人不倦，为人师表的育才精神。他的教育革新思想扎根于国家的利益、民族的利益和人民的利益。他的教育革新的原则：第一是为人民服务的原则；第二是因时变革、不断进取的原则；第三是遵守教育规律、重视科学的原则。正因如此，才能使他的教育理论和教育活动长盛不衰，有强大的生命力，才能在困难环境里创造出巨大成绩，才能在多次挫折后，仍能奋进不息，才能为人民所接受，成为人民宝贵的教育遗产。陶行知的优秀教育遗产对当前的教育改革，对建设有中国特色的社会主义教育理论有极大的启迪和借鉴意义，值得我们继承和发扬。以下分述之。

（一）创造精神

陶行知的成功在创造，陶行知的教育理论讲创造。在教育活动中，他

① 董宝良主编：《陶行知教育论著选》，人民教育出版社 1991 年版，第 623 页。

既反对“沿袭陈法”，也反对“仪型他国”。他以敏锐的思想、独创的方法，探寻中国教育新路。例如他创办晓庄师范时，没有校舍，缺乏设备，他就“以宇宙为教室，奉自然作宗师”，师生共同劳动，创建校舍，师生同住帐篷，共渡难关。他曾有一闻牛粪诗百篇之慨，把“从野人生活出发，向极乐世界探寻”奉为行动口号。在其后创办的山海工学团、育才学校、社会大学等活动中，都是从中国实际出发，本着创造的精神建立起来的。他在一篇题为《创造宣言》的文章中，表述了他的创造精神。在文章中，他针对某些畏难怕苦的思想，怯于创造的行为提出批评，他认为，中外古今名人皆由创造而成功。如清代画家八大山人(朱耷)、古希腊雕刻家菲狄亚斯(Phideas)、意大利文艺复兴时期的雕塑家米开朗琪罗(Michelangelo Buanrroti)、《正气歌》的作者文天祥、奥地利著名作曲家莫扎特(Wolfgang Amadens M. Zart)以及法国科学家帕斯卡(Pascal)等人，都在平凡上创造出不平凡。他说：“对于教育者来说，他们所要创造的，是真善美的活人。”“教师的成功是创造出值得自己崇拜的人，先生之最大的快乐，是创造出值得自己崇拜的学生。”“教育者也要创造值得自己崇拜之创造理论和创造技术。”①在教育理论方面，他强调要创造新理。他说：“教育之真理无穷，能发明之则长新。”②他认为“今日的教育家，必定要在下列两种要素之中得一种，方才可以算为第一流的人物”，即“(一)敢探未发明之新理；(二)敢入未开化的边疆”。他号召教育工作者，用大无畏之斧、智慧之剑、金刚之信念与意志去开出一条新路，这样便可以出现“处处是创造之地，天天是创造之时，人人是创造之人”③。

事实上，人类在改造自然、改造社会和自我改造的过程中，总要有所发现，有所创造，有所前进，努力创造出丰富多彩的物质文明和繁花似锦的精神文明。我们就是要在前代成果的基础上，开发创造性思维，培养创造的能力。我们的教育改革，教育理论的研究等都具有创造意义，实际上也都是创造性的活动。

(二)从国情出发，办中国式的教育，创自己的理论

陶行知在长期教育实践中，始终坚持从中国国情出发，走中国化的办

---

① 董宝良主编：《陶行知教育论著选》，人民教育出版社 1991 年版，第 583 页。

② 董宝良主编：《陶行知教育论著选》，人民教育出版社 1991 年版，第 36 页。

③ 董宝良主编：《陶行知教育论著选》，人民教育出版社 1991 年版，第 585 页。

学道路，这是陶行知教育思想的重要特点。他主张正确对待古今中外的教育经验，既反对“沿袭陈法”的老八股，也反对“仪型他国”的洋八股。他认为，无论是“老八股”还是“洋八股”都是脱离中国教育实际，脱离民众生活的教育。“‘老八股’与民众生活无关，‘洋八股’依然与民众生活无关。”但他不是历史虚无主义者，更不是盲目排斥外来文化的人。他明确表示，“反对洋化教育的用意并不是反对外来的知识”，“反对传统教育也不是反对固有的优点”①，其目的在于走中国自己的路，办中国自己的新教育。他说：“我们深信一个国家的教育，无论在制度上、内容上、方法上不应常靠着稗贩和因袭，而应该照准那国家的需要和精神，去谋适合、谋创造。”并且要跟上时代的步伐，随着形势的变化不断改革。如上述的几大教育运动正是如此，既要考虑“国情”，又要顺应“世情”。陶行知的生活教育理论就是海纳百川、吸收众家，博采古今中外之长再创造的结晶，具有鲜明的中国特色。今天的教育改革，应该学习陶行知正确对待古今中外遗产的精神，立足本国，把握时代，广收众家，开拓创造，建立有中国特色的社会主义教育理论和教育体系。

（三）“国之盛衰，视乎教育”，“教育是立国的根本”

陶行知十分重视教育的社会地位和作用，国之盛衰，视乎教育。在《师范教育之新趋势》一文中，明确地提出“教育是立国的根本”。在《我们的信条》中，公开宣布：“我们深信教育是国家万年根本大计。”可以说，“教育立国”思想是他一贯的主张，也是创办各种学校，开展各项教育活动，阐述各类教育问题的指导思想。

今天是科学技术腾飞的时代，国家的财富，国力的强弱，民族的素质，人民生活水平的高低，都与科学技术的优劣密切相关，而科学技术的先进与落后，归根到底是教育问题。目前，我国正处于社会主义现代化建设时期，无论从社会主义物质文明或精神文明建设，或者是从综合国力、民族素质上看，都与教育的优劣有着密不可分的联系。我们已经提出“百年大计，教育为本”的指导思想，因此，重温陶行知的“教育立国”的主张，树立“社会主义建设必须依靠教育”的意识，对于指导改革现有教育体制，积极筹措经

---

① 董宝良主编：《陶行知教育论著选》，人民教育出版社 1991 年版，第 519 页。

费，扩大教育投入，保证教育在社会主义现代化建设中的战略地位，使“百年大计，教育为本”从口号变为行动，在全民中树立重视教育的观念，无疑具有现实指导意义。

（四）爱国、爱民，为人民教育事业呕心沥血的献身精神

陶行知以他的爱国之情，报国之志，把毕生精力献给人民的教育事业。他热爱祖国，希望祖国早日繁荣富强。他说：“国家是大家的，爱国是每个人的本分。……凡是脚站中国土地，嘴吃中国五谷，身穿中国衣服的，无论男女老少，都应当爱中国。”①人民第一，人民至上，为人民服务，是他办学的根本原则。他诚心实意地为劳苦大众及其子女办学，是一位“爱满天下”的人民教育家，“他爱人民中最多数而最不幸的中华民族”，“他爱中华民族中最多数而最不幸之农民”。为了使广大劳苦大众都有受教育的机会，他积极从事平民教育活动，当他认识到人民中80％的农民是最下层的、最痛苦时，他宁可教授不当，高薪不要，脱下西装革履，穿上布衣草鞋，到乡下去，到农民中间去，办乡村学校，改革中国农村。他认为：“好的乡村学校，就是改革乡村生活的中心。”在他看来，“乡村教育是关系到三万万四千万人民之幸福！办得好，能叫农民上天堂；办得不好，能叫农民下地狱”。他立志要办许多乡村学校，以改革落后的农村，“叫中国一个个乡村都有充分的新生命，合起来造成中华民国的伟大的新生命”。他要求从事乡村教育的同志把整个心献给农民，向农民“烧心香”，心里想着农民的甘苦。更为难能可贵的，他要求虚心向人民学习，他说：“跟人民学习，向人民报告，为人民服务，代人民呼号，教人民进步，作人民向导。”②应该做到，“民之所好好之，民之所恶恶之。教人民进步者，拜人民为老师”③。他号召教育工作者，学习人民的思想感情，学习人民的道德修养，学习人民的语言。他不愧是一位伟大的人民教育家。

---

① 陶行知：《叶诚一先生的教育主张》，华中师范大学教育科学研究所主编：《陶行知全集》第5卷，湖南教育出版社1985年版，第67页。

② 陶行知：《新闻大学——贺〈新华日报〉八周岁》，华中师范大学教育科学研究所主编：《陶行知全集》第4卷，湖南教育出版社1985年版，第708页。

③ 陶行知：《民之所好三首》，华中师范大学教育科学研究所主编：《陶行知全集》第4卷，湖南教育出版社1985年版，第660—661页。

陶行知先生一生为人民办学的高尚品德,受到人们的赞许称道。郭沫若称赞说:“他的人民意识觉悟得比任何人快而且彻底。”茅盾称颂说:“他的教育理论在我看来,可以用一句话来概括:适应人民的要求而又提高人民的要求。”翦伯赞说:“生活教育,是一种人民本位教育,这种教育不仅和生活打成一片,也和人民打成一片。”在今天,我国教育事业还有不少不如人意的地方,特别是农村教育发展不平衡,某些地区还相当落后,需要一大批像陶行知那样“捧着一颗心来,不带半根草去”的献身精神的人,满腔热情地投身于乡村教育事业中去,改变我国农民教育的落后面貌。

(阎广芬撰写此文时系河北大学教育系副教授,阎国华撰写此文时系河北大学教育系教授、河北省陶行知研究会会长)

陶行知教育思想与当代教育改革

金林祥　张伟

陶行知是五四以来中国伟大的教育家，他怀着深厚的爱国、爱民思想，毕生献身于人民大众的教育事业，创造了具有中国特色的以生活教育理论为主要内容的教育学说。这些宝贵的理论与方法，不仅为创建新民主主义的教育事业立下了不朽的历史功勋，而且对我们今天的教育改革，建立有中国特色的社会主义教育体系，仍然有重要的借鉴。

教育立国思想与将教育摆在优先发展的战略地位

教育立国是陶行知先生的一贯主张。早在金陵大学时期，他就在其毕业论文《共和精义》中系统阐明了教育与建设共和国家的关系："人民贫，非教育莫与富之；人民愚，非教育莫与智之；党见，非教育不除；精忠，非教育不出。教育良，则伪领袖不期消而消，真领袖不期出而出。而多数之横暴，亦消于无形。况自由平等，恃民胞而立，恃正名而明。同心同德，必养成于教育；真义微言，必昌大于教育。"①陶行知认为，共和之要素有二：一曰教育；二曰生计。"然教育苟良，则人民生计必然渐臻满意。可见教育实建设共和最要之手续，舍教育则共和之险不可避，共和之国不可建，即建亦必终归于劣败。"②这是陶行知教育立国思想的最早表露，是他从事教育事业的初始动机。

在美留学期间，他在1916年2月26日致哥伦比亚大学师范学院院长罗素的信中表明："我坚信没有真正的公共教育就不可能有真正的共

---

① 陶行知：《共和精义》，华中师范学院教育科学研究所主编：《陶行知全集》第1卷，湖南教育出版社1984年版，第51页。

② 陶行知：《共和精义》，华中师范学院教育科学研究所主编：《陶行知全集》第1卷，湖南教育出版社1984年版，第51页。

和国。”[①]回国后不久，1918 年 5 月，他应邀回故乡，在安徽省立第一师范和省立第一女子师范学校发表演说时指出：“鄙人谓教育能造文化，则能造人；能造人，则能造国。今人皆云教育能救国，但救国一语似觉国家已经破坏，从而补救，不如改为造国。”[②]1918 年 10 月，他在南京高师教育研究会上指出：“夫国之盛衰，视乎教育。”[③]1921 年 10 月，陶行知发表了《师范教育之新趋势》一文，文中第一句话就指出：“教育是立国的根本。”[④]他认为师范教育可以兴邦，也可以促国之亡。教育的好坏，是关系国家和民族前途兴衰的大事，而教育的好坏又和师范教育的好坏密切而不可分。在这里，他把教育的地位和作用提到一个空前的高度来认识。他认为，共和国立国的要素，在于造就合格的国民，教育担负着改造国民的重大责任，国家的前途盛衰取决于此。因此，必须“谋进步的教育”！1925 年开始，陶行知到各地考察了我国的教育状况，在 1925 年 8 月中华教育改进社第四届年会上讨论中国教育政策时他指出“国家运用教育以达立国之目的”[⑤]，进一步提出了教育立国的措施和政策。1926 年 11 月，中华教育改进社特约乡村试验学校在南京明陵小学召开第一次研究会暨乡村教育研究会成立大会，陶行知到会发表了题为《我们的信条》演讲，指出我们的信条第一就是要“我们深信教育是国家万年根本大计”[⑥]。应该说教育立国在陶行知那个时代是无法实现的，但陶行知早年提出的教育立国思想，并且把教育作为“国家万年大计”的主张，充分反映出他对教育在国家发展中的地位和作用的认识，体现了伟大人民教育家的战略远见。

陶行知教育立国之远见不仅在于他的主张，更重要的在于他的实践。

---

① 陶行知：《我的生活经历和今后打算——致罗素的信》，董宝良主编：《陶行知教育论著选》，人民教育出版社 1991 年版，第 9 页。

② 陶行知：《师范生应有之观念》，上海市陶行知研究会等编辑：《陶行知佚文集》，四川教育出版社 1989 年版，第 4 页。

③ 陶行知：《在南京高师教育研究会上的演讲》，华中师范学院教育科学研究所主编：《陶行知全集》第 1 卷，湖南教育出版社 1984 年版，第 74 页。

④ 陶行知：《师范教育之新趋势》，华中师范学院教育科学研究所主编：《陶行知全集》第 1 卷，湖南教育出版社 1984 年版，第 166 页。

⑤ 陶行知：《中国教育政策之商榷》，华中师范学院教育科学研究所主编：《陶行知全集》第 1 卷，湖南教育出版社 1984 年版，第 555 页。

⑥ 陶行知：《我们的信条》，华中师范学院教育科学研究所主编：《陶行知全集》第 1 卷，湖南教育出版社 1984 年版，第 651 页。

1923 年起,陶行知将改革教育之注意力转向推行平民教育,他联合朱其慧、晏阳初等,成立中华平民教育促进会,在宣言中指出:“一个共和国的基础稳不稳固,全看国民有知识没有,国民如果受过相当的教育,能够和衷共济,努力为国家负责,国基一定稳固。”①陶行知的理想是要通过平民教育,使全国人民都能受到教育,把横的阶级,纵的阶级都打通,“要用四通八达的教育,来创造一个四通八达的社会”②。为此,他亲自和同仁们合编军人、农民的《平民千字课》,并不辞劳苦,四处奔波,深入广大农村、工矿、军队、庙宇等,创办平民学校和读书处。

陶行知第一个提出了教育必须下乡,科学知识必须给予农民的主张。他认为以农立国的中国,乡村教育是立国的根本大计。20 世纪 30 年代初期,他从事普及教育运动,创办山海工学团,并把普及工农大众的教育运动和抗日救亡运动结合起来。“九一八”和“一·二八”后,他推行国难教育以救亡图存;“七七”事变后,他推行战时教育以使生活教育与抗战紧密配合;抗战后期进入全面抗战时期,他推行全面教育以培养为国所用之才;抗战胜利后,他推行民主教育以反对国民党专制独裁。陶行知在其一生的教育实践中,始终抱着教育立国的信念,以其广博的知识、服务人民的热情、坚持到底的事业精神、孜孜以求地探索中国教育发展的道路,为中国人民教育事业作出了卓越贡献。

陶行知教育立国思想及其实践,始终坚持从中国的国情和国力出发,他特别批评“因袭陈法”与“仪型他国”的时弊,认为不除“因袭陈法”之弊,就不能“求教育刷新进步”③。我国近代自兴办新学以来,先学日本,后学德国,继学法国、美国。五四时期,尤以学美国为时尚,对此,陶行知深为不满。在如何对待古今中外教育经验上,陶行知主张对于“外国的经验,如有适用的,采取他;如有不适用的,就回避他。本国以前的经验,如有适用的,就保存他;如不适用,就除掉他。去与取,只问适不适,不问新和旧”④。一

---

① 陶行知:《中国平民教育促进会宣言》,华中师范大学教育科学研究所主编:《陶行知全集》第 3 卷,湖南教育出版社 1985 年版,第 665 页。

② 陶行知:《创造一个四通八达的社会——致文渼的信》,华中师范大学教育科学研究所主编:《陶行知全集》第 5 卷,湖南教育出版社 1985 年版,第 55 页。

③ 陶行知:《试验主义与新教育》,华中师范学院教育科学研究所主编:《陶行知全集》第 1 卷,湖南教育出版社 1984 年版,第 94 页。

④ 陶行知:《我们对于新学制草案应持之态度》,华中师范学院教育科学研究所主编:《陶行知全集》第 1 卷,湖南教育出版社 1984 年版,第 191 页。

切以是否符合中国国情为依归。他还认为:"我们深信一个国家的教育,无论在制度上、内容上、方法上不应常靠着稗贩和因袭,而应该准照那国家的需要和精神,去谋适合,谋创造。同时我们又认定这个国家,如果是现代的国家,如果是现代世界的一个国家,那么他的教育,便不能不顺应着时代和世界的教育趋势,而随伴着竞进。"①陶行知教育立国的思想与实践,顺应时代和世界的发展趋势,同时又是从中国的国情出发,具有鲜明的中国特色。

陶行知教育立国思想为我国当前教育改革提供了有益的理论借鉴。以教兴国,将教育摆在优先发展的战略地位,也是邓小平建设有中国特色的社会主义理论的重要内容。党的十四大指出:"科技进步,经济繁荣和社会发展,从根本上说取决于提高劳动者素质,培养大批人才。我们必须把教育摆在优先发展的战略地位,努力提高全民族的思想道德和科学文化水平,这是实现我国现代化的根本大计。"把教育摆在优先发展的战略地位,是我们党对教育认识上的一个飞跃,是我们党在经济建设指导思想上一个重大发展,表明我们党在怎样进行社会主义建设的问题上,找到了一条正确的道路。

我们正处在新旧世纪交替的重要历史时期,面对的是一个充满激烈竞争的世界。国际间以综合国力为基础的经济竞争,在很大程度上是科学技术的竞争,人才的竞争,但归根到底是教育的竞争。哪个国家教育发展,哪个国家就有了人才,也就能在激烈的国际竞争中取得战略主动地位。教育质量下降,必将严重影响国家的政治地位、经济竞争力、科技发展和人民生活水平。教育危机必然导致国家危机。我们是在一个人口众多,资源相对不足,经济还比较落后的国家里进行社会主义现代化建设的。根据我国国情,要实现现代化建设的目标,进一步解放和发展生产力,必须优先发展教育,提高劳动者素质,把沉重的人口负担转化为人才资源优势,舍此没有别的选择。当前,我们必须进一步充分认识:社会主义建设必须依靠教育是我国现代化建设的一个基本指导思想,优先发展教育,是民族振兴、国家繁荣富强、人民富裕幸福、实现现代化的根本大计。我们应吸收陶行知教育

① 陶行知等:《〈新教育评论〉创刊缘起》,华中师范学院教育科学研究所主编:《陶行知全集》第1卷,湖南教育出版社1984年版,第568页。

立国思想与实践中的合理部分，以教兴国，把握当前有利时机，加快教育改革与发展，迎接 21 世纪的挑战。

人格教育思想与素质教育

人的素质状况对社会发展起着至关重要的作用。要实现教育立国的理想，就必须提高人民的素质。陶行知在教育实践中十分重视旨在提高人民基本素质的人格教育。

陶行知的人格教育思想有四个方面内容："一、私德为立身之本，公德为服务社会国家之本。二、人生所必需之知识技能。三、强健活泼之体格。四、优美和乐之感情。"[①]不难看出，陶行知的人格教育思想实际上要求受教育者做一个完整的人，在"真善美"、"知情意"、"智仁勇"等方面和谐发展。

陶行知将"创造真善美之人格"视为高层次的德育目标，其旨在培养具有完满人格的人才。他在《育才学校节略》一文中谈到"创造生活"时说："本校师生工友，以集体力量从事于五项创造工作：一、创造健康之堡垒；二、创造艺术之环境；三、创造生活之园地；四、创造学术之气候；五、创造真善美之人格。"[②]他认为，"真善美"的人格，"必须抱有坚强人格，不可自由摇动，尤其到了利害生死关头之时，必富有'富贵不能淫，贫贱不能移，威武不能屈'的气概。这才算是一个真正的大丈夫，真正的国民"[③]。"真善美"是一个整体，陶行知讲的要做一个整个的人，就是指具有"真善美"人格的整体的人。1924 年，他谈安徽公学创学的三个目标：即科学的精神、美术的精神、大丈夫的精神，综合起来就是"真善美"人格的真谛。在"真善美"人格中，陶行知特别强调"真"。1941 年，他告诫青年，记住"追求真理做真人"这七个字，终身受用无穷。"千教万教，教人求真；千学万学，学做真人"

---

① 陶行知：《教育改进》，华中师范大学教育科学研究所主编：《陶行知全集》第 2 卷，湖南教育出版社 1985 年版，第 224 页。

② 陶行知：《育才学校节略》，华中师范大学教育科学研究所主编：《陶行知全集》第 3 卷，湖南教育出版社 1985 年版，第 509 页。

③ 陶行知：《学生的精神》，华中师范学院教育科学研究所主编：《陶行知全集》第 1 卷，湖南教育出版社 1984 年版，第 571 页。

这副对联，就是陶行知一生的鲜明写照。

“知情意合一”、“智仁勇合一”是“真善美”人格的具体内容，是把全面发展人的多方面的素质联系起来，统一起来。即把传授知识，进行思想、感情、意志、性格等方面的教育结合起来而不是割裂开来去培养与训练。

陶行知认为“知情意”的教育是整个的、统一的。他批评“中国数十年新教育是知识贩卖的教育”。他认为“知的教育不是灌输儿童死的知识，而是同时引起儿童的社会兴趣与行动的意志。情育不是培养儿童脆弱的感情，而是调节并启发儿童应有的感情，主要的是追求真理的感情；在感情之调节与启发中使儿童了解其意义与方法，便同时是知的教育；使养成追求真理的感情并能努力与奉行，便同时是意志教育。意志教育不是发扬个人盲目的意志，而是培养合于社会及历史发展的意志。合理的意志之培养和正确的知识教育不能分开，坚强的意志之获得和一定情况下的情绪激发与冷淡无从割裂”①。所以“我们要求在统一的教育中培养儿童的知、情、意，启发其自觉，使其人格获得完备的发展”②。“知情意合一”的教育，超越了以学习“全面”的知识为目标的全面发展教育，而是真正造就“完满的人格”。

在“智仁勇合一”的教育方面，陶行知认为“智仁勇”过去被称为“天下之美德”，是“中国重要的精神遗产”，它“今天仍然不失为个人完满发展之指标”。他说：“不智而仁是懦夫之仁；不智而勇是匹夫之勇；不仁而智是狡黠之智；不仁而勇是小器之勇；不勇而智是清谈之智；不勇而仁是口头之仁。”③因此，要“通过全部生活与课程以达到智仁勇之鹄的。我们要求每一个学生个性上滋润着智慧的心，了解社会与大众的热诚，服务社会与大众自我牺牲的精神”④。陶行知继承“智仁勇”这一中华民族重要的精神遗产，并将它赋予时代的内涵，即培养追求自然与社会的科学真理之大智。

陶行知认为，人格教育的基础是一般的道德教育。他将道德分为公德

---

① 陶行知：《育才学校教育纲要草案》，华中师范大学教育科学研究所主编：《陶行知全集》第3卷，湖南教育出版社1985年版，第367—368页。

② 陶行知：《育才学校教育纲要草案》，华中师范大学教育科学研究所主编：《陶行知全集》第3卷，湖南教育出版社1985年版，第367—368页。

③ 陶行知：《育才学校教育纲要草案》，华中师范大学教育科学研究所主编：《陶行知全集》第3卷，湖南教育出版社1985年版，第368页。

④ 陶行知：《育才学校教育纲要草案》，华中师范大学教育科学研究所主编：《陶行知全集》第3卷，湖南教育出版社1985年版，第368页。

与私德两类，他认为“私德更是公德的根本”。他号召育才学生把自己的私德建立起来，建筑起“人格长城”来。由私德的健全，而扩大公德的效用，来为集体谋福利。同时，陶行知还认为教育应提早进行。尽管小孩在破蒙时期尚不明人格之重要，但正如“少成若天性，习惯如自然”的道理一样，正确的人格教育，会使儿童终身受益。所以，陶行知在给江苏省省长陈陶遗的信中，建议开展幼儿的人格教育。“人格教育端赖六岁以前之培养。凡人生之态度、习惯、倾向，皆可在幼稚时代立一适当基础。吾国人漠视幼稚时代之重要，学校教育耗费精神，纠正幼稚时代已成之不良态度、习惯、倾向，可谓事倍功半。”①对于这样一个做人的根本问题，必须从小抓起，愈早愈好。这样才能收到事半功倍之效。

“知情意合一”、“智仁勇合一”的完满的人格就是陶行知在他的《创造宣言》中说的教育者“所要创造的是真善美的活人”②。这是他理想的教育目的，是他教育的理想，是他别具特色的全面发展的教育目的。

陶行知人格教育思想的四个方面内容实际上是每一个健全的人应该必备的素质，对我们今天开展的素质教育确有很多启发之处。《中国教育改革和发展纲要》提出：“中小学要由‘应试教育’转向全面提高国民素质的轨道，面向全体学生，全面提高学生的思想道德、文化科学、劳动技能和身体心理素质，促进学生生动活泼地发展。”1985 年 5 月邓小平同志在全国教育工作会议讲话中明确提出：“我们国家，国力的强弱，经济发展后劲的大小，越来越取决于劳动者的素质。”③

应该承认，我国教育事业发展的步伐还落后于经济、科技改革，以及经济发展的紧迫需要。我国的一些企业经济效益低，产品缺乏竞争能力的状况之所以长期得不到改变；农业科学技术之所以得不到普遍推广；宝贵的资源和生态环境之所以得不到充分利用和保护；人口增长之所以得不到有效的控制；一些不良的社会风气之所以屡禁不止，原因固然很多，但一个重

① 陶行知：《幼稚园应有之改革及进行办法》，华中师范大学教育科学研究所主编：《陶行知全集》第 5 卷，湖南教育出版社 1985 年版，第 135 页。

② 陶行知：《创造宣言》，华中师范大学教育科学研究所主编：《陶行知全集》第 3 卷，湖南教育出版社 1985 年版，第 482 页。

③ 邓小平：《把教育工作认真抓起来》，《邓小平文选》第 3 卷，人民出版社 1993 年版，第 120 页。

要的原因是劳动者的素质太低。当前,素质教育在很多地方仅仅是作为一个口号提出而并未落到实处。中小学里仍存在着课时重、统考重、作业重、书包重、心理负担重。相应的是体育活动少、劳动少、课外活动少、多方面的能力培养锻炼少、注意提高身心素质的教育少。这"五重"、"五少"带来的负效应是近视眼多、高分低能多、心理素质差的多、学校中不被关注的学生多、淘汰给社会的次品多。很难设想,如此"多"的低素质,今后全民族素质将会如何!因此,从陶行知人格教育思想中借鉴有益成分,真正做到加强对学生进行素质教育,已成为摆在我国教育战线的一个严肃课题。

依法治教思想与教育法制化

提倡教育立法,依法治教是陶行知教育思想的又一重要内容。其主要表现在他的通过立法来实施强迫教育、教育权利平等、人口教育以及设立有关教育税收和罪名等方面。

陶行知在1924年写的《平民教育概论》中谈道:"社会上有三种人:(一)是自动要读书的;(二)是经劝导后才愿读书的;(三)非强迫不愿读的。我们就经验上观察,十人中怕有三人或四人非强迫不行;此外,还有二人或三人,有了强迫的办法可赶快去读。所以强迫是必要的。"①他认为强迫的方式有两种:一是社会自动的强迫,一是政府的强迫。所谓政府的强迫,即指国家法律。陶行知认为应通过法律强迫国民读书,强迫有知识者教人,强迫有钱者兴学,强迫有权者允许幼辈属下求学。"中华民国要个个国民学成一个现代的人,任何人拒绝现代化便是危害民国,必须受法律的处分"②,那种"我高兴就读书,不高兴就不读。我高兴就教教人,不高兴就不教。这种过分的个人自由是必得统制"③。陶行知认为愚民和守知奴均应给予一定的惩罚。他认为文字教育应预令强迫,预令强迫之作用在提醒一

---

① 陶行知:《平民教育概论》,华中师范学院教育科学研究所主编:《陶行知全集》第1卷,湖南教育出版社1984年版,第493页。

② 陶行知:《攻破普及教育之难关》,华中师范大学教育科学研究所主编:《陶行知全集》第2卷,湖南教育出版社1985年版,第800页。

③ 陶行知:《攻破普及教育之难关》,华中师范大学教育科学研究所主编:《陶行知全集》第2卷,湖南教育出版社1985年版,第800页。

般不识字的民众自动去请人教。以往的民众教育好像是求人来学，预令既下，民众对于知识的消极的拒绝，可以转变而为积极的追求。他认为政府应下令预告全国民众，在一年内读毕教育部指定几种《千字课》之一种，一年后，“即有识字警察手指《千宇课》，站在城门口、车站、码头及交通孔道临时抽验来往行人，检查他们的头脑如同检查行李一样，不识字的要罚愚民捐铜元一枚”①。“家里、店里、工厂里、任何机关里，如有无故不识字的人，按人数每人每月罚银一元。由家长、店主、工厂经理、机关主持人缴纳。”②陶行知还认为“识字成人或学生对其负责，而不识字之亲友不肯施教者，罚守知奴捐银一角并公布之”③。除此，陶行知还建议运用行政法律手段，强迫地方政府兴学，建议对国家官员升职实行“是县知事以下以推行平民教育为考成之一”④，“省教育厅长、县长、教育局长、乡长、教育委员之考成，亦以各管公私立小学校、私塾、民众学校之学生总数与小先生总数加传递先生总数之比例为根据”⑤。政府官员发展教育之政绩，直接决定个人的沉浮升迁，这种思想在今天仍有借鉴价值。

陶行知认为公民在法律上应享有平等的教育权：“纳税的人得不到教育，拿穷人的血汗钱培养富人的少爷小姐，这是多么不平的一件事啊！婆婆不许媳妇上学，老板不许伙计读书，司务不许徒弟看报，工厂经理不许工人求知识，这又是多么不平的现象啊！”⑥他认为：“无论什么阶级，都要有受教育的机会”⑦，要做到“贫富的机会均等，男女的机会均等，老幼的机会

---

① 陶行知：《中国普及教育方案探讨》，华中师范大学教育科学研究所主编：《陶行知全集》第2卷，湖南教育出版社1985年版，第816—817页。

② 陶行知：《中国普及教育方案探讨》，华中师范大学教育科学研究所主编：《陶行知全集》第2卷，湖南教育出版社1985年版，第816—817页。

③ 陶行知：《中国普及教育方案探讨》，华中师范大学教育科学研究所主编：《陶行知全集》第2卷，湖南教育出版社1985年版，第816—817页。

④ 陶行知：《平民教育概论》，华中师范学院教育科学研究所主编：《陶行知全集》第1卷，湖南教育出版社1984年版，第493页。

⑤ 陶行知：《中国普及教育方案探讨》，华中师范大学教育科学研究所主编：《陶行知全集》第2卷，湖南教育出版社1985年版，第816—817页。

⑥ 陶行知：《攻破普及教育之难关》，华中师范大学教育科学研究所主编：《陶行知全集》第2卷，湖南教育出版社1985年版，第801页。

⑦ 陶行知：《实施民主教育提纲》，华中师范大学教育科学研究所主编：《陶行知全集》第3卷，湖南教育出版社1985年版，第541页。

均等，各民族各阶层的机会均等[①]。”为劳苦大众争取平等之教育权，“一致奋斗，要求教育经费之确定与教育权利享受之普及，以实现教育机会之平等”[②]，是陶行知一生努力追求的理想。

在普及教育所需之经费方面，陶行知认为应以法定税形式保证教育经费来源。他说：“确定教育税，务使足敷普及教育之用。”[③]“在教育费不敷用前，并须节省军政费以充普及教育之用。”[④]他还认为：“征收遗产税以充普及教育之用。后人对于先人之遗产，除教养费外，应将遗产余利公诸社会所有。先人对于子孙也只可负担教养费，若将巨产给后人不劳而获，自必养成他们吃喝嫖赌，弄得家破人亡。”[⑤]因此，陶行知主张征收遗产税以应普及教育之用。征收教育税、遗产税，这在现代发达国家已属常见。陶行知的这种主张，实在值得我们思考和借鉴。

陶行知还认为控制人口增长是普及教育的关键。因为“依照老法子，每年只增加九十万学生，而人口之增加倒超过十倍之数，那是一万年教育也不会普及。就是我们提议的新法去普及教育，这过分的人口增加也得要统制”[⑥]。陶行知提出应设立人口升降委员会，确定国民共同遵守的人口升降比例，并提出了具体的办法：“教男子满二十五岁女子满二十岁始可结婚，结婚后服务五年可生第一子，俟第一子入小学可生第二子，以二子为限(子为男子女子之通称)。一胎生二子或三子者以一胎为限。人口稀少之地带，由人口升降委员会颁布特殊条例。”[⑦]陶行知从宏观出发，认识到控

---

① 陶行知:《创造的儿童教育》，华中师范大学教育科学研究所主编:《陶行知全集》第3卷，湖南教育出版社1985年版，第528页。

② 陶行知:《攻破普及教育之难关》，华中师范大学教育科学研究所主编:《陶行知全集》第2卷，湖南教育出版社1985年版，第801页。

③ 陶行知:《中国普及教育方案探讨》，华中师范大学教育科学研究所主编:《陶行知全集》第2卷，湖南教育出版社1985年版，第814页。

④ 陶行知:《中国普及教育方案探讨》，华中师范大学教育科学研究所主编:《陶行知全集》第2卷，湖南教育出版社1985年版，第815页。

⑤ 陶行知:《中国普及教育方案探讨》，华中师范大学教育科学研究所主编:《陶行知全集》第2卷，湖南教育出版社1985年版，第815页。

⑥ 陶行知:《普及现代生活教育之路》，方明主编:《陶行知全集》第3卷，四川教育出版社1991年版，第267页。

⑦ 陶行知:《普及现代生活教育之路》，方明主编:《陶行知全集》第3卷，四川教育出版社1991年版，第267页。

制人口是普及教育的关键，这与现代教育思路是一致的。

为确保教育之普及，陶行知认为应设立妨害进步罪，摧残教育动摇国本罪和抗税罪等罪名。他认为“婆婆不许媳妇读书，老板不许伙计上学，司务不许徒弟看报，工厂经理不许工人求知识，士大夫不许儿子教小孩子”①，“是妨害中华民国进步的大障碍，我们必定要扫除这种障碍才能前进”②。为此，陶行知建议设妨害进步罪。即：“甲、凡是中华国民及其子女，每人每天至少须有一小时上学或自修之权利。乙、凡以特殊地位侵犯别人上学或自修权利者，处以一年以下有期徒刑或一千元以下罚金。丙、凡对自愿教人的人施以阻止者，处三个月以下有期徒刑或一百元罚金。”③同时，他还认为“在教育税未确定之前，各省财政当局不得借口取消苛捐杂税以减少教育经费而陷国民教育于停顿，否则即科以摧残教育动摇国本之罪”④。陶行知还认为有知识者不教人也应定罪，“有知识的人必须纳知识税，拿自己已得的知识去教人，不肯教人的人不配受教育。既受教育而不肯教人的人以抗税论罪”⑤。对不重视教育者不足以罚当其责的情况下，应以犯罪论处，这种观点充分反映了陶行知依法治教的决心。

陶行知依法治教的思想，对我们加快教育法制建设，建立和完善教育执法监督系统，提供了有益的启示。在较长一段时期内，我们忽视了教育法制建设。我国教育领域有三亿师生，涉及整个社会，如果这个领域处于无法可依的状态，那么整个国家的社会主义法制系统就难以配套形成体系。而且由于教育的特殊地位，教育领域中法制健全，培养的人才法制观念强，坚持依法办事，对整个国家的社会主义物质文明建设和精神文明建设都会产生深远的影响。

---

① 陶行知：《中国普及教育方案探讨》，华中师范大学教育科学研究所主编：《陶行知全集》第 2 卷，湖南教育出版社 1985 年版，第 816 页。

② 陶行知：《中国普及教育方案探讨》，华中师范大学教育科学研究所主编：《陶行知全集》第 2 卷，湖南教育出版社 1985 年版，第 816 页。

③ 陶行知：《中国普及教育方案探讨》，华中师范大学教育科学研究所主编：《陶行知全集》第 2 卷，湖南教育出版社 1985 年版，第 816 页。

④ 陶行知：《中国普及教育方案探讨》，华中师范大学教育科学研究所主编：《陶行知全集》第 2 卷，湖南教育出版社 1985 年版，第 815—816 页。

⑤ 陶行知：《攻破普及教育之难关》，华中师范大学教育科学研究所主编：《陶行知全集》第 2 卷，湖南教育出版社 1985 年版，第 800 页。

我国自20世纪80年代以来，在教育立法方面做了大量工作，相继出台了《中华人民共和国义务教育法》、《中华人民共和国教师法》等重要法规，《中华人民共和国教育法》的颁布，使我国教育立法步入了一个新的台阶。当前，在抓好教育立法的同时，要注重抓好教育执法工作。由于教育法规所调整的方面较多，在教育法规中有些内容属于授权性规范调整的对象，执行时有较大的裁量，有的条文甚至是一些期望性的规定内容，这些规定的内容是通过协商的办法、指导的办法去实现的，即"期望"怎样的行为。这是由教育这个特殊领域的活动特点所决定的。有人据此竟错误认为刑法一类的法规是"硬法规"，教育法规是"软法规"，执行与否关系不大，承担的责任也不大。应该指出教育法规同其他法规一样，一经确立，就在其适用范围内对人们产生约束力。在实施过程中，是以国家的强制力作保证的，那种认为"软法规"无强制性的看法，是同法规的强制性相悖的。对违反教育法规的，一定要依法予以惩罚，以确保教育法规的严肃性。

教育改革为教育立法提出了要求，改革需要立法，改革促进立法，而教育立法又推动了教育改革的进一步发展。陶行知依法治教思想和教育改革的实践告诉我们，只有重视和加强教育立法，完备教育法律，依法治教，才能建立具有中国特色的社会主义教育法律体系，才能保证教育事业的顺利发展。

陶行知从教育立国的观点出发，强调人格教育，提高学生素质。同时，又主张教育必须依靠法律予以保证，依法治教。他的这些主张反映了中国教育的客观规律，与社会主义教育是一脉相承的，所以有着普遍的借鉴价值。当然，我们也应该看到，由于所处时代的条件不同，其有些做法业已过时。我们应当根据今天的新情况、新特点、新条件来加以取舍，并在其基础上有所发展和创新，把中国教育改革推向前进。

（金林祥撰写此文时系华东师范大学教育科学与技术学院院长、教授、博士生导师，张伟撰写此文时系上海市进才中学校长办公室主任）

中国现代化呼唤现代陶行知

胡晓风　韩邦彦

现代化是人类历史最剧烈、最深远的一场变革，这是人类历史上第三次革命性大转变。按照美国比较现代化学者 C. E. Black 的说法，第一次革命性转变发生在 100 万年前，原始生命经过亿万年的进化以后，出现了人类；第二次革命性转变是人类的原始状态进入文明社会；而第三次革命性转变则是近几个世纪正在经历中的事，全世界不同的地域、不同的民族和不同的国家从农业文明或游牧文明逐渐过渡到工业文明。马克思和列宁认为，第三次革命性大转变是从 16 世纪开始的①。毫无疑问，占世界人口四分之一的中国的现代化，是这场变革不可缺少的重要组成部分。此非人力所能御、非人力所能避的历史进程。陶行知创立的生活教育运动，孕育于这漫长而曲折的现代化进程之中，伴随着马克思主义越来越成为中国福音的情况下成长。由于中国现代化的多灾多难，生活教育运动在 1927—1985 年间，经历了巨大的起伏和震荡。陶行知率领既是革命者又是生活教育者的众多信徒，沿着需要—劳动—创造的人生轨迹，以开发社会创造力，培养社会主人为目标，创造出一整套理论和实施办法，为中国现代化构建全民族共有、共治、共享的教育系统工程。其间高潮迭起，人才辈出，前后绵延二十多年。1951 年厄运自天而降，霎时间生活教育坠入冷宫，不觉竟达三十余载，这项宏伟工程终未完成。这是由于对电影《武训传》的批判带来的恶果。1985 年 9 月 5 日，胡乔木曾直言不讳地说："在这场批判中，也就波及曾经称道过武训的陶行知先生和他的教育思想。"事实上是以陶行知及其生活教育为主要批判对象，绝不仅仅是"波及"而已。值

① "现代化"这个词，在英文中使用 Modernization 一词，也就是现代化。然而在日文中多把"现代化"一词用"近代化"代替。可是中文里目前是把 Modernization 既当成"近代化"，同时又当成"现代化"两个词来使用的。本文是根据英文的原意使用"现代化"这个词。

得称道的是他实事求是地评价“当时这场批判，是非常片面的、非常极端的，也可以说是非常粗暴的”，“我们不但不能说它是完全正确的，甚至也不能说它是基本正确的”。这是新中国成立初期在意识形态领域里开展疾风骤雨斗争的很不好的先例。关于这场批判的历史原因，应当感谢章开沅教授以及英年早逝的唐文权先生，他们在《平凡的神圣——陶行知》一书中作了比较详尽中肯、实事求是的分析。这里应特别强调，其中一个主要原因在于：随着政治上向苏联“一边倒”，而经济、文化各行各业相继全面“一边倒”，中国教育照搬凯洛夫模式而排斥一切。各种教育思潮均被列入“资产阶级专政对象”而受到严厉的批判，其实凯洛夫模式雷同于杜威以前的西方传统教育。这样一草独生，预示着往后中国教育乃至中国现代化事业必然遭受挫折和灾难。实践果然如此。

1979 年中国现代化建设又被重新提出并全面展开，人们自然就想起为中国现代化奉献终生的陶行知，提及为中国现代化而诞生的生活教育。陶行知以身作则实践了自己的承诺：人生“为一大事来，做一大事去”，“捧着一颗心来，不带半根草去”。他为中国现代化而生，为中国现代化而死；他为中国现代化无私奉献，在困难中创造。中国现代化事业迫切期待亿万陶子，奋发图强，推陈出新，继承陶行知的伟大革命精神，增强青春活力，面向现代化，面向世界，面向未来，重振生活教育运动。中国陶行知研究会首任会长刘季平生前曾经预言：“产生出千百万个比 20 世纪前半叶更了不得的现代陶行知——21 世纪的陶行知，成为教育战线上为社会主义现代化建设服务的骨干积极分子，我们伟大的中华也就肯定可以更快更有力地走向 21 世纪。”中国现代化呼唤现代陶行知。

立志共和　教育救国

1910 年陶行知就读于金陵大学，醉心研究王阳明“知行合一”学说，信奉孙中山的共和主义。辛亥革命前夕，一度任徽州议会秘书，参加了余德民等在徽州屯溪阳湖余家庄的起义。以后主编《金陵光》，写了“秀绝金陵第一声”的毕业论文《共和精义》。他从事共和革命以推动中国现代化。他胸怀非一，不拘泥于传统。他以造业自任、以爱国爱人自任，建立一个人民自治以谋人民之福利的国家，实行以自由、平等、博爱为要素的共和主义，使进化于无穷之主义，使中华放大光明于世界。他提出了“个人为社会而生，社会为个人而立”的既非单一的人本位又非单一的社会本位的两相统一的社会观。

1914 年陶行知远涉重洋留学美国，视野更加宽广。新近发现的两篇文献就是证明。一是 1915 年的《中国运入美国物产大宗之研究》，研究国际贸易；二是 1917 年的《遗传论》，研究科学，正确处理遗传、环境与教育的相互关系。他更加坚定了立志共和、教育救国的信念。

和孙中山一样，他力图超越西方现代化模式而寻求一条新型的中国现代化道路。在探索中，他指出共和之险象：(一)国民程度不足，(二)伪领袖，(三)党祸，(四)多数之横暴。他的独特贡献是针对共和险象，提出了教育救国的正确主张。这表现在《共和精义》中的“共和与教育”这一小节里，全文不足 300 字，不妨抄录如下。

> 吾于共和之险象，既已详言之矣。然戒险防险，思所以避之，则可；因畏险而灰心，则大不可也。避之之道唯何？曰：人民贫，非教育莫与富之；人民愚，非教育莫与智之；党见，非教育不除；精忠，非教育不出。教育良，则伪领袖不期消而消，真领袖不期出而出。而多数之横暴，亦消于无形。况自由平等，恃民胞而立，恃正名而明。同心同德，必养成于教育；真义微言，必昌大于教育。……然教育苟良，则人民生计必能渐臻满意。可见教育实建设共和最要之手续，舍教育则共和之险不可避，共和之国不可建，即建亦必终归于劣败。……故今日当局者第一要务，即视众庶程度，实有不足。但其为可教，施以相当之教育，而养成其为国家主人翁之资格焉。①

教育最为重要的意义在于培植未来的国家主人。这段文字是对教育社会功能最为全面而又最为简练的精辟论述。1918 年他进一步归纳为：“社会一切事业皆胎息于教育。”这种见解在 20 世纪之初是十分难能可贵

① 陶行知：《共和精义》，方明主编：《陶行知全集》第 1 卷，四川教育出版社 1991 年版，第 220—221 页。

的，直到今日，仍具有不可磨灭的现实意义。

教育面向现代化

陶行知1917年归国，即大声疾呼教育试验和职业教育。他主持中华教育改进社，全身心地投入民主主义的平民教育运动。他在实践中根据生活与教育的相互关系，于1925年总结出一个确定不移的观点："我们深信一个国家的教育，无论在制度上、内容上、方法上不应当靠着稗贩和因袭，而应该准照那国家的需要和精神，去谋适合，谋创造。同时我们又认定这个国家，如果是现代的国家，如果是现代世界的一个国家，那末他的教育，便不能不顺应着时代和世界的教育趋势，而随伴着竞进。"①

这个观点显示，教育面向现代化，必须同时面向世界、面向未来。只有如此，生活教育运动才有安身立足之地，展翅翱翔之天。

中国现代化首先要解决的是人民，特别是占人口最大多数农民的贫、愚两大问题。1921年9月，沈定一在其家乡浙江萧山衙前村农村小学组织萧山、绍兴、上虞三县80多个乡村的农民协会，领导十余万贫苦农民开展抗租减租斗争，这是中国共产党领导的第一次有组织、有纲领的农民运动，开创了农民运动胎息于乡村教育的先河。1925年12月23日，中共中央通过《乡村教师运动决议案》，进一步肯定乡村教师在农民运动中的重要作用。教师们组织联合会，像衙前农村小学一样，使乡村学校成为农民运动的中心。在此前一周，陶行知参加江苏省立师范分校联合会第二届常会和附属小学联合会的成立典礼。次年元月8日，发表《师范教育下乡运动》，阐明乡村师范学校负责训练乡村教师，改造乡村生活的使命。联合会的宗旨在联络、研究、共谋各校教育上之改进及乡村教育之发展。其内容与上述决议案相似，只是表述不同而已。这种巧合，恰恰表明陶行知乡村教育与众不同的所在。5月3日，中华教育改进社、中华职业教育社、中华平民教育促进会、东南大学教育科及农科，成立联合改进农村生活董事会，黄炎培、陶行知任正、副董事长，赵叔愚主持执行部，试验改进农村生活合

① 陶行知等：《〈新教育评论〉创刊缘起》，方明主编：《陶行知全集》第2卷，四川教育出版社1991年版，第266页。

作条件，并分别在昆山徐公桥、苏州善人桥、镇江黄墟、浙江诸暨桥、苏北顾高庄、浦东荻山乡等地建立乡村改进试验区，开始形成了全国各种不同的人和组织集中地从平民教育转向乡村教育的新趋势。他们出发点各异，但他们同是努力要运用科学方法建设适合本国生活之教育，他们也极力避免对于外国制度之盲目的、囫囵吞枣的抄袭。1927 年乡村教育形成百花争妍的蓬勃局面，只是由于军阀混战和国民党统制一切、以党治国的干扰，才没有成为推动中国现代化的巨大力量。现代教育史对乡村教育的评价，也往往以政治分野代替了客观的科学分析。如何对待乡村教育，仍然是发展中国家现代化进程中不可忽视的重大问题。

此后，陶行知组织乡村教育同志会，发表《创设乡村幼稚园宣言书》、《我们的信条》、《中国师范教育建设论》、《改造全国乡村教育宣言书》等一系列论文，为生活教育运动的理论奠定初基。

陶行知、赵叔愚据此进而创办试验乡村师范学校。次年 3 月 15 日终于冲破传统教育的藩篱开学，8 月 14 日正式冠以“晓庄”名称。这是生活教育从乡村教育入手而开始了教育面向现代化的第一个试验，这是促使传统教育向现代化教育转化的起点。生活教育运动由此兴起。这绝非美国孔斐力(Fhilip A . Kuhn)所言“晓庄是陶行知事业的顶峰”①。

1931 年七八月，陶行知以“何日平”为笔名发表了两篇著名的文章，即《中华民族之出路与中国教育之出路》和《教学做合一下之教科书》。对中国现代化的出路和生活教育如何为现代化服务作了深入的探讨，引发了中国现代教育史上最为重要的一次争鸣。按他自己的话来说，这是“建造在活的事实上”“产生出来的和谐的系统”②。

1931 年 9 月 2 日—1932 年 1 月 3 日，陶行知写了《斋夫自由谈》杂文集，针砭时弊，毫不容情地批判、鞭笞传统思想。唯其如此，中国现代化才能起步。1932 年 5 月 21 日—8 月 15 日，他又写了《古庙敲钟录》。这是一部以艺术形象展现生活教育系统工程宏图的教育小说。两部作品，一破一立，联成整体。10 月 1 日山海工学团成立，人人生产，人人长进，人人平等互助，人人自卫卫人。实行工场、学校、社会三结合，从而使生活教育扩及

---

① 转引自周洪宇主编:《陶行知研究在海外》，人民教育出版社 1991 年版，第 57 页。

② 陶行知:《中华民族之出路与中国教育之出路》，方明主编:《陶行知全集》第 2 卷，四川教育出版社 1991 年版，第 605 页。

整个社会。这是生活教育的第二个试验。这两个试验在教育体制、内容和方法三个方面对传统教育都有所突破,为生活教育面向现代化打下了坚实的基础。

平民教育、乡村教育都涉及中国现代化的一个根本问题:普及教育。什么是普及教育?陶行知回答说:“普及教育把知识变做空气!”即人们不可须臾或缺普及现代生活教育,就是把现代科学变做空气!“科学下嫁”运动由此而生。

1930年春天,陶曾起草一个20年内完成的全国普及教育计划,并由全国教育会议通过,同时还有一个成人补习教育初步计划。到1934年10月,两个计划全落空了。这是陶行知从宏观上探讨教育救国之道的开始。针对失败的原因,他认为普及教育要建筑在极困难的农业经济的基础上,在对儿童大众的力量的新估计之下,如果大家把传统学校彻底地打破,则普及中国教育不但是有可能性,并且是可以一举而成,万世不灭①。这是普及教育的前提。他说:“现在国家危险万分,非使全国大众教育普及而现代化不能发挥力量,以救危亡。”②1935年1月,他在上海市教育局第五次学术演讲会上作了题为《普及教育》的长篇演讲,第一次提出了“中国现代化”的命题。他的结论是:普及教育第一要整个民族现代化,有知识的人也要现代化,不仅是读死书自己有知识就算了,还要教人识字去汲取现代知识,使别人也现代化。第二要整个生活现代化。不但是要读现代书,而且要过现代整个的生活。第三要整个寿命现代化,是一个人一辈子上进,要继续不断向时代的最前线追求。我们要办的教育是活到老、做到老、学到老、教到老、团到老,整个寿命现代化③。这里提到“终生教育”也是为了现代化。这篇演讲词发表在上海1935年2月12日至3月26日《新夜报·普及教育》周刊1~7期上。紧接着写进他所拟定的《普及教育方案》之中,其要义就包括整个民族现代化、整个生活现代化、整个寿命现代化,从而生活教育现代化。现代化包括社会生活的一切方面。至于普及教育的目标,

① 陶行知:《普及教育》,方明主编:《陶行知全集》第3卷,四川教育出版社1991年版,第118页。

② 陶行知:《谈普及教育》,方明主编:《陶行知全集》第3卷,四川教育出版社1991年版,第598页。

③ 见《新夜报·普及教育》第7期,1935年3月26日。

他说:“做一个现代人必须取得现代的知识,学会现代的技能,感觉现代的问题,并以现代的方法发挥我们的力量。时代是继续的前进,我们必得参加在现代生活里面,与时代俱进,才能做一个长久的现代人。”“我们必须拿着现代文明的钥匙,才能继续不断的去开发现代文明的宝库,保证川流不息的现代化。”[①]川流不息的现代化是生活教育的永恒主题。从此生活教育开始走上普及现代生活教育之路。

川流不息的现代化

什么是现代化?按照陶行知的上述说法,现代化有整个民族现代化、整个生活现代化和整个寿命现代化三个方面。现代化之“化”以及“川流不息”是指现代化是一个不断变异和发展的文化过程。这个过程的纵横结构有二:一是人与社会的统一,二是生产方式和生活方式的统一。人与社会的统一,就是以整个寿命现代化为基础,统一于整个民族现代化上。生产方式和生活方式的统一,就是以社会生产方式为基础,统一于社会生活方式之中。这两个统一的和谐协调,才能使社会整体运动不断向前。整个民族现代化是现代化整体水平的衡量标志,从民族、生活、寿命三者相互关系而言,现代化就是社会生活方式的不断变异和向前发展。

社会生活方式有整体性、动态性和科学性三个特征。

(一)整体性,指人生和社会相统一的整体,指整个社会空间为整体

“人生至贵,惟兹寿命。”[②]寿命就是人生,就是人的生命、生存和生活;就是人的生活方式、存在形式以及从生到死的整个生命历程。“个人为社会而生,社会为个人而立”,以博爱为社会组织之大本[③],是陶行知制定的人生准则。没有个人生活方式,也不会有社会生活方式;个人生活方式也不能

---

① 陶行知:《普及现代生活教育之路》,方明主编:《陶行知全集》第 3 卷,四川教育出版社 1991 年版,第 248 页。

② 陶行知:《医德》,方明主编:《陶行知全集》第 1 卷,四川教育出版社 1991 年版,第 202 页。

③ 陶行知:《共和精义》,方明主编:《陶行知全集》第 1 卷,四川教育出版社 1991 年版,第 217 页。

离开社会生活方式而孤立存在。人存在于自然—人—社会这个整体发展过程之中。人与自然、人与社会是社会生活方式整体结构的两个重要方面，人生是这两个方面的中介。现代科学的"社会全生态平衡"，就是通过人生达到控制自然，改造社会以使自然、人、社会三方面都得到全面协调地向前发展。只有整个寿命现代化，才谈得上整个民族现代化和整个生活现代化。

社会生活方式是整个社会的生活模式，其核心是人的生命。陶行知把人生提到中国要到什么时候才能翻身的高度。他说："要等到人命贵于财富，人命贵于机器，人命贵于安乐，人命贵于名誉，人命贵于权位，人命贵于一切。只有等到那时，中国才站得起来！"①这里讲的"人命"、"人生"，正如他所言，自己二字含有个人与团体两重意义"可由个人而推到团体，小而言之，一家一乡，大而言之，一国一阶级"②。

（二）动态性，指社会人生过程和时代的种种变化

生活和教育，在社会里是须臾不可分离的。在理论上是整体与部分之关系。从发生学的观点，生活先于教育；从发展的观点，教育先于生活。按照陶行知的说法："一般的特殊，特殊的一般。在一般的生活里，找出教育的特殊意义，发挥出教育的特殊力量。同时要在特殊的教育里，找出一般的生活联系，展开对一般生活的普遍而深刻的影响。"③教育犹如黏合剂，随着生活的变化而粘着在社会整体及其一切部分之上的。教育纵及终生，与生俱来，与生同去；教育横扩社会整体，"社会一切事业皆胎息于教育"④。

（三）科学性，指社会整体各种现象从无序到有序的反复循环、不断提高的过程，其发展均须遵循客观规律

生活教育"只是以人生为大前提"，"培养合理的人生，乃是我们真正的

---

① 陶行知：《中国人的命》，方明主编：《陶行知全集》第 2 卷，四川教育出版社 1991 年版，第 134 页。

② 陶行知：《自立歌》，方明主编：《陶行知全集》第 7 卷，四川教育出版社 1991 年版，第 54 页。

③ 陶行知：《〈战时教育〉半月刊方针——致戴伯韬》，方明主编：《陶行知全集》第 8 卷，四川教育出版社 1991 年版，第 675 页。

④ 陶行知：《江苏学务委员之调查》，方明主编：《陶行知全集》第 1 卷，四川教育出版社 1991 年版，第 254 页。

宗旨”①。合理的人生就是科学化的人生，这是社会生活方式的主体。其终极目标，就是通过现代社会生产与现代教育纵横交织的相互关系，以达到未来理想社会生活与教育的完全融合，这是社会进步，也是教育进步到最高度的时期。科学性融于整体性、动态性之中。

人生有三大要素：思想、学习和创造。“个人为社会而生”就要解决人如何思想、如何学习、如何创造。这三个方面浑然一体就是人如何生活。“社会为个人而立”就是为个人生活即思想、学习创造良好的社会条件。“个人为社会而生，社会为个人而立”与马克思讲“人创造环境，同样，环境也创造人”是一个意思。教育就是教人学会生活，在生活中做事做人。思维、学习、创造是有序过程。思维是学习之源，创造是学习之果。学习是思维和创造的桥梁。思维学、学习学、创造学才是科学化人生的三门基础课，是开发文明宝库的钥匙。

整体性、动态性和科学性联成一体，即社会生活方式的特征。这是由现代社会的本质所决定的。针对与前现代化的区别，汤一介用“自由为体、民主为用”来说明现代社会的本质。他认为，这是因为“自由”是一种现代的精神，“民主”是保证人们实现“自由”的社会生活方式。现代社会的主要特征就是可以较好地调动人们的创造力。“自由”的本质即创造力，它是现代社会的时代精神。社会进步只能是在人们充分获得自由的条件下才能取得，都是人作为自由的人的觉醒的表现。因此，我们可以说，创造力来自“自由”②。这也可用来解释陶行知现代化的理论与实践。现代化的标志就是社会创造力的发挥。按照川流不息的现代化划分阶段，即所有国家都有前现代化和现代化两个阶段。可能有“后工业社会”的界定，但还无法有“后现代化”的划分。至于怎样认识“后现代化”还是一个有待讨论的课题。社会生活方式也是“自由为体、民主为用”的现代社会本质的反映。

中国现代化的出路

1934 年 10 月，南北新闻界正为陶行知 1931 年发表的一篇长文，即

① 陶行知：《古庙敲钟录》，方明主编：《陶行知全集》第 3 卷，四川教育出版社 1991 年版，第 105 页。

② 汤一介：《“现代”与“后现代”》，《中国社会科学辑刊》1994 年 11 月(秋季卷)，第 181 页。

《中华民族之出路与中国教育之出路》展开争鸣。陶行知认为中华民族的出路就是中国教育的出路，这是民族与人类整个的出路。这三条出路是：一、少生小孩子，教人少生小孩子；二、创造富的社会，教人创造富的社会，不创造富的个人；三、建设平等互助的世界，教人建设平等互助的世界。

这三条出路是一套连环的出路或者说是一条总出路的三个出口。“少生几个孩子，便可以多做一些创造工作；多做一些创造工作，便可以多得一点平等的地位与人互助；而这种平等的互助，又可以叫你放心大胆去少生几个孩子。”[①]他在这里用“平等互助”，不是指原先的共和主义，而是指科学社会主义。1919 年他就主张仿效德国在大学里设置社会主义课程；1928 年在中国革命处于低潮之时，他勇敢地提出，为科学的社会主义划出一百方里的地方，建立包含渗透人生一切之政治、经济活动的试验社会，实地试验人类进化之现象，运用试验，以求真知；1936 年元旦，他大胆指出当时中国社会是“社会主义与法西斯主义的对立”[②]，这只是证明他所追求的现代化是社会主义现代化。这些提法的本身只有暂时撇开不论。但他讲的三条出路及其细目，其实就是中国现代化的出路，这条出路有三个重要方面，都是当今社会不容忽视的。当今中国的出路就是改革开放，实现“三个面向”。“就事实生理想，凭理想正事实。”[③]三个面向的理论研究还比较薄弱，还没有能够充分发挥其指导现代化实践的作用。三个面向同属现代化整体，但各有重点，不能混淆。面向现代化的重点是经济，面向未来的重点是教育，面向世界的重点是综合创造。综合是以经济和教育为要素的各个方面的综合。“经济为中心”，若不以教育同为要素，若不同其他各个方面相综合，若不把经济、教育、综合创造结合起来，三个面向就难以落到实处。

中国现代化的两难

中国现代化是漫长而又坎坷不平的崎岖险途。陶行知围绕救亡图存、

① 陶行知：《中华民族之出路与中国教育之出路》，方明主编：《陶行知全集》第 2 卷，四川教育出版社 1991 年版，第 647 页。

② 陶行知：《十二月运动与五四运动》，《生活教育》第 2 卷第 21 期。

③ 陶行知：《半周岁的燕子矶国民学校——一个用钱少的活学校》，方明主编：《陶行知全集》第 1 卷，四川教育出版社 1991 年版，第 48 页。

国富民强的主题从多方位、多视角进行艰苦的探索，他的探索始终遇到两大难题的挑战：一是中国现代化究竟走哪一条路，二是东方文化如何与西方文化融合。

以大工业的兴起作为世界现代化进程的起始已有三百多年的历史，发达国家已从工业社会进入高技术社会，我们才开始由前现代化进入现代化阶段。我们还没有完成马克思所讲的使农民变成工人，农业变成工业的革命任务，还没有完成从农业社会向工业社会的过渡，但我们又面临更新层次的高技术社会的挑战。发达国家的现代化是伴随着开拓殖民地的世界市场而发展起来的。我们不可能走发达国家的老路，也不可能完全沿着发达国家的现代化轨迹前进。目前流行的现代化理论是陶行知去世以后的60年代刚刚形成的。这些理论多是发达国家现代化过程的描述和总结，这往往被视为现代化整体终结的理论模式为发展中国家所效法。这似乎表明发达国家已完成了现代化的任务，这与川流不息的现代化是无止境的理论相矛盾。而许多发展中国家由于效法发达国家的模式正困惑不前。其负面影响也往往转嫁于发展中国家，成为这些国家的沉重负担，成为实现现代化的巨大障碍。未享成果，反受其累。汤一介撰文指出："西方国家无论在物质文明还是精神文明方面都远远超过以前几千年的发展。但是，西方现代社会到今天都出现了许多毛病，甚至可以说是到了不能不重新改变人类社会发展的前途的时候了。"接着他讲了现代社会对人与自然、人与社会以及人自身的和谐的破坏①。这些也是对陶行知"主人教育"和马克思"自由人"教育的破坏。也是对社会生活方式和社会全生态平衡的破坏。日本哲学家梅元猛 1995 年 6 月也写文章表达了类似的看法。而这恰恰是现代陶行知所必然遇到而又首先应该解决的头等难题。

现代化和马克思主义都是西方传入的。这外来因素无疑要与中国土生土长的本土因素产生十分剧烈的冲撞。这冲撞很容易产生两种完全相反方向的倾斜。以乡村教育中的乡村建设派为例，对其中的梁漱溟和晏阳初，在当时观察家眼里，就有旧派和新派之分，实质上是中西之争。美国艾恺(Guy S. Alitto)曾作过比较研究。他认为旧派是以儒家社会主义作为

---

① 汤一介：《"现代"与"后现代"》，《中国社会科学辑刊》1994 年 11 月(秋季卷)，第 183 页。

中国现代化的终极目标，这是世界范围内的反现代化思潮的一种反映，实际上是指梁从现代化回到儒家传统上去了。艾恺认为新派“对于西洋文化是无条件的崇拜，并且欲以西洋的精神、技术和物质的帮助，造成中国农村所谓‘现代化’、‘科学化’”①。实际上是指晏完全西化了。这些意见还有待深入讨论。但这显然表明，两种倾斜都难以保证川流不息的现代化。

现在流行的公共教育体系也是从西方传入的。20 世纪的中国教育就在这两难中犹豫徘徊。在儒家大一统的基础上产生出三枝异国花朵，前 20 年是日本模式，其中还夹杂着欧美等国的诸多影响；继后 30 年是美国模式；后半个世纪又是苏联模式。这些花朵已凋谢残落，但其影响至今犹存。这使中国教育面向现代化更是难上加难。

陶行知的生活教育是时代性和民族性相融合的产物。他置身于民族的忧患之中，深知中国现代化事业的需要，与人民同呼吸共患难。他又谙熟时代，胸怀非一，不因循守旧。因而他不“沿袭陈法”，也不“仪型他国”。他所提倡的“爱满天下”，融合基督教及儒、佛、道、墨，博采古今中外各家之长，时刻注意中华民族与人类的全体，爱人类最大多数而最不幸的中华民族和农民，以养成健全人格为目标，维护集体，创造和谐，发展和谐，在创造发展的轨道上奋斗。既要把握现代化的时代性，也要充分发展适合国情、适合个性需要的民族特性，以贡献于整个人类社会。

陶行知为解决两难作了大量的探索和尝试，这篇文章尚未写完，这有待于众多现代陶行知去充实完善。只要同心合力，逐步克服以上两重障碍，重新设计，精心铺筑，新的现代生活教育之路，定使合理的社会人生变为现实。

现代生活教育之路

一部六百多万字的巨著《陶行知全集》，就是陶行知终身探索的现代生活教育之路的充分说明。文字是记录生活之符号，现摘其要重新排列集纳如下。

——教育没有独立的生命，它是以民族的生命为生命。唯有以民族的

① 艾恺：《最后一个儒家》，郑大华等译，湖南人民出版社 1988 年版，第 249 页。

生命为生命的教育才算是我们的教育。生活教育教人救民族之命，则教育之命自然而然的得救了。

教育是国家万年根本大计。社会一切事业皆胎息于教育，而教育之盛衰进退，又全视乎规划之、指挥之、监察之者之得其人与否。教育的使命是点着中华民族以及全人类生命之火焰，放出中华民族以及全人类生命之光明。

——生活是教育的中心。教育的根本意义是生活之变化。生活无时不变即生活无时不含有教育的意义。教育就是生活的改造，我们一提教育便含有改造的意义。教育就是社会改造。办学和改造社会是一件事，不是两件事。把教育展开到生活所包括之领域，使生活提高到教育所瞄准的水平。

生活教育是生活所原有、生活所自营、生活所必需的教育（Life education means an education of life, by life, for life）。现代生活决定现代教育，现代教育创造未来生活。

——人类社会需要主人教育，即自主、自立、自动的活教育；不是依赖型的死教育，也不是专制型的奴隶教育。主人教育的目的是让人民联合起来做主人，做自己的主人，做政府的主人，做机器的主人，做大自然的主人。这和恩格斯讲的“人终于成为自己的社会结合的主人，从而也就成为自然界的主人，成为自己本身的主人——自由的人”①是同一意思。恩格斯以此作为解放世界事业完成的标志。

简而言之，做自己的主人就是人人过生活，人人受教育；人人是受教育者，人人是教育者。做自然的主人，就是人人劳动，人人创造；自然与社会，协调发展。做社会的主人，就是人人为我，我为人人，有福同享，有祸同当。综合一体，就是合理的人生。

——中国教育之歧路在于抱着书本、抱着黄金、抱着标语而忘掉人生。这是传统教育必然产生的畸形现象。发展至今，已深深陷入学历主义、拜金主义和形式主义混杂一体的无底深渊。时而以学历主义充当先锋，时而以形式主义鼓吹渲染，现在更以拜金主义挂帅，钱读书、读钱书。权钱交

---

① 恩格斯：《社会主义从空想到科学的发展》（单行本），人民出版社 1991 年版，第 76 页。

易、买卖学历的现象大有蔓延之势。重点学校、重点班成了时髦“商标”，回扣、分成等商业语言充斥学府，这是考试盛行的恶果。陶行知从1914年到1934年20年间曾不断揭露和批判这种杀人的考试。陶行知说：“学生是学会考，教员是教人会考。学校是变了会考筹备处。会考所要的必须教；会考所不要的，不必教，甚而至于必不教。”“教育等于读书，读书等于赶考。”①“中国现行之会考制度，是对自己所委任之校长、教职员表示总不信任，把活泼的青年一起变成书呆子，一群一群的赶进牛角筒里去。它的影响之坏是无以复加。”“这自杀杀人的制度，还是普遍的在那儿毁灭中华民族的生活力。”②“这样大规模的消灭民族生存力的教育行政不是出于信仰而是出于敷衍，不是出于理性而是出于武断。”③陶行知进而扩及对整个传统教育的批判，他说：“学校是变成衙门，教育是变成办公，创造是变成维持，循循善诱是变成整齐划一。花园里的园丁都可以卷起包袱回家，因为花园变成草地，只需轧草夫来把草儿轧得一样整齐就行了。这样教育普及之日，便是中华民族生机完全毁灭之时。”④陶行知的这些警语，仍然值得我们重视。

轧草夫式的教育就是死读书、读死书、读书死。

园丁式的教育就是活读书、读活书、读书活。

——教育的目的在于为自己生利，为社会生利；在于为自己创造，为社会创造。“行动”是中国教育的开始，“创造”是中国教育的完成。行动的最高境界是创造。创造是人生的最高本质，创造是传统教育向现代教育转变的重要标志。就社会整体而言，其要点有：

(1)把创造贯彻于教育的始终。教育的全过程始终离不开创造。

(2)把创造教育贯彻于人生的始终。人从生到死的全过程始终离不开创造教育。

---

① 陶行知：《杀人的会考与创造的考成》，方明主编：《陶行知全集》第3卷，四川教育出版社1991年版，第159页。

② 陶行知：《贺客与吊客》，方明主编：《陶行知全集》第3卷，四川教育出版社1991年版，第310页。

③ 陶行知：《杀人的会考与创造的考成》，方明主编：《陶行知全集》第3卷，四川教育出版社1991年版，第160页。

④ 陶行知：《普及教育之歧路》，方明主编：《陶行知全集》第3卷，四川教育出版社1991年版，第339页。

(3)把培植社会创造力作为社会发展的有机构成要素。

社会创造力是“自由为体”的显现。社会创造力就是陶行知 1926 年提出的“生活力”,陶行知主张运用自然界和社会界的助力、阻力去培植“生活力”,使人们可以单独或共同去征服自然、改造社会①。社会创造力也是陶行知后来讲的“从社会磁力线里通出的电流”。他说:“我们把自己放在社会的生活里,即社会的磁力线里转动,便能通出教育的电流,射出光,放出热,发出力。”②生活教育就是在社会的磁力线里通出社会创造力的电流。社会创造力有三个部分:一是社会生产力,二是社会凝聚力。农业社会的教育偏重培养凝聚力,工业社会的教育则偏重培养生产力。三是民主张力。现代教育则主张将生产力和凝聚力结合,并以民主张力作为中介。两者依赖民主才能结合,才能产生民主张力辐射于自然、社会及人自身。这就是“民主为用”之所在。发展教育就是培养社会创造力的教育。这就是陶行知于 1945 年大力倡导民主教育的原因。

——改革教育需从解放思想入手,并落实在教育体制上,以便行动。独创的教育体制必须适合国情、适合个性、适合事业学问需求。

中国现代化的两大难题也是建立相适应的教育体制的难题。1922 年陶行知提出应有下列四种态度以克服两难。①虚心讨论、研究、实验,以构成适应全面教育之体制。②对于国外的经验,应该明辨择善,决不可舍己从人,轻于吸取。③欢迎新体制,也要注意旧体制,或亦有宜斟酌保存之处。④体制只是前程万里的第一步,切不可存体制一定即了事的观念。陶行知根据三适合、四态度从而制定了一条很重要的原则:“去与取,只问适不适,不问新和旧。”③

此后,陶行知在诸多试验中承认一切非正式的东西都在教育的范围以内,从而创建了定式教育(formal education)和非定式教育(informal education)、正规教育(regular education)和非正规教育(irregular

① 陶行知:《中国师范教育建设论》,方明主编:《陶行知全集》第 1 卷,四川教育出版社 1991 年版,第 94 页。

② 陶行知:《普及现代生活教育之路》,方明主编:《陶行知全集》第 3 卷,四川教育出版社 1991 年版,第 247 页。

③ 陶行知:《我们对于新学制草案应持之态度》,方明主编:《陶行知全集》第 1 卷,四川教育出版社 1991 年版,第 39—40 页。

education)相结合的新教育体制。陶行知说:"'教育'要办成'非教育'","所谓'非教育'并不是'非教育',而是在教育呆子的眼光看来,教育不像教育,所以认为'非教育',实实在在是千真万真的'真教育'"①。这丝毫没有否定定式教育和正规教育的作用。这种创新的教育体制,仍是当前世界范围教育改革的一个焦点。1976 年美国劳伦斯·A. 克雷明(L. A. Cremin)率先提出教育生态学新学科时,曾从这个新的角度审视教育的定义。他强调教育的多样性和包容性,完全相当于陶行知的"真教育"。他强调教育的目的性,虽然突破了传统教育的狭义性,却与现代教育的广义性有一定距离,他将"偶然的学习"(incidental learning)与教育区别开来。这种教育体制的新趋势还有其他许多不同意见,还有待充实和完善。

——整个的生活就是整个的教育。教育内容随着生活的不断变化而不断充实和发展。1945 年 9 月 15 日他对全面教育作了三元一体的原则规定:①心、脑、手并用;②学政治、学经济、学文化相结合;③健康、科学、劳动、艺术及民主将构成和谐的生活②。这"心"是指神经中枢的核心部位,指脑的某个部位,在科学技术的新发展情况下,这"心"必然会有其新的含义。可惜,十个月后他就过世了。以后也没有人再提这个问题。1990 年,我们曾就此请教赵宋光教授。他从人类学和心理学的角度剖析了这个问题。他认为这是陶行知思想的深化发展,"这是陶夫子对教育哲学、教育心理学的划时代重大贡献"③。这是根据赵宋光自己 20 多年前提出来的科学假说和继后的探索、创造、设计、试验从而得到验证的科学解释。假说之一是人类本质从生理学上讲有三层次结构:第一个层次是跟手的活动直接对应的运动神经中枢和感觉神经中枢;第二个层次是跟语言活动直接对应的运动神经中枢和感觉神经中枢,以及相关的神经网络;第三个层次是沟通、协调和统率手与言语两大运动中枢的总联合区。假说之二是在手运动中枢和言语运动中枢之上还有一个沟通、协调、统率两者的总联合结构。

---

① 陶行知:《游击区教育》,方明主编:《陶行知全集》第 4 卷,四川教育出版社 1991 年版,第 431 页。

② 陶行知:《全民教育》,方明主编:《陶行知全集》第 6 卷,四川教育出版社 1991 年版,第 427—428 页。

③ 合川生活教育整体改革领导小组:《陶行知教育思想与合川教育整体改革》,四川教育出版社 1991 年版,第 154 页。

这个联合结构本身是在实践过程逐渐建造起来的理性认识器官。同时还是意志器官、情感器官的所在。赵宋光的科学解释使我们对陶行知的生活教育有新的理解和认识。

——1919年陶行知提出“教学合一”。先生责任在教学生学;先生教的法子必须根据学生学的法子;先生须一面教一面学,并用教学法代替教授法。1922年他进一步主张:事怎样做就怎样学,怎样学就怎样做;教的法子根据学的法子,学的法子要根据做的法子。1925年教学法正式定名为“教学做合一”。教与学都以做为中心,在做上相教相学是人生的普遍现象。“教学做合一”是生活法,也就是教育法。“做”是在劳力上劳心。“做”含有:①行动,②思想,③新价值之产生三种特征。在生活中引导人干了一个动作又要干一个动作的力量;引导人想了又想的力量;引入了人产生新益求新的新价值力量。做的最高境界是创造。“教学做合一”的过程就是创造的过程。教学做合一的理论包括三个方面:一是怎样做便怎样学,怎样学便怎样教;二是对事说是做,对己说是学,对人说是教;三是教育不是教书,不是教人学,乃是教人学做事。“教学做合一”的步骤是即行即知,即知即传,即传即联,即联即前,向着创造的目标前进。只有教人学做事才有可能使主人教育落在实处。处理人与自然之事要依靠科学。科学以无知之行始,以能行之知终。处理人与社会之事要依靠民主。民主是一种新的生活方式,大家商量,大家合作,大家有饭吃,大家平安,大家共同长进,相互学习,共同创造。做自己的主人,人生以服务为目的,人人讲修养,做事即修养,修养即做事。在做事中做人,必须具备健康、劳动、科学、艺术和民主的修养。各尽所能,各觉察所需,各教所知,使大家各得其所的民主教育是衡量生活教育效益的标准。

人生志在创业,创业充实人生

人生志在创业,创业充实人生。创业之“业”,就是现代化的伟大事业。创业也是为了现代社会生活方式的完满实现。这是合理的人生发展的必然,这是创造教育的主题。

关于创业教育的由来和实施情况,最近出版的《创业教育论集》中已有所论述,这里想补充以下几点:

——创业教育源于陶行知及其生活教育。概念取自1913—1946年陶行知提出的“造业自任”、“爱国爱人自任”以及“人生志在创业”。创业之“创”即创造之意，这已是社会共识。创业之“业”即职业和事业。职业是生存之道，是事业入门之第一步；事业乃发挥人人之所长以贡献于社会。事业应尽可能与职业相一致，不相一致就要善于调整融合。为了使每个人在一生中都能顺利就业，并适应生活的变迁，应将职业和事业统一起来，贯彻终身。

——创业教育三原则即是培养社会创造力的三原则。科技、教育、经济三结合是发展生产力的原则，在社会发展人口—教育—生产力和生产力发展科技—教育—经济两个序列中发挥教育的中介作用。德育为本、创业为用是培养社会凝聚力的原则，在做事中做人，强化创业意识，做人为本、做事为用是培养社会凝聚力的原则。做人为本，做事为先。社会凝聚力是多种因素共同作用而一时难于显现的一种合力。得之则兴，失之则亡，强者强之，弱者弱之。学问与职业一贯是培植民主强力的原则，职业是人生的中心，职业教育是教育的中心，一切学问都联系这个中心，贯穿人的全部生涯。只有如此，才能把生产力和凝聚力结合起来形成民主张力，才能贡献于社会。这三条原则即是社会创造力的整体。“适用、综合、灵活、持续”是实施“教学做合一”贯彻“三原则”的八字方针。

——1988年3月16日中国四川省合川市在生活教育整体试验中决定采用创业教育。这个试验着眼在创业社会之中改革整个教育。这个试验的指导思想就在于普及现代生活教育之路，不仅强调职业、劳动和实际经验，更加强调健康、劳动、科学、艺术和民主的全面和谐发展。这个试验以全市150万人民为对象，分别就不同情况提出校内小改革、校外大改革、未来教育根本改革的不同要求。改革分两类：一是使传统教育的恶性循环向良性循环转化，小改革、大改革属之；二是使传统教育向现代教育转化，根本改革属之。其实施则是思想先行，不知不行，知其要再行；行则按前述八字方针办。因而小改、大改只能缓缓而行，根本改正在摸索之中。这个试验仍在十分艰苦的条件下继续坚持。笔者认为，只要抓住机遇、方法对头，这个试验的前途是未可限量的。在同样思想指导下，同时还有另外一个独立的试验，就是浙江的王建华在衢州市创建的行知女子职业学校。六年来，这个学校对传统教育在教育体制、教育内容、教育方法上都有类似生活教育的重大突破。她没有花国家一分钱，白手起家，自力更生，用创业精神办起的一所创业学校。学校规模已从2个班70个学生发展到现在7个专业、13个教学班的700多名学生。特别难能可贵的是她们还编有《妇女识字课本》，大力扫除农村中的文盲。这是晓庄精神在新的历史时期的新发展。经济学家、哲学家林圃教授接手四川市场经济学院之后，把该院迁至占地62亩、拥有16666平方米建筑面积的新校址，从原来的3个专业扩展到9个专业，并成立了陶行知研究所、华人研究所、刘学华研究所、高新科技研究所，决心实践陶行知的教育思想，办成一流的高等职业教育基地。这使在十分艰巨的情况下进行的创业教育产生了新的希望。

——经济转型期的过渡时期正是创业精神最旺盛的时期。创业教育和生活教育一样，也是一种国际思潮。自1971年以来除前述创业教育试验之外，出现了两种不同的试验。

(1)1971年美国教育总署马兰(Dr. Sidney P. Marland)提出一个新的教育观念Career Education“创业教育”，也有人译为“立业教育”，或为“生计教育”、“生涯教育”等等。这种教育旨在传授适应现代生产、科技文明变迁所需要的技术、知识和态度，并且能过着满足个人生存、享受、发展需要的生活。这是一种以职业和劳动为中心的创业教育，和上述试验不同的是这个试验着眼于创业个人。1973年教育总署曾拨专款用于试验，国会还通过了扩大试验的专门法令，到70年代中期还在美国9个州，继而49州乃至全国推行开来。由于一方面是一种以职业为中心用以改革整个教育体系，另一方面又在体系之中进行实验，因而矛盾重重，加上新生事物必然伴随着种种缺点和不足以及传统思想的阻力等等，这种教育尚未作为一种教育制度在美国生根、定型。

(2)1989年11月27日到12月2日，联合国教科文组织在北京召开的“面向21世纪教育国际研讨会”的会议报告里，提出了另一新的概念Enterprise Education“创业教育”，又称“第三本教育护照”。同时指出：“这要求把事业心和开拓技能教育提高到目前学术性和职业性教育护照所享有的同等地位。”[①]此后，中国作为项目国家，已成立协调组并在若干省市

---

① 联合国教科文组织：《学会关心：21世纪的教育——圆桌会议报告》，《教育研究》1990年第7期。

开展研究和进行实验。这个项目已于1991年9月进行了全面总结。1992年江苏正在进行该项目的第二阶段研究。

从会议文件上看，这个项目的创业教育实验与20世纪70年代的美国试验有几个不同的地方：一是Career Education，为政府行为，而且只在美国范围之内试验；Enterprise Education仅是一个科研项目，试验在研究项目之内，它一开始就建立在学术基础上，这是一个特点。二是科研项目突出了“事业心和开拓技能”，比美国试验仅仅突出职业技能更进了一步。三是科研项目是在取得学术性和职业性教育之外并列的第三本护照，而美国试验强调职业是教育之中心，是渗透在教育整体之中的。从这个意义上讲，科研项目涉及的是局部，美国试验涉及的是教育整体，这两者之区别也是很大的。

这些试验各有千秋，其所标明的“创业”也有其特定的含义，Career和Enterprise是否译为“创业”也还有争议。三者都有创新之意，都是十分难能可贵的，但都属开创阶段。现在评论其成功或失败还为时过早，而且这还有待继续探索、实践、再探索、再实践，并接受历史的检验。

传统和制度是前人所创造，但又往往是后人创造的障碍。要像王建华那样，不仅要有追求卓越的人生理想，更要有创造卓越的社会目标。从追求到创造的过程，才是创业人创业的完整过程。在此创业精神旺盛的时代里，必将出现更多更加丰富多彩的创业教育项目，使21世纪的创业精神旺盛、旺盛、再旺盛。

现代陶行知要在参与社会生活方式的不断变异和发展中，努力思维，努力学习，努力创造，提高现代生活质量，做一个长久的现代人，做创业世纪的主人，要建立一个创业精神不断旺盛的理想社会。创业教育，面向未来！

中国现代化呼唤现代陶行知！

（胡晓风撰写此文时系四川生活教育社社长、中国陶行知研究会副会长，韩邦彦撰写此文时系四川省政协副主席、中国陶行知研究会副会长）

陶行知教育思想与教育现代化

罗　明

陶行知是中国教育现代化的开拓者和奠基人之一。他在探索中国新教育的历程中，创立了具有中国特色的生活教育理论，揭示了一些现代化教育的基本规律，并高瞻远瞩地提出了一些对我们今天教育现代化仍有借鉴意义的真知灼见。当前弘扬陶行知的精神和思想，有利于深刻领会建设有中国特色的社会主义教育理论、科教兴国和“三个面向”的战略，以及全面发展的教育方针和有关的重大决策；有利于从陶行知教育理论和实践中吸取许多有益的东西，帮助我们克服当年他早就反对至今仍然不同程度存在的错误偏向，帮助我们解决当年他早就提出过今天我们应该解决、可以解决的问题；有利于以伟大人民教育家陶行知为楷模，用他那言行一致、一以贯之的崇高品德、伟大精神、科学作风和方法，去帮助我们更有效地建设一支宏大的一流的教师队伍，并依靠这支队伍去实现教育现代化。因此，在教育现代化过程中学习借鉴陶行知，不是可有可无，而是要作为一项重大决策，认真对待，抓住不放，以点带面，形成气候，从而更有效地促进教育现代化。

根据几年来的实践，我们学习借鉴陶行知，促进教育现代化主要体现在以下几方面。

一、中国的教育现代化必须从中国的国情出发，走自己的路，办出自己的特色

陶行知一再强调我们干工作，必须以实际生活为指南针。他告诫晓庄的学生出去办教育，不能依样画葫芦，要从当地实际出发，办出自己的特色，那才是晓庄的精神。他在改革中国教育的实践中，既重视继承和发扬古今中外一切好的有用的东西，又始终高举反对老八股、洋八股的旗帜。

反对“沿袭陈法”，做泥古之人；又反对“仪型他国”，盲目崇洋，做“拉洋车”的人。他指出：“我们深信一个国家的教育，无论在制度上、内容上、方法上不当靠着稗贩和因袭，而应该遵照那个国家的需要和精神去谋适合、谋创造。”“教育政策是时代的产物，故规定教育的政策应符合现代本国国情，本国之力，本国需要及与本国接触之世界潮流，方为无误。”他的这条思想路线与毛泽东的“马克思主义要与中国革命实践相结合”，与邓小平的“解放思想，实事求是，建设有中国特色的社会主义现代化”的思想路线是完全一致的。这是毛泽东、邓小平领导中国革命和建设成功的根本经验，也是陶行知教育思想和实践经得起历史检验至今仍光彩夺目的根本原因。

要从自己的国情、省情出发，走自己的路，办出自己的特色，我们着重解决以下几个问题。

第一，要以邓小平建设有中国特色的社会主义理论为指导，坚持党的基本路线，坚持“科教兴国”和“三个面向”的战略思想，坚持全面发展的教育方针，坚持教育必须服务于经济、社会发展、现代化目标，坚持社会主义办学方向。离开这个目标和办学方向，就会走到邪路上去。

第二，把教育现代化的重点放在农村。实行城乡结合，城乡一体化，既发挥城市对农村的辐射作用，又重视农村对城市的促进作用，这是一条中国特色的发展道路。苏南经济的腾飞靠乡镇企业的崛起，教育的腾飞靠农村教育的迅猛发展。这是毛泽东、邓小平所指引的道路，也是继承和发展了陶行知重视农村、发展农村、科教兴农的优良传统，不走西方现代化的老路。在农村我们实行基础教育、职业教育、成人教育“三教”协调发展，农业、科技、教育多位一体并将科技的星火计划、教育的燎原计划和农业的丰收计划有机联系，点面结合，充分发挥教育服务经济和社会现代化建设的功能，用科技教育促进生产力的发展，以达到共同富裕的长远目标。这就为我们国家提供可以用较快的速度和较短的时间实现教育现代化的可能条件，而发达国家花了几百年才逐步实现教育现代化。

第三，正确处理好中与外、古与今的关系。坚持以我为主，博采众长的方针和洋为中用，古为今用的原则，使我们的教育现代化建立在继承和发扬优良传统又吸取现代科学与文明的基础上，更好地迎接 21 世纪高新技术革命和信息社会的挑战。中华民族是一个既有丰富的文化遗产又有光荣的革命传统的民族，但由于种种历史原因，几百年来我国的经济文化的发展落后于欧美和日本发达国家。中华人民共和国成立特别是改革开放的十多年来，虽然急起直追，取得很大成绩，但与西方发达国家相比还有很大差距。面对这种情况来看，我们的教育现代化，更需要正确处理好古今中外教育成果的借鉴关系。在这方面，我们注意学习陶行知从信仰王阳明、杜威，到翻两个筋斗，对王、杜思想进行革命改造的经验；学习他既反对沿袭陈法和仪型他国，又强调古今中外的东西不论新与旧，只问适合不适合，有选择地继承与吸收。在继承与吸收中又强调要重视实验和创新的基本立场和态度，这对我们正确处理这方面的关系是大有好处的。

二、教育现代化要以改革为动力，积极进行教育体制、办学模式和教育思想、内容、方法的改革，以促进教育事业的发展和办学效益的提高

十多年来，我们在体制改革上做了大量工作，建立了分级办学、分级管理的教育管理体制，并对各类教育分别采取相应的以政府办学为主、社会团体和私人参与办学的新体制，初步改变了国家包下来的单一办学模式。这样就大大调动了各方面尊师重教的积极性，较好地解决了教育经费紧缺、办学条件较差、教师待遇低等教育发展中的重大难题。这是近十年来教育发展较快、成绩显著的重要原因，也是陶行知依靠人民办教育才不是无能的教育，依照人民需要办教育才不是盲目的教育的具体体现。体制改革还有待深入，需要进一步通过联合办学、共建、社会参与等一系列改革措施，实现办学主体的多元化和管理体制的多样化，积极寻找和培育各级各类教育事业发展的新的生长点。积极探索与社会主义市场经济体制相适应，通过市场机制，研究在公办教育机构引入民办学校的运行机制，促进教育发展的良性循环。通过转变教育发展方式，改革办学模式，走规模、结构、效益协调发展的路子，在改革中逐步形成江苏高等教育良性循环发展的运行机制；职业教育“上挂、横联、下辐射”，促进校企结合，校产结合的机制；中小学也实行联合办学、合作办学，特别是城镇实行强弱联合，以优化教育资源配置，提高教育质量和办学效益，从根本上杜绝择校现象的加剧和蔓延。

在进行教育体制改革的同时，对改变教育思想观念，改革教学内容、方

法等方面也做了一些有益的工作，但相对来说还比较薄弱，需要加大力度，花大力气继续解决。在教育思想观念的改变方面，树立全面素质教育、道德、科学、艺术教育、创造教育和全民、终身的大教育体系，有决定性的意义。为了改变教育脱离实际，片面追求升学率和学生负担过重的偏向。这些年来首先在中小学狠抓变应试教育为全面素质教育的工作。一些先进地区和单位抓住课程改革这个关键，设置学科课程、活动课程、环境课程三位一体的体制，使素质教育课程化，课程内容素质化。理想道德教育得到加强，劳动和社会实践得到落实，学校、家庭和社会教育有机结合，强调提高课堂教学质量和学生自主自动的主体地位的发挥和集体生活的锻炼，以促进学生基础知识的学习，特殊才能的培养和知情意的协调发展。这实际上就是陶行知"生活即教育"、"社会即学校"、"教学做合一"的具体运用。这项改革有待深化，多项经验有待总结。

三、教育现代化的根本目的是培养现代化的人才

陶行知作为人民教育家，对教育培养什么人有许多论述，例如他说：教育要教人学会做人，求"真知"做"真人"，做"真善美"的活人。这个人要是一个整个的人，不是缺这少那的"命分式的人"；是要做"为一大事来，做一大事去"、有高尚品德、公德私德双全、筑起"人格长城"的人；是从人民中来又到人民中去，"人民第一""一切为人民"的"人中人"，不是骑在人民头上作威作福的"人上人"，也不是甘作奴隶或奴才的"人下人"；是能改造自然、改造社会、创造"合理人生"的人；是敢于开拓、勇于创造的人；是有科学的头脑、劳动的身手、健康的体魄、艺术的兴趣和改造社会精神的人；等等。这些生动深刻的论述对我们用教育来培养现代化人才有重要的借鉴价值。

从江苏经济发展较快的苏南情况看，随着经济为中心的整个现代化事业的发展，对现代化人才素质要求发生了结构性的变化：一方面普遍要求新增劳动者在受教育年限上要提高到高中阶段（包括普高及职高）；另一方面对劳动者提出各种不同类型的要求，即渴望有能驾驭规模宏大的市场、发展经济的企业家，能灵活适应国内外商品经济的营业员和具有真才实学的管理者，能不断开发高质量产品的科技人员和技术工人，以及能领导城乡现代化建设的各级干部队伍，等等。从全国全省范围来说，为了适应信

息社会高科技的国际竞争需要，还需要大力培养开拓创新的杰出人才，这就是邓小平提出的要培养出一批具有世界第一流水平的科学技术专家，一批三四十岁的优秀政治家、经济管理专家、科学家、文学家和其他多种专家。这些杰出人才需要高等教育的精心培养和实践斗争的锻炼，但也需要基础教育打好人才基础。首先要提高人才的政治思想素质、道德品格素质、科学文化素质、生理心理素质，再通过各种专业教育和实践锻炼，以及充分的补偿教育、继续教育，才能培养出成千上万的各类优秀人才。把十几亿人口的沉重负担变成为丰富的人才资源，我国就一定能昂首挺胸地自立于世界先进民族之林。这就是陶行知所说的国家民族的命运掌握在广大教师手中的道理所在。

四、要培养现代化的人才必须有现代化的教师

振兴中华的希望在教育，振兴教育的希望在教师，已经成为大家的共识。陶行知认为这样的教师应该是具有开拓精神和创造精神的第一流教育家。他一贯主张教师不能只是传授几本教科书的“教书匠”，而是博学多能的学者和“人师”，教师的“一举一动、一言一行都要修养到不愧为人师的地步”。他指出，教师的道德品质不仅是规范自己行为的需要，更重要的是用以教育学生的需要；教师职业的特殊在于育人，不仅用自己的学识育人，更重要的是用自己的品德育人。教师不仅通过语言去传授知识，而且要用自己的灵魂去塑造学生的灵魂，做人类灵魂的工程师。他强调教师要钻研科学，向人民学习，向学生学习，教学相长，学而不厌，诲人不倦。陶行知十分可贵之处就是他所言必是他所信，又是他所行，所以他堪称教师的楷模，宋庆龄赞誉他是“万世师表”。在我们建设现代化教师队伍中，各地都重视了学陶师陶，有些院校专门开设了陶行知教育思想的必修课或选修课，在培训师资的时候都举办学陶师陶讲座和参观陶行知纪念馆，许多教师都自觉地学习和研究陶行知著作。实践证明，这是一条提高教师素质的有效途径。

为了适应教育现代化的需要，我们在师资培养上还采取了其他一些措施。第一，通过扩大师范院校招生，中师举办大专班，师专举办本科班，高校招收研究生以及采取自学考试等办法，逐渐提高中小学教师的学历层

次。第二,推出创“名校长、名教师”工程和加速培养中青年骨干的“青年工程”以及以老带新、骨干带一般,即陶行知提倡的“艺友制”,推动全体教师的提高。第三,采取专业培训和基本功竞赛等办法,帮助教师学会运用计算机、多媒体及外语口语等基本功。第四,通过教育科学研究所、教研室、报刊社及学会,组织广大教师开展科研活动,提高教育科学水平,培养科研型教师,实施科研兴教。

五、努力改善办学条件,不断充实教育现代化的设施

陶行知认为精神文明和物质文明是合二为一的,这合二为一的媒介是工具。书本是重要的工具,但不是唯一的工具。工具应适应时代的先进性,要有现代化的教育工具才能培养出现代化的人,所以陶行知在当年办学经费十分紧缺的情况下,仍然千方百计地改善办学条件。他提倡办教育要勤俭节约,但节约不是安于简陋,是要把一切可以不用或可用可不用,特别是不该用的钱节省下来,把可以筹集到的钱筹集起来,添置教育必需的设备和工具。现在的办学条件比陶行知时代已经大大改善,各地的同志都清醒地认识到建设一支现代化的教师队伍和做到办学条件现代化是教育现代化不可缺少的两翼,许多地方都抓住这两翼作为重点突破,以推动教育现代化的进程。办学条件包括硬件和软件,图书馆、实验室、微机室、语言室、体育馆等房屋建设很重要,内部设备的齐全和改善管理,充分发挥效益更重要。无论是双管齐下,或是先硬后软,先软后硬,可以从实际出发但都必须抓好。

与改善办学条件紧密相关的还有一个学校布局的调整问题。随着乡镇经济现代化、农村城市化的逐渐发展,农村居住条件也逐渐由分散向集中的方向发展,若干中小城镇在兴起,学校必须适应和看到这个变化,布局上作适当调整和妥善安排,才能适应群众的需要和避免重建的浪费。

六、教育现代化需要逐渐建立和完善全民的终身的大教育体系

陶行知在他的整个教育生涯中,可以说他的夙愿就是:在使全国人民

都受到教育的总要求下，在全民中普及一定年限的基础教育和职业教育，并使所有的人与生活俱进终身受到教育。用他的话说叫“出世就是破蒙，进棺材才算毕业”。他的生活教育理论，就是这种全民的终身的大教育理论。教育以生活为中心，过什么生活就要受什么教育，生活决定教育，教育促进生活向前向上；社会即学校，即社会教育化，教育社会化；教学做是生活法也是教育法，强调教育与生活的联系，理论与实践的结合。从这样的观点来理解大教育体系，是顺理成章的，从大教育观点来理解生活教育的真谛也是理所当然的。陶行知的大教育理论，终身教育观点早在三四十年代就明确提出来了，可惜不仅在中国而且在世界没有引起足够的重视。直到 20 世纪 60 年代联合国教科文组织提出了“终身教育”的观点，西方发达国家从信息社会、高科技迅猛发展的需要出发，接受了这一观点。我国在建设社会主义现代化的实践中清楚地认识到这一点，并在教育事业的改革发展中开始建立起学前教育、基础教育、职业教育、成人教育和高等教育的框架。我们有决心和信心在促进教育现代化的过程中以超出西方发达国家若干倍的速度，走完西方发达国家几百年走完的路，紧紧跟上时代的步伐，构建全民、终身的大教育体系。

（作者撰写此文时系中国陶行知研究会副会长、江苏省陶行知研究会会长）

生活教育理论的当代价值与世界意义

——兼论陶行知生活教育理论的“三全”功能

胡国枢

生活教育理论是现代科学的教育观与人生观。它是以陶行知(1891—1946)为代表的一批进步教育家,批判地继承与发展古今中外教育思想的精华,改革封建传统教育的结晶,是中国教育史上划时代的创举,有重大的当代价值与世界意义,对发展中国家的教育与社会进步会有借鉴作用。它在其特有的全民教育、全程教育(终身教育)、全面教育的三维上,融教育改革与社会改革于一体,显示出无比强大的生命力,为普及大众教育服务,为中国现代化服务,为世界的和平与发展、人类实现美好理想做贡献。它的终极目标是建设“合理的人生”,实现人类的解放①。

一

生活教育理论首先是扫除文盲,普及教育,治愚与治穷相结合的全民教育理论。

陶行知创造生活教育的基本点,是立足人民群众、坚持人民第一的观点。生活教育是从贫穷落后的实际情况出发,治愚与治穷相结合而兴办的大众教育、穷人教育、全民教育。陶行知生长在半殖民地半封建的旧中国的皖南农村,出身于贫苦家庭,与劳动大众有血肉联系,对农民子弟穷困失学的境遇有切肤之痛。他从青年时期即立下“要使全中国人受教育”的宏愿。1923 年他给妹妹文渼的信中就明白表露了这一纯朴的感情:“我本来是一个中国的平民,无奈十几年的学校生活,渐渐的把我

---

① 陶行知:《谈生活教育——致一位朋友》,华中师范大学教育科学研究所主编:《陶行知全集》第 5 卷,湖南教育出版社 1985 年版,第 477 页。

向外国的贵族的方向转移。学校生活对于我的修养固有不可磨灭的益处,但是这种外国的贵族的风尚,却是很大的缺点。好在我的中国性、平民性是很丰富的,我的同事都说我是一个'最中国的'留学生。经过一番觉悟,我就像黄河决了堤,向那中国的平民的路上奔流回来了。"[①]这正是他从事平民教育、乡村教育,倡导生活教育运动的思想基础,也是他最终光荣地被誉为"伟大的人民教育家"的起点。以后他一生的追求,以及进行教育实验、教育改革的目的与方向,都是为把教育转到人民教育这一轨道上来。

为了专心致力于平民教育,他不愿担任学校行政工作,辞去了东南大学教育系主任,到北京专任中华教育改进社主任干事,与同志们组织中华平民教育促进会,编写《平民千字课》,举办平民读书处和平民学校,深入各地厂矿、商店、机关、学堂、家庭、寺院、兵营,甚至还到监狱里去宣传平民教育。平民教育运动迅速推进到全国近20多个省市,经过3个月突击以及一年努力,不少人能识《平民千字课》中的字,会写信、记账。平民教育虽取得一定的成绩,然而,对偌大的中国来说,这不是振兴教育的万全之策。平民教育的实践,使陶行知对中国的教育状况有了更切实的了解。在北洋政府统治下,民国初期蔡元培首任教育总长时的教育勃兴气象早已烟消云散,封建传统教育观念死灰复燃,教育界呈现出一片荒芜景象,文盲遍地,触目惊心。虽然私塾换上了学校的牌子,还是换汤不换药,"'老八股'与民众生活无关,'洋八股'依然与民众生活无关"[②],旧教育已走到山穷水尽的地步。他认为当时中国教育问题的严重,不仅仅在于学校少、教育普及慢,更在于"中国向来办的教育完全走错了路"。尤其是农村教育,完全脱离农民的需要、农业的需要,背离了农村的实际。"他教人吃饭不种稻,穿衣不种棉,住房子不造林","他教人有荒田不知开垦,有荒山不知造林。他教人分利不生利","他教农夫的子弟变成书呆子。他教富的变穷,穷的格外穷,强的变弱,弱的格外弱"。他大声疾呼"前面是万丈悬崖,同志们务须把马勒住,另找出路",正如他所明确指出的:"生路是什么?就是建设适合乡村

---

① 陶行知:《创造一个四通八达的社会——致陶文渼》,华中师范大学教育科学研究所主编:《陶行知全集》第5卷,湖南教育出版社1985年版,第55页。

② 陶行知:《生活工具主义之教育》,华中师范大学教育科学研究所主编:《陶行知全集》第2卷,湖南教育出版社1985年版,第76页。

实际生活的活教育!”[①]陶行知决心另辟蹊径,披荆斩棘,开辟一条既治穷又治愚的为广大人民所欢迎的生活教育康庄大道。

陶行知倡导的乡村教育运动,是平民教育运动的延伸与发展,也使平民教育运动找到了正确的方向。当时中国教育的最大弊端,恰恰是忘记了农村,忘记了占全国总人口80%以上的广大农民。从1926年开始,他把全部注意力转向“关系三万万四千万人民之幸福”的乡村教育。他发表了《我们的信条》,提出“要为农民烧心香”,并为中华教育改进社草拟了《改造全国乡村教育宣言书》:“已经下了决心,要筹募一百万元基金,征集一百万位同志,提倡一百万所学校,改造一百万个乡村”,号召大家“一心一德的为中国乡村开创一个新生命”。开展乡村教育,先得有一批愿意献身乡村教育的教师。于是他又一次辞谢了武昌高师校长的高位,脱去西装,穿上草鞋,亲自到南京郊外穷乡僻壤去创办我国第一所乡村师范——晓庄师范,着手培育有“健康的体魄、农夫的身手、科学的头脑、艺术的兴趣、改造社会的精神”的“活的乡村教师”。晓庄师范生活教育试验的成功,造就了一批革命人才,还在这里形成了“生活即教育”、“社会即学校”、“教学做合一”为主干的一整套生活教育理论,而且很快晓庄的丰富经验推向了全国,给不少地方乡村教育增添了新的生机。正如陶行知的诗《小庄晓》所唱:“老山劳,小庄晓,新时代,推动了。”生活教育运动“为新中国教育”放下了一块奠基石[②],生活教育理论为中国教育史揭开了璀璨的篇章。当时还在城市里闹革命的共产党人,也开始注意起陶行知来了。中共领导人、理论家恽代英向毛泽东建议:“我们也可以学习陶行知到乡村里搞一搞。”这是中国革命的一大转机,中共战略重心向农村转移,抓住了中国社会变革的决定性环节,为正确认识、处理农民问题,赢得革命胜利获得了重要启示。陶行知创导乡村教育运动,深得农民的欢迎和爱戴,农民亲切地把他称作“我们全中国百姓的陶行知”,“我们乡巴佬的真导师”。

陶行知生活教育理论的大众性、人民性,在30年代、40年代他倡导普及教育运动、国难教育运动、抗战教育运动、民主教育运动时,又有了进一

① 陶行知:《再论中国乡村教育之根本改造——在上海青年会的演讲》,华中师范大学教育科学研究所主编:《陶行知全集》第2卷,湖南教育出版社1985年版,第1页。

② 徐特立、范文澜:《延安新教育会致函陶行知先生庆祝生活教育社十五周年》,《解放日报》,1942年3月15日。

步的发展，并日益与中国人民救亡运动、革命斗争相结合，使他的教育思想深深地留下了“大众教育”、“穷人教育”、“穷国教育”的烙印。综观他这个思想脉络，有两点特别醒目。一是教育与群众的联系，划清生活教育与传统教育的界限。他认为传统的学校是消费的学校，传统的教育是“小众教育”，“是书呆子的轮回麻醉的乌烟”[①]，而生活教育是“大众教育”，“是大众自己的教育，是大众自己办的教育，是为大众谋福利除痛苦的教育”。二是教育与生计的联系，提出“劝人抓住饭碗求进步，不逼人丢掉饭碗上学”，从根本上解决劳动大众上学与谋生的矛盾，提倡用穷办法去普及穷人所需要的教育。这样也就揭示了人民大众是生活的主人，亦是教育的主人，生活教育是真正民主的教育，教育的目的要服务于人民的生活，推动人民生活的提高与进步。由此出发，派生出推行“小先生”、“传递先生”、举办“工学团”、组织“普及教育助成会”等行之有效的群众路线办学模式、办法与措施。实践已经雄辩地证明，生活教育理论不仅适用于当时贫穷的中国，今天仍然要发扬大众教育人民至上的精神。不用说我们今天还有成亿的文盲，还有广袤的贫困山区，故而更不应丢掉为民生利的穷人教育——实际是致富教育之路。同时，生活教育理论曾被介绍到日本、缅甸、印尼等国，受到这些国家有识之士的赞扬并仿效。在日本，早在30年代，东京池袋“儿童之村”的教师户塚廉、牧泽伊平等，对陶行知的生活教育运动表示出极大的兴趣，在《生活学校》刊物上发表《中华民国的新教育》，介绍“小先生”运动；在《教育》杂志昭和十年六月号刊出陶行知演讲稿的日译文《中华民国的“小先生”教育普及运动》。这种交流虽因日本军国主义的侵华战争而停顿，但“野火烧不尽，春风吹又生”，战后尤其在80年代以来，陶行知引起日本教育学术界的更多关注，不仅有长期研陶的著名学者斋藤秋男教授，还有以撰写陶行知教育思想研究的论文而获得博士学位的后起之秀牧野笃，以及市川博、新岛淳良、世良正浩、西田洁、一见真理子等较年轻学者。而日本生活教育联盟，正如该盟副委员长中野光教授说的，是陶先生的生活教育不谋而合的积极支持者[②]。在缅甸，在二战以前，特别是战后，

---

① 陶行知：《生活教育》，华中师范大学教育科学研究所主编：《陶行知全集》第2卷，湖南教育出版社1985年版，第636页。

② 斋藤秋男《陶行知与日本》、中野光《生活教育探究》（民众社1984年出版）和牧野笃、王子瑞征、钟清汉、周蕴石等先生的论述综合。

不少华侨创办的学校，都受陶行知教育思想的影响，如仰光的共和学校、平民学校、南洋中学、华侨中学、新侨公学、华侨企业公学、颍川义务夜校等，都吸收了生活教育理论的精神，办得很有成绩①。在印尼，棉兰的苏东中学徐松石校长播下了陶行知生活教育理论的种子②。在印度，民族运动领袖圣雄甘地曾热情介绍陶行知的教育思想给他们的人民，印度《民族旗帜》杂志上发表陶行知的《中国的大众教育运动》一文时，甘地特地写了按语："陶行知博士不久前来访问我时，我邀请他撰文介绍正在中国开展的引人注目的大众教育运动。现在，他寄来这篇有指导意义的文章。这篇文章对我们印度一定是很有用的。"③所有这些事例都说明陶行知的生活教育理论，曾在这些国家里起到过一定作用。今天，据世界粮农组织统计，还有两亿多儿童吃不饱饭；文盲众多，教育不够普及，困扰着许多国家与地区。无疑，生活教育理论对发展中国家会有借鉴意义。

二

生活教育理论也是促进国家现代化、民族现代化、人的现代化的全程教育(终身教育)理论。

陶行知的生活教育理论是立足于时代、坚持实践第一的观点，着眼于现代化而提出的全程教育理论。陶行知是中国教育现代化的先驱者之一，全程教育(终身教育)的倡导者。

生活教育理论是社会进步的必然产物。在原始人类生活中，教育与生活是不分家的，随着生产的发展，教育、培养年轻人的事，才逐渐从生产劳动中分离出来，形成独立的教育部门，后来又产生了学校。分工本是与社会进步相联系的，然而到了现代，工业发展，科学进步，而教育却日益落在时代后面，与生活脱节，二者距离越来越大。于是，教育改革被提到一些发

---

① 参见陈倚石：《生活教育在缅甸》，周洪宇编：《陶行知研究在海外》，人民教育出版社 1991 年版。

② 参见张瑞征：《生活教育在印尼》，周洪宇编：《陶行知研究在海外》，人民教育出版社 1991 年版。

③ 陶行知：《中国的大众教育运动》，华中师范大学教育科学研究所主编：《陶行知全集》第 3 卷，湖南教育出版社 1985 年版，第 224 页。

达较早的西方国家面前，涌现出一批持各种见解的教育改革家。他们的主张虽有不同，做法相异，却有共同的趋势，要求教育与生活在新的基础上的结合。到19世纪末，20世纪初，欧美出现了“进步教育运动”，教育改革有了新的发展，反对“传统教育”，主张尊重儿童个性，让儿童在活动中自由发展。其代表人物杜威等提出“教育应意味着生活”、“教育即生活”，主张学校与社会联系。陶行知站在时代前面高瞻远瞩，他既对中国优秀传统文化有深厚造诣，又熟谙西方当代进步教育思想，熔古今中外先进理念于一炉，集东西方教育思想之精华。他创立的生活教育理论符合教育发展规律，顺应世界发展潮流。他把人的教育与社会进步、新社会的建设统一起来，作为整体对待，有计划地倡导生活教育运动，并把教育理论推向时代的高峰，成为实现现代化的工具。他在总结国内外现代教育发展状况时，指出生活教育理论符合历史发展的大趋势。他说：“可以分作三个时期：第一个时期，是生活是生活，教育是教育，两者是分离而没有关系的；第二个时期，是教育即生活，两者沟通了，而学校社会化的议论也产生了；第三个时期，是生活即教育，就是社会即学校了。这一时期也可以说是开倒车，而且一直开到最古时代去。因为太古的时代，社会就是学校，是无所谓社会是社会，学校是学校的。这一时期，也就是教育进步到最高度的时期。”①为什么“生活即教育”、“社会即学校”是教育进步到最高的时期？因为经过螺旋式的发展，教育好像退到了太古社会，实际是经过否定之否定，跃进到更高的层面之上。生活教育理论正是这一时期的主导的教育理论，所以能使“教育进步到最高的时期”，就由于这个理论最适应现代化事业。这种适应表现在许多方面，首先是对人从生到死的一生中全程培育的终身教育，陶行知当时称它为“终生教育”。

为社会主义现代化服务，是生活教育理论的内在要求与本质属性。陶行知在阐述生活教育理论时说：“我们是现代的人，要过现代的生活，就是要受现代的教育”②，“做一个现代人，必须取得现代的知识，学会现代的技能，感觉现代的问题，并以现代的方法发挥我们的力量。时代是继续不断

---

① 陶行知：《生活即教育》，华中师范大学教育科学研究所主编：《陶行知全集》第2卷，湖南教育出版社1985年版，第183页。

② 陶行知：《生活即教育》，华中师范大学教育科学研究所主编：《陶行知全集》第2卷，湖南教育出版社1985年版，第187页。

的前进，我们必得参加在现代生活里面，与时代俱进，才能做一个长久的现代人”。说到底，只有现代化的生活，才有现代化的教育；只有受现代化教育的人，才能保证现代化事业的成功。因此“我们必须拿着现代文明的钥匙，才能继续不断的去开发现代文明的宝库，保证川流不息的现代化”①。

生活教育理论将最有效地促进现代化事业的进行。现代化是社会进步的整体性持续性的概念。作为生活的主体、社会的主体，人的现代化应是物质生活、精神生活的全面的持续的进步，而不能脚跨到现代社会里了，而头脑还留在旧社会，也不可设想，人只要前半世现代化，后半生做落伍者。这就需要相应的持续性的教育去保证。现代化呼唤人的终身教育，尤其在信息社会，知识爆炸，技术飞速更新，全社会成员都应受继续教育。终生教育是人的全程教育，全方位的不断进步与更新，“一个人有整个的生活，才可得整个的教育”②。陶行知论述普及教育的意义时明确提出：“甲、整个民族现代化，不仅是学龄儿童及失学成人之普遍入学。乙、整个生活现代化，不仅是普遍识字或文盲之普遍消除。丙、整个寿命的现代化，不仅是四个月、一年、二年、四年之义务教育。”这三个“整个”的现代化，唯有终身教育，使社会真正成为大学校，变成学习社会，才能达到。所以，他认为：“教育最重要的成就在使众人养成一种继续不断的共同求进的决心。我们要对众人养成的态度是：活到老，做到老，学到老。”③随着经济发展与社会进步，60年代欧洲有识之士提出终身教育，以“维持和改善个人社会生活的质量”，著有《终身教育引论》的法国著名教育家保罗·郎格朗被西方公认为终身教育的代表人物，而陶行知比他早30年的生活教育理论中，已明确提出终身教育。我如此说，并不在于争终身教育的首创权，先后之别是历史事实不必争论，而是以此正好说明生活教育与当代社会发展的一致性，它是为现代化进而为信息化社会服务的理论。

生活教育的整体性，强调人的全程教育、不断学习。这种全民性的全

① 陶行知：《攻破普及教育之难关》，华中师范大学教育科学研究所主编：《陶行知全集》第2卷，湖南教育出版社1985年版，第782页。

② 陶行知：《教育的新生》，华中师范大学教育科学研究所主编：《陶行知全集》第2卷，湖南教育出版社1985年版，第618页。

③ 陶行知：《中国普及教育方案商讨》，华中师范大学教育科学研究所主编：《陶行知全集》第2卷，湖南教育出版社1985年版，第804页。

程教育(终身教育)将成为现代化及未来世界最理想的教育制度的基础。正如陶行知说的:"终生教育,培养求知欲。学习为生活,生活为学习,只要活着就要学习。一旦养成学习习惯,个人就能终生进步不断。"①社会就是大学校,从而使全民族的文化科学、道德思想与身体素质,随着社会进步而不断提高,社会与个人也就在不断地创造中获得进步,形成生活教育与社会发展的良性循环。所有这些,充分说明,生活教育理论对正在实现现代化的国家,甚至发达国家都会有一定参考作用,也就无可置疑。

三

生活教育理论更是为建立"合理的人生",实现人类的最后解放,培养全面发展的"真人"而创立的"全面教育"理论。

生活教育理论的长远的基本的宗旨是建设"合理的人生"、"理想的社会"②,实现"人类解放"③,培养"全面发展"的"真人"④。这种创造性的"全面教育"理论是对人的终极关怀,极富哲理性的人生哲学,它不只是单纯的教育理论,亦是社会改革学说。

"全面教育",按照陶行知的理解:"心、脑、手并用。学政治、学经济、学文化相结合。健康、科学、劳动、艺术及民主将构成和谐的生活。"心、脑是一致的,但又不完全等同。心,即心理素质的心,心术正不正的心,包含心理学上说的"原认知",人体科学中的"元神"。如果不用心,此人心不在焉、魂不附体,食而不知其味,听而不辨其声,学习岂能有收获,做事哪能会成功? 心诚,才能志坚;志坚,才能行果;行果,才能事成。不诚无物的道理应在此。"心、脑、手并用",而且把"心"放在首位,突出其作用,这正是陶行知对唯物主义认识论的一项杰出贡献。他从全面教育这一视角,对生活教育

① 陶行知:《全民教育》,华中师范大学教育科学研究所主编:《陶行知全集》第 3 卷,湖南教育出版社 1985 年版,第 554 页。

② 陶行知:《在湘湖师范教学做讨论会上的答问》,华中师范大学教育科学研究所主编:《陶行知全集》第 2 卷,湖南教育出版社 1985 年版,第 164 页。

③ 陶行知:《谈生活教育——致一位朋友》,华中师范大学教育科学研究所主编:《陶行知全集》第 5 卷,湖南教育出版社 1985 年版,第 477 页。

④ 陶行知:《全民教育》,华中师范大学教育科学研究所主编:《陶行知全集》第 3 卷,湖南教育出版社 1985 年版,第 554 页。

理论作了科学剖析，既要心、脑、手并用，又要多学科结合，更必须与和谐生活相统一。如果这些方面都做到了，生活教育达到了最高境界，人的智慧与才能就可得到无穷的发挥，从而不断地创造出理想的世界。正如他指出的："手脑联盟，结果是手与脑的力量都可以大到不可思议"①，"手脑都会用，才算是开天辟地的大好佬"②。从生活教育理论的培养目标说"千教万教，教人求真"；"千学万学，学做真人"③。"真人"是指具有完善人格、渊博知识与高超能力的人，是指说真话、办真事、求真知、为真理而奋斗的人。这是现代及未来社会中模范人物的总称，创造新生活的强者，建设新社会的能人，全心全意为人民服务的人。这样的人要求"心、手、脑并用"，真、善、美合一，德、智、体、美、劳全面发展的"觉悟型"、"创造型"、"开拓型"人才，与我们今天要求"有理想、有道德、有文化、守纪律"的四有新人是完全一致的。

生活教育理论作为全面教育学说，还有另一个重要意思，人的全面发展离不开"和谐的生活"，离不开适宜的环境。教育要与社会改造作全面考虑、全面设计。陶行知说："办学与改造社会是一件事，不是两件事"，"社会是个人结合所成的，改造了个人便改造了社会，改造了社会便也改造了个人"，"改造社会而不从办学入手，便不能改造人的内心；不能改造人的内心，便不是彻骨的改造社会"④。所以他把教育与民族的命运、人民大众的前途联系在一起，并进而认为教育是"民族解放、大众解放、人类解放之武器"⑤，"是人类解放的工具"⑥。这是陶行知用科学世界观观察事物的必然结论，也是他的超人高明之处，生活教育理论的最大特色。为了实现美好

---

① 陶行知：《教学做合一下之教科书》，华中师范大学教育科学研究所主编：《陶行知全集》第 2 卷，湖南教育出版社 1985 年版，第 300 页。

② 陶行知：《目前中国教育的两条路线——教劳心者劳力　教劳力者劳心》，华中师范大学教育科学研究所主编：《陶行知全集》第 2 卷，湖南教育出版社 1985 年版，第 600 页。

③ 陶行知：《小学教师与民主运动》，华中师范大学教育科学研究所主编：《陶行知全集》第 3 卷，湖南教育出版社 1985 年版，第 608 页。

④ 陶行知：《地方教育与乡村改造》，华中师范大学教育科学研究所主编：《陶行知全集》第 2 卷，湖南教育出版社 1985 年版，第 128 页。

⑤ 陶行知：《谈生活教育——致一位朋友》，华中师范大学教育科学研究所主编：《陶行知全集》第 5 卷，湖南教育出版社 1985 年版，第 477 页。

⑥ 陶行知：《桂林战时民众教育工作人员须知》，华中师范大学教育科学研究所主编：《陶行知全集》第 3 卷，湖南教育出版社 1985 年版，第 299 页。

理想，达到人类的最后解放，他把生活教育的目标确定为建设“合理的人生”，教导从事生活教育的人都应有“改造社会的精神”，“心里都应当有一个理想的社会”，“对于自然的环境和人为的环境，都该要有理想的安排”①。那么，这一理想社会何所指呢？他对“旷世伟人”马克思的崇敬心情透露了这个信息。他三次瞻仰马克思墓，并写了“光明照万世，宏论醒天下。二四七四八，小坟葬伟大”②诗句，表达了他对马克思描绘的理想社会的向往。由此可见，陶行知心目中的理想社会就是共产主义社会。

生活教育理论充满着“改造社会的精神”、创造的精神、为人类美好理想而奋斗的精神，这正是它与一切旧教育思想的不同之点。它的目光始终瞄着明天，为了“向前向上的生活”，“发古人所未发，明今人所未明”，创造未来的幸福。指引我们去研究在社会与自然的和谐发展中，人的全面发展的根本问题。陶行知的思想有超前性的一面，他的科学预见启示后人解决世界发展新课题，在现代化高科技条件下，如何调适社会发展中人与人之间、人与自然之间，以及人类精神生活与物质生活中个人心灵与肉体之间的关系等，涉及人类未来前途与最后解放的大问题。否则，要真正实现人的全面发展是不可能的。人的全面发展与人类的最后解放是一个事情的两个互为条件的方面，而不是两回事。

陶行知是伟大的爱国主义者，希望在中国实现现代化，建立“政富教合一”的良性发展的“安居乐业的社会交给后代”③。陶行知更是伟大的国际主义者，他的眼界远远地扩大到世界、扩大到世界的未来，始终认为“新世界之创造是我们的主要的功课”④，他“相信生活教育必定能够发出伟大的力量……帮助创造一个和平互助的新世界”⑤。创造一个“和平互助的新

---

① 陶行知:《在湘湖师范教学做讨论会上的答问》，华中师范大学教育科学研究所主编:《陶行知全集》第 2 卷，湖南教育出版社 1985 年版，第 164 页。

② 陶行知:《马克思墓》，华中师范大学教育科学研究所主编:《陶行知全集》第 4 卷，湖南教育出版社 1985 年版，第 414 页。

③ 陶行知:《创造一个四通八达的社会——致陶文渼》，华中师范大学教育科学研究所主编:《陶行知全集》第 5 卷，湖南教育出版社 1985 年版，第 56 页。

④ 陶行知:《社会大学运动》，华中师范大学教育科学研究所主编:《陶行知全集》第 3 卷，湖南教育出版社 1985 年版，第 584 页。

⑤ 陶行知:《生活教育目前的任务》，华中师范大学教育科学研究所主编:《陶行知全集》第 3 卷，湖南教育出版社 1985 年版，第 294 页。

世界”是完全符合今天国际局势发展的方向的。和平与发展应成为时代的主流。21 世纪为中国展示美好前景，也为世界描绘着一幅动人的画图，由计算机技术、光纤通信与卫星传播相结合，正在经历着一场从根本上改变人们的生产方式、工作方式、生活方式与学习方式的新的产业革命——信息革命。科学技术的突飞猛进，将使人类生活大变样，月亮会成为新的旅游景点，足不出户可知天下事，购买天下货……不仅带来生产力的飞速发展与生产组织、管理机制的相应变革，而且会促进人类文化的发展，使教育更贴近生活，为教育改革带来新的需求，进而改造人们的思想观念与精神面貌。经济超越国界的生产国际化、交换国际化、金融国际化、技术开发国际化、劳动力交流国际化等，成为一种不可阻挡的潮流，与此相应，21 世纪也应是国际主义昂扬的世纪，正如地球上最大的跨国政府性组织领导人、联合国前秘书长加利在 1992 年“联合国日”致辞中说的：“第一个真正的全球性时代已经到来。”“地球村”的共同利益使人们对维护全人类利益会更多地关心，每一民族、每个国家都应相互尊重，实行国际合作以谋求共同发展。然而，以邻为壑、尔虞我诈、欺压弱小的事，仍会此落彼起；对自然界盲目开发，无休止地掠取，已使地球难以忍受，正在向人类报复；而道德沦丧，缺乏理想，人心不宁，更是许多国家与地区的一个通病。所有这些，需要人们警惕与制止。新的时代、新的世纪，要有包括自然科学、社会科学、生态科学、人体科学与心灵科学的全球性的当代生活教育相配合，以不断提高人类和平共处、祸福与共、同舟共济、齐登彼岸的自觉。生活教育理论将成为创造和平与发展的全球事业而奋斗的思想武器，为实现人类美好理想服务。

结语：陶行知先生创立的生活教育理论博大精深，是全民教育、全程教育（终身教育）、全面教育的现代科学教育学说，也是社会改革学说，它将为普及教育、提高民族科学文化道德水平、为国家现代化、为世界的和平与发展、为人类的最后解放、创造幸福的明天而发挥作用。它的当代价值，它的世界意义，将与时俱增，生活在不断前进，生活教育理论的发展永无止境！

（作者撰写此文时系浙江省社会科学院历史研究所研究员、浙江省陶行知研究会副会长）

黄山市农科教结合的探索和实践

杨立威　罗永纪

黄山市地处中国安徽省最南部，与浙江、江西两省交界，古老的新安郡，即徽州地区。面积9807平方公里，总人口145万，其中农村人口125万。黄山、天目山脉蜿蜒南北，新安江横贯其中，山水灵秀，自古人文荟萃。宋明以来，徽商崛起，贾而好儒，亦儒亦贾，积雄厚资财，兴办学校、书院，延请文人学者，讲学授徒，著书立说，哺育了以程朱理学和江(永)戴(震)朴学为核心，淹贯经史百家，包罗天算、物理、训诂、音律、金石、书画、出版印刷乃至医药学等多学科联翩的发展，独步全国的新安文化。新安文化与齐鲁文化、敦煌文化齐名，为我国古代三大著名的地区文化。徽州是珠算大师程大位，《资本论》提到的唯一中国人王茂荫、我国早期人口论者洪亮吉、新文化运动倡导者胡适、大画家黄宾虹和伟大的人民教育家陶行知的故乡，黄山已被联合国列入世界自然、文化遗产保护名录。

陶行知非常热爱家乡，曾把徽州和瑞士相媲美，希望家乡人民千万不要辜负"新安大好山水"，"振兴全徽的教育，开采全徽的矿产，革新全徽的农林、发展全徽的交通"，"以建立徽州万年不拔之基"。为实现这个美好而又符合实际的理想，徽州地委行署根据党的基本路线和省情、区情，提出了"经过几代人的努力，把徽州建成东方瑞士"的奋斗目标。借鉴陶行知改革中国农村教育的理论和实践经验，发扬他的"捧着一颗心来，不带半根草去"的献身精神，进行农村教育的调查研究和改革试验，认真解决好农村教育如何适合生产发展需要这个战略性的大问题，"建设适应乡村实际生活的活教育"。经过学陶师陶和教育改革，黄山市探索出了一条通过农科教结合，实现科教兴农的路子。

一、运用陶行知教育思想，探索振兴农村经济新体制

1987年初，原地委、行署借鉴陶行知的"科学必须下嫁，知识必须给予

农民”等生活教育理论，决定把农业、科技、教育体制改革结合起来，协调推进，发出了《关于进一步搞好教育科技体制改革的意见》，明确提出“科教结合，为农服务”的整体改革设想，从选择“结合点”上突破。1987 年 6 月，休宁县在溪口区进行“农科教多位一体”的综合改革试点，首先组建了由区委区公所牵头，有关部门参加的溪口区农科教协会。协会主席由区长担任，副主席由职高校长和农技站长担任，成员由区直的林业、畜牧、财经等站和有关企业、溪口镇党委及中心小学等单位组成；区所辖六乡一镇各成立了分会，提出了“以陶为师，深化改革，科教结合，为农服务”的宗旨。其次，在协会组织下，开展了区乡经济、科技、教育的综合调查，制定了经济教育发展的近、中、远期规划。再次，组建有科技人员、专业教师、能工巧匠参加的农科教讲师团，开展科技普及、人才培训、咨询和信息服务等活动。最后，以职业中学为依托，结合本地生产内容，承担县、市科技项目，引进实用技术，新品种，通过示范、培训，向广大农村及农户辐射，形成有效的科技推广网络。同时，溪口职高深化教育改革，走向农村社会，班级联系乡镇，学生联系农户，建立了校内校外结合的教学、试验、示范、推广一体化的基地群，按照当地经济建设的需要，加快培养急需的人才。

溪口的试点，刚刚起步就得到各级领导和全国陶研专家们的深切关注和热情扶持。中国陶研会、中华职教社、中国教育工会联合举办有 21 个省市 187 位代表参加的农科教统筹协调研讨班，认为这是“农村第二步改革的突破口，是振兴农村经济的战略措施，也是建设有中国特色社会主义新农村的必由之路”。1988 年 10 月，省委书记卢荣景到溪口视察，充分肯定了这个能使农村经济、教育、科技都得到实惠的“一举三得”的新生事物，并在全省农村工作会议介绍推广。原国家教委王明达副主任认为“这是一项很有意义的改革”，“安徽带了头，走到了前面”，并建议把“农科教多位一体”改为“农科教统筹协调”，以便在全国推广。至此，各有关方面就农科教统筹结合达成了共识。

从 1989 年开始，黄山市主要探索的问题是如何在“点上深化，面上推开”。几年的探索与实践，结论是从整体上把握五个“基本”。

基本思路：农科教结合以发展农村经济为中心，以科技为动力，以农村教育设施为载体，在经济、社会和科技、教育综合调查的基础上，把科技、教育纳入当地的社会经济发展规划，把智力开发、资源开发、技术开发结合起来，通过协调使农村经济、科技、教育各部门的人力、物力、财力、设施得到综合利用、合理配置、各自发挥优势、相辅相成，形成合力，以取得人才培养、科技进步、经济发展的最佳效益。

基本立足点：农科教结合作为一项综合改革，涉及较多的部门，体制的制约，观念的转变，都需要一个过程。为此，我们把立足点摆在乡镇，在乡镇开展农科教结合。实践证明乡镇制约因素少、积极性高，易于统筹结合。

基本模式：推广溪口经验时，鉴于全市各地条件不同，溪口以职业教育为载体培养人才，推广科技只是一种模式，但不是唯一的，应该百花齐放，万紫千红才是春。通过不断总结提高，目前已形成四种模式：一是以乡镇农科教中心为依托，包括农职校和农民文化技术学校，把专业教育、绿证教育和示范推广结合起来，挂村联户进行科技辐射。二是以公司加基地产业为依托，围绕市场把技术培训、技术推广、社会化服务融为一体。三是以行业专业协会、民办科研机构为依托，把项目开发、新技术应用培训、推广服务结合在一起。四是以科技专业大户为依托，以推广新技术，发展"一优两高"农业为核心，示范带动周围农民群众学科技，求发展奔小康。我们认为，四种模式各有特点，都是行之有效的。

基本方法：围绕项目开展农科教结合活动。因为项目既有经济目标又有科技含量，抓好项目就能带动农村科技和经济的发展，深受基层组织和农民的欢迎。项目和培训又是农业、科技、教育等部门职能任务的共同点、结合部，大家都支持。如我市在发展蚕桑生产上，开展"桑科教"结合；在发展林业上，开展"林科教"结合；在发展果树上，开展"果科教"结合；在开发名优茶上，开展"茶科教"结合；在发展水产养殖上，开展"渔科教"结合。

基本途径：通过坚持不懈地在农村抓三个体系建设，并通过人才培训体系、科技推广体系和社会化服务体系联结千家万户农民学科技、用科技。三个体系既是农科教结合的重要依托，也是深入村、组、户的重要途径。

总结近几年的探索有以下几个特点：一是抓农村供销员培训，引导农民走向市场。二是开展"创业教育"，走联合办学的路子。三是实施"温暖工程"，探索教育与职业之间的沟通。四是推进农科教工作与产业化结合，提高产业化的科教水平。

二、主要成效和基本做法

我市是一个工业基础薄弱，经济实力不强，旅游产业处在发展之中的一个以农村经济为主的山区城市。1995年，在遭受严重自然灾害情况下，全市经济仍保持强劲的发展势头。全市国民生产总值达到45.6亿元，比上年37亿元增长23.24%，人均国内生产总值3590元，提前五年实现了人均国内生产总值翻两番的战略目标，农民人均收入达1047元，比上年807元增长29.86%，比1988年466元增长2.3倍。城乡居民人均储蓄额达到1980元，高出全省平均水平1000元，位居全省前列。主要成效表现为：围绕一条主线，促进两个转移，实现三个加快，建立三大体系。

(1)围绕一条主线。实行农科教结合的根本目的就是“育人兴农富民”，加速适应社会主义市场经济新一代农民的培养和社会主义新农村的建设，加快农村经济的发展和农民奔小康的步伐。

(2)促进两个转移。一是促进单一的学校升学应试教育转移到多层次、大面积、多数量的农村本地人才培训上来。目前全市农村职业教育、农职校教育、农民文化技术学校教育、短期科技培训四个层次的框架初步形成，使农村劳动者的科技文化素质有了明显提高。市科委组织专家在歙县富堨镇调查，根据索洛公式计算，该镇科技进步增长份额已达40%，比1989年的22.1%，提高17.9个百分点。由于普、职、成三教统筹，结构趋于合理(中等职业教育与普通高中招生比为1.55∶1，在校生比为1.66∶1)。与“双基”、“两全”相辅相成，相互促进，普通教育质量也稳步提高。二是促进农村经济开发从粗放型转移到集约型、科技型上来。近年来我们在名优茶、特种水产养殖、丰产林、水稻“旱育稀植”、网箱养鱼等“一优两高”农业开发上都以项目为依托，强化科教因素注入，取得了明显的效果。

(3)实现三个加快，建立三大体系。一是加快农业科技成果的推广速度，建立和完善农业科技推广应用体系。几年来，各地以12项技术成果推广为重点，实行农科教结合，加快农业科技特别是先进适用技术的普及应用，使一批科技含量高的项目如经果林、食用菌开发速度明显加快。二是加快农村人才培训进程，建立和完善农村人才培养培训体系。自1989年全面实施农科教结合以来，全市农村职业学校培养农民中专生一万多人，这批有文化、懂技术的毕业生已经成为农村经济建设的骨干分子，其中有的成为基层领导干部，有的成为专业大户，有的成为乡镇企业骨干，有的成为科技示范“二传手”。三是加快农村经济结构调整步伐，建立和完善农村社会化服务体系。近几年，我们通过农科教结合，大力开展农村社会化服务，促进科技教育与农村经济的有机结合，使农村经济结构调整步伐有了明显加快，一批“一优两高”农业基地和“公司＋农户”的产业群体都有较快发展。据调查统计，1995 年与 1989 年比较，农村三大产业比重发生了较大变化：第一产业下降 31.4％；第二产业上升 19.6％；第三产业上升 11.9％。目前，经过调整，科技含量高的“一优两高”农业开发项目总产值已占全市农业总产值的 60％。

取得这些成就，我们的主要做法如下。

(1)加强组织建设，强化政府统筹功能。组织建设是农科教结合的根本保证，在实际工作中，我们把组织建设作为重要工作来抓：一是根据省、市有关文件的要求，市、区县、乡镇三级政府都建立农科教结合协调领导组，组长均由政府一把手担任。二是市、区县、乡镇三级都建立了农科教办公室。市、区县办公室均单独列编，进入政府序列。三是市、区县、乡镇三级都建立了农科教讲师团，三级拥有讲师成员 1000 余人，其中中高级职称占 60％以上。四是全市乡镇配齐了科技副乡镇长，80％的村配了科技村副主任。五是领导抓点带面。市委书记赵正永、市人大常委会主任吴存心、市长桂建平、市政协主席金家宝、分管副市长杨立威等都经常深入联系点调查研究，指导工作，与基层共商农科教结合工作，现场办公，解决问题。全市 7 个区县有 40 多位县级干部建立了农科教结合联系点。在领导联系点的推动下，全市 142 个乡镇，70 个乡镇企业都积极开展了农科教结合和科教兴企活动，整体推进了全市农科教结合工作。

(2)搞好规划，明确农科教结合的方向和目标。规划是行动的指南。自 1989 年以来，我们已制定了两届政府的农科教结合实施方案规划。1995 年 10 月，我们又制定了 1995—2000 年方案规划。同时，我市有关部门根据社会经济发展的现状和生产特点，制定了产业发展规划。一是制定了全市三大工程规划(农业综合开发“111”工程、乡镇企业“1218”工程、千人扶贫工程)。二是制定了全市实施林业二次创业计划。三是制定了全市茶业经济战略转轨，大力发展名优茶的规划。四是制定了发展高新技术企业，科技三个10亿元工程计划，这些产业规划的制定，更进一步明确了农科教结合的方向和目标。

(3)抓协调，促进部门参与农科教结合的积极性。我市在实施农科教结合工作过程中，十分重视部门作用的发挥。市委、市政府提出“围绕一个中心，明确两个加强，实现三个结合，成果共享，各尽其责，各尽其力，各记其功”的指导方针，以确保农科教结合的组织实施。一个中心即以农村经济发展、奔小康为中心。这既是目标，也是各部门的共同任务、职能；两个加强即部门领导要加强全市一盘棋和大局的认识，加强参与农科教结合的认识；实现三个结合即事业结合、部门结合、在基层结合。由于坚持这个方针，部门在工作中配合，在为基层服务、项目上结合蔚然成风，大家都有积极性。

(4)抓三个体系建设，保证活动的开展。科技推广、人才培训、社会化服务三个体系是农科教结合在基层的依托基础，也是实现科教兴农战略的桥梁和联系广大农民的纽带。多年来，农科教等部门始终把三个体系建设作为农科教结合工作的支柱来抓。首先抓农业技术推广体系的建设，现在市、区、县都建立了农业科技推广中心，乡镇建有农技推广站、林业技术推广站、农经服务站，拥有科技推广人员一千一百多人。其次抓人才培训体系，除16所职业中学和17个办学点外，全市142个乡镇、办事处，已有120个乡镇建立了农民文化技术学校，乡镇农民文化技术学校有教室、有教材、有专干、有活动内容。第三，推广休宁县溪口村和村“一校六站”的经验(农技校和农资服务站、农机代耕站、植保服务站、农田水利管理站、农技推广站、村广播站)，全市乡镇和大部分行政村都建立“一校几站”(即农技校和各类农业服务站)等社会化服务体系，同时，全市农村已建专业协会101个、研究会73个、民办科研所62个。这些服务组织上挂大中专学校、科研单位，下联示范户、专业户和生产基地，全方位开展科技推广、人才培训和社会化服务工作。三个体系一个领导，既抓推广、培训，又抓服务，这是我市农科教结合能够多年坚持、常年活动的关键基础。

三、一点思考

实验区的建立和研究探索是作为国家教育科学研究重点课题“陶行知

研究”系列的子课题独立进行的。1991 年夏进行阶段性总结，课题组完成《建设适合乡村实际生活的活教育》的课题总结报告。市领导季家宏书记、胡云龙主任、吴存心市长审定了这个报告。同年 10 月 25—28 日，国家教育科学规划领导小组组织专家对实验区进行验收，专家组在听取了汇报、审议了总结报告和实地考察后，作出了评审意见，指出：“徽州实验区是最早提出农科教统筹的地方之一。”它所提出的“科教结合，为农服务”的基本思路和农科教统筹的实验，对全国产生了较大影响。实验报告关于农科教统筹的理论基础、启动机制、运行机制、内部管理等方面的阐述，对丰富农村教育改革的理论有较大的贡献。国家教育科研“七五”规划执行情况报告认为：“安徽首先提出农科教统筹结合，在一定程度上丰富了具有中国特色的教育科学理论，在理论和实践的结合上回答了县以下的教育怎么办，应该怎样服务和为谁服务的问题。”1990 年 5 月农业部、国家教委、国家科委、林业部和中国农业银行联合在滁县召开部分省市农科教结合工作座谈会，一致认为“农科教结合是十年来借鉴陶行知教育思想进行教育改革的产物，是安徽人民的创举”。代表中国陶研会、中华职教社参加座谈会的方明、吕景星、丁丁、王世杰在大会发言中建议党中央、国务院将“科技兴农”的提法，改为“科教兴农”。其后方明、黄大能、葛志成、饶博生等 100 多位政协委员又在全国政协会议上联名提案，明确指出：“农科教这个新生事物是十年改革的产物，是安徽人民借鉴陶行知生活教育理论的创造，是建设社会主义两个文明、建设社会主义新农村的必由之路。”随后，农科教结合作为中国农民的伟大创举，被党中央、国务院所肯定，并在全国加快推广。回顾这一段探索、实践、发展的历程，我们信心百倍，思绪万千，最深刻的体会却只有一点，即我国著名老教育家徐特立在 50 年前的一个重要论断：“行知教育学说和我们的教育事业几乎全部是一致的。”

陶行知的生活教育理论和实践经验，曾在抗日根据地和解放区得到广泛推行并发挥了重要的积极作用。这一历史事实证明徐老这个论断在过去（即革命战争年代）是正确的；而农科教结合、科教兴农的探索成功并在全国广泛推广，则证明了徐老的论断到现在（即社会主义现代化建设的新的历史时期）仍然是正确的。陶行知关于农科教结合的思想产生于 20 年代，由于受历史条件的限制未能成为现实。只有当我们党和国家的工作重点转到以经济建设为中心，提出把经济建设转移到依靠科技进步、提高劳动者素质上来，提出转变经济增长方式的重要方针，中国农村的广大农民在改革开放中奋起探索前进之时，陶行知的理论就顿然焕发出巨大的光辉和活力。正因为如此，江泽民总书记在河南考察农业和农村工作时指出："实现农业增长方式的转变，最重要的一环，就是要狠抓科教兴农，把农业发展转移到依靠科技进步和提高劳动者素质的轨道上来，努力提高科技在农业增长中的贡献份额。"李岚清副总理则从"穷国办大教育"这个基本国情出发，大力提倡农科教结合，提出要"以陶行知先生为楷模，为办好我国全民素质教育作贡献"。

我市在探索、实践、发展农科教这条新路过程中，始终把陶行知生活教育理论作为实践的指导。从"科学下嫁"、"与农业携手"、"与科学机关携手"、"教学做合一"、"如何教农民出头"，到"我们要有一个大规模的联合，才能希望成功"，到在《大众教育问题》这篇著名论文中提出"生活教育是大众教育，是大众自己办的教育，是大众为生活解放而办的教育"，都蕴涵着极其丰富而亲切的教导。我们坚持实践第一、人民第一、创造第一的思想，围绕"生活即教育"这个核心，初步走出这条符合农村经济社会（包括教育）综合改革发展方向的、帮助农民奔小康的富国富民之路。

教育是十分复杂的社会现象，涉及面很广，既与生产力直接相关，要传授自然科学和生产技术，还传授语言，进行体育活动；又与生产关系、上层建筑、意识形态有密切关系，服从并服务于一定社会的经济和政治。教育改革既是如此庞大复杂的课题，必然要求正确的理论指导。我国教育的社会主义性质，决定了我们的教育改革是社会主义教育制度的自我完善，"面向现代化，面向世界，面向未来"，建设有中国特色的社会主义现代教育体系。应该看到各国教育体系的共性，即实施普及义务教育且不断延长其年限，大力发展职业技术教育和注重高等工程教育；教育内容为适应新技术革命而极大地丰富和更新；教育方法都是摒弃呆读死记，注重发展学生的智力和开拓创新精神；学校教育与生产劳动从分离，都日益趋向结合；从高等教育到广大农村都在逐步实行教育教学、科学技术和工业生产的一体化；成人教育、终身教育、继续教育迅速发展；教育教学手段日趋现代化。这七个特征，不论资本主义和社会主义现代教育都是共同的。新中国成立以来，特别是改革开放以来，我国教育事业正在社会主义道路上，摆脱传统教育的束缚，朝着现代化教育的格局前进。这是历史的必然。但是，同时切切不可忽视从我们的国情区情出发，从我们仍然是一个发展中的社会主义大国，仍然比较贫穷落后这个最大的实际出发，我们既不能闭门造车，更不能照搬照套，盲目抄袭资本主义发达国家的经验，当然更不许“全盘西化”。

陶行知曾说“行动”是中国教育的开始，“创造”是中国教育的完成。他把这理想的境界具体描画成一张美好的画面：“假使我们把学校和村庄沟通。大学生都负责去创造新村，村上的人都接受到知识、形成活泼的有力量、有生命的村庄，再把全中国所有的村庄联合起来，构成一个有大生命的中国，民众的力量可以集中，困难也可共赴……我们自近而后远，先小而后大，着手办去，把小孩、农人、工人都培养起来，这才是创造教育的目的。”总之，创造一个人人在劳力上劳心的社会，实现“处处是创造之地，天天是创造之时，人人是创造之人”的境界。这个境界就是陶先生生活教育的最高理想。这个理想境地实际上就是社会主义奔向共产主义的新农村。我们深信，今后在实施科教兴国发展战略，实现教育现代化，提高全民素质，为我国跨世纪宏伟规划服务的进程中，陶行知教育思想、理论和实践，仍将是我们最好的借鉴之一。

（杨立威撰写此文时系黄山市副市长、市陶研会会长，罗永纪撰写此文时系黄山市农科教办公室主任、市陶研会副会长）

前元庄实验学校实行“村校结合”、“三教统筹”、“教科劳兼顾”的教改实验报告

——探索农村教育为农村社会主义建设服务的新路

山西省陶行知研究会

一、实验宗旨与实验背景

1983—1984 年，我们在进行“县级教育和经济的调查”中，深感当时农村教育突出的问题是脱离农村实际，培养的学生一不爱农，二不会农，缺乏建设社会主义新农村的责任感和真实本领。大量的数据和事实使人内心不安。正在这时，《中共中央关于教育体制改革的决定》正式颁布了，它为我们指明了方向，使我们坚定了信心。几经酝酿，最后在陶行知先生的乡村教育思想鼓舞下，我们决定创办一所实验学校。实验宗旨是以“社会主义建设必须依靠教育，教育必须为社会主义建设服务”为指针，借鉴陶行知先生的乡村教育理论，探索一条农村教育为农村社会主义建设服务的新路子，为建设有中国特色的社会主义农村教育做出贡献。

几经调查，实验学校选在山西省柳林县前元庄村，这个村是吕梁山上一个偏僻山村，周围群山环抱，交通闭塞。全村 157 户，638 口人，2399 亩山坡地。历史上穷得出名：“丰年吃糠，灾年逃荒。”新中国成立后，教育大发展，虽然这里上学的人多了，但是山河依旧，面貌未改，到 1979 年，还欠外债 6 万元，人均负债 100 元。80 年代初，实行了家庭联产承包责任制，农村出现了一派生机，而教育界片面追求升学率的风气则愈演愈烈，农村教育不适应农村经济建设的矛盾越来越明显。据前元庄党支部统计，1972—1982 年的 10 年间，全村共有 120 名回乡高、初中毕业生，因为村里贫困，大多数外流，只有 7 人留村务农。这正如陶行知 70 年前指出的那样：“中国乡村教育走错了路，他教人离开乡下向城里跑；他教人吃饭不种稻，穿衣不种棉，做房子不造林；他教人羡慕奢华，看不起务农；他教人分利

不生利；他教强的变弱，弱的变得格外弱。前面是万丈悬崖，同志们务必把马勒住，另找生路！”生路是什么？遵循党的教育方针，探索一条农村教育为农村社会主义建设服务的新路子，于是我们便在1987年9月创办了前元庄实验学校。

二、实验学校的办学道路

这所实验学校已经历了8年时间，它的办学思路可以归结为以下三点。

(一)建立村校结合的管理体制

中国农村多年存在的问题是，搞经济的不关心教育，搞教育的不过问经济，经济和教育是“两张皮”。陶行知指出：教育离开了农业就成为“空洞的教育”，农业离开了教育就失去了“促进的媒介”。实验学校实行村校结合的管理体制后，沟通了教育与经济、学校与社会的联系。

(1)村校干部交叉任职。村党支部书记兼任村教育委员会主任，校长兼任村党支部副书记。村校干部都是“一身二任”，共同参与和决定村里有关经济建设和教育发展的重要决策。群众说：“经济教育不分家，村校干部一疙瘩。”

(2)村的经济发展规划和教育发展规划统一制定，同步运行。根据村委的经济发展规划，到20世纪末不仅需要普及初中教育，而且需200名左右林业、园艺、蔬菜、农艺、农机等方面的技术人才和经营管理人才。据此要求，学校在实施九年义务教育中，同时制定了成人技术培训方案，担负起农民培训任务。

(3)村委聘请20多名教师为智囊团，并建立起教师联系农户制度。每位教师联系6户农民，不仅担负学校正常的家访任务，还帮助农民解决生产、生活中的一些实际问题。如农民康××夫妻对计划生育想不通，村干部工作方法又简单，使他们产生了逆反心理，成为村里有名的钉子户。教师联系农户制度建立后，康启明老师耐心细致地给他家算经济账，又讲优生优育的科学道理，使之高高兴兴地做了绝育手术。这一户农民的工作做通后，推动了全村的计划生育工作，前元庄成为计划生育先进村。又如康继兴老师联系农户康模则，帮助搞起了粮食加工和养猪一条龙生产，使他家除果园正常收入外，每年增加收入两千多元。像这样的事例还有很多。村委称教师是“不走的工作队”，村民称他们是“致富的好参谋”。教师联系农户制度的建立，拓宽了“学校—家庭—社会”三结合教育网的内容，提高了教师的社会地位。

（4）建立了两种教师制度。学校的专任教师兼任成人教育部的文化课教学任务，又聘请了14位有技术专长的农民担任学校兼职教师，承担职业技术课教学或担任生产实习的指导教师。专兼职教师互相配合，弥补了专任教师知识结构方面的缺陷。

（5）建设起两种实验基地。一种是学校的理化生实验设备，除主要为教学服务外，同时还为农民科学种田服务。如农民康明珠利用学校化学实验设备测定西瓜地土壤酸碱度，科学施肥，改良土壤，使西瓜提前上市，每亩增加收入两千元。另一种是村里的果园和大田作物，既是农民的生产资料，又是学生的实验实习基地，这改变了过去“黑板上种庄稼”的教学方式，学生从中掌握了许多适用的技术。

（6）发挥学校图书资料的多功能作用。学校的阅览室白天为学生开放，晚上为农民开放，成为农民接受外界信息的一个重要窗口。村民康拴牛身体有病，不能参加重体力劳动，他从阅览室里获得了养蜂的新技术。他从1992年开始养蜂，现在发展到30多箱，每年获利近万元。

村校结合的管理体制，沟通了学校和社会联系，密切了村民和学校的关系。过去学校认为难解决的问题，现在迎刃而解了。如实验学校初办时，学校设在一座古庙中，教室里是石桌子、砖凳子。实验学校创办以来，村民踊跃集资，扩建了校舍，实现了“一无两有三配套”，学校面貌焕然一新。

（二）构建三教统筹的教育结构

前元庄实验学校设有学前教育部、小学部、初中部、成人教育部，使基础教育和职业技术教育互相渗透，职前教育和职后教育互相衔接，形成了教育对象覆盖全村幼、少、青、壮的大教育网络，改变了过去“三教分割”的状态，发挥了教育的综合功能。“三教统筹”的教育结构是和村校结合的管理体制配套实施的，没有“三教统筹”就不是真正意义上的村校结合。由于幼、少、青、壮的身心发展差异很大，各有自己特定的教育任务，因此实验学校实行统一领导，分部管理。

1. 学前教育部

幼儿教育执行国家幼儿教育大纲。和城市幼儿教育不同的是强调引导幼儿多接触大自然，观察大自然。在接触和观察中，认识大自然，热爱大自然，进而了解人和大自然的关系。从小培养幼儿热爱农村、热爱劳动的思想感情。

2. 小学教育部

小学部严格按照国家教委编订的课程计划和教学大纲开全开足课程，保证基础教育的质量。根据学生年龄特征，在小学阶段开展了陶行知先生的“小先生制”活动，鼓励学生做社会的小主人。小学生主动担负起五保户、军烈属、孤寡老人的照顾和服务工作。后来，这项活动制度化，将每月9日定为敬老日。在“敬老日，做好事”活动的推动下，学雷锋、学赖宁活动更加持久，每学期小学生做好事活动都在一千件以上。还有一个更突出的事例。前元庄地处偏僻，当时还保留着“敬天官”的陋俗，每年正月十五日，村民自动凑钱、凑面，到天宫庙（学校所在地）供神。这种迷信活动单靠行政命令是难以制止的。实验学校成立第二年，在正月十五日那天，小学生举行了一次内容包括猜灯谜、对对联、智力竞赛、科技游戏的晚会，学校还准备了各种小奖品。内容丰富，热闹非凡，吸引了全村男女老少。青年农民在这里学到了不少知识，成年农民眼巴巴看自己的孩子能不能得奖，连“敬天官”的老人、妇女也吸引了过来。党支部组织大家讨论，最后群众高高兴兴地议定：把凑起来的钱给孩子们买了奖品。从此以后，每年在天官庙全村举行一次这样的活动，用文明的活动代替了封建陋俗。小学生成了移风易俗的带头人。

实验学校的小学毕业生，全部免试升入初中。免试制度的建立，使小学和初中自然衔接，为普及初中教育创造了条件。实行免试制度以来，全村没有一个中途辍学的学生。同时由于实行村校结合的管理体制，村委和学校都要对义务教育法负责，因此，学校的入学率、巩固率、毕业率、普及率在当地一直名列前茅。

3. 初中教育部

初中实行四年制，但仍执行国家三年制课程计划和教学大纲。另外，在每学年增加20%职业技术课，要求毕业时大体达到初级农职业中学水平，这样使基础教育和职业技术教育互相沟通。因为学生在初中毕业后要第一次分流，实验学校努力使学生能够“升学有望，谋生有路”。

初中阶段实行这样的改革，通过实践有如下几点体会：第一，坚持按国家教委制定的三年制课程计划和教学大纲进行教学，保持基础教育的基本性质和功能不变，也保持了基础知识的完整性和系统性。第二，将学制延长为四年后，减少了初中二年级因课程负担过重而出现的“两极分化”现象。第三，在初中阶段进行基础教育和职业技术教育，不仅有利于学生毕业后就业，而且初级农业技术人才也适应山区生产发展的迫切需要。第四，初中部每个班级都有自己的实验基地，它比普通初中更重视生产实践环节和动手能力的培养，学生毕业时都能掌握一两项农村实用技术，具有较强的社会适应能力。

4. 成人教育部

初中毕业后不能升学的学生，回村转入成人教育部接受继续教育，使职前教育和职后教育互相衔接。成人教育部从农村实际出发，分为三个层次进行编班：中级班以初中以上文化程度的农民和部分技术骨干为主要对象，学习内容以农业基础理论为主，适当引进新的科学技术；初级班以小学文化程度的农民为主要对象，主要学习一些当地适用的农业技术；普及班以家务劳动繁重的妇女为主，讲授一些有关计划生育、妇幼卫生、家庭教育等方面的知识，并根据自愿原则办过几期缝纫培训。对识字不多的农民还兼负扫盲任务。对中级班学习优秀者，推荐参加县科技部门主管的农民技术职称评定或参加更高一级学校学习。目前已有4人获得农民技术员职称，有14人参加了山西省林果技术函授班学习。对初级班和普及班，每年进行一次考核，成绩好的可以转班学习。村委会把学习情况和承包果园、土地、发放贷款、评选模范等挂起钩来，以鼓励农民接受继续教育。

（三）建立教、科、劳兼顾的教学体制

教科劳兼顾是指教学活动、科技活动、生产劳动一体化。教科劳兼顾的教学体制是根据前元庄大教育网络设计的。基础教育部以教学为主，适当开展科技活动和生产劳动；成人教育部以生产劳动为主，同时接受继续教育，开展科学种田活动。在基础教育中要转变“动口不动手”的旧教育传

统，在成人教育部则要改变"纯体力型"、"纯经验型"的劳动，使脑力劳动和体力劳动各自补偿自己所缺少的方面，从而培养手脑并用的一代新人。例如前元庄历来没有种葡萄的习惯，有些农民种过几次都失败了。实验学校成立那年秋末，发给三年级以上学生每人一株，让他们种在自己的庭院里，并请人讲了种植技术。学校规定根据葡萄长势作一次劳动课评分。第二年春天成活率达到 97%。农民看到自己的孩子都能种好葡萄，纷纷在自己的庭院种起了葡萄。目前全村葡萄已发展到 3500 多株，并全部挂果。以每株平均年产 20 斤计，仅此一项全村增加收入 12 万元。现在全村有 120 户发展起庭院经济，占 80%的小学生成为种葡萄的"小先生"。在这项活动中也培养了学生开展小种植活动的浓厚兴趣。康志斌同学读小学时在自己的庭院里种了 20 株葡萄，还种了几株苹果树。前年初中毕业考上了山西煤校，他的庭院经济一年收入两千余元，基本能解决上学费用。康鹏虎和康鹏飞是两兄弟，鹏虎已考上高中，鹏飞还在初二学习，他俩的庭院经济年收入能超过两千元。鹏飞说："即使考不上中专也不紧张了，回家当种葡萄专业户。"这是基础教育部学生开展科技活动和生产劳动的事例。

成人教育部有 20 户农民承包着村里 180 亩果园，这 20 户农民编为一个林果班，请农校教师给他们讲课，进行果园技改。第一年总产 3 万斤，第二年总产 6 万斤，第三年总产上了 10 万斤。目前总产已上了 25 万斤。农民感到"科技的力量估不透"。建立教科劳教学体制，农民对科技的吸收和运用程度前后有较大的变化：科技示范层由 1987 年的 0.4%增加到 1995 年的 23%；科技积极层由 13%提高到 48%；科技观望层由 38%降低为 22%；科技冷漠层由 48%降低到 7%。这个比例的变化，充分说明劳动者的素质正在变化之中，同时也说明成人教育部开展教学、科技活动以来的变化。

三、实验效果及推广情况

1987 年前元庄实验学校实验开始就明确规定，检验实验成果的标准有三条：(1)通过教育力量，学校所在地的经济发展速度明显高于同类地区的其他村庄；(2)通过教育的力量，学校所在地的精神文明建设明显好于周围其他村庄；(3)实验学校要加快普及九年义务教育的步伐，入学率、巩固率、毕业率、普及率以及学生毕业后的社会适应能力明显高于当地同级同类学校。

现已经过8年时间实验,用以上三条标准检查,所得结论如下。

(一)前元庄的经济有了较大的发展

1987年人均收入320元,到1995年提高到1250元。1987年人均占有粮食500市斤,1995年人均占有粮食1100市斤。这个村过去栽过1万多株苹果树,由于不懂技术,死了7000多株。实验学校办起后,开展了农民技术培训,苹果产量由1987年的3万斤,增加到1995年的29.5万斤,实现收入30余万元。同时还培育出10多个新品种,育苗30多万株。全村机动车辆增加到33辆,1995年又买了7台推土机,机修高标准农田200亩,机修水浇蔬菜田100亩,为发展高效农业迈开了第一步。

(二)农民的科技意识增强了

全村科技示范户由1987年的1户,增加到1995年58户,占37%;专业户增加到52个,占33%。过去农民很少看书看报,今年全村自费订阅报刊38份。通过技术培训,全村有11名农民被评为农民中级技术职称,有91人被评为农民初级技术职称,大部分农民都掌握了一两项实用技术,有14人考上山西省林果技术函授学校。1995年全村又投资12.5万元,引进设备和部分录像资料,建起了共用天线系统,全村覆盖率100%,开辟了“天天30分”的成教窗口,被誉为“吕梁电视第一村”。

(三)群众生活有了明显改善

1987年全村只有30孔砖窑洞,1995年增加到410孔。彩电由零增加到41台,黑白电视机家家有。去年全村投资6.5万元,使60岁以下的村民全部加入了农村社会养老保险。吕梁行署称其为“吕梁第一村”。

(四)村民的精神文明程度有了提高

1988年被评为县级精神文明先进村。1989年被评为吕梁地区精神文明村。1990年被评为山西省精神文明村。全村经过认真评选,遵纪守法户143个,占91%;文明院124户,占79%;五好家庭115个,占73%。

1995 年县委、县政府同时授予前元庄村“先进集体”、“农田基本建设先进村”、“计划生育先进村”、“支援重点建设先进村”、“教育工作先进村”等五个光荣称号。

（五）提前实现了“双基”任务，提高了教育教学质量

实验学校创办 8 年来，群众集资累计 44 万元，把一所古庙改建为新学校，并实现了“一无两有三配套”。经县教育局全面验收已实现基本无盲村，适龄幼儿全部入园。小学、初中的入学率、巩固率、毕业率连续 8 年达到 100%。去年他们对近两年来毕业的 143 名初中毕业生做了跟踪调查，升入高一级学校的占 57%，比吕梁地区 30%的平均水平高出 27 个百分点。没有升学的初中毕业生大多数回村从事技术性农活，其中有 5 人成为全村的科技示范户，已实现了“升学有望，谋生有路”的愿望。

前元庄实验学校实行村校结合的管理体制，沟通了教育和经济、学校和社会的联系；“三教统筹”的教育结构，理顺了教育内部的关系；教科劳兼顾的教学体制，较好地解决了理论与实际、动脑与动手的关系。1990 年吕梁地委和行署作出在全区推广前元庄实验学校教改经验的决定。据吕梁地委和行署统计，全区有 2872 所村校在学习前元庄实验学校的教改经验，占全区 5900 个村校的 49.7%。其中有 370 所村校被评为实验先进村校。全区 236 个乡（镇）普遍开展了教育综合改革，评为教育综合改革示范乡镇的有 30 个，占乡镇总数的 13%。全区 17 个县市，被确定为实验县的有 6 个，占县市数的 36%。

1995 年 3 月中国陶行知研究会等 8 家单位在北京召开了前元庄实验学校教改经验汇报会。与会领导、专家充分肯定了前元庄教改经验的普遍意义和现实意义。5 月 11 日李岚清副总理批示：前元庄实验学校的教改经验“符合经济不发达地区办教育的实际和方向”。6 月 27 日山西省陶研会联合省教委、省人大教科文卫委员会等 7 个单位在太原召开了前元庄实验学校教改经验传达汇报会。会后 7 个单位又向省政府写了报告，省政府于 8 月 17 日以晋政发〔1995〕93 号文件通知各级人民政府，在全省山区农村开展学习推广前元庄实验学校教改经验的活动。11 月 30 日省教委为了贯彻省政府 93 号文件精神，又以晋教办字〔1995〕32 号文件，通知各地市教委在全省总结 100 所“科教兴村”典型学校经验的通知。这样便在全

省范围内兴起了推广学习前元庄实验学校教改经验的热潮。仅据吕梁、长治、临汾、运城四个地市的统计,新出现的"办好一校,致富一村,带动一片"的学校就有三百余所,而且出现了一些"科教兴乡"、"科教兴县"的好典型。这对推动全省农村教育综合改革和社会主义两个文明建设的深入发展,对落实党中央提出的"科教兴国"的战略任务,正在起着积极的促进作用。

真人教育的理论与实践

上海市行知中学

上海市行知中学(前身为育才学校)是我国伟大的人民教育家陶行知亲自创办的学校。多年来我们在陶行知“千教万教教人求真,千学万学学做真人”的教育思想指导下,进行学校的教育教学和管理工作,感到研究陶行知教育思想与现代教育思想的结合,对今天我们促使素质教育的深化会大有作用。探索陶行知教育思想理论在今天素质教育中的作用,是行知人义不容辞的责任。

一、陶行知教育思想理论与现代教育思想理论结合点的研究

(一)陶行知教育思想与理论是现代教育思想理论的起点

我国现代教育的兴起,是以1904年的“癸卯学制”的制定、颁布和实施为标志的,但现代教育理论的产生是否也以此为起点呢?有的学者认为,从理论的研究和现实的考察来看,教育理论是不可能与这一制度的实施同步而行的。

我国自从废除科举制度以后,大力兴办学校,但整个育人目标与教育教学理论还是沿袭传统的“培养人上人”和“教师为本位”的思想。虽然其间也有西方教育思想的传入,例如从日本引进德国赫尔巴特教学理论,但其思想和我国传统的教育教学理论一脉相承,重教轻学,虽然从形式上有很大改变,但内容上没有创新。1917年陶行知从国外归来,首先在教学思想上提出了以“教学法”代替“教授法”,自此以后,他亲自投入教育改革的实践,提出了一系列教育主张与理论。

1927年3月,陶行知创办晓庄师范学校,1932年创办山海工学团,1939年创办育才学校等,在这个过程中,提出了著名的“生活教育理

论”——“生活即教育”,“社会即学校”,“教学做合一”。提出要培养学生做一个整个的人,要有健康的身体,要有独立的思想,要能谋独立的职业,学生要团结起来,做追求真理的小学生;团结起来,做自觉觉人的“小先生”。

陶行知的生活教育理论实际上是一个涵盖了教育基本要素的理论体系。

“生活即教育”——体现了陶行知的育人目标及育人内容,生活即教育,不仅是指按生活本来的样子育人,而且是要育成会生活的人。这种会生活的人实际上是一种有独立思想、见解,有真知识、真本领,能独立承担职业的全面发展的整个的真人。

“社会即学校”——体现了陶行知的育人途径,从生活目标内容出发,育人的途径应该是开放的、伸张的,把学校的一切伸张到广阔的社会和大自然中去,与人民和万物亲近。而不应该是狭隘的、封闭的。

“教学做合一”——是生活教育理论的核心,体现了陶行知的育人方法,揭示了育人的工作机理,育人的方法应该是通过师生之间共同的“做”,使教师的“教”和学生的“学”得以完成。

由此,我们不难看出陶行知的教育思想与现代教育思想有着密切的联系。陶行知的育人目标——有独立思想见解,有真知识、真本领,与现代教育思想倡导的培养具有主体意识的人十分接近;陶行知的育人途径、方法即通过社会的、开放的师生双方共同的相互作用的“做”来完成教育任务,与今天现代教育思想强调通过活动——即通过教师的在教育者和受教育者主体之间相互作用中启发,展现引导、促进受教育者主体性得以发展,同样也十分接近。因此,陶行知当时的这些教育思想与理论的提出不啻是现代教育教学思想理论向传统教育教学思想理论的挑战,是我国现代教育思想理论的起点,可以为我们今天如何开展素质教育,发展学生的主体性提供依据与启示。

(二)陶行知的教育思想与理论,是我们开展以发展学生主体性为目的的素质教育的依据

1. 我们今天开展育人目标研究的依据

育人目标向来有从什么角度出发的问题,从原始社会培养谋生的人起,经历了官本位(培养统治者与新贵族)、个人本位(培养自然人)、社会本

位(培养社会需要的人)以及现今的个人需求与社会需求相融合的阶段。

人总是特定时间空间的产物,必定受着特定时间空间的政治、经济、文化的影响与制约,因此,育人目标不可避免地要受到当今时代我们中国以及中国所面临的世界种种特点的影响。要从人的需求与社会需求的一致性上去思考育人目标,成为教育界有识之士的共识。而陶行知生活教育理论的酝酿形成发展成熟的过程,对我们今天开展的育人目标的研究大有启示。

发展学生的主体性,培养学生成为一个整个的全面发展的真人,是陶行知一以贯之的教育思想。然而纵观陶行知生活教育理论的酝酿(1917—1925)—形成(1926—1930)—发展(1931—1936)—成熟(1937—1946),有一个不断的从特定的时间空间,也就是中国当时的社会、政治、经济、文化条件下明确清晰的过程,他的育人目标从酝酿期的“自主,自立,自动的共和国民”到形成期的“健康的体魄、农夫的身手、科学的头脑、艺术的兴趣、改造社会的精神、有计划的生活”,到发展期的“军事能力、生产能力、科学能力、运用民权能力、节制生育能力”,到成熟期的“追求真理的小学生、自觉觉人的小先生、手脑双挥的小工人、反抗侵略的小战士”,陶行知的育人目标“真人”——主体性是不断地在特定时空条件下赋予其特定的新的内涵,从生活的各个方面把握住特定时间与空间的教育任务,陶行知的育人目标——“真人”逐渐地走向个人需求与社会需求的一致。正因为陶行知的育人目标不断地追求个人需求与社会需求的一致,所以陶行知的学生大都事业有成。在探求如何成功地培养人才的今天,陶行知育人目标的形成、发展、成熟的过程,对我们今天在新的历史条件下,开展真人教育目标的研究大有启示。从这个意义上说,陶行知从个人需求与社会需求相一致上去思考育人目标提出的过程以及由此形成的教育思想与理论,是我们开展育人目标研究的依据。

2. 开展育人方法研究的依据

如果说前面所说的陶行知的融个人需求与社会需求于一体的以发展学生主体性的“真人”教育思想与理论,作为我们今天“真人”教育目标研究依据的话,那么陶行知关于育人方法的教育思想与理论,同样也是我们今天要研究的“真人”教育方法的依据。纵观陶行知丰富多彩的教育方法,其核心却只有一个,那就是秉承“真人”教育目标的主体性,尊重学生,相信学生，承认学生与教师的身份地位是平等的。因此他的方法的一个突出的特点就是学生是学校的主人、是社会的主人，其中“小先生制”就是一个杰出的代表。

当今素质教育的一个核心，是发展人的主体性，因此，对发展主体性教育方法的要求是：强调学生主体参与，在主动学习的过程中形成适当的能力和态度。同时强调学以致用，在将已有的能力和态度应用于解决特定问题时，使个体素质得到进一步完善。而陶行知的生活教育理论中的方法“教学做合一”，特别是“做”的重要方法“小先生制”，正是符合了素质教育的方法要求。“小先生”的身份使学生在学习过程中必须以主体的态度参与，在主动学习过程形成适当的能力和态度，同时“小先生”的职责又使学生学以致用，在将已有的能力和态度解决特定的问题时，其原有的素质得到进一步的提高。

如果说陶行知融个人需求与社会需求于一体的“真人”目标为大批有用人才的培养成功指出了方向，那么以“小先生制”为代表的教育方法则为大批有用人才的培养成功提供了保证。因此，陶行知关于育人方法的思想与理论是我们开展“真人”教育方法研究的依据。

二、“真人”教育目标的研究

在社会需求与个人需求相融合的原则指导下去思考育人目标，即开展真人教育目标的研究。

人是什么？无数哲人先驱都对人是什么作了无数的探讨与结论，用列宁的话说，是这样的一种“力求实现自己，通过自身使自己在客观世界中获得客观性并完成（体现）自己”的人。对于这个说法我们的理解是：

（1）人不仅仅是一种生存需要的动物，他有一种经过自己选择的实现自身、体现自身的需要（个人需要）；

（2）人的这种实现自身的需要必然要在客观世界中进行；

（3）衡量他的自身需要的实现是否获得了客观性；

（4）而这种客观性获得与否的一个重要条件是社会的需要；

（5）这样的人也就是实现了上述条件的人，就是把握住生命的存在和发展的会生活的人。

由此，我们可以得出这样的结论：只有个人的需要与社会的需要融合在一起的人，才是把握住生命的存在和发展的会生活的人，才是一个真正意义上的人。“真人”在这个意义上说就是融个人需要与社会需要于一体的最为恰当的表述。

“真人”是融个人需要与社会需要的统一体，那么在当今时代，融中学生个人与社会需要于一体的“真人”含义是什么呢？

“真人”是“高扬人的主体精神的能动地会生活的人”。因此，此处的分析为两个方面：①哪些是中学生的生活，②中学生的生活中应该能动的方面。

1. 中学生的生活

生活是人为了生存和发展而进行的各种活动，从这个意义上来讲是人生命的存在和发展的一个标志。对中学生而言，他们目前的存在和发展的重要活动和重要标志是学习，一个重要的场所是学校。因此，对中学生而言，中学生的生活不仅是指向未来，为未来打基础，同时也是指向今天，指向今天的学生生活。今天学校的生活是他们生命里程中重要的一段，他们应该学会学校的生活，应该了解他们生活现状，今天的学校生活无可避免地在他将来的人生旅途上打下烙印。因此，了解中学生的生活是开展“真人”教育十分重要的一环。

由于生命存在和发展的活动的多样性，决定了生活的内容的多样性，但并不是没有重点的，其中，起着重要作用的中学生的生活有两大方面，一方面是家庭，还有一方面是学校。由于本研究主要涉及学校“真人”教育，因此，对家庭教育的研究暂不涉及。

对中学生的学校生活按内容分类，可以分成发展身体类的、认知类的、艺术类的、思想品德类的、劳动技能类的等等，对每一方面的生活现状都作一调查也未尝不可。但这样做的缺点是过于琐细，不容易抓住重点，因此在抓代表性从而带动其他的思想指导下，我们把中学生的学校生活主要概括为两类：将思想品德、个性心理、社会交往、艺术概括为“做人”（狭义的），其中主要是思想品德、个性心理与社会交往；将文化知识、智慧技能、认知策略概括为“学习”。

2. 中学生生活应该能动的方面（目标）

如同前述，把生活概括为两类，做人与学习，这里能动的生活也就是两类，一类为能动的做人，另一类为能动的学习。那么什么是能动的做人与能动的学习呢？

(1)什么是能动。

能动：自觉努力，积极活动。

能动：相对直观消极，认识的能动作用，不但表现为从感性认识到理性认识之能动的飞跃，更重要的还表现为从理性认识到革命实践的能动的飞跃。

能动：一方面表现为对客观世界自觉能动的掌握，另一方面表现为自觉能动的改造，集中体现为人的独立性、主动性与创造性。

我们对能动的理解：

我们所提倡的能动，相对于消极直观而言，它是一种对客观世界的积极的认识和积极的改造。积极的认识表现为：透过事物表象而追求本质的精神；积极的改造表现为：积极主动去实现本质的一种努力、实践。

这种透过事物表面而追求本质的精神的实质是一种创造更加美好生活的理想。

而积极主动去实现本质的努力是一种克服阻碍，经过选择去实现创造美好生活理想的能力。

换言之，用这样的话来解释能动：就是有改造世界，创造美好生活的理想以及有克服阻碍去实现理想的能力——即摆脱被动变为主动。

(2)什么是中学生生活应该能动的方面(目标)。

按能动的解释，中学生的能动生活即是指“有做人、学习的理想以及有克服阻碍去实现做人、学习理想的能力”。

理想：做人的理想是指有关心人类、关心生存的世界，有为社会作贡献，并为此愿意积极完善个人心理素质的理想。

学习的理想是指：有追求科学，关心科学发展的前景并为此愿意完善自己认知结构与特点的理想。

能力：做人的能力有与人交往合作并能求同存异，最终完成自己的理想的能力；学习的能力：能认识自己的学习特点并有意识地应用特点参与学习，最终完成自己学习理想的能力。

三、“真人”教育方法的研究

方法应依据于目标，“真人”教育的目标的实质是培养具有主体精神的能动的会生活的人，这就为方法的研究提供了一个限定的条件——即教育方法必须符合有利于学生主体性发挥这一条件。

陶行知的教育实践以及他从教育实践中提炼总结出的思想与理论，是我们中华民族教育史上的瑰宝，对开展教育方法的研究大有启示。

陶行知自1917年开始投身到教育运动与平民识字运动始，组织了乡村教育、“科学下嫁”、“工学团”、“小先生”、大众教育、国难教育、创造教育、民主教育等运动，在这些教育运动中，可以看出一以贯之的一条主线，那就是承认学生（劳苦大众、平民、儿童）是学习的主人，始终以教育对象为本位，教的法子要根据学的法子。他的教育方法坚持了学生自主、自立、自动、自己管理自己、自己教育自己的以学生为主体的精神，体现这种方法的极致便是“小先生制”。

章开沅在《平凡的神圣——陶行知》一书中认为：陶行知之所以大力推荐“小先生制”，是因为他坚信推行“小先生运动”就是推行国家现代化运动，“小先生”是适合中国国情的普及教育的方法，中华民族衰弱原因很多，但教育上的失误总是一大原因。大人跟小孩学，可以无形中恢复其赤子之心，有助于整个民族返老还童，恢复活力。“小先生制”还是推行生活教育理论的理想途径，生活即教育，社会即学校，教学做合一等基本原理，都可以在“小先生制”中得到贯彻。

章开沅对陶行知的“小先生制”的介绍给了我们很大的教益，使得我们从原来简单意义上对“小先生”的理解升华到了教育思想、教育观念的高度。由此出发，我们对章开沅对陶行知的“小先生”的介绍感到不满足，这就是关于陶行知“小先生制”的实质。陶行知之所以大力推行大力提倡学生也可以做教师，是因为他把学生看成是与教师相同身份的人，具有平等地位的人。有了这样的认识，他才有可能去大力推行，大力提倡“小先生制”。“小先生制”研究给我们的启示之一：陶行知教育方法的实质就是要发展学生的主体性，首先就要让学生的身份真正地与教师平等。

学生主体性的发挥，需要有内发性的动机存在，在教师“教”下的学生，应该如何才具有主体性呢？在陶先生给我们的启示下，我们认为关键是要让学生的身份与教师的身份平等。平等的口号喊了几十年，为什么总也平等不了？这是因为长期以来，没有真正地把教师与学生的身份平等起来，所谓的平等是有条件的，即是在教师的导演下的平等。要真正给学生以平等，就必须从根本上把学生看成与教师一样的人。只有这样，真人教育的发展人的主体精神的能动的会生活的人的目标才有可能实现。

"小先生"教育方法给我们的启示之二：将学生视作主体，是主体性得以发展的前提，还必须有实践活动——机会，使学生的主体性发展得到保证。长期以来，由于班级授课制等原因，在课堂教学中，或是从任何一个单一的活动角度去看，学生活动的机会相当有限，有相当一部分的学生成不了主体，缺少足量的活动机会，往往是十个学生、二十个学生面临一个机会、两个机会。陶行知把学生等同于先生，而先生的用武之地要大大高于学生，陶行知的"小先生"的活动天地与机会犹如一根根活动的电线，从四面八方伸展到社会各个方面；又如一条条纽带，将学校与社会联结起来。"做"的机会成倍成倍地生长出来，这样每个学生不仅身份得以明确，而且有了足够的物质环境和作为教师的行为方案去充分表现；不是勉强地硬加给个人的表现，而是确确实实地以主体的身份去表现；每个人面临的不是一个机会、两个机会，而是十个机会、二十个机会，每个人都是机会中最最不可缺少的重要人物、实际领导者。这样才能使学生的主体性真正有机会得以落实。

陶行知育人方法的实践以及从实践中总结提炼出的"小先生"的教育思想与理论，为解决教育方法研究提供了启示。具体启示如下：

(1)真人教育方法必须符合真人教育目标的要求，因此，真人教育方法的研究结果必须是有利于学生主体性的发挥。

(2)有利于学生主体性发挥的方法必须是有学生内发性动机的存在。

(3)使学生具有内发性的动机，就是要让学生在其矛盾的一方中拥有与教师平等的地位。

(4)这种内发性动机表现为两个方面，做人的内发性动机，学习的内发性动机。

(5)教师的角色身份通常在两方面起着主体的作用，人格品德方面(做人)，教学业务方面(学习)。

(6)作为取得与教师相同身份的学生("小先生"),做人的内发性动机与学习的内发性动机得到了保证。

(7)这种保证就使真人目标的实现有了可能。

(8)而这种可能的保证实现就是要有充分的、广阔的、丰富的机会(时间、空间、行为方案)供学生选择。